Roland Schleiffer · Der heimliche Wunsch nach Nähe

Roland Schleiffer

Der heimliche Wunsch nach Nähe.
Bindungstheorie und Heimerziehung

**Ihre Wünsche, Kritiken und Fragen richten Sie bitte an:**
Verlagsgruppe Beltz, Fachverlag Soziale Arbeit, Erziehung und Pflege,
Werderstraße 10, 69469 Weinheim.

ISBN 3-407-55979-8

**Alle Rechte vorbehalten**

© 2001 Beltz Verlag · Weinheim, Basel, Berlin
Programm BeltzVotum, Weinheim
1. Auflage 2001

03  04  05  06  07     5  4  3  2

Das Werk einschließlich aller seiner Teile ist urheberrechtlich geschützt.
Jede Verwertung außerhalb der engen Grenzen des Urheberrechtsgesetzes ist
ohne Zustimmung des Verlages unzulässig und strafbar. Das gilt insbesondere für
Vervielfältigungen, Übersetzungen, Mikroverfilmungen und die Einspeicherung und
Verarbeitung in elektronischen Systemen.

Herstellung: Ulrike Poppel, Weinheim
Druck und Bindung: Druckhaus „Thomas Müntzer", Bad Langensalza/Thüringen
Umschlaggestaltung: KJM Werbeagentur, Münster
Printed in Germany

**Weitere Informationen finden Sie im Internet unter http://www.beltz.de**

Für Natascha und Mascha

**Inhalt**

Vorwort 11

**1. Die Bindungstheorie** **17**

1.1 Bindungstheorie und Theorie der Heimerziehung 17
1.2 John Bowlby und die Psychoanalyse 19
1.3 Begründung der Bindungstheorie als Kritik der Heimerziehung 23
1.4 Das Bindungssystem 30
1.5 Die Entwicklung der Bindungsbeziehung 33
1.6 Innere Arbeitsmodelle 42
1.6.1 Die Fremde Situation 45
1.6.2 Das Erwachsenenbindungsinterview (AAI) 51
1.7 Intergenerationale Transmission 55
1.8 Bedeutung der Bindung für die psychische Entwicklung 56
1.9 Bindung in der Adoleszenz 60
1.10 Bindungstheorie und Entwicklungspsychopathologie 64
1.11 Bindung und Psychopathologie 70
Anmerkungen 74

**2. Heimerziehung** **77**

2.1 Mütterliche Deprivation 77
2.2 Veränderungen der Heimerziehungspraxis 78
2.3 Alternativen zur Heimerziehung: Pflegefamilie und Adoption 88
2.3.1 Pflegefamilie 88
2.3.2 Adoption 90
2.4 Notwendigkeit von Heimen 92
2.5 Häufigkeit von Heimerziehung 96
2.6 Evaluation von Heimerziehung 97
Anmerkung 103

**3. Bindung bei Jugendlichen im Heim:
eine empirische Untersuchung** **104**

3.1 Das Heim 104
3.2 Die Jugendlichen 106
3.3 Psychopathologische Auffälligkeit 108
3.3.1 Methode 108

| | | |
|---|---|---|
| | 3.3.2 Ergebnisse | 113 |
| | 3.3.2.1 Selbstbild | 113 |
| | 3.3.2.2 Psychiatrische Auffälligkeit | 114 |
| 3.4 | Die Bindungsorganisation der Jugendlichen | 118 |
| 3.4.1 | Methode | 118 |
| 3.4.2 | Ergebnisse | 120 |
| 3.5 | Beziehung zwischen Psychopathologie und Bindungsorganisation | 124 |
| 3.6 | Heimjugendliche als Eltern | 125 |
| 3.7 | Zusammenfassung der empirischen Studie | 127 |
| | Anmerkungen | 128 |

## 4. Bindungsunsicherheit und psychische Auffälligkeit  129

| | | |
|---|---|---|
| 4.1 | Der probabilistische Ansatz | 129 |
| 4.2 | Drei Fallbeispiele | 130 |
| 4.2.1 | Ronnie | 130 |
| 4.2.2 | Nicole | 138 |
| 4.2.3 | Jessica und ihre Tochter Petra | 157 |
| 4.3 | Bindungssicherheit als Erziehungsziel | 170 |
| | Anmerkungen | 172 |

## 5. Bindung und Erziehungsschwierigkeit  173

| | | |
|---|---|---|
| 5.1 | Erziehung | 173 |
| 5.2 | Die Schwierigkeit von Erziehung | 178 |
| 5.3 | Erziehung und Familie | 180 |
| 5.4 | Erziehung und Bindung | 184 |
| 5.5 | Dissozialität | 186 |
| 5.6 | Die Funktion dissozialen Handelns | 188 |
| 5.7 | Gewalterfahrung und Bindung | 194 |
| 5.8 | Erziehungsschwierige Mütter | 200 |
| 5.9 | Bindung und Lernbehinderung | 204 |
| | Anmerkungen | 208 |

## 6. Erziehungshilfe  210

| | | |
|---|---|---|
| 6.1 | Erziehung und Jugendhilfe | 210 |
| 6.2 | Erziehung und Therapie | 214 |
| 6.3 | Funktion von Erziehungshilfe | 223 |
| 6.4 | Sonderpädagogische Kommunikation | 225 |
| 6.5 | Psychotherapeutische Kommunikation | 229 |
| | Anmerkungen | 231 |

| | | |
|---|---|---|
| **7.** | **Bindung in der stationären Erziehungshilfe von Jugendlichen** | **233** |
| 7.1 | Ziel von Heimerziehung | 233 |
| 7.2 | Änderung der Bindungskonzepte durch Psychotherapie | 237 |
| 7.3 | Korrigierende Bindungserfahrungen im Heim | 245 |
| 7.3.1 | Bindungsabwertende Kommunikation | 247 |
| 7.3.2 | Bindungsverstrickte Kommunikation | 252 |
| 7.3.3 | Lebensgeschichte als Thema | 257 |
| 7.4 | Bindungstheoretische Sensibilisierung | 269 |
| 7.5 | Anforderungen an die Qualifikation der Heimerzieherinnen | 273 |
| | Anmerkungen | 275 |
| **8.** | **Abschließende Bemerkungen** | **278** |
| **Literatur** | | **283** |
| **Anhang** | | **297** |
| 1. YSR-Skalen | | 297 |
| 2. *Offer*-Skaleninhalte | | 299 |
| Das Erwachsenen-Bindungsinterview | | 301 |

## Vorwort

In diesem Buch geht es um die Bindungsbeziehungen von Jugendlichen, die im Rahmen einer Maßnahme der Erziehungshilfe in einem Heim leben. Es geht von der Annahme aus, dass die Erkenntnisse der modernen Bindungsforschung, die sich mit den frühen Beziehungserfahrungen von Kindern und den Auswirkungen auf deren Persönlichkeitsentwicklung beschäftigt, für die Theorie und Praxis der Heimerziehung von großem Nutzen sind. Wie die Bindungsforschung gezeigt hat, beeinflusst die Qualität dieser frühen Bindungsbeziehungen die spätere Beziehungsfähigkeit bis in das Erwachsenenalter hinein. Von einem bindungstheoretischem Wissen ist daher auch ein vertieftes Verständnis für die Probleme und Konflikte zu erwarten, die den Heimalltag immer wieder nachhaltig prägen und die Erziehungsarbeit mit diesen erziehungsschwierigen Kindern und Jugendlichen im Heim erschweren. Schließlich hängt der Erfolg einer solchen Erziehungshilfemaßnahme entscheidend von der Qualität der pädagogischen Beziehung ab, die, so die These der folgenden Ausführungen, auch eine Bindungsbeziehung ist bzw. doch sein sollte.

Ein kurzes Beispiel soll einen ersten Eindruck von diesen Erziehungsproblemen vermitteln:
Der 19 Jahre alte Martin lebt seit über 4 Jahren im Heim. Seit einem Jahr bewohnt er im Rahmen des „sozialpädagogisch betreuten Wohnens" ein eigenes kleines Apartment. Anlass für die Heimunterbringung war die Tatsache, dass der Jugendliche seit fast zwei Jahren die Schule nur noch unregelmäßig besucht hatte. Schulversagen war die Folge. Stattdessen trieb er sich auf der Straße herum, wo er Anschluss an die Drogen- und Punkerszene seines Heimatortes fand. Wochenlang war er spurlos verschwunden. Immer wieder kam es zu Alkoholexzessen.
Martins Kindheit war geprägt durch dauernde Streitigkeiten der Eltern, in deren Verlauf sich der Junge regelrecht ausgestoßen und abgemeldet vorkam. Der Vater trinkt. In betrunkenem Zustand schlug und misshandelte er wiederholt seinen Sohn. Die handfesten Auseinandersetzungen hörten erst auf, nachdem der 14-jährige Martin, kampfsporttrainiert, zurückgeschlagen hatte. Als besonders schönes Erlebnis hat Martin eine Klassenfahrt in Erinnerung. Damals sei er nämlich die Eltern für eine Woche los gewesen. Überhaupt komme er ohne die Eltern besser aus. Nur die Beziehung zu seiner Großmutter beschreibt Martin als gut. Ihr habe er denn auch nie Widerworte gegeben. Die Großmutter starb allerdings vor kurzem, was für Martin einen schweren Schlag bedeutete. Zeitweise schwänzte er wieder die Schule. Trotzdem er-

reichte Martin den Realschulabschluss. Seine Erzieherinnen hätten sich schließlich um ihn gekümmert.
In der Folgezeit stellte es sich als schwierig heraus, eine Lehrstelle zu finden. Martin ging zu den vereinbarten Vorstellungsterminen erst gar nicht hin. Überraschend für alle Beteiligten holte ihn eines Tages der Vater ab, um ihn wieder mit nach Hause zu nehmen. Buchstäblich auf der Autobahn konnte sein Erzieher einen telefonischen Kontakt zu den beiden herstellen und sie darüber informieren, dass er doch eine Lehrstelle für Martin gefunden habe. Der Vater kehrte um und brachte seinen Sohn wieder in das Heim zurück. Seitdem besteht zwischen Martin und seinen Eltern kein Kontakt mehr.
Im Teamgespräch wurden die Probleme mit Martin angesprochen. Der Junge sei undurchschaubar. Man wisse einfach nicht, was mit ihm los sei. Irgendwie „trickse" er alle aus. Er spiele nicht mit offenen Karten. Sein Bezugsbetreuer berichtete „mit dickem Hals", dass Martin ihn letztens gebeten hatte, ihn auf dem Weg zum Gericht zu begleiten. Er müsse dort nämlich als Zeuge aussagen. Vor dem Gerichtssaal angekommen, sei er, der Erzieher, zu seiner Bestürzung von einem Anwalt darüber informiert worden, dass in der Verhandlung über Martin zu Gericht gesessen werde. Martin war wegen versuchten Raubes angeklagt. Er habe aber über dieses Delikt mit keinem seiner Betreuer gesprochen. Die Erzieher betonten, dass niemand, vermutlich auch Martin nicht, verstehen könne, wie es hierzu gekommen sei.

Im Folgenden geht es also um das Thema Bindung und Heim. Von diesem Begriffspaar geht eine besondere Spannung aus. Hält man sich an den ursprünglichen Wortsinn, sollten diese beiden Begriffe Bindung und Heim doch keineswegs widersprüchliche Assoziationen auslösen. Heim meint schließlich den Ort, der uns vertraut ist, wo wir wohnen, wo wir uns auskennen, wo wir orientiert sind, an dem wir uns sicher, vielleicht sogar geborgen und wohl fühlen. Wir verbinden mit Heim etwa den verwandten Begriff der Heimat, wo wir also herkommen und mit der eine Vielzahl an Erinnerungen verbunden sind. Eigentlich sollte dem Begriff Heim eine positive Bedeutung zukommen, zumindest wenn er nicht in seiner Verbindung mit dem Begriff „Herd" auch negative Assoziationen provoziert, bekanntlich bei Frauen, die sich durch eine Verweisung an Heim und Herd beengt und in ihren Entwicklungsaussichten eingeschränkt fühlen. Einem solchen Heim fühlen wir uns verbunden. Fern der Heimat denken wir gerne an unser Heim und freuen uns auf eine glückliche Wiederkehr. Zu diesem Ort besteht eine Bindung, die uns Halt gibt und Orientierung vermittelt. Wir fühlen uns manchen Menschen sogar tief verbunden, bisweilen auch verpflichtet. Bindung hat überhaupt viel mit Liebe zu tun. Bindung meint Solidarität, vermittelt uns ein Gefühl der Sicherheit. Auch fühlen wir uns an Versprechungen gebunden. Beim Begriff Bindung handelt es sich zweifellos um eine Metapher, die doch erst einmal positive Gefühle auslösen sollte.

Ganz anders ist es mit dem Begriff Heim bestellt, denken wir an die Institution Heim. Dieser Begriff ist eindeutig negativ besetzt. Offensichtlich handelt es sich um einen euphemistischen Begriff, der ein Programm ausdrückt, wie es etwa bei Hans Wollasch (zit. bei *Post* 1997, 26) deutlich wird: „Die Zulänglichkeit des Heimes ergibt sich nicht aus dem, was es an einzelnen fördernden Leistungen anbietet und gewährt, sondern daraus, dass es sich als Heim erweist." Kaum jemand dürfte gegenwärtig allerdings an die Einlösung eines solchen Programms so recht glauben. Im Gegenteil: mit „Heim" verbindet man doch eher die Erziehungsanstalt, in der Kinder und Jugendliche untergebracht werden, die nicht nur nicht erzogen sind, sondern die sich auch nicht oder nur schwer erziehen lassen. Ein solches Heim ist nachgerade das Gegenteil von einem Zuhause, von einem Heim, in dem es sich gut leben lässt. Diesen Ort sucht auch niemand aus freien Stücken auf, oft genug auch nicht die dort tätigen professionellen Erzieher. Vielmehr „landet" man dort. Man wird gezwungen, sich dort aufzuhalten. An eine solche Institution fühlt man sich nicht gebunden. Einem solchen Ort dürften schwerlich Heimatgefühle entgegengebracht werden.

Das Heim als Einrichtung der öffentlichen Erziehungshilfe genießt denn auch seit jeher und immer noch einen schlechten Ruf, nicht nur in der Öffentlichkeit. Sogar der Gesetzgeber ließ sich von diesem Ruf offenbar beeindrucken. So erscheint der Begriff „Heimerziehung" in der Auflistung der gesetzlich vorgesehenen Maßnahmen der Kinder- und Jugendhilfe des im Jahre 1991 novellierten Kinder- und Jugendhilfegesetzes (KJHG) nur noch eingeklammert als Erklärung für den nur wenig aussagekräftigen Begriff „Erziehungshilfe in einer Einrichtung über Tag und Nacht" (§ 34 KJHG).

Heime sind demnach also Orte, die es nach Möglichkeit zu vermeiden gilt. Heimerziehung wird denn auch weithin als eine Jugendhilfemaßnahme angesehen, die es eigentlich abzuschaffen gelte. Sie gilt als ein „besonders schicksalhafter Eingriff" (*Post* 1997, 10).

Allerdings wäre als Reaktion auf ein solches „Schicksal" eigentlich weniger Ablehnung denn Anteilnahme oder gar Mitleid zu erwarten, wie vielleicht noch in früheren Zeiten bei Kindern, die etwa ihrer Eltern durch einen tragischen Unglücksfall verlustig gingen und in einem Waisenhaus Aufnahme fanden. Diese „armen Waisenkinder" scheint es allerdings nicht mehr zu geben. Ein Leben im Heim kommt heute fast ausschließlich nur für solche Kinder und

Jugendlichen in Frage, deren Eltern ihrer Erziehungspflicht nicht nachkommen. Trotzdem ist eine ablehnende Einstellung gegenüber diesen „Heimkindern" weit verbreitet. Diese Ablehnung verweist offenbar auf ein moralisches Urteil, lässt sich Moral als eine „besondere Form von Kommunikation, die Hinweise auf Achtung oder Mißachtung mitführt" (*Luhmann* 1990 a, 18) auffassen. So wird eine Kommunikation mit Personen, die für unmoralisch gehalten werden, nach Möglichkeit gemieden. Es stellt sich die Frage, warum sich diese ablehnende Haltung nicht nur auf die Eltern beschränkt, die ihrer Elternpflicht nicht nachkommen, sondern auch noch den Opfern eines solchen Versäumnisses entgegengebracht wird. Der Grund hierfür dürfte in der Tatsache liegen, dass diesen Kinder nur allzu häufig durch ein solches Schicksal in ihrer Entwicklung Schaden entsteht. Dies betrifft denn auch ihre moralische Entwicklung. Sie sind dann auch immer wieder keineswegs dankbar ob der ihnen gebotenen Erziehungshilfe, sondern zeigen Verhaltensweisen, die von den sozialen Erwartungen in negativer Weise abweichen. Sie sind häufig dissozial, verhalten sich also unmoralisch. In der Öffentlichkeit wird der Status eines ehemaligen Heimzöglings geradezu als ein Persönlichkeitsmerkmal verwendet, das ein solch abweichendes Verhalten offenbar hinreichend erklären soll. Von der Heimerziehung wird so erst gar nicht erwartet, dass sie eine fehlende oder fehlerhafte Familienerziehung ersetzen, geschweige denn die daraus resultierenden psychischen Schäden auch nur annähernd kompensieren könnte.

Bei Jugendlichen in Heimerziehung dürfte es sich um eine eher ungewollte Personengruppe handeln, von der man im Zweifelsfall nur negative Schlagzeilen erwartet. Mit ihnen scheint auch die Politik nicht viel zu tun zu haben wollen. Es dürfte kaum Zufall sein, dass sich der jüngste Jugendhilfebericht der Bundesregierung aus dem Jahre 1998 fast zur Gänze der Situation von Kindern annimmt.

Das Buch verfolgt das Ziel, die Ergebnisse der Bindungsforschung gerade für diese Gruppe nutzbar zu machen. Es soll nicht verschwiegen werden, dass das vorliegende Buch, das sich also mit Heimerziehung beschäftigt, nichtsdestotrotz nicht von einem Heimerzieher geschrieben wurde, sondern von einem psychoanalytisch ausgebildeten Kinder- und Jugendpsychiater, der die Arbeit der Heimerziehung nicht aus der Innen-, sondern lediglich aus der Außenperspektive anlässlich jahrelanger Supervisionstätigkeit kennen lernen konnte und der nach langjähriger klinischer Tätigkeit seine Erfahrungen nun an der Universität Studentinnen und Studenten der Sonder- und Sozialpädagogik zu vermitteln versucht. Eine solche Außenperspektive kann eigene Erfahrungen mit Heimerziehung sicherlich kaum ersetzen. Auch gerät man als Supervisor schnell in die Gefahr, es besser zu wissen, ohne eigentlich Bescheid zu wissen, um was es geht. Allerdings hat die Beobachterposition von außen durchaus auch gewisse Vorteile. Als Beobachter 2. Ordnung kann man nämlich beobachten, wie die primären Beobachter, also die Heimerzieherinnen, ihre Klientel beobachten. Gerade dieses Wissen muss den Beobachtern 1. Ordnung bekanntlich verschlossen bleiben. Hier haben sie ihren blinden Fleck (*Luhmann* 1990 b). Insofern fühlt sich der Autor besonders angewiesen auf eine wohlwollende Aufnahme der folgenden Ausführungen. Gerade ein Jugendpsychiater weiß um den „Narzissmus der kleinen Differenz" (*Freud* 1921, 111), der die Zusammenarbeit bzw. besser die Auseinandersetzungen zwischen den Vertretern der Jugendhilfe und der Kinder- und Jugendpsychiatrie traditionell prägt. Diese Berufsgruppen haben es schließlich weithin mit der selben Klientel zu tun. Auch „die Psychiatrie" gehört zu den wenigen markanten Institutionen, in die man „landet", die man also nicht von sich aus aufsucht. Immer noch werden all zu oft gerade dissoziale Jugendliche als „Grenzfälle" (*Köttgen* u. *Kretzer* 1990) zwischen den Heimen der öffentlichen Erziehungshilfe und den stationären Institutionen der Kinder- und Jugendpsychiatrie hin- und verschoben. Diese bekannte und oft kritisierte Tatsache kann denn nur als Ausdruck einer Hilflosigkeit gegenüber dieser Klientel in beiden Wissenschaftsdisziplinen, der Sonder- bzw. Sozialpädagogik sowie der Kinderpsychiatrie, gewertet werden (vgl. *Gintzel* und *Schone* 1990). Die Bindungstheorie kann zu einem besseren Verständnis der Probleme im Umgang gerade mit diesen Kindern und Jugendlichen beitragen.

Die folgenden Ausführungen stützen sich auch auf Erkenntnisse und Erfahrungen anlässlich eines zweijährigen Forschungsprojektes, das sich zum Ziel gesetzt hat, die Bindungsorganisation von Jugendlichen, die in einem Heim leben, zu untersuchen. Es wurde finanziell großzügig unterstützt durch die Carl-Richard-Montag-Stiftung, Bonn. Diesbezüglich geht der Dank an Herrn Carl Richard Montag sowie an Herrn Dr. Theo Eckmann. Die Untersuchung selbst fand statt im Hermann-Josef-Haus, Bonn-Bad Godesberg, einem Kinder- und Jugendheim in Trägerschaft der Caritas-Jugendhilfe Gesellschaft mbH. Das Forschungsprojekt wäre nicht zustande gekommen ohne die insgesamt hervorragende Kooperation mit diesem Heim. Stellvertretend für alle Mitarbeiterinnen und Mitarbeiter sei der Leiterin des Hermann-Josef-Hauses, Schwester Hugonis Schäfer, herzlich gedankt für das Vertrauen, das sie den Wissenschaftlern entgegenbrachte. Eine solche Bereitschaft zur Kooperation ist keinesfalls selbstverständlich, besteht doch in der „Heimlandschaft" gerade in Zeiten leerer öffentlicher Kassen ein nicht unbeträchtlicher Konkurrenzdruck. Insofern könnte man einem Wunsch, sich „nicht in die Karten blicken" zu lassen, durchaus Verständnis entgegenbringen. Zu dieser guten Zusammenarbeit kam es auch, weil von Seiten der Heimleitung ein großes Interesse an den

Grundaussagen der Bindungstheorie bestand. Es wurde die Chance gesehen, die Arbeit, die man machte und die man zu verbessern wünschte, mit Hilfe dieser Theorie konzeptionell besser erfassen und begründen zu können. Danken möchte ich Frau Dr. Susanne Müller, die die bindungstheoretischen Untersuchungen durchführte. Gerade angesichts einer solchen nicht nur erziehungsschwierigen, sondern auch untersuchungsschwierigen Population wäre es ohne ihre Geduld, ihre Einsatzbereitschaft und ihr Einfühlungsvermögen nicht möglich gewesen, so viele Jugendliche zu einer Teilnahme an diesem Forschungsunternehmen zu bewegen. Viele theoretische, aber auch praktische Hilfen wurden mir zuteil von Mitgliedern des Regensburger Forscherteams um *Klaus* und *Karin Grossmann.* Eine solche feinfühlige Unterstützung durch ausgewiesene Experten, die also mit den Worten des Gründervaters der Bindungsforschung *John Bowlby* „stronger and wiser" sind, findet sich im Wissenschaftsbetrieb doch höchst selten! Frau Andrea Houy danke ich für ihre tatkräftige Unterstützung bei der Fertigstellung des Manuskripts. Am meisten habe ich meiner Frau zu verdanken, die mir immer eine sichere Basis war.

# 1. Die Bindungstheorie

## 1.1 Bindungstheorie und Theorie der Heimerziehung

Die Aufgabe, die Erkenntnisse der modernen Bindungstheorie und Bindungsforschung für die Theorie und Praxis der Heimerziehung nutzbar zu machen, steht noch an. Dass die Ergebnisse der Bindungsforschung bislang in der Theorie der Heimerziehung so gut wie keine Aufnahme fanden, kann eigentlich nur verwundern, bedenkt man, dass die Bindungstheorie vor ungefähr 50 Jahren vom englischen Psychoanalytiker und Kinderpsychiater *John Bowlby* doch gerade im Kontext von Heimerziehung begründet wurde. Es dürfte durchaus nicht übertrieben sein, in den Hauptthemen der Bindungsforschung die wichtigsten Problembereiche von Kindern und Jugendlichen, die in einem Heim zu leben haben, auszumachen. Diese Kinder müssen nämlich mit der Trennung von ihren Eltern fertig werden und diesen Verlust ihrer primären Bindungspersonen verarbeiten. Daher wird gerade ihnen der Wunsch nach engen, gefühlvollen und dauerhaften Beziehungen, geprägt von wechselseitigem Verständnis, Liebe und Sicherheit, zum oft lebenslangen Problem. An der zentralen Bedeutung solcher Bedürfnisse wurde denn auch in der Literatur zur Heimerziehung noch nie Zweifel gelassen. Umso erstaunlicher ist es, dass diese Literatur eine Theorie kaum zur Kenntnis genommen hat, die doch beansprucht, diese fundamentalen Bedürfnisse von Kindern der empirischen Forschung zugänglich zu machen und so einen wichtigen Beitrag zu deren vertieftem Verständnis zu leisten.

Zwei Gründe für das Ausbleiben einer Rezeption und einer gemeinsamen Debatte lassen sich nennen. Zum einen müssen die Arbeiten von *John Bowlby*, der sich zusammen mit dem Entwicklungspsychologen *René Spitz* und dem Ethnologen *Harry Harlow* mit den teilweise katastrophalen Folgen früher Trennungen von der Mutter insbesondere für die einer Heimerziehung anvertrauten Säuglinge beschäftigte, verstanden werden als Beiträge zu einer fundamentalen Kritik an Heimerziehung überhaupt. Diese Kritik führte zwar in der Praxis der Heimerziehung durchaus zu Verbesserungen, legte für deren Theorie jedoch nur die Schlussfolgerung nahe, dass Heimerziehung lediglich als letzte Möglichkeit in Betracht zu kommen habe, wenn nicht ganz so eingreifende Jugendhilfemaßnahmen oder zumindest andere Formen der Fremdunterbringung wie etwa die in einer Pflegefamilie als Alternativen ausscheiden. Die Theorie der Heimerziehung wurde denn auch von der Bindungsforschung alles andere als wohlwollend behandelt. Der Heimerziehung wurde attestiert, für Kinder schädlich zu sein. Trotzdem konnte man nicht umhin zuzugeben, dass es zu ihr doch immer wieder keine Alternativen gab. Es stellte sich heraus, dass Heimerziehung für eine Reihe von Kindern letztlich nicht zu vermeiden ist. Von daher kann es nicht verwundern, dass die Bindungstheorie aufgrund ihrer bislang fast ausschließlich destruktiven Kritik an der Heimerziehung in der einschlägigen Literatur fast keine Beachtung fand.

Zum anderen wurden die Arbeiten von *Bowlby* wie die von *Spitz* erst seit Ende der 60er Jahre im Zuge der Popularisierung der Psychoanalyse in die deutsche Sprache übersetzt. Auch begrenzte der psychoanalytische Einfluss die Rezeption dieser heute als Klassiker der psychoanalytischen Heimpädagogik geltenden Werke fast ausschließlich auf die psychologische oder psychiatrische Diskussion (*Winkler* 1999). Bei der Studie der Kinder- und Jugendpsychiaterin *Annemarie Dührssen* zum Thema „Heimkinder und Pflegekinder in ihrer Entwicklung" aus dem Jahre 1958 handelt es sich um eine der wenigen frühen Arbeiten, die auf *Bowlby* explizit Bezug nehmen. In der Zusammenfassung der dort berichteten Untersuchungsergebnisse heißt es: „Extreme Verarmung an Gefühlszuwendung und Reizeindrücken allgemein (insbesondere in der Säuglings- und Kleinkindperiode), extrem häufiger Wechsel der Beziehungspersonen, verwirrende (meist negativ getönte) Unklarheiten über die eigene Herkunft und eine extreme Unsicherheit über das zukünftige Geschehen sind die Hauptcharakteristika in der Lebenssituation der Heimkinder." (*Dührssen* 1958, 142) Die Frage, ob Heimerziehung eine von der Mutter gesetzte „seelisch-geistige Vernachlässigung" kompensieren könne, beantwortete die Autorin denn auch knapp und unmissverständlich mit „Unmöglich" (a.a.O., 148).

Erst in jüngster Zeit finden sich vereinzelt Belege für eine erste Aufnahme bindungstheoretischer Argumente in der Literatur zur Heimerziehung. Diese wenigen Arbeiten befassen sich allerdings ausschließlich mit Fragen, die sich anlässlich der Heimunterbringung jüngerer Kinder oder der Vorbereitung ihrer Fremdunterbringung in einer Pflegefamilie (*Verband katholischer Einrichtungen* 1994, *Unzner* 1995, 1999) stellen. Dass die Ergebnisse der Bindungstheorie bislang nur im Zusammenhang mit Problemen jüngerer Kinder Aufmerksamkeit fanden, ist sicherlich auch auf den Umstand zurückzuführen, dass das Bindungsverhalten bei jüngeren Kindern doch deutlicher auszumachen ist als etwa bei Jugendlichen oder gar Erwachsenen. So sind die typischen Bindungsverhaltensweisen wie Suchen, Rufen, Weinen, Nachfolgen, Anklammern sowie Protest bei Trennung, die ein Kind in Situationen der Gefahr produziert und die die Eltern dazu bringen sollen, es zu schützen, in reiner Form doch fast ausschließlich im jungen Kindesalter zu beobachten. Dieses leicht zu beobachtende Verhalten wurde schon immer intuitiv mit dem so genannten Kindchenschema verbunden, das bei uns bekanntlich in der Regel positive Gefühle auslöst. Jugendliche dagegen zeigen ihr Bindungsverhalten auf andere Weise, häufig versteckt, bisweilen sogar in einer Form, die beim Gegenüber durchaus erst einmal auch negative Affekte wie Ärger, Wut oder Angst auslöst. Überhaupt hatte es die Bindungstheorie in ihren Anfängen vor allem mit Kindern zu tun. Bindung im höheren Alter wurde erst später zu einem Thema (vgl. *Gloger-Tippelt* 2001). Insofern dürfte auch diese anfänglich ausschließliche Orientierung an der Kindheitsphase die angemessene Rezeption der Bindungstheorie durch die Theorie der Heimerziehung behindert haben.

## 1.2 John Bowlby und die Psychoanalyse

Die Anfänge der Bindungsforschung sind untrennbar mit dem Namen *John Bowlby* (1907-1990) verbunden. Folgt man den Ausführungen seiner Biografen (*Holmes* 1993, *Karen* 1994[1]), formt sich zumindest für einen Beobachter aus dem europäischen Kontinent das Bild eines typischen Mitglieds der britischen Oberschicht: distinguiert, zurückhaltend und vielleicht auch etwas arrogant. Der Vater von *Bowlby*, ein Chirurg, wurde in den Adelsstand erhoben zum Dank dafür, dass er ein Kind der Königsfamilie erfolgreich operiert hatte. *Bowlby* selbst wuchs frei von materiellen Sorgen auf. Er soll das Lieblingskind seiner Mutter gewesen sein, die allerdings als eine eher kühle, unnahbare Frau geschildert wird, die ihre sechs Kinder kaum jemals lobte und für deren Gefühlsleben wenig Aufmerksamkeit aufbrachte. In der Familie wurden die Kinder standesgemäß von Kindermädchen betreut. Auch durften sie erst am Tisch zusammen mit den Erwachsenen speisen, wenn sie das Alter von 12 Jahren erreicht hatten. Der vielbeschäftigte Vater soll mehr oder weniger durch Abwesenheit geglänzt haben. Es heißt, dass der kleine John ihn eigentlich nur sonntags anlässlich des gemeinsamen Gangs zur Kirche durch den Londoner Hyde-Park zu Gesicht bekam.

Für die Geschichte der Bindungsforschung bedeutsam dürfte auch der Umstand gewesen sein, dass *Bowlby* im Alter von acht Jahren in eine Boarding School, d. h. in ein Internat, geschickt wurde, eine Erziehungsmaßnahme, wie sie auch heute noch zumindest für die Kinder der englischen Oberschicht durchaus üblich ist. *Bowlby* selbst nämlich soll später hierüber in einem seiner eher seltenen Anflüge von emotionaler Offenheit gesagt haben, er jedenfalls würde noch nicht einmal einen Hund ins Internat stecken. Während seines gesamten Berufslebens wurde er nicht müde, diese Art von Erziehung, die aus einer Angst heraus, die Kinder ungebührlich zu verwöhnen, auf kindliche Gefühle wenig oder keine Rücksicht nahm, hart zu kritisieren. Ohne Zweifel betrachtete er sich zeitlebens als Opfer eines solchen typisch britischen Erziehungsregimes. Es liegt denn auch nahe, hierin auch die emotionalen Beweggründe für seine lebenslange wissenschaftliche Beschäftigung mit dem Thema Bindung und Elternverlust zu vermuten.

Allerdings bleibt aber auch festzuhalten, dass *Bowlby* zu einem Menschen heranwuchs, der sich auf ein geradezu unerschütterliches Selbstvertrauen verlassen konnte. Er entwickelte sich zu einem souveränen Wissenschaftler, den man nur als genau das Gegenteil von einem schmalspurigen Fachidioten bezeichnen kann. Immer neugierig war er zeitlebens bestrebt, sich dasjenige aus den verschiedensten Wissenschaftsdisziplinen herauszusuchen, was ihm Antworten auf seine Fragen versprach. Dabei gelang es ihm, psychoanalytische mit ethologischen, kognitiven und systemtheoretischen Ansätzen zu verbinden und daraus mit der Bindungstheorie eine kohärente Theorie zu konstruieren, die aber auch immer der Überprüfung durch die empirische Forschung offen stehen sollte.

Erst einmal begann *Bowlby* seine akademische Ausbildung, wie man es von ihm erwartete. Er studierte Medizin an der Universität Cambridge. Er interessierte sich allerdings bald doch mehr für psychologische Themen. Er hörte dabei von neuen Erziehungsmethoden, wie sie in manchen Heimen für verhaltensgestörte Kinder angewandt wurden, so in Summerhill, der berühmt gewordenen, von *Alexander S. Neill* geleiteten Internatsschule, die später auch in der deutschsprachigen Pädagogik ob ihrer unkonventionellen Methoden für Furore sorgen sollte. Die dort geltenden Erziehungsvorstellungen mit ihrem Aufruf zu Toleranz und Freiheit, bisweilen gar mit ihrem Hauch von Anarchie, standen der von ihm erlittenen Erziehung geradezu konträr gegenüber. Sie müssen *Bowlby* auch so beeindruckt haben, dass er 1928 sein Medizinstudium für ein Jahr unterbrach, um ein unbezahltes Praktikum in zwei Heimen zu absolvieren, die nach diesen Grundsätzen einer „progressiven Erziehung" arbeiteten. Die Erfahrungen, die er dort machen konnte, überzeugten ihn davon, dass es notwendig war, die Verhaltensstörungen der Kinder immer in Verbindung mit ihrer Lebensgeschichte zu bringen und mit ihren zumeist schlimmen Erfahrungen, die sie in ihren Herkunftsfamilien hatten machen müssen. So berichtete er viele Jahre später noch von einem Jungen, zu dem er damals eine enge Beziehung eingegangen war.

„There I had known an adolescent boy who had been thrown out a public school for repeated stealing. Although socially conforming he made no friends and seemed emotionally isolated – from adults and peers alike. Those in charge attributed his condition to his never been cared for during his early years by any one motherly person, a result of his illegitimate birth. Thus I was alerted to a possible connection between prolonged deprivation and the development of a personality apparently incapable of making affectional bonds and, because immune to praise and blame, prone to repeated delinquencies." (Bowlby 1981, zit. bei Holmes 1993, 18)

*Bowlby* fasste den Entschluss, Kinderpsychiater werden zu wollen. Zusätzlich unterzog er sich der Ausbildung zum Psychoanalytiker, die er im Jahre 1937 abschloss. Nach Beendigung seines Medizinstudiums arbeitete er für drei Jahre an einer Londoner Child Guidance Clinic[2]. Hier traf er mit Sozialarbeiterinnen zusammen, deren psychoanalytische Orientierung ihn maßgeblich beeinflussen sollte. Die Verhaltensauffälligkeiten der Kinder wurden mit den aus der eigenen Kindheit herrührenden und unverarbeitet gebliebenen, neurotischen Konflikten ihrer Eltern in Verbindung gebracht, die diese daran hinderten, ihre Kinder angemessen zu erziehen.

Fasste man das störende Verhalten der Kinder so auf, mussten sich die therapeutischen Anstrengungen immer auch auf die Eltern, vor allem auf die Mütter, richten, eine Vorstellung, die in jener Zeit durchaus ungewöhnlich war. Die in der Psychoanalyse traditionell vorherrschende Auffassung, Verhaltensauffälligkeiten von Kindern auf deren triebbedingte ödipale Wünsche zurückzuführen, war schließlich auch geeignet, die Eltern von Schuldgefühlen zu entlasten. Dass *Bowlby* mit seiner Vorgehensweise bei den Vertretern der psychoanalytischen Orthodoxie anecken musste, war daher unvermeidlich. Die ihm gebührende Anerkennung fand er denn auch erst sehr viel später, am spätesten von Seiten des psychoanalytischen Establishments, dem er sich doch immer auch verbunden fühlte. Sicherlich wird er gerade darunter auch gelitten haben. Das lässt sich allerdings nur vermuten. Von seinen Gefühlen ließ er sich nur wenig anmerken, auch ein Ergebnis seiner Erziehung.

Die Beziehung *Bowlby*s zur Psychoanalyse blieb also Zeit seines Lebens kompliziert. Für Außenstehende, die mit der Geschichte der psychoanalytischen Bewegung nicht vertraut sind, sind die Verhältnisse insbesondere innerhalb der britischen Psychoanalyse nur schwer nachvollziehbar. Sie sind vielleicht am ehesten vergleichbar mit der vorneuzeitlichen, zumindest vorkonziliären, Kirchengeschichte mit ihren dauernden Abfallbewegungen und Kämpfen um den rechten Glauben. London hatte sich in jener Zeit zum Zentrum der psychoanalytischen Bewegung entwickelt, vor allem, nachdem Sigmund *Freud*, der

Begründer der Psychoanalyse, im Jahre 1937 vor den Nationalsozialisten aus Wien zusammen mit seiner Tochter Anna geflüchtet war und ein Haus in London bezogen hatte. Nach seinem Tode zwei Jahre später etablierten sich in England drei psychoanalytische Schulen, die sich untereinander befehdeten und regelrechte Intrigen spannen. Die eine Gruppe bildeten die Anhänger von *Anna Freud*, der die Rolle zufiel, das väterliche Erbe als reine Lehre hochzuhalten. Mit ihr im erbitterten Widerstreit lagen die Anhänger von *Melanie Klein*. Diese Kleinianer vertraten die Auffassung, dass schon kleine Kinder im Alter von einem Jahr feindselige Phantasien wider ihre Eltern hegten, die denn auch nur auf den alles beherrschenden Todestrieb zurückzuführen waren. Neben diesen beiden Gruppen etablierte sich eine dritte, die unabhängige oder mittlere Gruppe, der sich unter anderem auch so prominente Psychoanalytiker wie *Michael Balint* und *Donald Winnicott* zugehörig fühlten. Obwohl gerade deren Sichtweise der von *Bowlby* doch recht nahe kam, durfte er sich auch von diesen keineswegs akzeptiert fühlen. In Nachhinein fällt es schwer, diesen Differenzen eindeutige, in der Sache begründete Meinungsunterschiede zuzuordnen. Am ehesten ist noch der Unterschied zu *Melanie Klein* nachzuvollziehen. Diese sah zwar auch in den Konflikten zwischen dem Kind und seinen Eltern die Hauptursache für spätere neurotische Störungen, lastete diese jedoch den triebbedingten Phantasien des Kindes an. Für *Bowlby* waren dagegen immer die realen Erfahrungen des Kindes mit seinen Bezugspersonen das Entscheidende. Innerpsychische Konflikte und Phantasien, deren Einfluss auf das psychische Leben er im Übrigen nie leugnete, hatten für ihn ihren Ursprung immer im realen Erleben. *Bowlby* kritisierte an *Melanie Klein* deren radikales Desinteresse an der Erfahrungswirklichkeit ihrer jungen Patienten. Man wird davon ausgehen können, dass diese auch kein persönliches Interesse daran haben konnte, dass sich *Bowlby*s Theorien als richtig herausstellen könnten. Schließlich scheiterte sie an der zur damaligen Zeit noch ungleich schwierigeren Aufgabe, die Rollen einer Mutter mit der einer unabhängigen Frau, Wissenschaftlerin und Psychotherapeutin auch nur annähernd zu vereinbaren. Es dürfte kaum übertrieben sein, in *Melanie Klein* den Typ von Frau und Mutter zu sehen, vor dem *Bowlby* zeitlebens gewarnt hat. Für ihn musste sie den Prototyp einer Mutter verkörpern, die ihre Kinder mit der Situation einer mütterlichen Deprivation konfrontiert, also mit einem Mangel an mütterlicher Zuwendung, ein Zustand, der von *Bowlby* in all den folgenden Jahren als der ausschlaggebende pathogene Faktor herausgestellt wurde und der geradezu als Paradigma der Bindungstheorie angesehen werden muss.

*Anna Freud*, die ihm persönlich durchaus wohlwollend gegenüber gestanden haben soll, fühlte sich wohl zu sehr der Theorie ihres übermächtigen Vaters verpflichtet, um die Chancen, die *Bowlby*s Ansatz ermöglichte, sehen und nutzen zu können. So interpretierte sie etwa das Leid der Kinder, die zum Schutz vor den deutschen Bomben von ihren Eltern getrennt und in einem Londoner Kinderheim untergebracht wurden, im Sinne der orthodoxen Triebtheorie (*Burlingham* und *Freud* 1942). Auch ihr war die psychische Innenwelt des Kindes offensichtlich bedeutsamer als dessen äußere Realität.

Dass die Überlegungen *Bowlby*s auch von den Vertretern der unabhängigen Gruppe nicht gebührend wertgeschätzt wurden, obwohl gerade hier die Anschlussmöglichkeiten auf der Hand lagen, lässt sich wohl kaum mit rationalen Argumenten begreifen. Vermutlich dürfte es *Bowlby*s streng wissenschaftliche Vorgehensweise gewesen sein, seine Bereitschaft, die Theorien immer an den Beobachtungsdaten auszurichten, die er etwa sogar aus der Tierverhaltensforschung entnahm, die ihn bei der psychoanalytischen Gemeinschaft ins langjährige Abseits brachten.

Für die nächsten 40 Jahre war das Verhältnis zwischen Psychoanalyse und Bindungstheorie gestört, von wechselseitiger Abwertung geprägt. Erst in heutiger Zeit scheint die Psychoanalyse die Chancen zu erkennen, die die Bindungsforschung ihr bietet und die nicht zuletzt darin bestehen dürften, den Anschluss an die Wissenschaftsentwicklung wiederzugewinnen (vgl. etwa *Dornes* 1999, *Köhler* 1999).

## 1.3 Die Begründung der Bindungstheorie als Kritik der Heimerziehung

Die Erfahrungen, die *Bowlby* in den drei Jahren an der Child Guidance Clinic machte, überzeugten ihn davon, dass es nur über eine genaue Abklärung der Lebensumstände der Kinder gelingen könnte, die Ursachen für deren Verhaltensauffälligkeiten zu erfahren. Zwei Besonderheiten fielen ihm bei dieser Klientel auf. Zum einen war es in der Vorgeschichte der Kinder häufig zu einer länger dauernden Trennung von ihrer Mutter gekommen. Manchen war die Mutter gar gestorben. Zum anderen machte sich bei vielen der Mütter eine unbewusste feindselige und ablehnende Einstellung dem Kind gegenüber bemerkbar, die auch überdeckt sein konnte durch ein überfürsorgliches Verhalten. *Bowlby* nutzte die Gelegenheit, die Beobachtungsdaten von insgesamt 44 Kindern im Alter zwischen sechs und 16 Jahren, deren Verhaltensstörung sich unter anderem im Begehen von Diebstählen manifestierte, systematisch zusammenzufassen. Diese Beobachtungen wurden 1944 unter dem Titel „Fortyfour thieves – their characters and home-life" (44 junge Diebe – ihr Charakter und ihr Zuhause) in einer psychoanalytischen Fachzeitschrift veröffentlicht. Mit dieser Arbeit erwies sich *Bowlby* insofern als ein Pionier der Entwicklungspsychopathologie, als er neben den ausführlichen Fallberichten auch Statistiken präsentierte und die Methode von Kontrollgruppen benutzte, wissenschaftliche Methoden also, die auch heute noch für psychoanalytische Veröffentlichungen ungewöhnlich sind. In dieser Arbeit ging *Bowlby* eigens auf eine Gruppe von 14 Jugendlichen ein, die übereinstimmende Verhaltens- und Charaktereigenschaften aufwiesen. Sie äußerten alle nur wenig oder keine Gefühle und zeigten kaum Reaktionen, wenn man nett zu ihnen war. Von Strafen ließen sie sich nicht beeindrucken. Die meisten waren regelrechte Einzelgänger. Heute würde man sagen: sie gaben sich betont „cool". Sie bemühten sich, sich nichts anmerken zu lassen. Sie ließen sich nicht auf nichts ein. An sie war nicht ranzukommen. *Bowlby* bezeichnete sie daher als affektarm. Schaute man allerdings näher hin, ließ sich hinter ihrer Fassade von Indifferenz doch eine tiefe Traurigkeit und Verzweiflung erahnen. Allein bei 12 dieser Jugendlichen war es nach der Säuglingszeit zu einer längeren Trennung von der Mutter gekommen. Den Berichten der für sie zuständigen Sozialarbeiter war zu entnehmen, dass sie in einer chaotischen häuslichen Umgebung aufgewachsen waren, geprägt durch emotionalen Missbrauch und Gewalterfahrung. In ihren Diebstählen sah *Bowlby* eine Kompromisshandlung, die sowohl ihre Wut gegen ihre Mutter als auch ihre Sehnsucht nach einer gefühlvollen Beziehung symbolisierte.

Aufgrund dieser Veröffentlichung wurde man bei der Weltgesundheitsorganisation (WHO) auf *Bowlby* aufmerksam. Er erhielt von der WHO den Auftrag, die vorliegenden wissenschaftlichen Erkenntnisse zu den Problemen von elternlos aufwachsenden Kindern zusammenzustellen. Diese Kinder gab es gerade im Europa der Nachkriegszeit reichlich. Von diesem Forscher durfte man auch neue Ansätze erwarten, wenn es darum ging, den drängenden Probleme von Adoptivkindern, Pflegekindern und Heimkindern erfolgreich zu begegnen. Der von ihm im Jahre 1951 vorgelegte Bericht „Maternal Care and Mental Health" wurde, in viele Sprachen übersetzt[3], geradezu zu einem Bestseller und machte *Bowlby* weltbekannt. Im Zuge seiner Recherchen für diese Arbeit nahm *Bowlby* die Gelegenheit wahr, sich mit vielen Sozialarbeitern und Kinderpsychiatern in Europa und in den Vereinigten Staaten auszutauschen. Auch studierte er die inzwischen umfangreiche Literatur zu den besonderen Problemen von Kindern, die in einem Heim untergebracht waren. Dabei fiel ihm die Übereinstimmung der Befunde, die bei Heimkindern erhoben wurden, mit denen, die er bei seinen jungen Dieben beschrieben hatte, auf.

Schon in den 20er- und 30er-Jahren hatten Kinderärzte auf die dramatischen Folgen einer Unterbringung von Säuglingen und Kleinkindern in Heimen wie auch in Krankenanstalten aufmerksam gemacht. Die Lebenserwartung dieser

Kinder war deutlich verkürzt. Die Sterblichkeit in manchen Waisenhäusern betrug gar 70 %. Aber nicht nur die körperliche, sondern auch die seelische Entwicklung wurde durch ein solches Leben außerhalb der Familie nachteilig beeinflusst. Der Münchner Kinderarzt *Meinhard von Pfaundler* hatte für diesen pathologischen Entwicklungsprozess den Begriff „Hospitalismus" geprägt, der schnell populär werden sollte. In seiner 1925 erschienenen Arbeit „Über Anstaltsschäden an Kindern" hatte er die Vermutung aufgestellt, dass die emotionale Beeinträchtigung dieser Kinder wesentlich zur Entstehung ihrer körperlichen Schädigungen beitrage.

*Bowlby* verwies auch auf die Arbeit des amerikanischen Kinderarztes *William Goldfarb* (1943). Dieser hatte die Entwicklung von Kindern verfolgt, die von ihren Müttern unmittelbar nach der Geburt abgegeben wurden. Alle waren sie gesund zur Welt gekommen. Die eine Gruppe wurde zuerst in einem Säuglingsheim untergebracht und kam anschließend im Alter von 3 1/2 Jahren in eine Pflegefamilie. Die restlichen Kinder wurden sofort von Pflegeeltern aufgezogen. Beim Vergleich zwischen diesen beiden Gruppen stellte sich heraus, dass die Heimerziehung die Entwicklung der Kinder deutlich beeinträchtigte. Verglichen mit den Kindern, die sofort nach der Geburt von Pflegeeltern aufgenommen wurden, zeigte sich die Beziehungsfähigkeit der ehemaligen Heimkinder deutlich gestört. Sie vermochten nicht, tiefe und dauerhafte Beziehungen einzugehen.

Die methodisch zwar unzulänglichen, nichtsdestotrotz aufgrund ihrer bedrückenden Schilderungen einflussreichen Arbeiten von *René Spitz* (1945) aufgreifend, kam *Bowlby* zu dem Schluss, dass als Ursache für diese Auffälligkeiten nur die Trennung von ihrer Mutter in Frage kommen konnte. Heimerziehung sei daher für Kinder schädlich vor allem wegen des Fehlens einer engen und dauerhaften Beziehung zu einer erwachsenen Person, die die Funktion einer Bezugsperson würde übernehmen können. Auch in Übereinstimmung zu den beiden Kinderpsychoanalytikerinnen *Dorothy Burlingham* und *Anna Freud*, die in London ein Heim für Kleinkinder leiteten, die kriegsbedingt ohne ihre Eltern auszukommen hatten, plädierte *Bowlby* dafür, Kinderheime am besten ganz zu schließen. Vor allem kritisierte er an der Heimerziehung, dass man sich dort für gewöhnlich hauptsächlich um die körperliche Gesundheit und um das äußere Erscheinungsbild der Kinder kümmerte und dabei auf deren psychologischen Probleme wenig einging. Viel zitiert wurde in diesem Zusammenhang der eingängige Satz, wonach Mutterliebe für die Gesundheit eines Kindes zumindest ebenso wichtig sei wie Eiweiß und Vitamine.[4] Die schädlichen Folgen von Heimerziehung für die psychosoziale Entwicklung von Kindern und Jugendlichen verglich *Bowlby* mit den Symptomen des Säuglingshospitalismus, auf die *von Pfaundler* schon in den 20er Jahren des letzten Jahrhunderts hingewiesen hatte. Dessen markanter Ausspruch, wonach „noch das siebte Kind am schmutzigen Rockzipfel seiner Mutter" besser aufgehoben sei als in einem Heim, wird denn auch heute noch gerne als eine Metapher zitiert, die eine bindungstheoretische Interpretation geradezu nahe legt (etwa *Unzner* 1995).

Nach dem Krieg trat *Bowlby* eine Stelle in der Tavistock-Klinik in London an, in der er bald die Verantwortung für den Aufbau einer kinderpsychiatrischen Abteilung übertragen bekam. Sein familienorientiertes Konzept fand Ausdruck auch in der Namensgebung. Die Kinderabteilung wurde umbenannt in Abteilung für Kinder und Eltern. *Bowlby* praktizierte eine neue Behandlungsmethode, bei der er gemeinsame Therapiesitzungen mit Kindern und ihren Eltern durchführte. Insofern wäre es gerechtfertigt, *Bowlby* auch zu den Pionieren der Familientherapie zu zählen. Im Jahre 1946 stellte er *James Robertson* ein, einen psychoanalytisch ausgebildeten, schottischen Sozialarbeiter, der zusammen mit seiner Frau während des Krieges in dem von *Anna Freud* geleiteten Kinderheim als Hausmeister beschäftigt war. *Robertson* war für die Durchführung einer Studie vorgesehen, in der es darum gehen sollte zu untersuchen, wie Kinder mit der Trennung von ihren Eltern anlässlich eines Krankenhausaufenthalts fertig würden. Zu dieser Zeit war es nämlich noch in den Kinderkliniken üblich, das Zusammensein der Kinder mit ihren Eltern zeitlich streng zu begrenzen in der Annahme, so die Infektionsgefahr verringern zu können. Damals war noch nicht bekannt, dass die eigentliche Gefahr nicht so sehr von den von außen eingeschleppten Bakterien droht als vielmehr von den sogenannten Hospitalkeimen. Zudem hatten auch die Kinderkrankenschwestern wenig Interesse an einer großzügigeren Gestaltung der Besuchsregelung, fürchteten sie doch, fortan nach jedem Elternbesuch mit dem Trennungsschmerz ihrer kleinen Patienten konfrontiert zu werden. Gegen eine Veränderung der Besuchsregelung wurde die Beobachtung ins Feld geführt, dass die kranken Kinder mit der Zeit tatsächlich immer ruhiger und damit pflegeleichter wurden. Sie schienen sich also mit der Trennung von ihrer Mutter abgefunden zu haben und diese gar nicht mehr zu vermissen. Die Krankenschwestern durften sich denn nicht nur gegenüber den Müttern in ihrer höheren fachlichen Kompetenz überlegen fühlen, sondern erlebten sich auch in ihrer Rolle als vollwertiger Mutterersatz bestätigt, was verständlicherweise ihrem Selbstwert nur schmeicheln konnte.

Sah man allerdings genauer hin, wie sich die Kinder nach der Aufnahme auf der Kinderstation verhielten, ließ sich diese Annahme nicht mehr aufrecht erhalten. Die Kinder litten eindeutig unter der Trennung von ihren Müttern. Bei diesem Trennungsprozess ließen sich drei Etappen ausmachen, die Phase des Protests, die der Verzweiflung und die der Lösung. Zuerst einmal protestierten die Kinder, wenn die Mutter sich entfernte und sie alleine in der Klinik zurückgelassen wurden. In dieser Protestphase zeigten die Kinder Zeichen von Trennungsangst. Sie weinten, schrien und wehrten sich dagegen, von der Mutter verlassen zu werden. Wenn dies nichts nutzte, schienen sie irgendwie zu resignieren. Sie zeigten dann kaum noch Interesse an ihrer Umgebung, verweigerten die Nahrung und weinten nun auch seltener. Hielt die Trennung an, veränderte sich das Verhalten allerdings eindrucksvoll. Nun lebten die Kinder scheinbar auf, schienen sich wieder für ihre Umwelt zu interessieren, gingen Kontakte mit den Krankenkrankenschwestern ein, spielten und aßen wieder ganz normal. Kam die Mutter zu Besuch, wurde diese allerdings kaum mehr beachtet. Ging sie wieder, schien das Kind dies gar nicht weiter zu registrieren. Vielmehr tat es so, als ob nichts wäre. Mit anderen Worten: es verleugnete die schmerzliche Realität im Sinne einer Abwehr[5]. Diese Etappen gleichen denen des Trauerprozesses.

*James Robertson* machte anfänglich in Vorträgen auf diese regelhaft zu beobachtende Abfolge von Protest, Verzweiflung und Ablösung bei den von ihrer Mutter getrennten Kinder aufmerksam, stieß aber bei den Kinderärzten und Krankenschwestern nur auf größte Skepsis, gar auf erbitterten Widerstand. Niemand schien sich mit dem Leid dieser Kinder auseinander setzen zu wollen. Offenbar stand das Selbstverständnis der Kinderheilkunde auf dem Spiel. Schließlich gehört es zu der vornehmsten Aufgabe einer ärztlichen Institution, Leid zu beheben, zumindest zu mildern. *Robertson* beschloss daher, einen Film zu drehen, um diesen Sachverhalt zu veranschaulichen. Es entstand 1951 ein Kurzfilm mit dem Titel „A Two-year-old goes to hospital", der Furore machen sollte. Später in den 60er-Jahren drehte *Robertson* dann noch eine Serie weiterer Filme über „Young Children in Brief Separation". In diesen Filmen geht es um Kinder, die von dem Ehepaar *Robertson* für einige Wochen als Pflegekinder aufgenommen wurden, weil ihre Mutter in der Klinik ein weiteres Kind erwartete. Selbst bei diesen Kindern, bei denen man davon ausgehen konnte, dass eine gute und vertrauensvolle Beziehung zur Mutter bestand, ließen sich die typischen Trennungsreaktionen beobachten, wenn auch in abgeschwächter Form. Auch normalisierte sich das Verhalten der Kinder nach kurzer Zeit wieder. Diese Befunde standen in Übereinstimmung mit den Beobachtungen, die *Dorothy Burlingham* und *Anna Freud* (1944) bei den in ihrem Kinderheim lebenden Kindern machen konnten. Deren Pflegerinnen gelang es einfach nicht, zu den Kindern eine engere Beziehung aufzunehmen, auch wenn sie sich noch so große Mühe gaben.

Der Einfluss dieser Filme ist im Rückblick kaum zu überschätzen. Die Praktiken in Kinderkliniken veränderten sich grundlegend. Wurde die Bedeutung der Trennung damals heruntergespielt und durften die Kinder vielleicht einmal oder zweimal in der Woche besucht werden, sind heute tägliche Besuchszeiten doch die Regel. In den meisten Kinderkliniken gibt es so genannte Mutter-Kind-Einheiten. Das „Rooming-in" heute selbstverständlich geworden. Auch die Skepsis der Krankenschwestern gegenüber einer Störung des Betriebsablaufs durch allzu besorgte Eltern scheint sich weitgehend gelegt zu haben. Heute scheint es gar so, als ob Kinderkliniken auf die Mithilfe der Eltern nicht nur Wert legen, sondern auf diese geradezu angewiesen sind. Was vielleicht am wichtigsten ist: man lernte zu unterscheiden zwischen dem äußerlich sichtbaren Verhalten eines Kindes und seiner innerlichen Befindlichkeit. Auch ein scheinbar ruhiges und angepasstes Verhalten des Kindes konnte nun nicht mehr als Beweis dafür herhalten, dass mit diesem alles in Ordnung sei, sondern erwies sich im Gegenteil gerade als ein Indiz für einen schmerzvollen psychischen Konflikt des Kindes. Die scheinbar plausible und daher zur Gewohnheit gewordene Praxis, einem Kind ganz absichtlich erst gar keine Beziehung anzubieten in der Hoffnung, so nachfolgende Trennungsprobleme vermeiden zu können, ließ sich nun nicht mehr aufrechterhalten.

Nachdem nunmehr kein Zweifel mehr daran bestehen konnte, dass Trennungserlebnisse nicht nur langfristige Auswirkungen auf die psychische Entwicklung des Kindes nach sich ziehen, sondern auch schon das unmittelbare Verhalten der Kinder beeinflussten, stellte sich für *Bowlby* die Frage nach den Ursachen hierfür. Selbstverständlich wurde die Bedeutung von Mutterliebe für die psychische Entwicklung des Kindes in der Psychoanalyse schon seit langem anerkannt. So ging etwa auch *Daniel Winnicott* von einem angeborenen Bedürfnisses des Kindes aus, enge emotionale Beziehungen zur Mutter zu suchen. Allerdings stand eine überzeugende wissenschaftliche Begründung für diese These noch aus. Zwei Theorien standen zur Erklärung der so beindruckenden Trennungsreaktionen zur Verfügung, die beide im kindlichen Beziehungsbedürfnis nur ein im Grunde unvermeidliches Beiprodukt der Befriedigung des Nahrungstriebes sahen. Sowohl die Lerntheorie als auch die psychoanalytische Lehrmeinung gingen davon aus, dass der Säugling deswegen seine Mutter lieben lerne, weil diese seine oralen Bedürfnisse von Hunger und Durst befriedige, getreu dem Motto „Mutterliebe geht durch den Magen" oder „wes Brot ich ess', des Lied ich sing'".

*Bowlby* war allerdings davon überzeugt, dass diese Erklärung nicht stimmen konnte. Neugierig wie er war, hatte er die ethologischen Studien von *Konrad Lorenz* und *Niko Tinbergen* zur Kenntnis genommen. *Lorenz* hatte schon in seiner im Jahre 1935 publizierten Arbeit „Der Kumpan in der Umwelt des Vogels", mit der er die Tierverhaltensforschung begründete, die Nachlaufprägung bei Gänsen anschaulich beschrieben. Bei dieser besonderen Form des Lernens kommt es zu einer Verschränkung von Biologie und Erfahrung. Das Gänseküken nimmt zu seiner Mutter eine enge Bindungsbeziehung auf, obwohl es sich sein Futter selbst suchen muss. Es muss sogar nicht unbedingt die Mutter sein. Eine solche Prägung zeigte auch das berühmt gewordene Gänseküken Martina, das schnell zu *Konrad Lorenz* selbst ein enges Beziehungsband knüpfte und dem Forscher hinterlief. Diese Bindungsbeziehung erwies sich also als durchaus unabhängig von der Nahrungsaufnahme.

In seiner Auffassung, wonach es sich beim Verlangen des Kindes nach einer gefühlvollen Beziehung zu einer mütterlichen Bezugsperson um ein primäres, also nicht auf den Nahrungs- oder Sexualtrieb zurückzuführendes Bedürfnis handele, fand sich *Bowlby* auch durch die Forschungsergebnisse des amerikanischen Psychologen und Affenforscher *Harry Harlow* bestätigt, mit dem er einen engen wissenschaftlichen Austausch unterhielt. *Harlow* beschäftigte sich damals mit einem Thema, das in der akademischen Welt als nicht wissenschaftsfähig galt, nämlich mit der Entwicklung emotionaler Zuneigung unter Tieren. Bei seinen Experimenten mit kleinen Rhesusaffen musste er die Erfahrung machen, dass ihm immer wieder Tiere an Infektionen verstarben. In gewohnter klinischer Manier versuchte er deshalb, seine Versuchstiere möglichst keimfrei aufzuziehen. Dabei stellte sich allerdings heraus, dass auch die Affenjungen unter der Trennung von der Mutter litten. In vielen Versuchsreihen, deren Forschungsdesign in heutiger Zeit mit Sicherheit nicht nur Tierversuchsbeauftragte auf den Plan rufen würde, gelang es ihm nachzuweisen, dass es auch bei höheren Säugetieren ein starkes Verlangen nach Beziehung und nach nahem Kontakt gibt. Die von *Harlow* produzierten Filme sind auch heute noch eindrucksvoll anzuschauen. Trennte man nämlich die Affenjungen von ihren Müttern und stellte ihnen als Mutterersatz zwei verschiedene Attrappen zur Auswahl, ein Drahtgestell mit einer daran befestigten Milchflasche sowie eine fellbespannte Attrappe ohne nahrungsspendendes Anhängsel, bevorzugten die Affen eindeutig das fellbespannte, weiche Modell. Die Möglichkeit, dort Halt zu finden und sich anzuschmiegen, war ihnen offensichtlich wichtiger als der ernährungsphysiologische Nutzen. Wurde den Affenbabies Angst eingejagt, etwa durch das Knattern eines amerikanischen Spielzeugpanzers, flüchteten sie sich schnurstracks zur fellbespannten Mutterattrappe. Stand diese ihnen nicht zur Verfügung, überkam sie Panik. Sie wurden regelrecht depressiv und beruhigten sich durch stereotypes Schaukeln. Damit war der Beweis erbracht, dass Gefühlsbeziehungen nicht auf das Füttern zurückgeführt werden konnten. In weiteren Experimenten erwiesen sich allerdings diese Muttersurrogate doch als vergleichsweise wenig mütterlich. Über die Gewährung eines Sicherheitsgefühls hinaus konnten die Affenjungen nämlich doch nicht allzu viel von ihnen profitieren. In Ermangelung sozialer Kontakte entwickelten diese so mutterlos aufgewachsenen Tiere gravierende und dauerhafte Verhaltensstörungen, die auch von erwachsenen Affen, die die Funktion von Therapeuten übernommen hatten, nicht zu beheben waren. Bekamen sie später selbst Kinder, waren sie kaum in der Lage, diese aufzuziehen. Sie erwiesen sich als schlechte Affenmütter. Bisweilen brachten sie sogar ihre Jungen um. Interessanterweise zeigte sich auch, dass die Verhaltensstörungen dann am ausgeprägtesten waren, wenn die Beziehung zwischen dem Affenjungen und seiner Mutter schon vor ihrer Trennung gestört war, ein Sachverhalt, der auch auf Menschen zutrifft.

In seiner im Jahre 1958 veröffentlichen Arbeit mit dem Titel „The nature of the child's tie to his mother" fasste *Bowlby* seine neuen Erkenntnisse zusammen. In diesem Aufsatz legte er bereits in Ansätzen die Grundannahmen seiner Bindungstheorie dar, die er in den folgenden Jahren, vor allem in seiner bekannt gewordenen „Trilogie"[6], die auch ins Deutsche übersetzt wurde, ausführlich ausarbeitete und einem breiten Leserkreis vorstellte.

Es sind dies die folgenden fünf Annahmen:
1. Bei der Bindung handelt es sich um ein wesentliches Merkmal der Eltern-Kind-Beziehung.
2. Die Bindungsbeziehung ist zu unterscheiden von Abhängigkeit.
3. Bindung ist biologisch fundiert.
4. Die Erfahrungen des Kindes mit seinen Bindungspersonen finden ihren Niederschlag in psychischen Repräsentationen.
5. Bestimmte Repräsentationen von frühen Bindungserfahrungen weisen einen Zusammenhang auf mit späterer psychopathologischer Auffälligkeit .

## 1.4 Das Bindungssystem

All die genannten Grundthesen fanden in den nächsten Jahrzehnten durch die empirische Forschung eine weitgehende Bestätigung. Inzwischen hat sich die Bindungsforschung zu einem der fruchtbarsten und faszinierendsten Teilgebiete der Entwicklungspsychologie entwickelt. Bis zu seinem Tode im Jahre 1990 hatte *Bowlby* selbst hierbei einen maßgeblichen Anteil. Es macht die Größe dieses Wissenschaftlers aus, dass er immer bereit war, eigene Annahmen zu revidieren, wenn die von anderen Forschern ermittelten Ergebnisse dies nahe legten. Insofern dürfte die Lebendigkeit dieser Forschungsrichtung durchaus auch seiner Persönlichkeit zu verdanken sein. Der gegenwärtige Boom der Bindungsforschung dürfte auch damit zusammenhängen, dass es sich bei ihr um eine der eher seltenen psychologischen Forschungsrichtungen handelt, die sich durch zwei Merkmale auszeichnet, die sich sonst doch häufig ausschließen: Zum einen leuchtet ihre Bedeutung für unser aller Leben unmittelbar ein, zum anderen erweist sie sich durchaus auch als der empirischen Überprüfung durch wissenschaftlich ausgewiesene Methoden zugänglich. Inzwischen hat die bindungstheoretische Literatur denn auch einen Umfang angenommen, der einen Gesamtüberblick kaum mehr gestattet.[7]

Bei der Bindung handelt es sich um eine lang andauernde, gefühlsbetonte Beziehung zu einem bestimmten Menschen, der sogenannten Bindungsperson, von der wir Schutz und Unterstützung erwarten. Die Bindungstheorie geht davon aus, dass das Bindungsverhalten auf einer biologischen Basis beruht. Wie die moderne Evolutionsbiologie annimmt, hat sich im Verlauf der Evolution mit dem Bindungssystem ein System organisierten Verhaltens entwickelt, das ebenso wie auch die anderen Verhaltenssysteme, das reproduktive System, das affiliative System, das Versorgungssystem oder das Angstsystem, dazu dient, die Anpassung an die Umwelt und damit das Überleben oder, mit dem Begriff der modernen Evolutionstheorie ausgedrückt, die reproduktive Fitness zu sichern. Insofern muss Bindung als ein völlig normaler, natürlicher und biologisch sinnvoller Sachverhalt betrachtet werden, deren Funktion über den gesamten Lebenslauf nachweisbar bleibt, und darf nicht als Indiz für das Bestehen von Abhängigkeit missverstanden werden. Ethologisch inspiriert postulierte *Bowlby* auch für den Menschen ein Bindungsverhaltenssystem, in das die verschiedenen Bindungsverhaltensweisen organisiert seien. Die Funktion dieser für den Menschen typischen Bindungsverhaltensweisen besteht darin, die Eltern in Situationen der Gefahr in die Nähe des Kindes zu bringen, um es so wirksam schützen zu können.

Welche Signale das Kind seinen Bindungspersonen sendet, hängt ab von verschiedenen Faktoren, vom Entwicklungsstand des Kindes, von der Situation, die als bedrohlich wahrgenommen wird, sowie von der erlebten Antwortbereitschaft seiner Bindungspersonen. Immer ist ihr Ziel, sind ihre Funktionen gleich: die Bindungsperson soll zur Verfügung stehen. Dies kann das Kind auf verschiedene Weise zu erreichen versuchen. Mit seinem Lächeln macht das Baby auf sich aufmerksam, ebenso mit seinen stimmlichen Verlautbarungen. Es kann der Bindungsperson dieses Bindungsbedürfnis kundtun, in dem es nach ihr ruft. In Situationen, die ein größeres Unbehagen anzeigen, geraten diese Vokalisationen bekanntlich oft zu unüberhörbaren Äußerungen. Das

Kind schreit. Schon um diesem bisweilen ohrenbetäubenden Lärm zu entgehen, sind Eltern geneigt, sich dem Kind zuzuwenden in der Hoffnung, es zu beruhigen und so still zu bekommen.[8] Das ältere Kind kann aber auch aktiv die Distanz zur Bezugsperson verringern, ihr also nachlaufen oder nach ihr suchen. Wenn die Bindungsperson anwesend ist, wird das Kind versuchen, die Nähe zu ihr aufrecht zu erhalten. Wenn auch der Protest nichts nützt, wird es sich anklammern. Insofern sind diese verschiedenen Bindungsverhaltensweisen funktional äquivalent.

Damit die vom Kind eingesetzten Bindungsverhaltensweisen ihren Zweck, nämlich die Nähe zur Bindungsperson zu garantieren, erreichen können, muss diese allerdings auch verfügbar sein. In der ersten Zeit ist das Kind diesbezüglich noch völlig auf die Antwortbereitschaft seiner Bezugspersonen angewiesen. Unter evolutionsbiologischer Perspektive macht es daher Sinn, auf Seiten der Eltern ebenfalls ein biologisch vorprogrammiertes Verhaltenssystem zu postulieren, das Pflegeverhaltenssystem, das mit dem Bindungssystem korrespondiert. Man spricht daher auch von einem intuitiven Elternverhalten, wie es vor allem von dem Ehepaar *Papoušek* anhand vieler Beispiele beschrieben wurde (*Papoušek* und *Papoušek* 1990 a, b). Dieses auffällige elterliche Verhalten ist weitgehend alters-, geschlechts- und kulturunabhängig. Offensichtlich braucht es nicht gelehrt zu werden, sondern wird durch die bloße Gegenwart des Säuglings ausgelöst.

Wie schon seit langem bekannt, lösen bestimmte Merkmale des Kindes als Kindchenschema das Pflegeverhalten aus, so der im Vergleich zum erwachsenen Körper überproportionale Kopfumfang oder die relativ große Augenpartie des kindlichen Gesichts. Erwachsene zeigen sich ganz spontan angepasst an die anfänglich noch eingeschränkte Informationsverarbeitungskapazität des Säuglings. So präsentieren sie dem Baby ihr Gesicht automatisch in einem Abstand von ungefähr 20 bis 25 cm zu dessen Augen, eine Distanz, in der das Baby anfänglich am schärfsten sehen soll. Ein solcher Abstand würde anlässlich der Kommunikation mit Erwachsenen als doch reichlich distanzlos wahrgenommen. Ein anderes Beispiel lässt sich beim Füttern beobachten. Automatisch öffnet sich der Mund der Mutter, wenn sie ihr Baby mit dem Löffel füttert. Interessanterweise tun dies auch schon die kleinen Kinder, wenn man sie auffordert, doch auch einmal die Mama oder den Papa zu füttern.

Die Funktion dieses elterlichen Programms besteht darin, das elterliche Verhalten dem Kind verständlich und vorhersehbar zu machen. „In der vorsprachlichen Kommunikation mit ihrem Baby stimmen die Eltern ihr kinetisches, mimisches, gestisches, stimmliches und sprachliches Verhalten auf die kindlichen Wahrnehmungs- und Integrationsfähigkeiten ab, machen sich dem Kind vertraut und verständlich und erleichtern so die Integration der frühen Interaktionserfahrungen" (*Papoušek* und *Papoušek* 1999). Später äußert sich diese intuitiv gegebene Bereitschaft zu einem entwicklungsfördernden Elternverhalten in der ebenfalls auf der ganzen Welt zu beobachtenden Neigung von Eltern, mit ihrem Neugeborenen in einer ganz bestimmten Art und Weise zu sprechen, die man als Baby talk bezeichnet. Die Funktion dieses Verhaltens liegt vor allem in der Erleichterung der Beobachtungsmöglichkeiten des Säuglings. *Papoušek* und *Papoušek* (1990 a, b) sprechen in diesem Zusammenhang daher von einer intuitiven elterlichen Früherziehung. So wiederholen die Mütter etwa ihre Botschaften häufig, unterstreichen sie mit einer eindringlichen Mimik und mit passenden Gesten und sprechen mit übertrieben deutlicher und eindringlicher Stimme.

Mutter Natur konnte es sich offenbar doch nicht leisten, das Überleben des Neugeborenem in dieser Phase seines altersbedingten vollständigen Angewiesenseins auf die Erwachsenen ausschließlich deren guten Willen, ihrer freien Entscheidung und daher der elterlichen Moral anzuvertrauen. Die Natur stellte also biologisch fundierte Verhaltensprogramme zum Überleben dieser Gattung bereit. Schließlich kommt das Menschenkind im Vergleich zu den Nachkommen anderer Arten motorisch doch deutlich unreifer zur Welt. Der Anthropologe *Portmann* (1951) nannte daher den Menschen eine „extrauterine Frühgeburt". Um trotzdem das Überleben zu sichern, kam es in der Naturgeschichte zu der Verschränkung von Bindungssystem und Pflegesystem.

## 1.5 Die Entwicklung der Bindungsbeziehung

*Bowlby* (1975, IV. Teil) unterscheidet vier Phasen in der Entwicklung der Bindung.
– Phase 1: Orientierung und Signale ohne Unterscheidung der Figur
– Phase 2: Orientierung und Signale, die sich auf eine (oder mehrere) unterschiedene Person (Personen) richten
– Phase 3: Aufrechterhaltung der Nähe zu einer unterschiedenen Figur durch Fortbewegung und durch Signale
– Phase 4: Bildung einer zielkorrigierten Partnerschaft

Auch wenn das Neugeborene eindeutig ein großes Interesse am menschliche Gesicht und an der menschlichen Stimme zeigt und so den Kontakt zu anderen Menschen sucht, so lassen sich doch in den ersten beiden Lebensmonaten noch keine Vorlieben für eine bestimmte Person ausmachen. Erst ungefähr ab dem 4. Lebensmonat macht der Säugling dann Unterschiede. So gibt er im Beisein ihm vertrauter Personen mehr Laute von sich. Diese Personen bekommen auch häufiger ein Lächeln geschenkt. Es entwickelt sich nun eine besondere Beziehung, eben die Bindungsbeziehung, zu wenigen Bindungspersonen, vor allem zur Hauptbezugsperson, bei der es sich im Normalfall um die Mutter handelt. In der 3. Phase, vom 2. Lebenshalbjahr an bis etwa zum 3. Lebensjahr, festigt sich diese Bindung. Jetzt besteht eine spezifische Bindungsbeziehung. Dies zeigt sich vor allem darin, dass das Kind nun nicht mehr so unbefangen mit ihm unvertrauten Personen umgeht, sondern sich in Anwesenheit von Fremden gehemmt verhält und gar Angst empfindet. Es fremdelt. Mit den Monaten, insbesondere mit der Reifung des motorischen Systems, erwerben die Kinder dann die Fähigkeit, andere Verhaltensweisen einzusetzen, um die Nähe zu ihren Bindungspersonen zu kontrollieren. Das kleine Kind kann nun der Mutter hinterher krabbeln oder zu ihr hinlaufen. Es folgt ihr und sucht nach ihr. Mit der Zeit lernt das Kind auch seine Bezugspersonen besser kennen. Kognitiv gereift, etwa ab dem 3. Lebensjahr, kann es sich nun auch in diese hineinversetzen und dann dieses empathische Wissen einsetzen, um die Erfolgswahrscheinlichkeit des eingesetzten Bindungsverhaltens zu erhöhen. Da also das Ziel der Bemühungen nicht aus dem Auge verloren wird, handelt es sich hierbei im Unterschied zu starr ablaufenden Reflexen um ein „zielkorrigiertes Verhalten". So schaut etwa das Kind zuerst traurig drein, fängt dann an zu weinen, wenn es sich nicht bemerkt erlebt, macht sogar in die Hose, wenn auch dies keinen Erfolg zeitigt, und mag sich zuletzt, sollte die Sensibilität der mütterlichen Nase etwa schnupfenbedingt reduziert sein, an der Tischdecke hochziehen wollen. Spätestens dann ist das Ziel erreicht. Die Mutter wird kaum umhin kommen, sich der Ursache dieser lauten Wirkung zuzuwenden. All diese Verhaltensweisen sind in diesem Fall funktional äquivalent, verfolgen also das gleiche Ziel. In der Sprache der Kontrolltheorie ausgedrückt: Der Kontrollparameter ist die Nähe zur Bindungsperson. Das Kind weiß inzwischen auch um die Gewohnheiten und Eigenarten seiner Eltern, die es zu berücksichtigen, bisweilen durchaus auch auszunutzen gilt. So können kleine Geschenke durchaus auch dem Erhalt der Bindungsbeziehung dienlich sein. Nun muss die Bindungsperson auch nicht mehr dauernd anwesend sein. „Aus den Augen" bedeutet nicht „aus dem Sinn", hat das Kind erst einmal eine symbolische Repräsentation seiner Bindungsperson entwickeln können, die es ihm erlaubt, zumindest eine Zeit lang auch ohne deren körperliche Anwesenheit auskommen zu können. Diese Repräsentation vermittelt dem Kind das Gefühl von Sicherheit, auch wenn die Bindungsperson aktuell nicht verfügbar ist. Eine solche Überzeugung ist auch Voraussetzung dafür, dass das Kind das Ausleben seiner Autonomiebedürfnisse genießen kann.

Welches Bindungsverhalten ein Kind zeigt, hängt auch davon ab, welche Bedeutung es der jeweiligen Situation beimisst. Wird die Situation als ängstigend erlebt, wird das Bindungssystem aktiviert. So gibt es Situationen, auf die das Bindungssystem des Kindes naturgegeben anspricht, etwa laute Geräusche, die Wahrnehmung von Höhe, ein plötzlicher Reizwechsel, aber auch Schmerzen oder Müdigkeit. Andere Gefahrensignale sind unbekannte Situationen, ein plötzlicher Reizwechsel, ein schnelles Zupacken oder auch nur das Alleinsein. Der biologische „Sinn" von Bindung erscheint hierbei völlig plausibel, signalisieren solche Situationen doch in der Regel eine Gefahr für das Kind. Die Gefahr und damit die bindungssystemaktivierende Qualität anderer Situationen wird dagegen erlernt. Anfänglich wird das Kind sich bei der Einschätzung der Gefährlichkeit dieser Situationen an seinen Eltern orientieren und deren Einschätzung übernehmen. Von dieser Einschätzung hängt es denn auch ab, welchen Personen die Möglichkeit gegeben ist, das Bindungssystem des Kindes zu deaktivieren, d. h. diesem wieder ein Gefühl von Sicherheit zu vermitteln. Insofern entwickelt ein Kind eine Hierarchie von Bindungspersonen. Wenn die leibliche Mutter nach der Geburt für das Neugeborene als Bezugsperson zur Verfügung steht, wird sie es sein, die vom Kind als Hauptbindungsfigur in Anspruch genommen werden wird. Dies ist, soweit wir wissen, in allen Kulturen der Fall. Es kann aber auch eine Frau sein, die das Kind nach der Geburt „an Kindes Statt" annimmt und adoptiert, oder der Vater, wenn etwa die Mutter verstorben ist oder in der Rolle als Hausmann, der es etwa seiner Frau ermöglicht, nach ihrer Niederkunft ihre Karriere als Wissenschaftlerin fortzusetzen. Eine im Bindungssystem als groß eingestufte Gefahr wird dabei nur von der Hauptbindungsperson erfolgreich bearbeitet werden können. Für allfällige Frustationen sollte auch der Vater herhalten können. Die Aktivität des Bindungssystems wird aber nicht nur von Bedingungen auf Seiten der Umwelt kontrolliert, sondern auch von Bedingungen auf Seiten des Kindes, so von seiner jeweiligen psychophysischen Verfassung. Ein krankes Kind wird schneller geängstigt sein und sich der Nähe und Verfügbarkeit seiner Bindungsperson versichern wollen. Der wichtigste Kontrollparameter ist die An- oder Abwesenheit der Bindungsfigur. Maximal ist die Aktivierung des Bindungssystems, wenn das Kind sowohl eine Gefahr von Seiten der Außenwelt als auch eine Nichtverfügbarkeit seiner Bindungsperson erkennen muss. Nicht verfügbar ist die Bindungsperson allerdings auch dann, wenn sie, obwohl in der Nähe, dennoch die Bindungssignale nicht wahrnehmen kann oder diese nicht wahrnehmen will, etwa wenn sie sich durch die Bindungsbedürfnisse ihres Kindes belästigt fühlt und sich zurückzieht.

Das Kind lernt im Lauf der Zeit also, die Gefahren einzuschätzen. „Schere, Messer, Gabel, Licht / ist für kleine Kinder nicht", heißt es bekanntlich. In analoger Weise zur engen Verbindung zwischen dem Bindungssystem und dem Angstsystem beim Kind besteht auch bei der Bindungsperson eine Verknüpfung von Fürsorgesystem und Angstsystem. Dabei wird man für viele Situationen von einer Korrespondenz ausgehen dürfen. So wird etwa ein schnell auf dem Bürgersteig heranbrausender Fahrradfahrer geeignet sein, sowohl bei der Mutter deren Pflegeverhaltenssystem als auch bei ihrem Kind dessen Bindungssystem zu aktivieren. Was als gefährlich oder, anders ausgedrückt, was als bindungsrelevant, angesehen wird, wird in der Kommunikation zwischen Kind und Mutter ausgehandelt, wobei anfänglich immer auch der kulturelle Einfluss auf die mütterliche Definitionen in Rechnung gestellt werden muss. Anfänglich tut ein kleines Kind gut daran, sich diesbezüglich auf den Wissensvorsprung seiner Mutter zu verlassen, zumindest sich überzeugen oder überreden zu lassen. Bekanntlich differieren gerade in der Einschätzung der Bindungsrelevanz einer Situation nicht selten die Auffassungen dieser beider Interaktionspartner. Im Normalfall, und nicht nur im Idealfall, sollte die Bindungsperson, wie es *Bowlby* (1982, 159) ausdrückte, „stronger and wiser" sein, also „stärker und schlauer", einflussreicher und wissender. Hier im Konfliktfalle eine Einigung zu erreichen oder zumindest ein Kleinbeigeben wider eine objektiv schlechtere Einsicht auf Seiten des Kindes, dürfte bekanntlich zu den schwierigeren Lektionen von Erziehung gehören, der die Aufgabe zukommt, den Kindern Gelegenheiten zu bieten, angemessene Anpassungsmechanismen zu entwickeln. So kann sich eine Fehleinschätzung der Wirklichkeit von Seiten des Kindes sowohl in einer Unterschätzung als auch in einer Überschätzung der Gefährlichkeit äußern. Im letzteren Fall sollten die Erziehungspersonen ihr überängstliches Kind erst einmal beruhigen, ihm dabei aber auch vermitteln, dass seine Angst „objektiv" unbegründet war. Es leuchtet ein, dass ein Kind, das ob einer solchen Fehleinschätzung der „objektiven" Situation entweder bestraft oder gar der Lächerlichkeit preisgegeben wird, sich bemühen wird, fortan seine Bindungsbedürfnisse nicht, zumindest nicht vorschnell und, wenn überhaupt, dann nur nach eingehender Überprüfung, kundzutun, um sich einer solchen peinlichen Preisgabe seiner Bindungsbedürfnisse nicht mehr aussetzen zu müssen.

Erlebt ein Kind dies regelmäßig, kommt es zu einer Verknüpfung zwischen dem Gefühl der Angst, welches das Bindungssystem aktiviert, und eben diesem Gefühl von Scham. Dann wird es dazu kommen, dass das Kind sich seiner Bindungswünsche schämt, weil diese dann mit einem guten Selbstkonzept nicht zu vereinbaren sind. Das Kind wird also diese Bindungsbedürfnisse verleugnen, um sich so vor einer Beschämung zu schützen. Diesem Gefühl von Scham kommt die Funktion zu, die Integrität des Selbst zu sichern. Deswegen dürfte es sich auch bei der Scham vermutlich um den Affekt handeln, dem bei der Erziehung die größte Bedeutung zukommt und der daher auch so häufig, gewollt oder ungewollt, gewöhnlich oder ausnahmsweise von den natürlichen ebenso wie von den professionellen Erziehern eingesetzt wird. In Erwartung einer beschämenden Situation geben bekanntlich auch widerspenstige Zöglinge ihren Erziehungswiderstand auf. Das Problem für die Erzieher besteht dann allerdings darin, dass sie sich nicht klar darüber sein können, ob dieser Verzicht auf Seiten des Kindes auf Einsicht beruhte.

Zum Verständnis vieler Erziehungsprobleme ist es nützlich, das Augenmerk auf eine weitere Interaktion zwischen Verhaltenssystemen zu richten, und zwar auf die zwischen dem Bindungssystem einerseits und dem Erkundungs- oder Explorationssystem andererseits. Zwischen diesen beiden Systemen besteht ein antagonistisches Verhältnis. Die dem Kind angeborene, weil unter evolutionsbiologischem Gesichtspunkt durchaus als nützlich anzusehende, Neigung zur Exploration der Umgebung wird gerade dann gehemmt, wenn das Bindungsverhaltenssystem aktiviert ist. Auf diese heikle Balance zwischen Bindung und Exploration hat insbesondere die Psychologin *Mary Ainsworth*, die neben *Bowlby* als zweite Gründungsfigur der Bindungstheorie gilt, aufmerksam gemacht. Sie wies darauf hin, dass das Kind eine „sichere Basis" braucht, um von dort aus die Welt erkunden zu können. So wird ein kleines Kind, das sich bei seinem Erkundungsgang im dunklen Wald verirrt hat und, sich an die abendlichen Vorlesungen erinnernd, vor dem bösen Wolf fürchtet, bei der Rückkehr angstvoll sein Gesicht in den Schoß der Mutter vergraben, gar nicht mehr an der Fortsetzung solcher explorativen Unternehmungen interessiert. Nur wenn das Bindungssystem des Kindes deaktiviert ist, wenn das Kind sich also sicher fühlt oder mit modernen Worten „gut drauf" ist, ist es zur Exploration motiviert. Wann dies der Fall ist, hängt natürlich wiederum von vielen Faktoren ab, vor allem von der erlebten Verfügbarkeit seiner Bindungsperson und von der vermeintlichen Gefährlichkeit der angestrebten Erkundung, mithin von einer komplizierten Interaktion dieser Bedingungen. Schon aus praktischen Gründen tut ein Kind gut daran, sich vor Antritt gefährlicherer Unternehmungen möglichst der sicheren Verfügbarkeit seiner Bindungsperson zu vergewissern.

Vor allem im 2. Lebensjahr lassen sich diese Mechanismen gut beobachten. Sie wurden von der Psychoanalytikerin *Margaret Mahler* als die Separations- und Individuationsphase kennzeichnend ausführlich beschrieben (*Mahler* et al. 1978). Kinder geraten in diesem Alter, also mit dem Erwerb der Fähigkeit selbstaktiver Fortbewegung, zwangsläufig in Gefahr, sich bisweilen auch zu weit von ihrer Bindungsperson zu entfernen. Um eine solche Angst auslösende Situation zu vermeiden, gewöhnen sie sich daher an, sich immer wieder dieser Person zu vergewissern, etwa durch einen kurzen Körperkontakt oder auch nur durch einen Blickkontakt. Ängstlicheren Naturen ist allerdings auch ein solche Rückversicherung, dieses „Checking back", noch zu aufwändig oder gar zu riskant. Sie nehmen sich dann vor, sich eine gewisse Zeit lang ohne Not nicht von ihrer Bindungsperson zu trennen. Ein solches klammerndes Verhalten „am Rockzipfel" ist daher für diese so genannte Wiederannäherungsphase, einer Subphase der Separations- und Individuationsphase, nicht untypisch.[9]

Diese Separations- und Individuationsphase ist eng verbunden mit der Autonomieentwicklung. Um sich zu verselbständigen, muss man sich schließlich auch trennen können. Um sich trennen zu können, sollte man allerdings auch sicher sein dürfen, nicht einsam zu sein, wenn man alleine ist. Alleinsein kann sicherlich auch durchaus befriedigend sein. Das dürfte aber nur dann möglich sein, wenn man darauf vertrauen darf, dieses Alleinsein auch selbsttätig beenden zu können, wenn man es denn will. Eine „genügend gute Mutter" wird entsprechende vertrauensbildende Erfahrungen anbieten, damit ihr Kind diese „Fähigkeit, alleine sein zu können" erwerben kann (*Winnicott* 1971). Das Bedürfnis des Kindes nach Autonomie ist nun unverkennbar. „Alleine machen", heißt die Devise, die es zu respektieren gilt, auch wenn sie bisweilen nervt. Eltern können ihr Lied davon singen. Aber auch die Wissenschaft nahm sich diesen komplizierten Beziehungen zwischen den verschiedenen bei der Autonomieentwicklung beteiligten Verhaltenssystemen an. Dieser Lebensphase wird denn auch heute in der psychodynamisch orientierten und psychotherapeutischen Literatur zumindest genau soviel Aufmerksamkeit geschenkt wie in früheren Tagen der vermeintlich schicksalhaften, die weitere psychische Entwicklung bestimmenden ödipalen Phase.

Eltern unterstützen und fördern die Autonomieentwicklung ihres Kindes, wenn sie diesem überzeugend vermitteln, dass sie das Risiko bei der Exploration der Welt mitzutragen bereit sind. Dass dies alles andere als leicht ist angesichts eines steigenden Bedürfnisses des Kindes, sich Erlebnisse zu verschaffen, die geeignet sind, die eigene Selbstwirksamkeit zu bestätigen, leuchtet unmittelbar ein. Schließlich wird das Angstsystem der Eltern immer wieder aktiviert. Zynische Anmerkungen wie „Du wirst schon sehen, wohin das führt!" oder „Wird mal Zeit, dass er auf die Schnauze fällt", dürften hierbei sicherlich nicht hilfreich sein. Die Bindungsperson sollte bei all den Explorationsunternehmungen ihres Kindes auch immer dessen Bindungsbedürfnis berücksichtigen. Dies gilt auch für das Jugendalter. In dieser Zeit dürfte es den Eltern bisweilen besonders schwer fallen, die geforderte Feinfühligkeit als „wichtige Voraussetzung für Autonomieentwicklung und damit gelungene Anpassung" (*Grossmann* 2000 a) aufzubringen und etwa die forciert vorgetragenen Autonomiebedürfnisse ihres Kindes angemessen zu berücksichtigen, müssen sie doch immer damit zu rechnen, als überängstlich, altväterlich und letztlich ignorant zu erscheinen.

Dass der Mensch nicht nur nachts nicht gerne allein ist, ist auch der Wissenschaft geläufig. Sie hat daher ein eigenes Verhaltenssystem postuliert, dem ein Leben lang die Funktion zukommt, das Zusammensein mit anderen Menschen zu garantieren. Dieses ebenfalls biologisch begründete und dem Überleben dienende System wird als affiliatives System bezeichnet. Im Kindesalter dokumentiert sich die Aktivität dieses Systems in dem Interesse des Kindes für Gleichaltrige, in der Lust, sich mit seinen „peers" zu beschäftigen, zu spielen, eben mit ihnen zusammen zu sein. Ebenso wie beim Explorationssystem besteht auch beim affiliativen Verhaltenssystem ein sich wechselseitig ausschließendes, antagonistisches, Verhältnis zum Bindungssystem. Diese System ist dann am stärksten aktiviert, wenn die Aktivität des Bindungssystem am geringsten ist.

Spielen machte bekanntlich mehr Spaß, waren die Hausaufgaben erst gemacht, hatte man also die Erlaubnis der Eltern hierzu. Gab man wider besseren Wissens, also in Täuschungsabsicht, lediglich vor, die Aufgaben schon erledigt zu haben, musste eine gewisse Aktivierung des Bindungssystems billigend in Kauf genommen werden, wollte man auf das affiliative Vergnügen nicht verzichten. Es ließ sich aber nicht vermeiden, dass dieser Spaß doch etwas eingeschränkt wurde durch einen gewissen Grad an Bindungsstress. Schließlich war für den nicht gänzlich auszuschließenden Fall, dass der Betrug von den Eltern aufgedeckt würde, deren, wenn auch nur kurzfristiger, Liebesentzug zu befürchten.

Für die weitere Entwicklung des Kindes von größter Bedeutung ist es, wie die Bezugspersonen diese oft stundenlangen Aktivitäten bewerten. Sie können dies als Entlastung ansehen oder auch darauf mit Eifersucht reagieren, müssen sie nun doch erkennen, nicht mehr konkurrenzlos im Mittelpunkt des Interesses ihres Lieblings zu stehen. Wollen oder können sie sich damit noch nicht abfinden, werden sie sich vielleicht doch klammheimlich freuen, wenn ihr Kind beim Räuber-und-Gendarm-Spiel die Kontrolle über Zeit und Raum verliert, so dass es von einer besorgten, aber letztlich sich doch bestätigt fühlenden, Mutter geborgen werden muss.

Wie die Bindungsperson mit diesen unterschiedlichen Bedürfnissen des Kindes umgeht, hängt also entscheidend von ihrer Einstellung, von ihrer psychischen Verfassung ab. Selbstverständlich gehen Eltern nie völlig in ihren Funktionsrollen als Bindungspersonen auf. Ebenso wenig wie soziale Systeme in Dyaden aufgehen, können Zweipersonenbeziehungen auf eine Bindungsbeziehung reduziert werden. Auch können die unterschiedlichsten Beziehungstypen in unterschiedlichem Ausmaß Bindungsqualitäten aufweisen, die es jedoch nicht rechtfertigen, von einer Bindungsbeziehung im eigentlichen Sinne zu sprechen. So können Spielkameraden zeitweise durchaus auch Bindungsfunktionen ausüben. Später tun dies Freunde, dann die „beste Freundin". Im Unterschied zur primären Bindungsbeziehung sind diese Beziehungen aber insofern von besonderer, die Autonomieentwicklung fördernder Bedeutung, als sie selbst gewählt werden. Gerade darin dürfte der Wert der Gleichaltrigenbeziehung für Jugendliche liegen, der den der Beziehungen zu den Eltern, will man den Verlautbarungen mancher Entwicklungspsychologen glauben, sogar übertreffen soll. So erzielte die amerikanische Entwicklungspsychologin *Judith Harris* (2000) mit ihrer These, dass die elterlichen Einflussmöglichkeiten gegenüber denen der Genetik und der Gleichaltrigen zu vernachlässigen seien, ein breites massenmediales Echo. Für Eltern erziehungsschwieriger Kinder mag denn diese Kunde durchaus tröstlich sein, kann sie doch keine Schuld mehr treffen. Allerdings müssen sie sich dann trotzdem vorhalten lassen, bei der ihnen verbliebenen Erziehungsaufgabe versagt zu haben, nämlich den schlechten Umgang ihrer halbwüchsigen Kinder nicht verhindert zu haben, eine Aufgabe, die sich immer wieder als mit deren Autonomiebedürfnissen schwer vereinbar erweist.

Auch die ersten Liebesbeziehungen Jugendlicher weisen häufig Bindungsmerkmale auf. Von einer eigentlichen Bindungsbeziehung sollte man allerdings nur dann sprechen, wenn der Bindungsaspekt das hervor stechende Merkmal dieser Beziehung darstellt. Es sind nicht so sehr einzelne Bindungsverhaltensweisen, die eine Bindungsbeziehung ausmachen, sondern es ist letztlich das Ergebnis, das zählt, wenn das Kind diese Person dauerhaft und vorhersehbar als Bindungsfigur wahrnimmt und sie in dieser Funktion nutzt. Dass eine solche Bindungsbeziehung auch noch andere Qualitäten aufweist, steht außer Frage. So sollte die Mutter denn immer wieder auch Spielpartnerin für ihr Kind sein. Angesichts der bekannten Ausfallquote des Schulunterrichts fühlen sich Eltern gezwungen, auch die Rolle von Lehrkräften zu übernehmen, nur um den qualifizierten Schulabschluss nicht zu gefährden. Diesen unterschiedlichen Aufgaben sind Eltern natürlich unterschiedlich gewachsen. Schließlich haben auch sie bestimmte Vorlieben und Talente. Dieser Umstand schien für Väter bekanntlich kaum jemals ein Problem gewesen zu sein. Die Funktion als Spielpartner scheint Vätern besonders zu liegen, können sie doch die Annehmlichkeit, ihre kindlichen Explorationsbedürfnisse wieder aufleben zu lassen, mit einer nützlichen Erziehungsaktivität auf unverdächtige Weise verbinden. Gerade die väterliche Spielfeinfühligkeit dürfte für die Förderung der Autonomieentwicklung des Kindes von besonderer Bedeutung sein. Offensichtlich gibt es „nicht nur eine kindliche Balance zwischen Bindung und Exploration, sondern es gibt dabei auch eine Rollenteilung der Eltern in diesem System" (*Grossmann* 2000 b, 44).

Allerdings dürften die Verhältnisse für die Mütter zum Lebensanfang ihrer Kinder eindeutiger sein. Sie können und müssen sich auf ihre Funktion als Versorgerin konzentrieren. In dieser Funktion sind sie naturgegeben derzeit noch konkurrenzlos. Schließlich sind sie es, die die Kinder auf die Welt bringen. Der amerikanische Entwicklungspsychologe und Psychoanalytiker *Daniel Stern* (1998) hat gerade dieser „Mutterschaftskonstellation" ein vielbeachtetes Buch gewidmet, in dem er ausführt, wie diese biologisch fundierte, einmalige und unvergleichliche Beziehung auch soziokulturell abgestützt wird. Dass die Verhältnisse für die Mütter in den darauffolgenden Jahren diese Übersichtlichkeit verlieren und komplizierter werden, soll – politisch korrekt – nicht verschwiegen werden. Die Mutterschaftskonstellation und ihre Auswirkungen sind denn auch nicht zu trennen von einer grundlegenden Diskussion des Geschlechterverhältnisses.[10]

Auf eine weitere komplexe Interaktion zwischen den unterschiedlichen Verhaltenssystemen soll noch hingewiesen werden, die mit dem Erreichen der Adoleszenz für die meisten Menschen von größter Bedeutung wird und die nicht selten mit gravierenden Problemen einhergeht, nämlich auf die Interaktion zwischen Explorationssystem, affiliativem System und Bindungssystem anlässlich einer von der Wissenschaft wohlmeinend „romantisch" genannten Liebesbeziehung. So ist bekanntlich anfänglich, etwa beim „Anmachen", beim Flirt und bei der ersten Verabredung neben dem basalen affiliativen System vor allem das Explorationssystem aktiviert. Sexuelles Interesse, das „Erobern" des Körpers des oder der Anderen zeugt von Explorationslust. Übersteht die Liebesbeziehung dieses Stadium, steht gar die Prüfung an, ob man sich „ewig bindet", wird man im Normalfalle sich mit dem Problem auseinander zu setzen haben, wie die Erfordernisse der beteiligten Verhaltenssysteme zu harmonisieren sind. Den Bund fürs Leben sollte man tunlichst nur mit einer Person eingehen, die man zu kennen glaubt oder die man zumindest beabsichtigt, kennen zu lernen. Für die dem Kennenlernen folgende Zeit wird man immer weniger erwarten können, dass das Explorationssystem von dem Partner aktiviert wird. Hat sich in den affiliativen Systemen beider Beteiligter in der Zwischenzeit nicht so etwas wie Bindung etabliert, stehen die Chancen für die Dauerhaftigkeit dieser Beziehung schlecht. Der Zürcher Verhaltensforscher und Psychologie *Norbert Bischof* (1985) spricht in diesem Zusammenhang von sekundärer Vertrautheit. In seinem allerdings nicht explizit bindungstheoretisch begründeten kybernetischen Modell geht er von drei separaten Motivsystemen aus, erstens dem Sicherheitssystem, das unter einer bindungstheoretischen Perspektive am ehesten mit dem Bindungssystem zu vergleichen ist, zweitens dem Erregungssystem, das sich weitgehend mit dem Explorationssystem decken dürfte, und drittens dem Autonomiesystem. Im Stadium der sekundären Vertrautheit kommt es eben zu einer Hemmung des Erregungssystems, da das Sicherheitssystem und das Erregungssystem gegensätzlich operieren. Eheliche Treue muss daher durch ein Gebot von höchster Stelle eingefordert, Untreue sanktioniert werden. Auf diesen Antagonismus führt *Bischof* letztlich auch das Inzestverbot zurück, für dessen Universalität er zahlreiche empirische Belege anführt. Will man auf die kaum bestreitbaren Vorteile einer auf Dauer ausgerichteten Partnerschaft, etwa einer Ehe, nicht verzichten (vgl. *Willi* 1991), darf man eben nicht alles wollen wollen.

Bei den Beziehungen von Kindern sind also ebenso wie bei den von Erwachsenen vielfältige Aspekte zu berücksichtigen. Dies ist das Thema einer neuen Wissenschaftsdisziplin, der Beziehungswissenschaft, die sich auch im deutschsprachigen Raum zu etablieren anschickt (*Hofer* et al. 1992, *Auhagen* und *von Salisch* 1993, *Bierhoff* und *Grau* 1999, *Asendorpf* und *Banse* 2000). In den Jahren der Kindheit sind die erwachsenen Bezugspersonen in ihrer Funktion als Erzieher gefordert, wobei dieser eine die anderen Funktionen von Beziehung integrierende Bedeutung zukommen dürfte. Dies dürfte die Relevanz der Pädagogik ausmachen, zu deren Aufgaben es daher auch gehören sollte, die Ergebnisse der humanbiologischen und psychologischen Wissenschaftsdisziplinen gebührend zur Kenntnis zu nehmen (vgl. *Bischof* 1989).

## 1.6 Innere Arbeitsmodelle

Das Bindungsverhalten des Kindes wird in seiner Entwicklung in erster Linie geprägt von den alltäglichen Bindungserfahrungen, die es mit seinen primären Bezugspersonen macht, denen also die Funktion von Bindungspersonen zukommt. Diese unzähligen Informationen werden durch das Gehirn gewissermaßen zu abstrakten Durchschnittswerten verarbeitet, zu mentalen Repräsentanzen verinnerlicht, die von der Bindungstheorie als internale oder innere Arbeitsmodelle bezeichnet werden. Das Kind bildet generalisierte Erwartungsstrukturen, mit deren Hilfe es die Erfahrungen mit seinen Bindungspersonen verarbeitet. Es handelt sich dabei um Annahmen des Kindes darüber, wie seine Bezugspersonen auf seine Bindungswünsche höchstwahrscheinlich reagieren werden. Innere Arbeitsmodelle beziehen sich daher sowohl auf das Verhalten der Bindungsfigur als auch auf das eigene Verhalten, mithin auf die Beziehung und auf die eigene Bedeutung in dieser Beziehung. Ist das Bindungsverhaltenssystem aktiviert, kann ein Beobachter von den Bindungsverhaltensweisen des Kindes auf die diesem Verhalten zugrunde liegenden internen Arbeitsmodelle schließen. Dies ist bereits gegen Ende des ersten Lebensjahres der Fall. In Kleinkindalter wird das innere Arbeitsmodell dem kleinen Kind allerdings überwiegend nur als prozedurales, als ein dem Bewusstsein noch nicht zugängliches Wissen, zur Verfügung stehen (*Zimmermann* 1995).

*Mary Ainsworth* leistete bei der Erforschung der Entwicklung dieser ersten inneren Arbeitsmodelle die Pionierarbeit. Sie führte zwei Studien unter natürlichen Bedingungen durch, die erste in Uganda, die zweite später in Baltimore. Hierbei beobachtete sie Mütter im Umgang mit ihren kleinen Kindern und studierte deren Bindungsverhalten über viele Stunden genauestens. Es gelang ihr erstmals, das komplizierte Wechselspiel zwischen dem Bindungssystem, dem Explorationssystem und dem Angstsystem systematisch zu beschreiben (*Ainsworth* und *Wittig* 1969). Diese Beobachtungsdaten ordnete *Ainsworth* drei unterschiedlichen Bindungskategorien zu, dem Muster der sicheren Bindung vom B-Typ, der unsicher-ambivalenten Bindung vom C-Typ sowie der unsicher-vermeidenden Bindung vom A-Typ. Die Entwicklung dieser organisierten Bindungsmuster ließ sich auf die Besonderheiten der affektiv getönten Erfahrungen der Kinder mit ihren primären Bezugspersonen zurückführen. Ein Kind, dessen Mutter aufmerksam und feinfühlig sowohl die Bindungs- als auch Erkundungsbedürfnisse wahrnimmt und auf sie angemessen reagiert, lernt, dass es sich im Falle eines Falles auf seine Mutter verlassen kann. Auf dieser sicheren Basis kann es sich dann auch vertrauensvoll Neugier leisten. Das Kind entwickelt also eine sichere Bindung anlässlich seiner Interaktionserfahrungen mit seiner feinfühligen Bindungsperson. Vier Merkmale zeichnen eine solche feinfühlige Bezugsperson aus (*Ainsworth* et al. 1978):

– Sie kann die Signale des Säuglings wahrnehmen, weil sie sich in seiner Nähe befindet und zugänglich ist.
– Sie weiß diese Signale auch richtig zu deuten, weil sie empathisch die Wünsche des Säuglings aus dessen Perspektive anzuerkennen und sie von den eigenen Bedürfnissen zu unterscheiden vermag.
– Sie kann prompt auf die Bedürfnisse des Kleinkindes reagieren, da entwicklungsbedingt das Kind in diesem Alter nur Ereignisse als kontingent, d. h. als regelhaft miteinander zusammenhängend, begreifen kann, wenn diese in einen zeitlich engen Abstand aufeinander folgen.
– Sie reagiert angemessen insofern, als sie dem kleinen Kind das gibt, was es wirklich nötig hat, also nicht zuviel und nicht zu wenig.

Im Gegensatz zu solch sicher gebundenen Kindern lernen Kinder, deren Mütter sich durch deren Bindungsbedürfnisse eher bedrängt fühlen, dass vor allem ihre Autonomie geschätzt wird. In Erwartung einer kommenden Enttäuschung vermeiden sie es denn auch, ihren Bindungswünschen Ausdruck zu verleihen, obwohl ihr Bindungssystem durchaus aktiviert ist, wie in späteren Untersuchungen an biologischen Parametern, etwa an der erhöhten Ausschüttung des Stresshormons Cortisol nachgewiesen werden konnte (*Spangler* und *Grossmann* 1999). Die Bindungsqualität dieser Kinder nannte *Ainsworth* daher unsicher-vermeidend.

Daneben gibt es Kinder, denen es nicht gelingt, die Antwortbereitschaft ihrer Mütter hinreichend sicher einzuschätzen, weil diese sich allzu sehr in Abhängigkeit von ihrer aktuellen eigenen Befindlichkeit unterschiedlich verhalten. Eine solche Mutter wird daher für das Kind in hohem Maße unvorhersehbar. Geht es ihr gut, ist sie durchaus eine einfühlsame Mutter. Ist dies nicht der Fall, muss das Kind besondere Anstrengungen unternehmen, um sich der mütterlichen Unterstützung zu versichern. Es schreit etwa fortwährend oder klammert sich an. Da das Bindungssystem dauernd aktiviert ist, wird das Explorationssystem zurückgefahren. Diese Kinder können sich Neugier kaum leisten. Vielmehr sind sie die meiste Zeit damit beschäftigt, ihre Bezugsperson zu kontrollieren. Sie suchen die Nähe zur Mutter, auch um an ihr ihre Wut und Enttäuschung auszulassen. Dieses Bindungsmuster nannte *Ainsworth* daher unsicher-ambivalent.

Im Bindungsverhalten lässt sich mithin schon am Ende des ersten Lebensjahres eine Organisation erkennen. Die Verhaltensmuster haben sich in dieser Zeit soweit verfestigt, dass sie auch im Forschungslabor unter standardisierten Bedingungen beobachtet werden können. Der Aufschwung der Bindungsforschung in den letzten Jahren verdankt sich gerade dieser Möglichkeit, diese frühen Entwicklungsvorgänge empirisch untersuchen zu können, vor allem mit der von *Mary Ainsworth* entwickelten Untersuchungsmethode der „Fremden Situation" (*Ainsworth* et al. 1978). Da es sich bei diesem Untersuchungsverfahren um das Standardverfahren der Bindungstheorie handelt, auf das im weiteren Verlauf der Forschung immer Bezug genommen wurde und mit dem sich letztlich alle Methoden der Bindungsforschung messen, soll es im Folgenden auch näher erläutert werden. Wichtig ist der Hinweis, dass dieses Verfahren keineswegs bloß am Schreibtisch erfunden, sondern im Gegenteil auf der Basis umfassender Beobachtungsdaten in der natürlichen Umgebung der Kinder entwickelt wurde. Das Kind wird hierbei absichtlich mit einer bindungsrelevanten Modellszene konfrontiert, von der man also annehmen darf, dass sie das Bindungssystem aktiviert.

## 1.6.1 Die Fremde Situation

Diese Methode umfasst acht Episoden von jeweils dreiminütiger Dauer, bei denen das 12 bis 15 Monate alte Kind zweimal für kurze Zeit in einem ihm unbekannten Untersuchungsraum von der Mutter getrennt wird. Zuerst werden Mutter und Kind mit der Fremden Person bekannt gemacht. In der 2. Episode halten sich Mutter und Kind allein im Raum auf. Dann betritt die Fremde Person den Raum und nimmt Kontakt zum Kind auf. In Episode 4 verlässt die Mutter den Raum und lässt ihr Kind mit der Fremden Person allein. Wiederum nach 3 Minuten kehrt die Mutter zurück, und die Fremde Person geht hinaus (5. Episode). In der 6. Episode verlässt auch die Mutter den Raum, sodass das Kind nun ganz alleine zurückbleibt. Danach betritt wiederum die Fremde Person den Raum (7. Episode). In der 8. und letzten Episode kehrt die Mutter zurück, und die Fremde Person verlässt den Raum. Der gesamte Vorgang wird zum Zwecke der späteren Auswertung auf Video aufgenommen.

Bei der Auswertung, die von eigens geschulten Auswertern vorgenommen wird, wird das Verhalten des Kindes nach bestimmten Kriterien beurteilt. Es wird darauf geachtet, welche Bindungsverhaltensweisen das Kind zeigt, ob und in welchem Ausmaß es versucht, den Körperkontakt zu der Mutter aufrecht zu erhalten, und mit welcher Intensität und Ausdauer es deren Nähe und den Kontakt zu ihr wiederzuerlangen sucht. Neben diesen beiden Hauptbindungsverhaltensweisen wird auch nach Verhaltensweisen gesucht, die auf Abwehrvorgänge schließen lassen. Diese zeigen sich darin, dass das Kind den Kontakt zur Mutter vermeidet, indem es sich etwa ärgerlich gegen den Kontaktaufnahmeversuch seitens der Mutter wehrt oder deren Nähe meidet und deren Kontaktwünsche ignoriert. Von ausschlaggebender Bedeutung für die Bestimmung des jeweiligen Bindungsmusters sind die Episoden 5 und 8, in denen es jeweils zu einer Wiedervereinigung von Mutter und Kind kommt.

Als sicher gebunden klassifizierte Kinder (B) zeigen offen, dass sie unter der Trennung von der Mutter leiden. Sie weinen und schreien, rennen zur Tür, hinter der ihre Mutter verschwunden ist, freuen sich aber genauso deutlich, wenn diese wieder in den Untersuchungsraum zurückkehrt. Sie gehen auf die Mutter aktiv zu und suchen ihre Nähe, lassen sich recht schnell beruhigen und wenden sich bald wieder dem Spielzeug zu. Sie vermögen also ihre Mutter als sichere Basis zu nutzen, von der aus sie die Umgebung explorieren können.

Als unsicher-vermeidend eingeschätzte Kinder (A) dagegen scheinen durch die Abwesenheit ihrer Mutter kaum beeindruckt zu sein. So setzen sie etwa ihr Spiel fort, als ob es sie nicht interessieren würde, ob die Mutter den Raum verlässt oder wiederkommt. Sie haben offensichtlich bereits gelernt, ihr Bindungsverhalten nicht zu offenbaren. Bisweilen wird gar der Kontakt zur fremden Person gegenüber dem zur Mutter bevorzugt.

Als unsicher-ambivalent klassifizierte Kinder (C) verleihen ihrem Bindungsstress dagegen deutlich Ausdruck. In Abwesenheit der Mutter weinen sie unentwegt und schaffen es nicht, den Raum zu erkunden und das angebotene Spielzeug auszuprobieren. Vielmehr sind sie ausschließlich damit beschäftigt, auf die Rückkehr der Mutter zu warten. Kommt diese zurück, lassen sie sich dennoch kaum beruhigen. Sie vermögen sich von der Mutter nicht zu lösen und klammern sich an sie. Bei deren Rückkehr zeigen sie dann ein ärgerliches Verhalten.

In der Folgezeit stellte sich heraus, dass es eine Reihe von Kindern gab, deren in der Fremden Situation gezeigtes Verhalten sich diesen drei klassischen Bindungskategorien nicht zuordnen lässt. Diese Kinder zeigen ein widersprüchliches Verhalten. So laufen sie etwa erst einmal zur Mutter, wenden sich dann aber kurz vor ihr ab, unterbrechen ihre Bewegung und verharren dort, ohne von der Mutter aufgenommen werden zu wollen. Sie scheinen insgesamt ängstlich und verwirrt zu sein. Offensichtlich ist es ihnen noch nicht gelungen, eine kohärente und organisierte Strategie zu entwickeln, die sie erfolgreich zur Bewältigung des durch den Untersuchungsverlauf provozierten Trennungsstresses hätten einsetzen können. Das Bindungsmuster dieser Kinder wurde daher als unsicher-desorganisiert oder unsicher-desorientiert bezeichnet (*Main* und *Solomon* 1990).

Diese Bindungskategorie vom so genannten D-Typ erwies sich aus entwicklungspsychopathologischer Sicht allerdings als besonders bedeutsam. Dieses widersprüchliche Bindungsverhalten zeigen misshandelte Kinder, aber auch Kinder depressiver Mütter oder von Müttern, die selbst als Kind ein Trauma erlitten haben, das sie noch nicht haben verarbeiten können. Dass die Erfahrung eines Kindes, misshandelt zu werden, zu widersprüchlich sein muss, um in eine kohärente Erwartungsstruktur organisiert werden zu können, dürfte ohne weiteres verständlich sein. Schließlich handelt es sich auch bei Eltern, die ihr Kind misshandeln, missbrauchen oder diesem Treiben zumindest tatenlos zuschauen, um die primären Bindungspersonen, von denen also das Kind Schutz und Sicherheit erwartet. Nicht selten klammern sich Kinder gerade an die sie misshandelnden Eltern. Es kommt zu einer paradoxen Situation: Das Bindungssystem wird daher gerade von der Person provoziert, die allein auch in der Lage ist, als Bindungsperson das Bindungssystem wiederum zu deaktivieren. Komplizierter liegen dagegen die Verhältnisse im Falle einer depressiven Mutter, die selbst unter einem noch unverarbeitetem Trauma leidet. Bei ihr muss man annehmen, dass die Äußerung der kindlichen Bindungsbedürfnisse Erinnerungen mit schwer erträglichen Affekten aufkommen lässt. Dadurch wird ihr eigenes Bindungssystem aktiviert, was wiederum ihr Pflegeverhaltenssystem behindert. Eine solche Mutter wird sich dann, ohne sich dessen unbedingt bewusst zu sein, von ihrem Kind zurückziehen, obwohl dieses doch gerade in dieser Situation ihrer Fürsorge und Zuwendung bedarf. Das Kind muss also die Erfahrung machen, dass es, wiewohl selbst ängstlich, gerade mit seiner Angst die Mutter ängstigt. Das Kind erlebt sich mithin als ängstlich und ängstigend zugleich, eine Konstellation, deren Verarbeitung es leicht kognitiv und emotional überfordern wird.

Allerdings stellte sich bald heraus, dass bei weitem nicht alle als desorganisiert-unsicher gebunden klassifizierten Kinder sich diesen beiden Gruppen zuordnen ließen. Es stellte sich daher die Frage, wie das Vorkommen dieses Bindungsmusters bei Kindern zu erklären sei, bei denen diese brisanten Risikofaktoren nicht vorlagen. Zur Erklärung schlagen *Spangler et al.* (2000) vor, Desorganisation von Bindung als ein von der Bindungssicherheit unabhängiges Konzept zu betrachten. Demnach dürfte Bindungsdesorganisation im Gegensatz zu Bindungssicherheit, die in erster Linie auf die Versorgung durch eine feinfühlige Mutter in Verbindung zurückzuführen ist und insofern die Geschichte einer Zweipersonenbeziehung repräsentiert, eine deutliche individuelle Komponente beinhalten. Diese individuelle Komponente wird von den Autoren als generelles Defizit in der Verhaltensorganisation aufgefasst, das sich häufig schon im Neugeborenenalter als Temperamentsfaktor bemerkbar machen kann. Ein solches Temperament wurde bei manchen Kindern auch mit chronischem Stress in Verbindung gebracht, der durchaus auch schon vor der Geburt bestehen kann (*Schneider* und *Coie* 1993). Ein solcher anamnestischer Befund kann nicht selten gerade bei Kindern und Jugendlichen, die in einem Heim aufwachsen müssen, erhoben werden. Darüber hinaus beschreiben manche Bindungsforscher auch ein Zusammenhang zwischen einem desorganisierten Bindungsmuster und einem angsterregenden Verhalten auf Seiten der Eltern (*Carlson* et al. 1989, *Schuengel* et al. 1999). Auch ein solcher Befund kann gerade bei dieser Klientel kaum überraschen.

Inzwischen liegt eine Vielzahl von Studien mit der „Fremden Situation" vor, deren Ergebnisse von *van IJzendoorn et al.* (1992) in einer so genannten Metaanalyse zusammengefasst wurden. Es fand sich bei den Bindungsmustern der „normalen" Bevölkerung folgende durchschnittliche Verteilung:
– sicher                55%
– unsicher-vermeidend   23%

- unsicher-ambivalent        8 %
- unsicher-desorganisiert    15%

Demnach handelt es sich bei der sicheren Bindung um das häufigste Bindungsmuster. Dies dürfte in allen Ländern der Fall sein, obwohl es in der Verteilung der unsicheren Bindungsmuster durchaus gewisse nationale und regionale Unterschiede gibt. So wurden etwa deutsche Kinder häufiger als unsicher-vermeidend klassifiziert im Vergleich zu ihren amerikanischen Altersgenossen. Die anlässlich einer in Bielefeld durchgeführten Studie untersuchten Kinder zeigten sich häufiger unsicher-vermeidend gebunden im Vergleich zu den Kindern aus dem niederbayerischen Regensburg (*Gloger-Tippelt* et al. 2000).

Man darf also davon ausgehen, dass diese inneren Arbeitsmodelle die erfahrene Realität der Kinder genau widerspiegeln. Wie die Bindungstheorie postuliert, handelt es sich bei diesen Erwartungskonzepten um erfahrungsabhängige Repräsentationen von realen Bindungserlebnissen und eben keineswegs um triebbedingte Konstruktionen von Phantasien. Erwartungskonzepte oder Erwartungsstrukturen lassen sich bekanntlich am besten nachweisen, wenn man die Reaktionen auf eine Enttäuschung dieser Erwartungen beobachtet. Die Untersuchungsmethode der Fremden Situation überprüft nun gerade das Verhalten aus Anlass einer solchen Erwartungsenttäuschung. Werden Erwartungen enttäuscht, lassen sich zwei grundsätzlich unterschiedliche Reaktionsweisen beobachten. So können wir im Enttäuschungsfall entweder trotzdem an dieser Erwartung festhalten oder diese verändern. Im ersten Fall handelt es sich dann um eine normative, nicht lernbereite Erwartung, im zweiten Falle dagegen um ein durchaus veränderbares, also lernbereites Konzept. Bei den inneren Arbeitsmodellen dürfte es sich zumindest anfänglich um normative, nicht lernbereite Konzepte handeln. Dafür spricht auch die biologische Fundierung des Bindungssystems. Auch dürften den Kindern in diesem Alter noch die kognitiven Voraussetzungen dafür fehlen, diese Erwartungen umzustrukturieren. Typisch für normative Erwartungen ist es, dass ein Festhalten an ihnen im Falle ihrer Enttäuschung immer nur mit einer beträchtlichen emotionalem Anstrengung zu gelingen scheint. So ärgern wir uns etwa, wenn die Freundin zu spät zur Verabredung kommt. Kommt dies allerdings immer wieder vor, sind wir, kognitiv gereift, durchaus in der Lage, unsere Erwartungen hin zu einer kognitiven und lernbereiten Fassung zu verändern: „So ist sie halt!". Handelt es sich bei dieser Erwartung um eine für das Selbstkonzept wichtige Struktur, bleibt nicht anderes übrig, als diese Beziehung zu beenden, stolz auf eine solche normative Unbestechlichkeit, aber solo.

Die fremde Situation erfasst also gerade die affektiven Reaktionen und den bereits eingespielten Mechanismus der Affektregulation. Bei dieser Affektregulation sind Kinder in diesem Alter noch in hohem Maße auf die Mithilfe ihrer erwachsenen Bezugspersonen angewiesen. Die Kinder haben bereits in diesem frühen Alter gelernt, wie sie am besten sich der Verfügbarkeit ihrer Bindungsperson versichern können. Es hieße, etwa das vermeidende Bindungsverhalten völlig misszuverstehen, sähe man in ihm den Ausdruck einer Unabhängigkeit von Bindung. Vielmehr hat man davon auszugehen, dass sich bei diesem Mutter-Kind-Paar gerade ein solches Verhalten als optimal herausgestellt hat. So reagieren denn auch Mütter von unsicher-vermeidenden Kindern keineswegs gekränkt, wenn ihre Ab- bzw. Anwesenheit in der Fremden Situation von ihrem Kind nicht oder nur beiläufig zur Kenntnis genommen wird. Im Gegenteil interpretieren sie dieses Verhalten, entwicklungspsychologisch durchaus nicht unplausibel, als Zeichen einer fortgeschrittener Reife und Selbständigkeit bei ihrem Kind. In der Tat kann ein solch pflegeleichtes Kind durchaus Anlass zur Freude sein. Zumindest lässt sich die finanzielle Belastung durch die Bezahlung des Babysitters in Grenzen halten. Schließlich wird die Freude am Kinobesuch doch erheblich getrübt, muss man davon ausgehen, dass das Kind zu Hause untröstlich die Abwesenheit seiner egoistischen Eltern beweint. Überhaupt brauchen sich die Eltern vermeidend gebundener Kinder in ihrem Selbstverwirklichungsdrang weit weniger behindert zu fühlen als durch Kinder, die ihren Gefühlen anlässlich einer Frustration ihrer Bindungsbedürfnisse offen und auch lauthals Ausdruck verleihen. Während das Verhaltensmuster der sicher-gebundenen Kinder also eine ausgeglichene und emotional stabilisierende Balance zwischen Explorationsneigung und Bindungsbedürfnis erkennen lässt, drückt sich im Verhalten unsicher-vermeidender Kinder eine Affekthemmung aus. Bei unsicher-ambivalent gebundenen Kinder kommt es dagegen zu einer Verstärkung ihres Affektverhaltens.

Die inneren Arbeitsmodelle von Bindung sind also erfahrungsabhängig. Zudem sind sie anfangs noch beziehungsspezifisch. Die Bindungsqualität der Beziehung zur Mutter kann sich in diesem Alter durchaus unterscheiden von der zum Vater. Die inneren Arbeitsmodelle werden sich daher auch ändern, wenn das Verhalten der Bindungsperson hierzu Anlass gibt. Dies dürfte in der Realität allerdings zumindest kurzfristig doch eher selten der Fall sein, sodass man entsprechend der Kontinuität im Verhalten der Bezugspersonen auch eine Kontinuität der Bindungsmuster erwarten kann. Dies konnte in Längsschnittstudien tatsächlich nachgewiesen werden. Allerdings besteht derzeit noch keine Einigkeit darüber, für welchen Zeitraum eine solche Kontinuität anzunehmen sei. Während einige Studien zu dem Ergebnis kamen, dass die in der Fremden Situation erfasste Bindungsorganisation die Bindungsrepräsentanz auch junger Erwachsener vorhersagen kann, fand sich in der Regensburger Längsschnittstudie ein solcher Zusammenhang nur bis zum Alter von 10 Jahren (*Zimmermann* 1995).

Zwischen den Befunden der fremden Situation, die die Organisation des Bindungsverhaltens erfassen, und den Bindungskonzepten der inzwischen 16 Jahre alt gewordenen Jugendlichen fand sich dagegen kein systematischer Zusammenhang mehr. Der Grund hierfür dürfte darin liegen, dass Kinder mit zunehmendem Alter in ihrem gezeigten Bindungsverhalten nicht mehr so empfindlich auf die jeweiligen aktuellen Erfahrungen mit den Bezugspersonen zu reagieren scheinen. Wie *Peter Zimmermann* und Mitarbeiter (2000) ausführen, wird dieser Befund einer abnehmenden Sensitivität „auf den Aufbau und die Stabilisierung internaler Arbeitsmodelle des Jugendlichen von sich und den Bezugspersonen zurückgeführt, die anfangs Bindungsverhalten gegenüber den Bezugspersonen und in zunehmenden Maße auch die autonome Selbstregulation im Verhalten steuern". Ältere Kinder lernen nämlich zu beobachten, dass ihr Bindungsverhalten von den Personen ihrer Umgebung beobachtet wird. Sie lernen also zu erwarten, was andere von ihnen erwarten. Sie bilden Erwartungsstrukturen bezüglich der Erwartungen ihrer Umgebung und richten ihr Verhalten an diesen Erwartungen aus. Bei älteren Kindern und bei Jugendlichen macht es daher wenig Sinn, über eine direkte Verhaltensbeobachtung die Bindungsorganisation erfassen zu wollen. Vielmehr lässt sich in diesem Alter nur noch die psychische Organisation der jeweiligen Bindungsgeschichte erfassen, die natürlich immer noch beeinflusst werden dürfte von den tatsächlich gemachten Bindungserfahrungen. Aufgrund der mit dem Alter zunehmenden Fähigkeit zur Selbstbeobachtung werden diese Erfahrungen nun aber immer schon entsprechend den ihnen zur Verfügung stehenden Konzepten bearbeitet. Eine Kontinuität bezüglich der Bindungskonzepte ist daher in den ersten Lebensjahren entwicklungsbedingt nur auf der Verhaltensebene, nicht jedoch beim Wechsel von der Verhaltens- auf die Repräsentationsebene zu erwarten. Das ältere Kind hat nämlich nun ein inneres Arbeitsmodell von sich als Person gebildet, gewissermaßen als Durchschnittswert seiner Vorstellungen darüber, in welchem Ausmaß es bei den relevanten Bindungspersonen von Bedeutung ist, mit anderen Worten, wie wichtig es diesen ist. Sein Selbstwert entspricht dann eben dieser Wertschätzung, die er bei seinen Bezugspersonen wahrnimmt. Bei diesen inneren Arbeitsmodellen handelt es sich also um psychische Strukturen, die auf der Grundlage von Bindungserfahrungen entwickelt wurden. Sie steuern die weitere Informationsverarbeitung sowie die Gefühlsregulation (*Zimmermann* und *Becker-Stoll* 2001).

Die mangelnde Übereinstimmung der Bindungsrepräsentation im Jugendalter mit der Bindungsqualität in der frühen Kindheit muss allerdings, wie *Zimmermann* und Mitarbeiter (2000) bemerken, keineswegs bedeuten, dass sich die Bindungsrepräsentation mehr oder weniger unabhängig von bindungsrelevanten Erfahrungen ausbildet. Vielmehr lässt sich aus den konkreten Interaktionserfahrungen mit den Eltern durchaus die Bindungsrepräsentation im Jugendalter vorhersagen. In der bereits erwähnten Regensburger Längsschnittstudie ließ sich die jeweilige Bindungsrepräsentation mit kritischen Lebensereignissen wie etwa Scheidung, Todesfall in der Familie oder Arbeitslosigkeit, in Verbindung bringen. Ein Wechsel in der Familienzusammensetzung wie etwa im Falle einer Trennung der Eltern führt zu Veränderungen der Familiendynamik, wodurch auch immer die bindungsrelevanten Erziehungsbedingungen betroffen sind.

### 1.6.2 Das Erwachsenenbindungsinterview (AAI)

Zur Erfassung der Bindungsorganisation auf der Repräsentationsebene wird das Adult Attachment Interview, das von *George, Kaplan* und *Main* (1985) entwickelte Erwachsenenbindungsinterview, eingesetzt. Bei dem AAI handelt es sich neben der Untersuchungsmethode der Fremden Situation um den anderen Eckpfeiler der empirischen Bindungsforschung (vgl. *Gloger-Tippelt* 2001). Bei diesem halbstrukturierten Interview, das sich auch schon im Jugendalter einsetzen lässt, handelt es sich um ein kompliziertes und zeitaufwändiges Verfahren. Dauert die Durchführung dieses Interview schon ungefähr eine Stunde, benötigt die Auswertung der wortgenauen Verschriftlichung des Tonbandes allein etwa 8 Stunden. Auch bedarf es eines umfassenden, Jahre andauernden Trainings, bis dem Auswerter eine ausreichende Auswertungskompetenz bescheinigt wird. Diese Kompetenz ist Voraussetzung für eine Vergleichbarkeit der mit dieser Methode erhobenen Ergebnisse. Das AAI ist daher sicherlich nur für Forschungszwecke einzusetzen. Seine psychometrischen Qualitäten werden als ausnehmend gut beschieben. Vor allem darf man davon ausgehen, dass zwei entsprechend trainierte Auswerter bei ihrer Auswertung zu den gleichen Ergebnissen gelangen. Da dieses Verfahren auch bei der eigenen Untersuchung, auf deren Ergebnisse sich die weiteren Ausführungen stützen werden (Kap. 4), angewandt wurde, soll auf es im Folgenden näher eingegangen werden.

Um eine Einschätzung des jeweiligen, dem Jugendlichen oder Erwachsenen zur Verfügung stehenden inneren Arbeitsmodells vornehmen zu können, wird vor allem auf die Schlüssigkeit, auf die narrative Kohärenz, und Nachvollziehbarkeit der Antworten auf Fragen nach der nachträglichen Einschätzung der Beziehung zu den Eltern, insbesondere nach früheren Bindungserfahrungen und Trennungserlebnissen und den dadurch hervorgerufenen Emotionen geachtet. In die Bewertung geht dabei weniger der Inhalt der Antworten ein als die Art und Weise, wie die Kindheitserlebnisse mit den Eltern und die Einschätzung der Bedeutung dieser Erlebnisse für das gegenwärtige Leben geäußert werden. Geachtet wird darauf, ob und wie sich der Interviewte darum bemüht, dass seine Antworten den Frager überzeugen, etwa durch prägnante Beispiele oder im Gegenteil durch ellenlange und nichtssagende Allgemeinplätze. Dabei wird von der Annahme ausgegangen, dass eine gute und kohärente Struktur der Rede auf eine gelungene Integration der bindungsrelevanten Erinnerungen in das psychische System hinweist. Dies betrifft vor allem Ereignisse, deren Erinnerung mit negativen Emotionen verbunden ist.

Es stellte sich heraus, dass sich die in dem AAI offenbarenden Bindungsstrategien in durchaus ähnlicher Weise wie die von Kindern in der Fremden Situation gezeigten Konzepte beschreiben und klassifizieren lassen. Es besteht insofern eine strukturelle Parallelität zwischen den beiden Untersuchungsmethoden AAI und Fremder Situation (Tabelle 1). Dies ist insofern verständlich, als sich die Fähigkeit, über die eigene Lebensgeschichte zu erzählen, im Diskurs zwischen Kind und vertrauten Erwachsenen ausbildet (Grossmann und Grossmann 2001).

*Tabelle 1: Strukturelle Parallelität der Bindungstypen von Kindern und Jugendlichen bzw. Erwachsenen*

|  | Bindungstyp | | | |
|---|---|---|---|---|
| Kleinkind (Fremde Situation) | Sicher (B) | unsicher-vermeidend (A) | unsicher-ambivalent (C) | desorganisiert/ desorientiert (D) |
| Jugendliche und Erwachsene (AAI) | Sicher/ autonom (F) | unsicher-distanzierend (Ds) | unsicher-verstrickt (E) | unverarbeiteter Bindungsstatus (U) |

Eine Bindungsrepräsentation, bei der Bindungsbeziehungen grundsätzlich ein hoher Wert beimessen wird, wird sicher-autonom (F) genannt. Die Antworten sind nachvollziehbar, die geäußerten Gefühle glaubhaft. Beim Hörer bzw. Leser entsteht der Eindruck, dass es der interviewten Person inzwischen gelungen ist, mit einer gewissen Distanz auf ihre bindungsrelevanten Kindheitserlebnisse zu schauen. Ihre Antworten lassen erkennen, dass sie in der Lage ist, ihre Bindungserfahrungen mit der jeweiligen Situation, den eigenen Gefühlen und mit dem eigenen Verhalten in Verbindung zu bringen. Eine offene Kommunikation insbesondere über negative Emotionen zeigt an, dass auch leidvolle Erfahrungen angemessen in die Lebensgeschichte integriert sind. Solche Menschen lassen keinen Zweifel daran, dass ihre Bindungspersonen ihnen in ihrem Leben von großer Bedeutung waren. Ihnen gelang eine entwicklungsangemessene Befriedigung von Sicherheits- und Autonomiebedürfnissen (*Ziegenhain* 2001).

Das innere Arbeitsmodell wird dann unsicher-distanziert (Ds) genannt, wenn die zumeist knappen Antworten im AAI entweder eine Tendenz zu einer emotional eher unbeteiligten Abwertung oder aber zu einer nicht überzeugenden Überidealisierung widerspiegeln. Im dem einen Fall werden die Berichte von Zurückweisungen und Kränkungen emotional eher unbeteiligt geäußert. Überhaupt werden emotionale Themen nach Möglichkeit vermieden, insbesondere wenn es um negative Gefühle geht. Es wird ihnen eine Bedeutung für das spätere Leben tendenziell abgesprochen. Größter Wert wird dagegen auf die eigene Unabhängigkeit gelegt. Im anderen Fall werden keine oder nur wenig überzeugende Beispiele angeführt, die eine solche übertriebene positive Einschätzung der Beziehung zu den Bindungspersonen rechtfertigen könnten. Bisweilen werden Beispiele genannt, die beim Hörer einen geradezu entgegengesetzten Eindruck entstehen lassen. Die zu wenig kohärente Redestruktur sowie ein erschwerter Zugang zu den Erinnerungen lässt erkennen, dass der Zugang zu Gefühlen beeinträchtigt ist. Unsicher-distanziert gebundene Personen schildern ihre Eltern als wenig verfügbar und offen oder verdeckt zurückweisend (*Gloger-Tippelt* 2001 b).

Die Bindungsrepräsentation von Personen, deren Antworten auf eine noch immer konfliktuöse Beziehung zu ihren früheren Bezugspersonen verweisen, wird unsicher-verstrickt oder unsicher-verwickelt (E) genannt. Sie äußern häufig vehemente, oft auch widersprüchliche Gefühle von Ängstlichkeit und Wut ihren früheren Bindungspersonen gegenüber. Offensichtlich haben sie mit diesen noch keinen Frieden gemacht. Vielmehr entsteht beim Hörer der Eindruck, als wollten sie noch nachträglich ihre Lebensgeschichte ändern. Ihre Erzählung ist häufig zu ausführlich. Sie kommen nur schwer auf den Punkt und kaum zum Schluss. Offensichtlich ist es ihnen bislang nicht gelungen, ihre bindungsrelevanten Erinnerungen kohärent in ihre Lebensgeschichte zu integrieren. In ihren Ausführungen wechseln sie zwischen Äußerungen von Wut und Ärger und von bisweilen kindlich anmutenden Versorgungswünschen. Sie zeigen sich zu wenig von ihrer Vergangenheit distanziert, um zu einer abgewogenen und stimmigen Einschätzung ihrer Erlebnisse zu kommen. Auch verweisen ihre Antworten auf eine verminderte Fähigkeit, sich bei der Erörterung bindungsrelevanter Themen auf den Standpunkt des Hörers einzustellen. Ihre Rede zeugt von ihren vergeblichen Anstrengungen, eine ausreichend sichere Bindungsbeziehung zu ihren als unverlässlich erlebten Eltern herzustellen. Eine mangelnde Autonomie sowie eine übermäßige Orientierung auf Beziehungen prägt das Interview (*Gomille* 2001).

Eine unsicher-unverarbeitete Bindungsrepräsentation (U) bezüglich Traumata zeigen Personen, die traumatische Erlebnisse, mit denen sie in ihrer Kindheit konfrontiert wurden, nicht erfolgreich emotional haben verarbeiten können. Dabei handelt es um Erfahrungen von Misshandlung, Missbrauch oder Todesfällen naher Bezugspersonen. Diese Traumen waren offensichtlich geeignet, die Beziehung zu den erwachsenen Bindungsfiguren nachhaltig zu erschüttern (*Hauser* 2001). Im Interview drückt sich diese nicht gelungene Verarbeitung aus in einem verwirrenden Diskurs, wenn es um diese Themen geht, der auf eine gewisse psychische Desorganisation verweist. Der Interviewte äußert Gedanken, die mit der Realität offenkundig nicht übereinstimmen. Etwa wird ein Verstorbener einmal als tot und an späterer Stelle im Interview als noch lebend erwähnt. Die Zuordnung zu dieser Bindungskategorie wird mithin schon dann vorgenommen, wenn sich Hinweise für eine inkohärente Darstellung einer traumatischen Situation finden, auch wenn bei der Erörterung anderer Themen die Erzählweise durchaus kohärent erscheint.

In jüngster Zeit wurde noch die Kategorie der nicht-klassifizierbaren Bindungsrepräsentation (CC) aufgestellt. Diese Kategorie wird gewählt, wenn sich im Interview Hinweise für ganz unterschiedliche Bindungsrepräsentationsanteile finden, etwa im ersten Teil eine distanzierte Bindungsstrategie und im zweiten Teil des Interviews plötzlich eine verstrickte Strategie. Ein solches Interview lässt dann den Schluss zu, dass die betreffenden Person nicht gelungen ist, eine einheitlich organisierte Bindungsrepräsentation zu entwickeln (Hesse 1996). Bisweilen sind die Angaben daher vom Hörer bzw. Leser nur schwer oder gar nicht zu verstehen. Man darf allerdings davon ausgehen, dass sich Interviews, die sich nur dieser Restkategorie zuordnen lassen, in so genannten Normalpopulationen, d.h. bei Personen, die psychisch nicht grob auffällig sind, nur ausgesprochen selten finden.

Die Häufigkeitsverteilung der unterschiedlichen Bindungsrepräsentationen wird für Normalpopulationen von *Main* (1996) wie folgt angegeben:
sicher-autonom (F)                                      =  55 %
unsicher-distanziert (DS)                               =  16 %
unsicher-verstrickt (E)                                 =   9 %
unsicher-unverarbeitete Bindungsrepräsentation (U) =  19 %
nicht-klassifizierbare Bindungsrepräsentation (CC)  =7-10 %

## 1.7 Intergenerationale Transmission

An diesen inneren Arbeitsmodellen oder Erwartungsstrukturen orientiert sich die Kommunikation. Sie ermöglichen eine Verarbeitung bindungsrelevanter Informationen. Es ist von daher schon zu erwarten, dass die Repräsentationen eigener kindlicher Bindungserfahrungen im Erwachsenenalter das Ausmaß an Feinfühligkeit beeinflusst, mit dem Eltern auf die Bindungsbedürfnisse ihrer Kindern reagieren und diese beantworten. Die Einstellung, die Eltern gegenüber Bindung überhaupt haben, der Wert, den sie Bindungen generell beimessen, wird ihr Erziehungsverhalten nachhaltig beeinflussen. Um diese Annahme zu überprüfen, bot es sich an, das Bindungskonzept von Eltern, wie es sich im Erwachsenenbindungsinterview (AAI) erfassen lässt, in Beziehung zu setzen mit dem ihren Kindern zur Verfügung stehenden Bindungskonzept, wie es mit der Fremden Situation untersucht wird. Inzwischen besteht weitgehende Übereinstimmung darüber, dass es auch von den Bindungsrepräsentationen der Eltern abhängt, ob sich beim Kind eine sichere oder unsichere Bindungsorganisation ausbildet. Kinder machen sich mithin die Bindungskonzepte ihrer Eltern zu eigen. Die Qualität der Bindungsorganisation wird insofern von einer Generation auf die nachfolgende weitergegeben werden. Diese intergenerationale Transmission von Bindungserfahrungen konnte inzwischen auch empirisch nachgewiesen werden. In ihrer vielbeachteten Studie führten der englische Psychoanalytiker *Peter Fonagy* und Mitarbeiter (1991) bei Frauen im letzten Drittel ihrer Schwangerschaft das AAI durch. Die Resultate des Erwachsenenbindungsinterviews erlaubten es, mit hoher Treffsicherheit das Bindungskonzept ihrer Kinder, das dann ungefähr zwei Jahre später mit Hilfe der Fremden Situation beurteilt wurde, vorherzusagen. Es zeigte sich, dass der Bindungsrepräsentation der Mutter sogar ein noch höherer Vorhersagbarkeitswert für die jeweilige Bindungsorganisation des kleinen Kindes zukam als der Feinfühligkeit in ihrem Pflegeverhalten (*Steele* und *Steele* 1995, 163). Wie bereits erwähnt, verarbeitet das Kind die sich ihm wiederholenden Reaktionen seiner Mutter auf seine eigenen affektiven Signale zu einem Erwartungskonzept und internalisiert insofern die Repräsentanz von sich selbst, die es bei seiner Bindungsperson wahrnimmt (*Fonagy* et al. 1995).

Allerdings lässt sich keineswegs umstandslos von problematischen Bindungserfahrungen in der Kindheit auf eine unsichere Bindungshaltung im Erwachsenenalter schließen. So kann sich im späteren Leben durchaus die Gelegenheit ergeben, die eigenen unglücklichen Bindungserfahrungen so zu verarbeiten, dass sie sich in die Lebensgeschichte integrieren lassen. Die mit diesen negativen Erlebnissen verbundenen Emotionen müssen in einem solchen günstigen Fall nicht mehr rigide abgewehrt werden. Ein solch sicheres Arbeitsmodell wird „earned secure", „erworben sicher", genannt in Unterscheidung zu einem sicheren Bindungsmodell, das der betreffenden Person schon von Anbeginn an, also „permanent sicher", zur Verfügung stand. So kann die Partnerschaft mit einem Menschen, für den die Wichtigkeit von Bindungsbeziehungen außer Frage steht, eine solche Chance eröffnen, ist es doch nun möglich, mit einem Menschen, der als Bindungsperson akzeptiert wird, über die eigenen Erfahrungen zu reden und sie so auf den Begriff zu bringen. Dies ist auch in einer Psychotherapie möglich. Inwieweit die Heimerziehung eine solche Chance bietet, wird noch weiter unten (Kapitel 7) zu diskutieren sein.

### 1.8 Bedeutung der Bindung für die psychische Entwicklung

Schon *Bowlby* hatte die lebenslange Bedeutung von Bindungsbeziehungen betont, worauf das folgende Zitat aus seiner Arbeit „Das Aufnehmen und Lösen von affektiven Bindungen" aus dem Jahre 1977 hinweist:

*„Unter Bindungsverhalten wird, kurz gesagt, jede Form des Verhaltens verstanden, das dazu führt, dass eine Person die Nähe eines anderen differenzierteren und bevorzugten Individuums, das gewöhnlich als stärker und/oder klüger empfunden wird, aufsucht oder beizubehalten versucht. Wenngleich das Bindungsverhalten während der Kindheit besonders deutlich sichtbar ist, wird angenommen, dass es für den Menschen von der Wiege bis zum Grab charakteristisch ist."* (*Bowlby* 1982, 159 f.)

Da es sich bei der Bindungsbeziehung um eine stark gefühlsbeladene Beziehung handelt, lassen sich die Auswirkungen der frühen Bindungsorganisation auf die psychische Entwicklung eines Kindes oder Jugendlichen besonders deutlich beobachten anlässlich von Entwicklungsaufgaben, bei deren Erfüllung Gefühle eine große Rolle spielen. Weil es sich bei den inneren Arbeitsmodellen um Erwartungsstrukturen handelt, die sich herleiten lassen aus den affektiven Beziehungserfahrungen, die die Kinder mit ihren Bezugspersonen gemacht haben, darf man auch erwarten können, dass die Bedeutung einer sicheren oder unsicheren Bindung für das spätere Leben vorzugsweise in solchen Situationen zu Tage treten sollte, in denen es um die Gestaltung emotional bedeutsamer Beziehungen geht.

Allerdings ließen sich aber auch Zusammenhänge zwischen der Bindungsorganisation und kognitiven Leistungen nachweisen, bei denen der emotionale Aspekt auf dem ersten Blick in seiner Bedeutung zurücktritt. So können sicher gebundene Kinder erfolgreicher Probleme lösen. Auch lernen sie besser.

Erklären lässt sich dieser Zusammenhang unschwer mit der größeren Explorationsneigung sicher gebundener Kinder, die sich bei ihren Erkundungen von ihren Bezugspersonen sicher aufgehoben wissen und sich daher nicht durch das mit jeder Exploration unvermeidlich verbundene Risiko davon abhalten lassen, ihre Umwelt vertrauensvoll zu erkunden. Allfällige Fehlschläge werden bei ihnen auch nicht mit entmutigenden Bemerkungen seitens ihrer Bindungsperson kommentiert. Diese Kinder können es sich daher leisten, neugierig zu bleiben. Feinfühlige Eltern werden ihre Kindern bei solchen Unternehmungen angemessen unterstützen und ihnen so eine sichere Basis bieten. Sie werden ihnen dabei behilflich sein, ohne ihnen allerdings alle Anstrengungen abzunehmen, weil sie wissen, dass ihr Kind es gerne selbst schaffen will. Feinfühlige Eltern können sich ausreichend gut in die Lage ihres Kindes hineinversetzen, wissen um dessen Absichten und können es dabei unterstützen, die so wichtige Balance zwischen Exploration und Bindungssicherheit aufrecht zu erhalten.

Kinder solch feinfühliger Eltern bekommen daher auch häufiger Gelegenheit, Erfolg zu haben und sich diesen Erfolg ursächlich auch selbst zuschreiben zu können. Es überrascht daher nicht, dass sicher gebundene Kinder über ein besseres Selbstkonzept verfügen. Sie trauen sich mehr zu. Bei Fehlschlägen lassen sie sich auch schneller trösten, weil sie davon ausgehen, dass es beim nächsten Mal doch wieder klappen dürfte. Unsicher gebundene Kinder dagegen werden allfällige Fehlschläge als Beweis dafür interpretieren, dass sie sich überschätzt haben und dass sie doch besser daran tun, sich im Zweifelsfall doch erst einmal der Hilfe der Eltern zu versichern. Ist die Mutter ausreichend feinfühlig, dann wird das Kind regelmäßig die Erfahrung machen können, seine Mutter erfolgreich beeinflussen zu können. Es wird erwarten dürfen, dass seine Mutter kommt, wenn es Bindungsverhalten zeigt und so den Wunsch nach Hilfe und Unterstützung kundtut. In einem solchen Fall darf man annehmen, dass die Chancen für das Kind, die für das Selbstkonzept entscheidende Erfahrung zu machen, Ursache einer Wirkung zu sein, vor allem in der Interaktion mit der Mutter besonders groß sind.

Überhaupt ist eine feinfühlige oder, wie es *Winnicott* (1971, 20) formuliert hat, „genügend gute Mutter" zweifellos vom Kind leicht und vor allem gut vorhersehbar zu beeinflussen, auf jeden Fall leichter als etwa unbelebte Objekte, die im ersten Lebensjahr des Kindes aufgrund dessen entwicklungsbedingter motorischer Ungeschicklichkeit nur ansatzweise vorhersehbar zu traktieren sind. Bekanntlich offenbaren unbelebte Objekte, etwa der Lego-Baustein oder erst recht ein Ball, doch häufig eine unangenehme Eigenschaft, die Wut und Tränen provoziert: Bei ungeschickter Handhabung entziehen sie sich einem wiederholten Zugriff. Sie sind dann einfach fort. Die Interaktionen mit einer ausreichend guten Mutter sind dagegen doch verlässlicher. Das Kind macht die überzeugendsten und in wahrsten Sinne des Wortes meinungsbildenden Erfahrungen aus Anlass von Kommunikation mit seiner frühen Bindungsperson. Es kann daher nicht überraschen, dass von Anbeginn an Erfahrungen bezüglich der Selbstwirksamkeit an soziale Erfahrungen geknüpft sind. Die Bindungssicherheit als ein Merkmal der Qualität der Mutter-Kind-Beziehungen wird daher Auswirkungen haben müssen sowohl auf das sich entwickelnde Selbstkonzept des Kindes als auch auf seine Fähigkeit, Beziehungen einzugehen und zu erhalten, mithin auf seine spätere soziale Kompetenz.

Sicher gebundene Kinder wissen sich auch besser einschätzen. Sie trauen sich auch zu, Fragen zu stellen und um Hilfe zu bitten, wenn dies nötig ist, ohne befürchten zu müssen, als schwach und hilflos dazustehen, weil von den Eltern kleingemacht. Eine Bitte um Unterstützung darf denn auch nicht als Zeichen von Abhängigkeit im Sinne eines vermeintlich zu starken Angewiesenseins auf die erwachsene Bezugsperson missverstanden werden. Kinder sind nie entweder völlig unabhängig oder abhängig. Vielmehr gibt es immer nur einen besseren oder schlechteren Umgang mit Abhängigkeit. Nach *Bowlby* kennzeichnet eine wirklich selbstsichere Person die „Fähigkeit, vertrauensvoll auf andere zu bauen, wenn es die Gelegenheit erfordert, und zu wissen, auf wen zu bauen angemessen und richtig ist" (*Bowlby* 1976, 410). *Bowlby* zitiert in diesem Zusammenhang *Winnicott*: *„Reife und die Fähigkeit allein zu sein implizieren, dass das Individuum durch ausreichend gute Bemutterung die Chance hatte, den Glauben an eine liebevolle Umgebung zu entwickeln. Die ich-stützende Umgebung wird nach und nach introjiziert und in die Persönlichkeit des Individuums eingebaut, sodass es im Laufe der Zeit zu der Fähigkeit kommt, tatsächlich allein zu sein"* (*Winnicott* 1958).

Das sicher gebundene Kind bekommt mit, dass seine feinfühligen Eltern bemüht sind herauszufinden, was in seinem Kopf vor sich geht, wie es selbst die jeweilige Situation auffasst, welche Reaktionen es zeigt, welche Absichten und welche Wünsche es hat. Eine solche Einstellung wird das Kind übernehmen können.[11] Solche feinfühligen Eltern bewirken also letztlich, dass das Kind die Welt als sinnvoll wahrnehmen kann. Ein solches Kind wird sich leichter damit tun, die fundamentalen kognitiven Kategorien von Vorher-Nachher und Ursache-Wirkung zu verstehen und anzuwenden. Es wird daher seine Welt als hinlänglich vorhersehbar begreifen können. Erlebt es immer wieder, dass seine Bezugspersonen ihm eigene Absichten unterstellen bei seinem Tun, wird es dies auch anderen Personen ebenso unterstellen wie sich selbst. Die Fähigkeit, intuitiv anderen Menschen eigene Gedanken, Wünsche, Phantasien, Absichten, kurz mentale Prozesse, zu unterstellen, wird als „Theory of Mind" bezeichnet, als Theorie des Geistes, ein nicht gerade glücklich gewählter Begriff, der sich im Deutschen auch kaum übersetzen lässt und daher in seiner englischen Fassung übernommen wird.[12]

Die Ergebnisse einiger Studien weisen darauf hin, dass sicher gebundene Kinder schneller diese Theory of Mind erwerben können (*Fonagy* et al. 1997), ein weiteres Beispiel einer transgenerationalen Transmission. Diese Theory of Mind ist nötig, will man die Handlungen anderer erklären oder vorhersehen. Schließlich müssen wir, um dies zu können, abschätzen können, was die andere Person als gegeben ansieht, welche Annahmen sie ihrem Handeln zugrundelegt und was sie vorhat. Von dieser Fähigkeit hängt unsere soziale Kompetenz ab. So sollte es eine feinfühlige Mutter nicht als kränkende Zurückweisung ihrer Person auffassen, wenn ihr Kind sich dagegen wehrt, von ihr bei der Hand genommen zu werden, wenn es etwa auf einen Stuhl zu steigen versucht. Vielmehr wird sie eher mit den Worten reagieren „Ah, du willst es alleine versuchen" und diese Unternehmung wohlwollend begleiten, wenn sie nicht gar zu gefährlich erscheint. Erlebt ein Kind, dass sein Sich-Wehren, sein anfänglicher Ärger ihm immer wieder als Zeichen eines sich eben schon früh offenbarenden schlechten Charakters ausgelegt wird, wird dieses Erleben verständlicherweise nicht nur nachteilige Auswirkungen auf seine spätere Fähigkeit haben, negative Affekte zu regulieren, sondern darüber hinaus auch sein Selbstbild nachteilig prägen.

Die Theory of Mind ist Voraussetzung für Empathie, d. h. für die Fähigkeit, sich in den anderen einzufühlen und die Welt auch aus dessen Perspektive zu sehen (vgl. hierzu *Bischof-Köhler* 2000). Sicher gebundene Kinder sind empathischer. Sie reagieren schneller betroffen, wenn sie bemerken, dass jemand anderes sich nicht wohl fühlt oder gar leidet. Dies muss natürlich Auswirkungen auf ihre Beziehungsfähigkeit insgesamt haben. So fällt es sicher gebundenen Kindern leichter, sowohl mit Gleichaltrigen wie mit Erwachsenen harmonische und befriedigende Beziehungen einzugehen und zu unterhalten. Sie erscheinen sozial gut integriert. Am deutlichsten macht sich ihre höhere soziale Kompetenz bemerkbar im emotional getönten Umgang mit ihnen vertrauten Personen, also in Beziehungen mit ihren Kindergärtnerinnen, Spielkameraden, später auch mit ihren Klassenkameraden oder Lehrerinnen. Überhaupt scheinen die Beziehungen sicher gebundener Kinder zu ihren Gleichaltrigen und Geschwistern insgesamt stabiler und weniger oberflächlich zu sein im Vergleich zu denen unsicher gebundener Kinder. Sicher gebundene Kinder werden von diesen daher auch als flexibler, freundlicher und umgänglicher angesehen. Die Regulation der Beziehungen zu Fremden oder zumindest weniger vertrauten

Personen dürfte allerdings weniger Sache des Bindungssystems denn des affiliativen Systems sein.

Da bekanntlich die moralische Entwicklung keineswegs nur von kognitiven Faktoren abhängt, sondern in hohem Ausmaß von den Beziehungen zu den Eltern, liegt die Vermutung nahe, dass der Bindungsqualität auch große Bedeutung zukommen sollte bei der Entwicklung der Fähigkeit zum moralischen Urteilen. Feinfühlige Eltern zeigen ihrem Kind, dass sie in der Lage sind, die Perspektive ihres Kindes einzunehmen und so dessen Bedürfnisse wahrzunehmen. Sie lassen es aber auch nicht bei dieser Einsicht bewenden, sondern richten gerade ihr Pflegeverhalten an dieser Einsicht aus. Eine solche Erfahrung vermittelt dem Kind die Sicherheit, ohne allzu große Angst auch seine soziale Umwelt zu erkunden zu können. Unsicher-ambivalent gebundene Kinder sind zu sehr damit beschäftigt, die eigenen Bedürfnisse befriedigen zu können, sodass sie auf die Bedürfnisse ihrer Bindungspersonen nicht genügend Rücksicht nehmen können. Dagegen haben unsicher-vermeidend gebundene Kinder gelernt, im Zweifelsfall ihre eigenen Bedürfnisse zurückzustellen, um für sich eine hinreichend konfliktfreie Beziehung zu ihren Eltern zu sichern. Insofern dürften bei sicher gebundenen Kindern die besten Voraussetzungen gegeben sein, dass sie in ihrer Entwicklung ein reifes moralisches Entwicklungsniveau erreichen (*van IJzendoorn* und *Zwart-Woudstra* 1995).

### 1.9 Bindung in der Adoleszenz

Die soziale Kompetenz ist in der Adoleszenz in besonderer Weise gefragt, wenn es darum geht, intime Vertrauensbeziehung zu Freunden, Freundinnen und erste Liebesbeziehungen einzugehen, in denen die sexuellen Bedürfnisse wechselseitig befriedigend ausgelebt werden können. Sicher gebundene Jugendliche sind für diese durchaus heikle Aufgabe deutlich besser vorbereitet. Schließlich geht es darum, die Bindungsbeziehung zu den Eltern zu lockern, um frei zu sein, sich mit einem gleichaltrigen Partner zusammenzutun. Allerdings sprechen die bindungstheoretischen Befunde dafür, intime Beziehungen zu Gleichaltrigen doch zu unterscheiden von anderen Peer-Beziehungen. Die Qualität persönlich bedeutsamer, intimer Beziehungen weist einen Zusammenhang auf zur Qualität der Bindungsbeziehung zu den Eltern, was dafür spricht, dass zumindest im Kindesalter den Beziehungen zu den Gleichaltrigen doch eindeutig geringere Bindungsqualität zukommen dürfte.

Auf den ersten Blick mag es schwer fallen, in Jugendalter noch von Bindungsbeziehungen zu den Eltern zu sprechen, liegt den Jugendlichen doch augenscheinlich so viel daran, gerade ihre Unabhängigkeit von den Eltern zu demonstrieren. Oft werden lieber sogar Misserfolge in Kauf genommen, als sich eingestehen zu müssen, doch noch auf die Eltern angewiesen zu sein. Hier spielt auch die besondere Subkultur der Jugend, zudem noch durch die Massenmedien befördert, eine bedeutende Rolle. Bei Erwachsenen um Hilfe zu bitten, wird bekanntlich schnell von den Gleichaltrigen als „uncooles" Verhalten oder gar als „Anschleimerei" denunziert. Ein solcher Jugendlicher gerät in einem solchen Fall schnell in Gefahr, sich lächerlich zu machen. Schamgefühle, die sich typisch noch verstärken, wenn man damit rechnen muss, von anderen gesehen zu werden, gilt es zu verhindern. Fragt etwa der Vater oder gar die Mutter den Sohn im Beisein von dessen Clique, ob er bei der Reparatur des Fahrradreifens Hilfe gebrauchen könne, wird man mit hoher Sicherheit ein klares Nein erwarten können. Lieber geht er dann zu Fuß. Im Verhalten der Jugendlichen zeigt sich denn auch geradezu eine deutlich bindungsvermeidende Attitüde. Im Unterschied zum jüngeren Alter, in dem die Kinder in einer sie ängstigenden Situation doch zumeist die Nähe zu ihrer Bindungsperson suchen, ist es im Jugendalter gerade umgekehrt. Nun bietet eine gefährliche oder riskante Situation gerade die erwünschte Gelegenheit, sich und anderen zu beweisen, dass man auf den Schutz seitens der Eltern eben nicht mehr angewiesen ist. Überhaupt dürfte Risikohandeln, angefangen vom Schulschwänzen über Haschischrauchen bis zur Teilnahme an Schlägereien, die Funktion zukommen, die eigene Autonomienentwicklung voranzutreiben.

Dieses oftmals laute, ungebärdige und abweisende Verhalten von Jugendlichen, das kaum mehr noch an die vertrauten Bindungsverhaltensweisen des Kindesalters zu erinnern scheint, hat denn auch dazu geführt, dass von Seiten der Entwicklungspsychologie den Beziehungen zu den Eltern nur noch eine geringe Bedeutung beigemessen wurde für die Entwicklung der Autonomie, bei der es sich um die zentrale Entwicklungsaufgabe dieser Altersphase handelt. Diese Einschätzung hat sich in der Zwischenzeit aber deutlich geändert. Heute betont man wieder mehr die Kontinuität und spricht daher eher von einer Transformation der Beziehungen. Auch und gerade in dieser Entwicklungsphase geht es darum, die wichtige Balance zwischen Exploration und Bindung zu bewahren. Diese Balance aufrechtzuerhalten, muss in der Pubertät und Adoleszenz ein besonderes Problem sein, scheinen doch die Autonomiebedürfnisse eher über Aktivitäten des Explorationssystems denn über die des Bindungssystems zu erreichen zu sein. Mit diesem Problem sind aber nicht nur die Jugendlichen selbst konfrontiert. Gerade in diesem Alter sind die Eltern gefragt, wenn es gilt, ihre jugendlichen Sprösslinge bei der Aufrechterhaltung dieser Balance zu unterstützen. Dies kann bekanntlich durchaus bis zur Selbstverleugnung reichen. Die meisten Eltern solch halbwüchsiger Kinder dürften ganze Litaneien davon singen können, sich mit der Hoffnung tröstend, dereinst nach der erhofften erfolgreichen Erfüllung dieser Aufgabe endlich ihr Pflegeverhaltensystem beruhigt, wenn auch erschöpft, deaktivieren zu können.

In diesem Zusammenhang soll nur auf die Befunde der Literatur verwiesen werden, die keinen Zweifel daran lassen, dass die Autonomie am ehesten von Jugendlichen erreicht wird, die sich auf der Grundlage einer sicheren Bindung auf ihre Eltern diesbezüglich verlassen können (*Allen* und *Land* 1999). In dieser Altersphase müssen die Jugendlichen ausprobieren, inwieweit sie schon in der Lage sind, unabhängiger zu leben und ihre Angelegenheiten selbst zu verwalten. Insofern kann man davon ausgehen, dass das Bindungssystem in dieser Zeit chronisch aktiviert ist. Kognitiv gereift können die Jugendlichen allerdings nun ihre Beziehungen zu ihren Eltern kritisch reflektieren und ihre gemeinsame Beziehung neu bewerten, was oft genug auch Anlass bieten dürfte, von diesen enttäuscht oder auf diese wütend zu sein. Sie erleben dann nicht selten, dass ihre Bindungsbedürfnisse vom Freund oder der Freundin doch besser abgedeckt werden.

Gleichaltrigen, den peers, kommt insofern in der Altersphase der Adoleszenz zweifellos die Funktion von Bindungspersonen zu. Dass sie überaus großen Einfluss auf das seelische Wohlbefinden der Jugendlichen haben, ist nicht zu bestreiten. Unklar ist derzeit allerdings, welche Bedeutung diesen mit den Gleichaltrigen eingegangenen Bindungsbeziehungen im Vergleich zu denen zu den Eltern zukommt (vgl. *Howes* und *Ritchie* 1999). Wie dem auch sei, in dieser Zeit sind die Eltern in ihrer eigenen Fähigkeit zur Affektregulation herausgefordert, wollen sie sich nicht, konfrontiert mit der eigenen Unzulänglichkeit, gekränkt zurückziehen oder sich gar rächen, in klammheimlicher Freude über einen Fehlschlag der risikobehafteten Unternehmungen ihrer eben doch noch nicht erwachsenen Kinder. Eine offene Beziehung ist den Jugendlichen eine Hilfe, eine kritische, aber auch flexible und daher „objektive" Bewertung der Bindungsbeziehung vorzunehmen. Diese ist Voraussetzung dafür, nun auch unbelastet eine Bindungsbeziehung zu einer anderen gleichaltrigen Person eingehen zu können.

Diese neue Bindungsbeziehung weist viele Ähnlichkeiten wie auch grundsätzliche Unterschiede zu der ursprünglichen Bindungsbeziehung mit den Eltern auf. Bei ersten Liebesbeziehungen in der Adoleszenz handelt es sich zumeist um Bindungsbeziehungen, kommen ihnen doch die Merkmale zu, die *Ainsworth* (1989) als Voraussetzungen für Bindungsbeziehungen beschrieb, wie das Suchen von Nähe, die Neigung, den anderen als sichere Basis und als „sicheren Hafen" zu nutzen sowie der Protest bei Trennung. So sind verliebte

Jugendliche bestrebt, die Nähe zum Objekt ihrer Liebe zu suchen. Sie denken oft nur daran, wann und wie sie ihn oder sie wiedersehen können. Die Versetzung in die nächste Klasse, der Schulabschluss gar, ist in Gefahr. Die eigene Befindlichkeit hängt nun davon ab, ob der andere einen noch mag, ob man sich noch gut versteht. Sorgen und Nöte werden nun zuallererst mit ihm oder ihr besprochen. Wenn man sich schon ausweinen will, dann dort. Von der Autonomie, die er oder sie so vehement sich den Eltern gegenüber ausbedungen hat, scheint zu deren unverständiger Verwunderung bisweilen nicht mehr allzu viel übrig geblieben zu sein. Bindung ist, wie bereits erwähnt, lebenslang von großer Bedeutung, von der Wiege bis zum Grab. Die psychische Befindlichkeit, das Glück und die Trauer (*Bowlby* 1982) sind lebenslänglich in hohem Maße an das Verhalten der Bindungspersonen gebunden.

Trotzdem unterscheidet sich diese frühe Liebesbeziehung fundamental von der elterlichen Bindungsbeziehung. Sie wird, auch wenn man Hals über Kopf verliebt ist, doch prinzipiell aus freien Stücken gewählt, wurde einem nicht wie die Beziehung zu den Eltern bei der Geburt vorgegeben. Auch ist diese Beziehung doch grundsätzlich symmetrisch angelegt. Zusätzlich zum Bindungssystem ist nun zudem auch das sexuelle System aktiviert. Bekanntlich spielt Sexualität in diesen ersten Liebesbeziehungen Jugendlicher eine nicht geringe Rolle. Sexuelles Interesse bietet denn häufig Anlass und Gelegenheit für den Aufbau dieser Bindungsbeziehung. An der Aktivierung des Explorationssystem dürfte es liegen, dass sich bei den ersten Liebesbeziehungen die Funktionen dieser beiden Systeme nicht gegenseitig behindern.

Die Bindungsrepräsentation der Jugendlichen beeinflusst darüber hinaus auch das Verhalten gegenüber dem Partner in diesen ersten Liebesbeziehungen. So wurde das Verhalten untersucht, das Jugendliche an den Tag legen, wenn sie sich mit ihrer Freundin oder ihrem Freund treffen. Sicher gebundene Jugendliche kümmern sich demnach mehr um den jeweiligen Partner und machen sich mehr Gedanken darum, wie es dem anderen denn wohl geht. Es überrascht daher auch nicht, dass sich die Beziehungen sicher gebundener Partner als am stabilsten erweisen. Sind beide Partner unsicher gebunden, kommt es am häufigsten zu Konflikten. Schon diese frühen Liebesbeziehungen werden durch negative Affekte geprägt. Der unsicher gebundene Jugendliche kommt dann gewissermaßen vom Regen in die Traufe. Der vom Elternhaus her gewohnte Beziehungsstress hält an. Um so größer ist die Enttäuschung bei den jungen Leuten, fühlen sich doch beide in der Hoffnung betrogen, sich nun ganz anders und viel besser erleben zu können als vorher bei den Eltern, die man vielleicht gerade deswegen geflohen hat. In einer amerikanischen Untersuchung studierten *Simpson* und Mitarbeiter (1992) die Qualität der Paarbeziehung von Collegestudenten in Zusammenhang mit deren jeweiliger Bindungsrepräsentation. Hierzu konfrontierten die Forscher Testpersonen mit einer schwierig zu lösenden Aufgabe, und beobachteten, wie die beiden Partner miteinander umgingen. Es stellte sich heraus, dass als sicher gebunden klassifizierte Studentinnen sich um mehr Unterstützung durch den Freund bemühten und dabei auch mehr körperliche Nähe zu ihm suchten. Als sicher gebunden klassifizierte Studenten zeigten sich zudem besorgter und gaben in dieser Situation häufiger hilfreiche Kommentare.

Auch beim Dating gibt es offensichtlich Unterschiede. Bindungsabwertende Jugendliche trauen sich kaum zu, den Partner über längere Zeit für sich einnehmen zu können. Sie neigen daher am stärksten dazu, sich mit so genannten One-night-stands zufriedenzugeben. Ihre Beziehungen werden als opportunistisch beschrieben. Quantität scheint ihnen vor Qualität zu gehen (Belsky 1999). Erst gar nicht mit der Möglichkeit rechnend, dass die Beziehung sich für beide Partner lohnen könnte, bauen sie einer möglichen Enttäuschung vor, indem sie sich überwiegend am eigenen Nutzen orientieren. Es ist daher davon auszugehen, dass die in den ersten Lebensjahren entstehenden inneren Arbeitsmodelle von Bindung auch noch viele Jahre später Einfluss auf die Erwartungen haben, die junge Erwachsene an die Beziehungen zu ihren jeweiligen Partnern stellen. In der Tat ließ sich jüngst in der schon erwähnten Bielefelder Längsschnittuntersuchung ein Zusammenhang zwischen der Qualität der Interaktionen von Kleinkinder und ihren Eltern einerseits und der Repräsentation von Liebesbeziehungen im Alter von 22 Jahren andererseits nachweisen (*Grossmann* und *Grossmann* 2000).

Nach alledem kann wenig Zweifel daran bestehen, dass den jeweiligen inneren Arbeitsmodellen, die die Bindungsqualität zu den elterlichen Bindungspersonen widerspiegeln, eine hohe Bedeutung auch für die Ausgestaltung der anderen Beziehungen, die sich im Leben als wichtig erweisen, zukommt, so vor allem der Beziehung zu Freunden, Liebespartnern und später den eigenen Kindern.

### 1.10 Bindungstheorie und Entwicklungspsychopathologie

Die voranstehenden Ausführungen könnten zu dem Schluss verleiten, dass es sich bei der Bindung bzw. der Bindungsrepräsentation um einen derart bedeutsamen Faktor handeln könnte, der die weitere psychische Entwicklung völlig bestimmen könnte. Das ist natürlich nicht der Fall. Ein solcher Eindruck lässt sich nur schwer vermeiden in einem Text, der von Bindung handelt und der gerade auf die Nützlichkeit bindungstheoretisches Wissens bei der Heimerziehung von Kindern und Jugendlichen aufmerksam machen möchte. Allerdings war schon *Bowlby* selbst weit davon entfernt, die inneren Arbeitsmodelle für alle Entwicklungsprozesse verantwortlich zu machen. Seiner Meinung nach lässt sich deren Einfluss vor allem bei solchen Themen nachweisen, die mit der Entwicklung des Selbst im Kontext zwischenmenschlicher Beziehungen zu tun haben. Insofern tut die Bindungsforschung gut daran, sich vor Verallgemeinerungen und Übertreibungen hüten.

Die jeweilige Qualität der Bindungsbeziehungen und damit der Bindungsorganisation, die einem Kind zur Verfügung steht, bedeutet für ein Kind keineswegs ein unabwendbares Schicksal. Dennoch dürfte ihr ein nicht unbedeutender Einfluss auf die psychische Entwicklung zukommen, wobei die Stärke dieses Einflusses immer auch abhängen wird von den Einflüssen weiterer Wirkfaktoren. Man spricht von Interaktionen bzw. Transaktionen zwischen diesen Einflussfaktoren. Dieses transaktionale Modell der Entwicklung (*Sameroff* 1975, *Sameroff* und *Fiese* 2000) geht davon aus, dass es immer Faktoren sowohl von Seiten des Organismus als auch von Seiten der Umgebung sind, welche die Entwicklung beeinflussen, und dass sich zudem die beteiligten Faktoren anlässlich dieser Interaktion jeweils auch selbst verändern. Die Erforschung dieser komplexen Wechselwirkungen ist Sache der Entwicklungspsychopathologie. Diese noch recht junge Disziplin teilt mit der Entwicklungspsychologie ihre Theorien und Forschungsmethoden. Im Unterschied zu dieser beschäftigt sie sich aber mit der Entstehung und dem Verlauf von Entwicklungsprozessen, die von der Norm abweichen. Entwicklungspsychologie wie Entwicklungspsychopathologie können wechselseitig nur voneinander profitieren. Schließlich erscheint es plausibel, dass wir mehr über die normale Entwicklung erfahren, wenn wir uns auch mit abweichenden Entwicklungsverläufen befassen. Auch die Umkehrung gilt: Verstehen wir die normale Entwicklung besser, verstehen wir auch besser, welche psychischen Prozesse sich abspielen bei Kindern und Jugendlichen, deren Entwicklung nicht erwartungsgemäß verläuft.[13]

Eine Entwicklung als pathologisch zu bezeichnen, ist nur dann sinnvoll, wenn Einigkeit besteht über die Bandbreite normaler Entwicklungsmuster. Die psychische Entwicklung eines Kindes und Jugendlichen erscheint dann als normal oder gesund, wenn es diesen gelingt, die anstehenden Entwicklungsziele zu erreichen. Hier ist der Begriff der Entwicklungsaufgabe von zentraler Bedeutung, der vom amerikanischen Soziologen *Havighurst* (1948) geprägt wurde. Entwicklung lässt sich demnach verstehen als Abfolge von Entwicklungsaufgaben, die sich aus den biologischen Veränderungen und den kognitiven Entwicklungsfortschritten, vor allem aus den Anforderungen und Erwartungen seitens Kultur und Gesellschaft ergeben. Wie die Entwicklungspsychologin *Heide Keller* (1997) betont, geben psychobiologische Anpassungsprozesse bestimmte Themen vor, die es in der jeweiligen Entwicklungsphase zu bearbeiten gilt.

Die besondere Art und Weise, wie das Kind die jeweiligen Entwicklungsaufgaben löst, ob sie ihm leicht oder schwer fallen, ob die Lösung ihm kaum oder gar nicht gelingt, wird die Bearbeitung auch der folgenden Entwicklungsaufgaben zwangsläufig prägen. Da die Zeit nicht umkehrbar ist, kommt es zu ganz individuellen Entwicklungsverläufen. Man spricht von Entwicklungspfaden. Diese Metapher wurde von *Bowlby* in die entwicklungspsychologische Literatur eingeführt, um die große Variationsbreite von Entwicklungsverläufen zu veranschaulichen. Pfade, die von der Norm abweichen, werden als pathologisch bezeichnet. Wichtig ist die Feststellung, dass sowohl im Bereich des Normalen wie auch im Bereich des Pathologischen viele verschiedene Entwicklungspfade möglich sind. Letztlich wird man immer erst im Nachhinein einen Entwicklungspfad als abweichend bezeichnen können, wenn es sich nämlich herausstellt, dass das normative Entwicklungsziel verfehlt wurde. Auch muss man davon ausgehen, dass einem Kind, dem die Lösung einer Entwicklungsaufgabe nicht oder nur unzulänglich gelingt, eindeutig schlechtere Chancen für die nächsten Entwicklungsaufgaben gegeben sind. So besteht für einige Kinder die Gefahr, dass ihnen Probleme mit der Lösung von Entwicklungsaufgaben zu einer kontinuierlichen Erfahrung werden. Dies dürfte gerade bei Jugendlichen, die sich in Heimerziehung befinden, häufig der Fall sein.

Das in der folgenden Abbildung schematisierte Beispiel eines Entwicklungspfades stammt von *Bowlby* selbst (*Bowlby* 1995, S. 157).

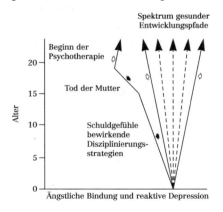

Welchen Entwicklungspfad ein Kind einschlagen wird, ist also kaum jemals vorhersehbar, eine eindeutige Kausalkette nicht zu beweisen. Allerdings lassen sich durchaus Aussagen darüber treffen, wie hoch die Wahrscheinlichkeit ist, dass ein bestimmter Entwicklungspfad beschritten wird. Dies meint das probabilistische Modell. Es gilt für abweichendes, psychopathologisch relevantes, Verhalten ebenso wie für normkonformes, unauffälliges Verhalten. Die Faktoren, die die psychische Entwicklung beeinflussen, lassen sich dem biologischen, psychischen oder dem sozialen Bereich zuordnen. Einflussfaktoren, die die Wahrscheinlichkeit erhöhen, dass ein Kind einen pathologischen Entwicklungspfad einschlägt, nennt man Risikofaktoren. Zu den biologischen Risikofaktoren zählen etwa genetisch bedingte Dispositionen, chronische Erkrankungen, Traumen oder Geburtskomplikationen, nur um einige zu nennen. Bei den psychologischen Risikofaktoren kommt einem schwierigen Temperament oder einer eingeschränkten intellektuellen Ausstattung besondere Bedeutung zu. Beispiele für soziale Risikofaktoren wären ein unangemessenes Erziehungsverhalten der Eltern, eine emotionale Vernachlässigung, der Elternverlust durch deren Trennung und Scheidung oder unzureichende sozioökonomische Bedingungen, die einhergehen können mit einer schlechten Wohnsituation und dem Kontakt zu einer delinquenten Gleichaltrigengruppe.

Das Wissen um Risikofaktoren ist für die Prognose von Entwicklungsverläufen und daher für eine psychologische Prävention von großem Nutzen. Ob sich ein Sachverhalt als Risikofaktor einschätzen lässt oder nicht, hängt allerdings entscheidend davon ab, welche Bedeutung das Kind diesem beimisst. Letztlich bestimmt der Organismus oder die Person, was Risiko ist. Dabei können Risikofaktoren eine disponierende Wirkung haben. Sie können aber auch eine Störung auslösen oder diese aufrechterhalten, also chronifizierend wirken. Dabei besteht eine sehr komplexe Beziehung zwischen Risikofaktoren und klinischen Störungen, zumal die Bedeutung von Risikofaktoren sich im Verlauf der Entwicklung durchaus ändern kann. Zudem muss auch in Rechnung gestellt werden, dass sowohl verschiedene Störungen mit den gleichen Risikofaktoren ursächlich in Verbindung gebracht werden können als auch unterschiedliche Risikofaktoren mit ähnlichen Störungsmustern.

Kommt es zu einer psychischen Störung oder Krankheit, wird man zumindest im Nachhinein zumeist mehrere Risikofaktoren nachweisen können. Risikofaktoren finden sich selten isoliert, sondern sind in der Regel kumulativ wirksam. Kausale Zusammenhänge zwischen Risikofaktoren und Störungen sind mit ausreichender Sicherheit nur durch Längsschnittstudien nachzuweisen. Allerdings reicht ein solches Wissen um statistische Beziehungen nicht aus. Vielmehr müssen die krankmachenden, pathogenen Mechanismen verstanden werden, die diesen Korrelationen zugrunde liegen. Hierbei gibt es noch ein beträchtliches Theoriedefizit.

Faktoren, Persönlichkeitsmerkmale, Situationen, grundsätzlich Sachverhalte, die geeignet sind, den Einfluss von Risikofaktoren zu verringern, werden als protektive Faktoren bezeichnet. Auch für diese Schutzfaktoren gelten die gleichen probabilistischen Überlegungen wie für Risikofaktoren. Bei körperlicher Gesundheit, einem ausgeglichenem Temperament und einer guten Intelligenz handelt es sich um zumindest auch biologische Schutzfaktoren. Ein guter Selbstwert, die Überzeugung einer ausreichend sicheren Selbstwirksamkeit sind psychologische Schutzfaktoren. Beispiele für protektive Faktoren aus dem sozialen Bereich wären etwa eine harmonische Familie, ein verlässliches soziales Netzwerk oder eine gut organisierte Schulgemeinde.

Es ist das für das jeweilige Kind charakteristische Ensemble von Risiko- und Schutzfaktoren, das darüber entscheidet, welcher Entwicklungspfad beschritten wird, ob es dem also Kind gelingt, die anstehenden Entwicklungsaufgaben zu lösen oder nicht. Die Erfahrung im Umgang mit diesen Entwicklungsaufgaben wird das Kind zudem in seine Biographie einbauen. Der jeweilige Entwicklungspfad wird mithin auch geformt durch die Interpretationen, die das Kind bezüglich dieser Auseinandersetzungen vornimmt. Ein Kind, das die Erfahrung gemacht hat, dass es Krisen und Probleme grundsätzlich bewältigen kann, wird im weiteren auf seine protektiven Ressourcen bauen können. *Friedrich Nietzsches* bekannter Aphorismus „Aus der Kriegsschule des Lebens. – Was mich nicht umbringt, macht mich stärker" ist entwicklungspsychopathologisch durchaus korrekt. Von einem solchen Kind wird gesagt, dass es eine besondere Widerstandsfähigkeit, eine Resilienz besitzt. Als resilient werden also Kinder bezeichnet, deren Entwicklung trotz des Vorliegens von Risikofaktoren ungestört verläuft. Das sollte allerdings nicht dazu veranlassen, Kinder im Sinne einer „schwarzen Pädagogik" absichtlich mit widrigen Erfahrungen zu konfrontieren. Der Erzieher kann diesbezüglich durchaus auf die Wechselfälle des normalen Lebens vertrauen!

Umgekehrt wird ein Kind, das wiederholt hat erfahren müssen, dass es ihm nicht gelingt, anstehende Entwicklungsaufgaben zu meistern, ein solches Vertrauen in die eigene Bewältigungskompetenz nicht aufbauen können. Im Gegenteil wird es im Sinne einer selbsterfüllenden Prophezeiung damit rechnen, dass es im Zweifelsfall wiederum schlecht ausgehen wird. Ein solches Kind wird als vulnerabel bezeichnet. Dabei meint Vulnerabilität die Wahrscheinlichkeit, mit der Risikofaktoren sich bei einem Individuum als pathogen herausstellen. Typisches Beispiel hierfür ist das Gefühl der Hilf- und Hoffnungslosigkeit, das eine depressive Verfassung charakterisiert.

Die jeweils gegebene Resilienz bzw. Vulnerabilität wird also nicht nur durch biologische Sachverhalte geprägt, sondern auch durch die Geschichte der psychischen Auseinandersetzung mit ihnen, die wiederum auch abhängt von den dem Kind zur Verfügung stehenden sozialen, insbesondere familiären Ressourcen. Vulnerabität bzw. Resilienz entwickelt sich also in der Auseinandersetzung mit den Entwicklungsaufgaben. Sie sind mithin nicht als Eigenschaften aufzufassen, die einem Kind von vornherein mitgegeben sind. Es handelt sich also um einen selbstrückbezüglichen oder selbstreferenten Prozess. Immer handelt es sich um Prozesse, an denen das Kind aktiv beteiligt ist. Insofern kann das Kind durchaus als Konstrukteur seiner eigenen Entwicklung angesehen werden. Da, um in diesem Bild zu bleiben, die vom Kind benutzten Konstruktionsanleitungen erfahrungsabhängig sind, das Kind mithin seine Erlebnisse immer entsprechend seinen kognitiven Vorurteilen zu interpretieren sucht, darf man auch davon ausgehen, dass gerade den frühen Erfahrungen eine besondere Bedeutung zukommt. Allerdings wird die Bedeutung dieser frühen Erfahrungen sich laufend unter dem Einfluss neuer Erfahrungen ändern.[14]

Die wichtigsten Implikationen dieses modernen entwicklungspsychopathologischen Konzeptes des Entwicklungspfades fasst der amerikanische Entwicklungspsychologe *Alan Sroufe* (1997) zusammen:
1. Pathologie ist zu verstehen als Abweichung von den unter normalen Umständen zu erwartenden Entwicklungspfad. Um von Pathologie als Verfehlen einer Entwicklungsaufgabe sprechen zu können, ist eine Übereinkunft darüber notwendig, welche Entwicklungsaufgaben in welchem Alter anstehen.
2. Verschiedene Entwicklungspfade können zu dem gleichen Ergebnis führen. Dies meint das Prinzip der Äquifinalität.
3. Das Kind kann eine Entwicklungsaufgabe auf verschiedenen, den normativen Erwartungen angepassten oder abweichenden und dann pathologisch genannten, Lösungswegen zu lösen versuchen. Eine ausschließlich kategoriale Klassifikation von Störungen wird diesem Prinzip der Multifinalität nicht gerecht.
4. Eine Änderung ist möglich an verschiedenen Stellen des Entwicklungspfades. Insofern ist Pathologie nicht etwas, was ein Kind hat, sondern ist Ausdruck seiner Anpassung an den gegebenen Kontext. Es stellt sich die Frage, welche Umstände einen Entwicklungspfad stabilisieren.
5. Änderungen sind beschränkt durch die lebensgeschichtliche Erfahrung mit früheren Lösungsversuchen von Entwicklungsaufgaben. Je länger ein Kind sich auf einem abweichenden Entwicklungspfad aufhält, desto geringer sind seine Chancen, einen einmal eingeschlagenen Weg zu verlassen. Auch wenn ein Kind seinen Lebensweg selbst konstruiert, wird sein Möglichkeitsspielraum mit der Zeit abnehmen.
6. Sowohl normale als auch abweichende Entwicklungswege sind Ergebnis komplexer transaktionaler Austauschprozesse. Pathologie ist keinesfalls einfacher strukturiert.

## 1.11 Bindung und Psychopathologie

Diesen entwicklungspsychopathologischen Grundannahmen zufolge sind eindeutige Beziehungen etwa zwischen einer bestimmten Bindungsorganisation und einer definierten psychiatrischen Störung grundsätzlich nicht anzunehmen. In der Tat haben die Bemühungen, hier eindeutige Beziehungen nachzuweisen, kaum jemals zu eindeutigen Ergebnissen geführt, die anlässlich von weiteren Untersuchungen unwidersprochen geblieben wären. Auch legt der entwicklungspsychopathologische Ansatz nahe, von einem Kontinuum von normalen und auffälligen Verhaltensweisen auszugehen. Daher werden in der entwicklungspsychopathologischen Literatur dimensional verfasste Diagnosen bevorzugt, die sich also auf ein jeweiliges Mehr oder Weniger beziehen. Von einer streng wissenschaftlichen Perspektive sind sie durchaus als gültiger anzusehen. Dagegen neigen Psychiater, wie Ärzte überhaupt, traditionell dazu, eindeutige Unterschiede zu beobachten im Sinne eines Entweder-Oder und daher ihre Diagnosen kategorial stellen, mithin das Schema Entweder/oder zu verwenden. Das liegt unter anderem daran, dass von Ärzten erwartet wird, handlungsorientiert zu beobachten. Diesbezüglich machen klar unterschiedliche Kategorien einen größeren Unterschied, sind also informativer. Eine kategoriale Diagnose erspart häufig die belastende Diskussion, von welchem Schweregrad an ein von der Norm abweichendes Verhalten oder ein Zustand als behandlungsbedürftig anzusehen ist, beispielsweise beim Vorliegen von Ängsten oder bei delinquentem Verhalten. So erscheint es beispielsweise unmittelbar plausibel, einen fließenden Übergang etwa zwischen einer gering ausgeprägten und daher noch „normalen" Angst und einer zu großen, d. h. dem Anlass nicht mehr angemessenen, Ängstlichkeit anzunehmen. Ab wann man von einer pathologischen und behandlungsbedürftigen Angst sprechen sollte, ist daher letztlich das Resultat einer Übereinkunft. Dass ein scheues Kind etwa dem ersten Schultag mit durchaus gemischten Gefühlen entgegensieht, ist leicht nachzuvollziehen. Wenn das Kind jedoch auch bei größtem Entgegenkommen von Seiten der Lehrerin nicht zu bewegen ist, das vertraute und bindungssichernde Zuhause zu verlassen, besteht der Verdacht auf Vorliegen einer Schulphobie, der dann Krankheitswert zukommen dürfte. In ähnlicher Weise ist es auch nicht möglich, eine eindeutige Grenze zu ziehen zwischen einem so genannten normalen Verhalten, das also den normativen Erwartungen entspricht, und dem Vorliegen von Dissozialität. Dissozialität ist nur dann zu diagnostizieren, wenn das den sozialen Verhaltenserwartungen widersprechende Verhalten sowohl umfassend als auch dauerhaft zu beobachten ist (vgl. Kapitel 5.5).

Aus der Sicht der Entwicklungspsychopathologie handelt es sich bei einer unsicheren Bindung um einen durchaus bedeutsamen psychiatrischen Risikofaktor. Bei unsicher gebundenen Kindern besteht mithin im Vergleich zu sicher gebundenen Kindern eine höhere Wahrscheinlichkeit, dass sich bei ihnen eine psychische Störung ausbildet. Unsicher gebundene Kinder und Jugendliche sind nicht so gut in der Lage, mit Konflikten und psychosozialen Problemlagen umzugehen. Sie sind also vulnerabler. Es handelt sich bei einer unsicheren Bindung allerdings um einen durchaus unspezifischen Risikofaktor. Auch muss in diesem Zusammenhang betont werden, dass eine Bindungsunsicherheit selbst grundsätzlich nicht als psychiatrische Auffälligkeit angesehen werden darf. Einer unsicheren Bindung kommt für sich selbst also kein Krankheitswert zu.

Allerdings gibt es auch Fälle, bei denen die Störung der Bindungsentwicklung schon das eigentliche Problem darstellt. Hierbei handelt es sich um sich sehr früh in der Entwicklung herausbildende Störungsmuster, bei denen bisweilen durchaus zu diskutieren ist, ob das betreffende Kind so etwas wie Bindung überhaupt hat entwickeln können. Von einer solchen Bindungsstörung (vgl. *Brisch* 1999, 2000) sind Kinder betroffen, deren leidvolles Schicksal *Bowlby* dazu veranlasst hat, die Bindungstheorie zu entwerfen. Es waren, wie bereits erwähnt, Kinder, die in Heimen untergebracht waren, wo ihnen keine Gelegenheit geboten wurde, überhaupt eine Bindungsbeziehung einzugehen, da es dort keine Person gab, die ihnen als mögliche Bindungsfigur zur Verfügung stand. Die resultierenden Störungen werden in dem psychiatrischen Klassifikationssystem ICD-10 der WHO als „Bindungsstörung des Kindesalters mit Enthemmung (F94.2) beschrieben. Dort heißt es:

*„Es handelt sich um ein besonderes Muster abnormer sozialer Funktionen, welche während der ersten fünf Lebensjahre auftritt mit einer Tendenz zu persistieren, trotz deutlicher Änderungen in den Milieubedingungen. Etwa im Alter von zwei Jahren manifestiert es sich meist in Anklammern und diffusem, nichtselektivem Bindungsverhalten; im Alter von vier Jahren hält das diffuse Bindungsverhalten an, das Anklammerungsverhalten wird aber meist durch aufmerksamkeitssuchendes und wahllos freundliches Verhalten ersetzt. In der mittlern und späteren Kindheit können die Betroffenen selektive Bindungen entwickeln, das aufmerksamkeitssuchende Verhalten bleibt aber bestehen; mit Gleichaltrigen sind wenig modulierte Interaktionen üblich; abhängig von den Umständen können auch begleitende emotionale oder Verhaltensstörungen vorhanden sein. Das Syndrom wurde am deutlichsten bei Kindern identifiziert, die von Kleinkindalter an in Institutionen aufgezogen wurden, aber es tritt auch unter anderen Bedingungen auf. Es wird angenommen, dass es teilweise durch einen andauernden Mangel an Gelegenheit, selektive Bindungen zu*

*entwickeln, bedingt, das heißt, Konsequenz eines extrem häufigen Wechsels der Bezugspersonen ist. Die konzeptuelle Einheitlichkeit des Syndroms bezieht sich auf den frühen Beginn diffuser Bindungen, anhaltend dürftige soziale Interaktionen und fehlende Situationsspezifität."*

Bei anderen Kindern, denen selbst eine basale mütterliche Aufmerksamkeit nicht zuteil wurde oder die von Anfang an grob vernachlässigt oder missbraucht wurden, kann sich zwar durchaus eine Bindungsbeziehung entwickeln. Diese ist aber schon von vornherein als gestört anzusehen. Solche Kinder zeigen entweder eine stark klammerndes Verhalten mit geringer Bereitschaft, ihre Umwelt auch nur ansatzweise zu erkunden, oder geradezu im Gegensatz hierzu ein scheinbar wagemutiges und selbstgefährdendes Verhalten als Zeichen dafür, das sie ihre Bezugsperson nicht als sichere Basis zu nutzen gelernt haben.

Ansonsten gibt es nach heutigen Wissensstand nur für zwei Störungen eine hinlänglich gesicherte Beziehung zu den frühen kindlichen Bindungsbeziehungsmustern. Es sind dies zum einen Angststörungen, die mit einer unsicher-ambivalenten Bindungsorganisation als Ausdruck einer überwiegend als gefährdet erlebten Beziehung in Zusammenhang gebracht werden können, zum anderen die so genannten dissoziativen Störungen. Bei diesen dissoziativen Störungen besteht in der Regel ein desorganisiertes Bindungsmuster, zumeist als Folge von Missbrauchs- und/oder Misshandlungserlebnissen. Solche Erfahrungen sind zu ängstigend und schmerzhaft, als dass sie sich in die Lebensgeschichte integrieren ließen. Sie werden daher vom Bewusstsein abgespalten. Die mit solchen schlimmen Erlebnissen verknüpften Erinnerungen und Affekte stehen der betroffenen Person dann nicht bewusst zur Verfügung und führen gewissermaßen ein unkontrolliertes Eigenleben. Als Folge solch verzweifelter Anpassungsvorgänge kommt es dann zu einem zumindest teilweisen Verlust der psychischen Integrität, des Selbsterlebens, des Erinnerungsvermögens und der Kontrolle über die eigenen Körperbewegungen bis hin zu Episoden veränderten Bewusstseins, etwa im Sinne tranceartiger Zustände oder einer verstärkten Tendenz zur Tagträumerei.

Überhaupt scheint dem desorganisierten Bindungsmuster ein besonderer Risikowert zuzukommen. Die Bedeutung dieses besonderen Bindungsmusters wird denn auch heute in der klinischen Entwicklungspsychologie oder Entwicklungspsychopathologie ausführlich diskutiert. Hier sind es vor allem Längsschnittstudien, von denen am ehesten Aufschlüsse über die pathogenetischen Mechanismen erwartet werden können. Schließlich reicht es ja nicht aus, lediglich zu konstatieren, dass es einen statistisch bedeutsamen

Zusammenhang gibt zwischen einem bestimmten Bindungsmuster und der Wahrscheinlichkeit für die Entwicklung einer psychiatrischen Störung. Um pädagogisch erfolgreich im Sinne der Prävention oder psychotherapeutisch intervenieren zu können, müssen die psychologischen Vorgänge möglichst genau verstanden werden, die zu der psychischen Störung führen.

Der probabilistische Ansatz der Entwicklungspsychopathologie, der psychiatrische Störungen als Folge eines Zusammentreffens von Risikofaktoren und einer Vulnerabilität bei gleichzeitigem Fehlen ausreichender protektiver Faktoren ansieht, legt es denn auch nahe, solche Längsschnittstudien bei Kindern und Jugendlichen durchzuführen, die mit mehreren Risikofaktoren konfrontiert sind. Man spricht von so genannten Hochrisikogruppen. Untersucht man etwa lediglich Kinder aus Mittelschichtfamilien, die vielleicht zudem noch alle gut begabt sind und weiterführende Schulen besuchen, wird man mit Fug und Recht erwarten können, dass es bei ihnen auch beim Vorhandensein einer unsicheren Bindungsorganisation nicht zu einer psychiatrischen Auffälligkeit kommt. Die ihnen zur Verfügung stehenden protektiven Faktoren werden sie nämlich davor bewahren. Daher macht es Sinn, sich Hochrisikogruppen zuzuwenden.

In solchen Risikostichproben lassen sich die riskierenden Auswirkungen einer unsicheren Bindungsorganisation besonders gut studieren. Nachgewiesen wurde inzwischen ein eindeutiger Zusammenhang insbesondere für so genannte externalisierende Störungen, unter denen man dissoziale, hyperkinetische und aggressive Störungsmuster zusammenfasst, die mithin vor allem der Umwelt Probleme bereiten im Gegensatz zu den so genannten internalisierenden Störungen, bei denen Angst, Schuld- und Schamgefühle zuallererst die betroffene Person leiden machen. So erwies sich etwa eine Kombination von niedriger Intelligenz und unsicherer Bindung im Kleinkindalter als vorhersagekräftig für Verhaltensstörungen im Alter von sieben Jahren, die von ihren Lehrern berichtet wurden (*Lyons-Ruth* et al. 1997). Die Situation wird noch komplizierter, wenn man bedenkt, dass eine desorganisierte Bindungsbeziehung besonders häufig bei solchen Kindern anzutreffen ist, bei denen multiple Risikofaktoren bestehen, die mit anderen Worten einem kumulativen Risiko ausgesetzt sind. Desorganisiert-unsicher gebundene Kinder tragen häufig schon ein hohes biologisches Risiko. Vor der Geburt sind es der Alkohol- oder Drogenkonsum der Mutter oder schlechte Ernährungsbedingungen, nach der Geburt etwa Misshandlung, die schon die körperliche Gesundheit der Kinder und damit deren Resilienz beeinträchtigen.

Bei Kindern und Jugendlichen, die heute in einem Heim der öffentlichen Erziehungshilfe aufwachsen, kann man davon ausgehen, dass sie einem solchen kumulatives Risiko ausgesetzt sind, das ihre psychosoziale Entwicklung gefährden muss. Um diese Hochrisikogruppe wird es in den folgenden Kapiteln gehen.

**Anmerkungen**

1 Das Buch des Klinischen Psychologen *Robert Karen* (1994) gibt einen ausgesprochen lebendigen Einblick in die Entstehungsgeschichte der Bindungstheorie und vermittelt darüber hinaus auch einen umfassenden Überblick über diese Forschungsrichtung. Es ist leider noch nicht ins Deutsche übersetzt worden.
2 Am ehesten dürfte die in dieser Institution praktizierte multidisziplinäre Vorgehensweise mit dem familienorientierten Konzept zu vergleichen sein, das der Psychoanalytiker und Familientherapeut *Horst Eberhard Richter* in seiner 1963 erstmals erschienenen Monographie „Eltern, Kinder und Neurose" in Deutschland bekannt gemacht hat.
3 Die deutsche Übersetzung erschien 1973 unter dem Titel „Mütterliche Zuwendung und geistige Gesundheit" im Kindler Verlag München
4 Diesen Vergleich übernahm *Bowlby* vom amerikanischen Kinderarzt *David Levy* (*Karen* 1994, 64).
5 Die Psychoanalyse versteht unter Abwehr „alle diejenigen – zumeist unbewusst, automatisch verlaufenden – Prozesse bzw. Mechanismen, welche der Entlastung des Ichs von unlustvollen Gefühlen und Affekten (bzw. dazugehörigen kognitiven Inhalten) dienen (*Mentzos* 1993, 191)
6 Diese Trilogie besteht aus den folgenden drei Büchern: Bindung. Frankfurt a. M.: Fischer Taschenbuch Verlag 1984, Trennung. München: Kindler 1976, sowie Verlust. München: Kindler 1983.
7 Wie in allen Wissenschaftszweigen überwiegen auch in der Bindungsforschung die englischsprachigen Publikationen. Hier ist als Standardwerk das von *Jude Cassidy* und *Philip R. Shaver* herausgegebene Handbook of Attachment (New York: Guilford Press 1999) zu nennen. Inzwischen liegt aber auch eine Vielzahl neuer deutschsprachiger Publikationen vor. Genannt seien: *Spangler, G. & Zimmermann, P.* (Hg.): Die Bindungstheorie: Grundlagen, Formen und Anwendung. 2. Aufl. Stuttgart: Klett-Cotta 1999. *Brisch, K. H.*: Bindungsstörungen – Von der Bindungstheorie zur Therapie. Stuttgart: Klett-Cotta 1999. *Endres, M. und Hauser, S.* (Hg.): Bindungstheorie in der Psychotherapie. München: Reinhardt 2000. *Gloger-Tippelt, G.* (Hg.): Bindung im Erwachsenenalter. Bern: Huber 2001.
Daneben widmen sich eigene Kapitel in folgenden Lehrbüchern der Bindungstheorie: *Keller, H.* (Hg.): Handbuch der Kleinkindforschung. 2. Aufl. Bern: *Huber 1997. Oerter, R., von Hagen, C., Röper, G., Noam, G.* (Hg.): Klinische Entwicklungspsychologie. Weinheim: Beltz 1999. Genannt seien noch die Themenhefte 2 und 3 des Jahrgangs 47 (2000) der Zeitschrift „Psychologie in Unterricht und Erziehung".
8 Auch wenn es sich beim Bindungssystem um eine autonomes System handelt, verweist

schon die Tatsache, dass die Nahrungsaufnahme beim so genannten Stillen als Aktivität des Versorgungssystems sowie etwa das Anklammern als Bindungsverhaltensweise durchaus funktional äquivalent sind, auf komplexe Interaktionen zwischen den verschiedenen Verhaltenssystemen.

9 Das psychoanalytische Entwicklungskonzept von *Margaret Mahler* wird von der modernen Kleinkindforschung inzwischen in Frage gestellt. Das betrifft vor allem *Mahlers* Theorie einer anfänglich autistischen und symbiotischen Normalphase. Die Befunde der Säuglingsforschung sprechen dagegen für die Annahme eines schon von Geburt an funktionierenden Explorationssystems. Eine im späteren Leben zu beobachtende Sehnsucht nach einer Wiederverschmelzung mit der Mutter ist demnach eher als ein Hinweis darauf zu bewerten, dass der Aufenthalt in der Welt entweder als zu bedrohlich angesehen und/oder als zu wenig Sicherheit gewährend erlebt wird (vgl. *Dornes* 1997, 24 ff.). Das bekannte Kinderlied „Vogelhochzeit" dürfte denn auch entwicklungspsychologisch stimmiger sein. Dort heißt es: „Im Ei da ist es warm und schön, doch leider kann ich gar nichts sehn."

10 Immer noch lässt sich der Bindungsforschung vorwerfen, dass sie allzu mutterzentriert sei. Bindungsperson und Mutter werden häufig als Synonyme behandelt. Hierfür gibt es auch ganz profane Gründe. Die empirische Bindungsforschung ist bei der Durchführung ihrer Untersuchungen schließlich auf die körperliche Anwesenheit des Kindes und seiner Bindungspersonen und damit auf deren Verfügbarkeit angewiesen. In der Arbeitszeit der Forscherin haben die Väter schließlich auch zu arbeiten, zumeist außhäusig.

11 Bekanntlich unterstellen Eltern ihrem Kind schon sehr früh, dass es fähig sei, sich an der gemeinsamen Kommunikation zu beteiligen. Überhaupt sprechen sie sehr viel mit ihrem Baby. Diese imaginierte Kommunikation beginnt häufig schon vor der Geburt. Es hat den Anschein, als ob das Kind im Laufe seiner ersten Lebensjahre diese Ansicht übernimmt. „Wenn meine Eltern mir zuhören und antworten, wird es schon so sein, dass ich etwas gesagt habe", könnte ihr Statement lauten, wenn sie denn schon solch sinnvolle Botschaften von sich geben könnten.

12 Diese Fähigkeit wird auch als „mentalisation" oder „reflexive function" bezeichnet (*Fonagy* und *Target* 1997, 2001). – Die Forschung zur Theory of Mind erwies sich als ungemein fruchtbar zum Verständnis des frühkindlichen Autismus. Man muss davon ausgehen, dass Kindern mit einer autistischen Störung eine solche Theory of Mind nicht oder nur unzulänglich zur Verfügung steht. Sie können daher nicht die Personen ihrer Umgebung dafür nutzen, um ihre Welt sinnvoll zu gestalten. Ohne Theory of Mind ist die frühe Bezugsperson nicht komplexitätsreduzierend, sondern im Gegenteil eher komplexitätssteigernd. Die Eigenheiten von autistischen Kindern, etwa Stereotypien, der fehlende Blickkontakt sowie die Kommunikationsstörungen lassen sich auf das Fehlen einer Theory of Mind zurückführen. Zur Theory of Mind und zum Autismus: *Baron-Cohen* 1995, *Klicpera* und *Innerhofer* 1999, *Gopnik, Kuhl* und *Meltzoff* 2000.

13 In ihrer grundlegenden Übersichtsarbeit definierten *Sroufe* und *Rutter* (1984): „Developmental psychopathology may be defined as the study of the origins and course of individual patterns of behavioral maladaptations, whatever the age of onset, whatever the cau-

ses, whatever the transformations in behavioral manifestation, and however complex the course of the developmental pattern may be."

Inzwischen gibt es auch einige deutschsprachige Lehrbücher der Entwicklungspsychopathologie: Resch, F.: Entwicklungspsychopathologie des Kindes- und Jugendalters. 2. Aufl. Weinheim: Beltz 1999. *Petermann, F., Kusch, M., Niebank, K*: Entwicklungspsychopathologie. Weinheim: Beltz 1998. *Oerter, R., von Hagen, C., Röper, G., Noam, G.* (Hg.): Klinische Entwicklungspsychologie. Weinheim: Beltz 1999.

14 Insofern ist auch die bisweilen an die Adresse von *Bowlby* gerichtete Kritik (etwa *Ernst* 1993), er würde den frühen Erfahrungen eine ausschlaggebende, die psychische Entwicklung determinierende Bedeutung beimessen, nicht berechtigt (vgl. Sroufe et al. 1999).

## 2. Heimerziehung

### 2.1 Mütterliche Deprivation

Der von *John Bowlby* 1951 im Auftrag der WHO verfasste Bericht „Maternal Care and Mental Health" markiert den Ausgangspunkt einer Welle der Kritik an der Praxis der Heimerziehung, die letztlich in der Forderung mündete, auf diese Form der Fremderziehung gänzlich zu verzichten und die Heime zu schließen. Im Nachhinein ist es schwer nachzuvollziehen, weshalb eigentlich dieses Buch so wirkungsvoll wurde. Schließlich konnten die schlimmen Zustände in den Erziehungsheimen, die dort geübte Praxis und ihre deprimierenden Folgen, doch kaum verborgen geblieben sein. Vielleicht lag es gerade an der Verknüpfung von Kritik an einer unhaltbaren Praxis mit einer plausiblen Theorie, wie sie mit dem Konzept der mütterlichen Deprivation angeboten wurde, dass nun auch die Gesundheits- und Sozialpolitik nicht umhin konnte, sich dieser Thematik anzunehmen.

*Bowlby* verwies in dieser Arbeit nämlich eindringlich darauf, dass die schädlichen Folgen von Heimerziehung für die betroffenen Kinder und Jugendlichen ursächlich auf die damit verbundene langdauernde Entbehrung mütterlicher Fürsorge zurückzuführen seien. In der kritischen Periode der frühen Kindheit seien Kinder auf dauerhafte, enge und warmherzige Beziehungen angewiesen, wie sie nur eine Mutter zu geben imstande sei:
*„Die ständige Fürsorge bei Tag und Nacht, sieben Tage in der Woche und 365 Tage im Jahr, kann nur eine Frau leisten, die eine tiefe Befriedigung dabei empfindet, ihr Kind vom Säuglingsalter an die vielen Phasen der Kindheit und Jugend durchlaufen und zu einem selbständigen Menschen heranwachsen zu sehen und zu wissen, dass ihre Fürsorge dies ermöglicht hat. (...) Wenn man dies bedenkt, wird man verstehen, weshalb Kinder in schlechten Familienverhältnissen besser gedeihen als in guten Heimen und weshalb Kinder schlechter Eltern – scheinbar unvernünftigerweise – so sehr an diesen hängen"* (*Bowlby* 1973, 96).

Dieses noch undifferenzierte Konzept der mütterlichen Deprivation mit seiner emphatischen, aber wissenschaftlich und auch praktisch nur schwer einzuholenden Betonung der Bedeutung von Mutterliebe wurde in den folgenden Jahren von *Bowlby* ausgearbeitet zur Bindungstheorie, welche die hier wirksamen pathogenen Mechanismen erklären konnte und darüber hinaus aus Veränderungen der Praxis nahe legte.

Ließen sich schon bei relativ kurzdauernden Trennungen von der Mutter etwa anlässlich eines Krankenhausaufenthaltes psychisch nachteilige Folgen für die betroffenen Kinder beobachten, lag schließlich der Schluss nahe, erst recht eine Heimunterbringung von längerer Dauer zu vermeiden. Eine Versorgung außerhalb des eigenen Elternhauses konnte daher nur die „letzte aller Möglichkeiten" sein (a.a.O., 100).

*Bowlbys* Veröffentlichungen wurden in den folgenden Jahren heftig diskutiert. In einer vielbeachteten Arbeit wies der englische Kinderpsychiater *Michael Rutter* (1972) darauf hin, dass eine Heimunterbringung für das Kind in der Regel nicht nur die Trennung von seiner Mutter bedeute. Schädlich sei vielmehr auch der Aufenthalt im Heim selbst, belastet durch ein ungünstiges Zahlenverhältnis zwischen Betreuerinnen und Kindern, durch den Schichtdienst, den hohen Personalwechsel sowie durch ein nur wenig anregendes Milieu. Das Augenmerk richtete sich zudem auch auf die Lebensumstände, denen das Kind vor der Heimunterbringung ausgesetzt war. Schließlich konnte kein Zweifel mehr daran bestehen, dass die betroffenen Kinder nicht erst im Heim unter dem Fehlen einer guten Beziehung zu leiden hatten, sondern auch schon vor dem Zeitpunkt der Heimunterbringung in ihrer Herkunftsfamilie.

## 2.2 Veränderungen der Heimerziehungspraxis

Inwieweit die Erkenntnisse der Bindungsforschung die Theorie und Praxis der Heimerziehung in Deutschland beeinflusst haben, lässt sich nicht eindeutig ausmachen. Vielleicht liegt es daran, dass *Bowlbys* Trilogie erst in den 70er-Jahren ins Deutsche übersetzt wurde. Hier machte sich die vor allem der nationalsozialistischen Herrschaft zu verdankende Abkoppelung der deutschen Wissenschaft vom internationalen Wissenschaftsbetrieb äußerst nachteilig bemerkbar. Am ehesten noch fanden die Schriften von *René Spitz* Beachtung. Geradezu tragisch mutet es allerdings an, dass dessen eindringliche Beschreibungen der katastrophalen Verhältnisse in Säuglingsheimen durchaus zum Anlass genommen wurden, pädagogische Vorstellungen von einem Heim als Ersatzfamilie, wie sie etwa *Andreas Mehringer* vertrat, zu desavouieren (vgl. *Post* 1997). Das von diesem erfahrenen Heimpädagogen vertretene Konzept einer familienorientierten Heimerziehung war nämlich gebunden an einen lang dauernden Heimaufenthalt von früher Kindheit an, den es nach allgemeiner Überzeugung nun aber gerade zu vermeiden galt. Dagegen wurde von den Vertretern reformorientierter privater Erziehungseinrichtungen ins Feld geführt, dass es grundsätzlich aussichtslos sei, familiäre Beziehungen überhaupt nachahmen zu wollen. Vielmehr solle ganz bewusst der gesamte Lebens- und Erlebnisbereich als Erziehungsfeld gestaltet werden. Allerdings muss man hierbei in Rechnung stellen, dass Einrichtungen, die sich hierfür eignen könnten, doch für eine gänzlich andere Klientel konzipiert waren, nämlich für Kinder und Jugendliche, die aus weitgehend stabilen Familien entstammten und daher auf deren Ressourcen zurückgreifen konnten. Bindungstheoretisch ausgedrückt: bei dieser Klientel konnte man von einer ausreichend sicheren Bindungsorganisation ausgehen, die es ihnen gestatten dürfte, solche reformpädagogischen Angebote interessiert zu explorieren.

Auch dürfte die gerade die deutschsprachige Pädagogik kennzeichnende Auffassung vom Bestehen „zweier Kulturen" (vgl. *Kutschmann* 1999), der Einteilung des gesellschaftlich verfügbaren Wissens in Naturwissenschaft einerseits und Geistes- bzw. Kulturwissenschaften andererseits, eine Rezeption bindungstheoretischer Forschungsergebnisse behindert haben. Von einem „Primärmisstrauen" gegenüber Forschung ist gar die Rede (Planungsgruppe PETRA, 1984, 78f., zit. bei *Ostermann* 1992). Es verwundert daher kaum, dass die Reformbestrebungen von einer quasi-institutionalisierten, permanenten Reformpädagogik vereinnahmt wurden und denn auch weitgehend folgenlos verblieben. Allerdings dürfte die bindungstheoretische Kritik an der Praxis der Heimerziehung doch auch die Voraussetzungen mitgeschaffen haben, dass die Forderungen der so genannten Heimkampagne zu Ende der 60er-Jahre auch in der Bürokratie auf keinen fachlich fundierten Widerstand mehr stoßen konnten und daher doch starke Resonanz fanden.

*Wolfgang Post* (1997) skizziert in seinem Grundlagentext „Erziehung im Heim" den „Stand der Diskussion und der (zaghaften) Reformbestrebungen bis zum Einbruch durch die Heimkampagne 1968/69 und den 4. Jugendhilfetag in Nürnberg 1974":
*„Heimerziehung dann, wenn die Diagnose erkennen lasse oder der negative Verlauf bisheriger Bemühungen zum Ergebnis geführt habe, dass ambulant nichts auszurichten ist, z. B. auch deshalb, weil entsprechende Möglichkeiten fehlen. Die weitere akzeptable Funktion der Heimerziehung trete ein, wenn andere „Unterbringungsmöglichkeiten" auszuschließen seien, weil entweder nicht vorhanden oder nicht zumutbar. Heimerziehung sei dann als kompensierende Erziehungs- und Pflegeleistung zu verstehen. Daraus ergab sich die naheliegende Folgerung, Heimerziehung für die erste Gruppe müsse klinischheilpädagogisch, für die zweite familienähnlich ausgerichtet sein"* (Post, 27).

Folgt man dieser Skizze, fällt auf, dass die Indikation für Heimerziehung nur noch negativ, eben als Ausschlussindikation, formuliert wird. Die Heimkampagne erwuchs denn auch aus den politischen Motiven der Studentenbewegung 1968/69, nicht etwa aus fachlicher Unzufriedenheit in der Jugendhilfe. Wie der Autor anmerkt, ging es den Studenten damals „nicht um die individuelle Befindlichkeit der jungen Menschen und schon gar nicht um die komplexe pädagogische Problematik der Erziehungsbedürftigkeiten" (a.a.O., 28). Vielmehr sahen sie in den Heiminsassen zusammen mit anderen „Entrechteten und Enterbten" ein revolutionäres Potenzial, das es zu aktivieren galt. Es zeigte sich aber recht bald, dass das ersehnte revolutionäre Potenzial jedenfalls dort nicht zu finden war. Allerdings brachten diese politisch motivierten Forderungen der Studentenbewegung Bewegung in das erstarrte Jugendhilfesystem. Die augenfälligen Veränderungen in der Heimerziehung heute verdanken sich denn auch nicht der pädagogischen Diskussion, ein Umstand, der das schon bestehende Theoriedefizit noch verstärkt haben dürfte. Die Tatsache, dass auch diese revolutionäre, volkspädagogische Maßnahme schließlich nicht gelingen sollte, beweist denn auch wieder, dass grundsätzlich mit einem Erfolg pädagogischer Bemühungen nicht zu rechnen ist, wenn man die psychische Befindlichkeit der Adressaten außer Acht lässt. Bemerkenswerterweise sieht *Post* (1997, 29) auch in der Wissenschaft einen Adressaten für die Forderungen der Heimkampagne, die nichts an Aktualität eingebüßt hätten und die „immer noch als Prüfsteine für die Fortentwicklung und den Stand der Jugendhilfe gelten": „Das Feld der Heimerziehung bedürfe der wissenschaftlichen Aufarbeitung. Erwünscht seien insbesondere wissenschaftliche Untersuchungen über Entstehung und Behandlung von Verhaltensstörungen. Generell müsse der Wissenschaftsstand besser integriert werden."

Skepsis bleibt allerdings angesagt, inwieweit diese Forderung erfüllt wurde. So bemerkt etwa der Pädagoge *Michael Winkler* (1999, 201), es gebe „für die Heimerziehung kaum Texte, welche die Wirklichkeit des Erziehens in einer Weise abbilden, daß sie kommunikativ und praktisch weitergeführt werden kann". Geradezu resignativ fällt denn auch das Fazit von *Post* (1997, 30) aus: „Übriggeblieben aus dieser Reformbewegung ist die pauschale Behauptung, größere Heime seien wegen zwangsläufiger institutioneller Zwänge abzulehnen. Sie wurden mit allen Mängeln der früheren Zwangserziehung in Anstalten assoziiert. Als fortschrittlich galten Jugendwohngemeinschaften, kleine Heime oder dezentralisierte große Heime sowie professionelle Pflegestellen."

Für einen Beobachter von außen ist es schwer, eine Bestandsaufnahme bezüglich der derzeit angebotenen Formen von Heimerziehung zu erhalten, zumal es „das" Heim nicht mehr gibt. In ihrer nunmehr als „klassisch" bezeichneten Form soll Heimerziehung ausgedient haben. Das Heim wird nicht mehr als „totale Institution" im Sinne des amerikanischen Soziologen *Erving Goff-*

*man* (1972), sondern als ein lebensweltorientiertes Hilfearrangement ausgemacht (vgl. *Baur* et al. 1998, 42). Auch wenn angesichts einer bisweilen inflationären Verwendung bedeutungstief anmutender Begriffe wie Lebensweltorientierung, Alltagsorientierung, Partizipation, Integration oder Normalisierung zur Beschreibung der heutigen Heimerziehung beim nüchternen Beobachter doch auch Zweifel aufkommen, darf man trotzdem davon ausgehen, dass sich in der Heimerziehung auch ohne Unterstützung einer praktischen Theorie in den letzten drei Jahrzehnten doch vieles zum Besseren gewendet hat.

Der Erziehungswissenschaftler *Klaus Wolf* (1995) skizziert die großen Linien der Veränderungen in der Heimerziehungspraxis:

*1. Dezentralisierung*
Darunter wird verstanden „die Verlagerung von Gruppen in Häuser außerhalb eines zentralen Heimgeländes – gelegentlich auch nur die Auflösung zentraler Versorgungseinrichtungen und die Bildung von abgeschlossenen Wohneinheiten auf einem zentralen Gelände – als auch ein umfassender Prozess der räumlichen Zersiedelung und Verlagerung vom Kompetenzen auf die Mitarbeiter der kleineren Einheiten" (*Wolf* 1995, 14). Dadurch sollten sich die Nachteile einer Anstaltserziehung, wie „Unselbständigkeit, Stigmatisierung, Subkultur und Hierarchie" (*Wolf*, a.a.O., 16) vermeiden lassen.

*2. Entinstitutionalisierung*
Hierbei geht es um die weitgehende Reduzierung arbeitsteiliger Organisation, wie sie sich im Heim ausdrückt in der Trennung in einen hauswirtschaftlichen, therapeutischen und pädagogischen Funktionsbereich.

*3. Entspezialisierung*
Dadurch kommt es innerhalb der Einrichtungen zu einer Reduzierung bis hin zur Abschaffung so genannter gruppenergänzender Dienste, die vor allem psychotherapeutische Maßnahmen anbieten. Die Trennung zwischen einer pädagogischen Grundversorgung und einer therapeutischen Versorgung durch in der Regel höher qualifizierte, in der Hierarchie höher angesiedelte und daher auch besser bezahlte Mitarbeiterinnen konnte nur geeignet sein, den Stellenwert von Erziehung und deren Einflussmöglichkeiten zu beschränken. Entspezialisierung bedeutet zudem die Aufhebung der Spezialisierung von Heimen für ausgewählte Gruppen von Kindern. Dadurch sollte einer Abschiebepraxis von tatsächlichen oder vermeintlichen Problemfällen entgegengewirkt werden.

*4. Regionalisierung*

Eine wohnortnahe, „milieunahe", Unterbringung soll den Verlust der sozialen Beziehungen verhindern, die für das betreffende Kind oder der Jugendliche immer auch eine identitätsstiftende Funktion haben. Schließlich ist es eine geläufige Erfahrung, dass ein Herausnahme des Kindes aus seinen ursprünglichen Bezügen keineswegs deren vermeintlich negative Einflüsse beendet. Im Gegenteil dürfte der ursprüngliche soziale Ort des Kindes schon aus Gründen der Identitätssicherung auch nach einer Unterbringung an einem weit entfernten Ort, also „j.w.d.", an Attraktivität eher zunehmen.

*5. Professionalisierung*

Mit den genannten Veränderungsprozessen steigen die Anforderungen, die an die beruflichen Fähigkeiten und Fertigkeiten der Erzieherinnen zu stellen sind. Diese beinhalten nicht nur theoretisches und praktisches Wissen, sondern betreffen auch deren Persönlichkeit. Rollendistanz, Empathie und Ambiguitätstoleranz werden gefordert (*Wolf*, a.a.O., 42 f.). Eine dauernde Fortbildung und die Möglichkeit zur Supervision erscheinen notwendig und sinnvoll. „Professionalisierung besteht in diesem Arbeitsfeld nicht in der Spezialisierung auf einzelne Typen von Störungen, sondern in der Beschaffung und Anwendung des für den Einzelfall wichtigen Wissens, des Arrangierens geeigneter Lebens- und Sozialisationsbedingungen, der Fähigkeit zur Interaktion mit Menschen, die belastende Lebenserfahrungen gemacht haben und damit letztlich zur Erziehung der Kinder, für die sie zuständig sind" (*Wolf*, a.a.O., 50).

*6. Individualisierung*

Letztlich geht es um die Entwicklung individueller Betreuungsarrangements für die im Heim lebenden Kinder und Jugendlichen, die ausgerichtet sein müssen an deren Lebenserfahrungen, die ihre Bedürfnisse und Interessen bestimmen. „Die von den Heimen organisierten Lebensbedingungen und die Erziehungskonzeptionen sind daran zu messen, inwiefern sie für den Umgang mit den kurz angedeuteten Entwicklungslinien in der Gesellschaft angemessene Strategien vermitteln. Das Leben im Heim muß die individuelle Konstruktion von Biographien zulassen und fördern, den Sinn von Handlungen und normativen Orientierungen individuell entwickeln und legitimieren (...)" (*Wolf*, a.a.O., 52). Insbesondere die Erziehung in Gruppen, die zwangsläufig immer mit einem beträchtlichen Organisationsgrad verbunden ist, erweist sich für eine solche Individualisierung als kaum zu vermeidendes Handicap.

Diese Reformbestrebungen haben den traditionellen Anstaltscharakter der Heimerziehung weitgehend aufgehoben. Auch erwies sich die Institution Heimerziehung insofern als flexibel und durchaus wandlungsfähig, als es ihr gelang, nun mit Maßnahmen wie etwa der intensiven Einzelbetreuung als betreutes Wohnen oder der Tagesgruppen sogar Maßnahmen in eigener Regie anzubieten, die ursprünglich als Alternativen zu ihr und konkurrierende Erziehungshilfeangebote gedacht waren (*Müller-Kohlenberg* 1999). Heimerziehung sei „demnach losgelöst von allen institutionellen Aspekten eine pädagogisch-konzeptionelle Ortsbestimmung, der lediglich der Zusammenhang von mehreren jungen Menschen und mehreren professionellen Erzieherpersonen zugrunde liegt" (*Münstermann* 1986).

Die Bandbreite der in der Literatur aufzufindenden Bewertungen von Heimen und Heimerziehung ist denn doch wieder groß. Sie reicht vom Bild eines Heimes, in dem man landet, von einer Heimerziehung als Notmaßnahme und letzter Möglichkeit, bis hin zum Heim als Ort einer alternativen, postmodernen Lebensform. So findet sich etwa auch folgende Beschreibung der oben skizzierten dezentralisierten, entspezialisierten und flexibilisierten Heime: Sie „sind zur Alltagsbewältigung gut, sie dienen in erster Linie der Normalität des Aufwachsens, sollen Ersatz für verlorengegangene andere Erziehungsinstanzen bieten (…) seien Sozialisationsinstanzen, wie Familien auch, keine Instanzen, in denen gezielt diagnostisch und therapeutisch gearbeitet wird" (*Schröder* 1995). Überhaupt erscheint „Normalisierung" angesagt. „Heimerziehung entwickelt sich in unserer Gesellschaft faktisch zu einer Normalform von Sozialisation. Sie wandelt sich vom Spezialfall des Aufwachsens zu einer biographisch regulären Option. Kurz: Heimerziehung wird gesellschaftlich normalisiert" (*Winkler* 1990, 437).

Dabei sollen Alltagsorientierung wie auch Lebensweltorientierung den „Tendenzen einer Therapeutisierung, Bürokratisierung und Stigmatisierung" ebenso entgegenwirken wie „ressourcenorientiertes Denken" einer „Pathologisierung" (*Stahlmann* 2000). Dem klassischen Familienmodell, das „immer obsoleter" geworden sei, da die heutige Familie offenkundig nicht mehr Verlässlichkeit garantieren könne, wird etwa von den Soziologen *Ronald Hitzler* und *Anne Honer* (1995) in Übernahme des populären Individualisierungstheorems des Soziologen *Ulrich Beck* (1986) als attraktive Alternative eine „reformierte Heimerziehung als prophylaktisches Sozialisationsmodell" entgegengestellt. Bei einem solchen Heim, das den Jugendlichen eine „institutionelle statt personelle Verlässlichkeit" biete, um ihnen das „Zusammenbasteln der eigenen Biographie in eigener Regie" zu ermöglichen, handele es sich jedenfalls nicht um ein Auslaufmodell.

*„Im Gegenteil: In dem Maße, wie sich einschlägig engagierte Sozialpädagoginnen an der Einsicht orientieren, dass es immer weniger gelingen kann, allge-*

*meine und verbindliche Lebensperspektiven und Verhaltensregeln zu definieren, in dem Maße bietet eine reformierte Heimerziehung unseres Erachtens aufgrund – nicht etwa trotz – ihrer Struktur, die Chance schlechthin, unter den Bedingungen fortschreitender Individualisierung etwas zu leisten, was den Namen 'Erziehung' auch im Hinblick auf die 'zweite' Modernisierung des modernen Lebens noch verdient: Eine Erziehung zum Realismus in einer vielfach gebrochenen und zerbrochenen Realität"* (Hitzler und Honer 1995).

Bindungstheoretisch sensibilisiert wird man allerdings nicht so recht einsehen können, warum sich institutionelle und personelle Verlässlichkeit unbedingt ausschließen müssen. Überhaupt will es einem Beobachter von Außen nicht so recht einleuchten, dass der „Richtungsstreit bis heute unter etwas veränderten Fragestellungen" in der Formulierung von *Post* (1997, 26) immer noch lauten soll: „Soll das Heim eine pädagogisch-therapeutische Institution eigener Prägung sein, die stringent der Aufgabe dient, für das einzelne Kind gesetzte erzieherische Ziele schnellst möglich zu erreichen? Oder ist es angemessener, den Kindern auf längere Sicht ein 'Heim' zu geben, das ihnen einiges von dem vermittelt, was in ihrer Familie versagt blieb?" In den genannten Zielen einen Widerspruch sehen zu müssen, erscheint denn doch nicht ohne weiteres nachvollziehbar.

Offensichtlich ist das Verhältnis von Heimerziehung zur Familienerziehung sehr widersprüchlich. So ist einerseits etwa zu vernehmen, dass sich das „Prinzip der familienanalogen Gruppenerziehung weitgehend durchgesetzt" (*Mehringer*, in: *Winkler* 1999) habe. Andererseits sollen „familienorientierte Gruppen" an Bedeutung verloren haben (*Stahlmann* 2000, 81), da der Unterschied zur Familie letztlich doch nie auszugleichen sei. Zumindest das Kinder- und Jugendhilfegesetz (KJHG) propagiert die Orientierung am Leben in der Familie. Demnach sollen die Maßnahmen der Jugendhilfe grundsätzlich eine Rückkehr des Kindes oder Jugendlichen in seine Herkunftsfamilie anstreben. Nur für den Fall, dass sich eine Rückkehr in die Ursprungsfamilie als unmöglich erweist, komme als Hilfe zur Erziehung auch eine Erziehung in einer anderen Familie oder familienähnlichen Lebensform in Frage. „Seit mindestens 10 Jahren wird in Fachdiskussionen die Frage erörtert, ob organisierte Erziehung in ihrer klassischen Form überhaupt in der Lage ist, Kindern das Elternhaus zu ersetzen. Ob insbesondere der Schichtdienst, die Arbeitsteilung im Heim und andere Merkmale organisierter Erziehung die Chance menschlicher Nahbeziehungen überhaupt zulassen" (*Peters* und *Wohlert* 1995, 12).

Vielleicht lässt sich etwas mehr Ordnung in die unübersichtliche Diskussion bringen, wenn man die Fragestellung etwas verändert und statt Familienorientierung die Bindungsmöglichkeit ins Spiel bringt. Eine der wichtigsten Leistungen der Bindungsforschung in der Tradition von *Bowlby* besteht gerade darin, in der Bereitstellung einer Bindungsbeziehung die besondere Leistung der Familie für das Kind zu sehen. Folgt man diesem Vorschlag, dann stellt sich nicht mehr die Frage, inwieweit ein Heim eine Familie nachzuahmen oder gar zu ersetzen imstande sei. Vielmehr hat man sich zu fragen, ob Erziehungshilfe bindungsrelevante Erfahrungen im Sinne korrigierender Erfahrungen den Kindern und Jugendliche bereitstellen kann, die, wie bereits ausgeführt, aufgrund ihrer desolaten Erfahrungen in ihrer Herkunftsfamilie nur eine sehr unsichere Bindungsorganisation haben aufbauen können. Eine solche Veränderung der Fragestellung hätte den Vorteil, wegzukommen von der zumindest implizit vorhandenen Fixierung an der Familie, bei der es sich letztlich um einen soziologisch zu definierenden Sachverhalt handelt, dessen ideologische Aufladung einer ertragreichen Diskussion denn auch nicht zuträglich ist. Eine Orientierung an Bindungsprozessen, deren Komplexität, wie die Bindungsforschung überzeugend zeigt, mit wissenschaftlichen Mitteln durchaus sinnvoll zu reduzieren ist, böte denn auch die Chance, hinreichend konkrete und fassbare Kriterien für notwendige Entscheidungen an die Hand zu bekommen, wenn es nämlich darum geht, eine mangelhafte Erziehung in der Herkunftsfamilie durch Jugendhilfemaßnahmen zu ersetzen und angemessener fortzusetzen. Schließlich ist es doch eine geläufige Erfahrung, etwa anlässlich der gesetzlich vorgeschriebenen Jugendhilfeplangesprächen, dass solche zugegeben schwierigen, weil immer wieder lebenslaufrelevanten, Entscheidungen für oft lange Zeit vertagt und aufgeschoben werden, da es eben an nützlichen Kriterien fehlt, die Orientierung bieten und daher auch die Entscheidungsträger psychisch entlasten könnten. Zeit ist allerdings gerade bei diesen Kindern aus entwicklungspsychologischen Gründen eine denkbar knappe Ressource.

Der Familie kommt in der gegenwärtigen Literatur zur Heimerziehung also immer noch eine zentrale Rolle zu. Besonders deutlich wird dies, wenn es um das Schicksal kleiner Kinder geht. Es besteht eine weitgehende Übereinstimmung, dass es für Säuglings- und Kleinkinderheime eigentlich keine Berechtigung mehr geben könne. Fallen bei diesen jungen Kinder die Eltern als Erzieher aus, erscheint dann die Aufnahme in einer Pflegefamilie angezeigt, wenn nicht gar die Aufnahme in einer Adoptivfamilie in Frage kommt.

Mit dieser Problematik beschäftigt sich unter einer bindungstheoretischer Perspektive auch die vom *Verband katholischer Einrichtungen* (1994) herausgebene Schrift „Kleine Kinder im Heim". Bei ihr handelt es sich um eine der wenigen Arbeiten, die explizit Erkenntnisse der Bindungstheorie für ihre Argumentation nutzen. Es wird darauf verwiesen, dass der sofortige Wechsel eines Kindes aus einer desolaten familiären Situation in eine Pflegefamilie nachteilige Auswirkungen mit sich bringe und häufig zum Abbruch der Pflegeverhältnisse führe. Hier eröffne sich eine neue Aufgabe der Heimerziehung speziell für kleine Kinder, da diese Kinder zunächst eine kritische Distanz zu seinen Ursprungseltern und den bisherigen Erfahrungen benötigten, um sich später dann erneut anbinden zu können. Bevor das Kind in ein sich positiv verändertes Familiensystem zurückgeführt bzw. in ein neues Familiensystem eingegliedert werden könne, benötige es für eine gewisse Zeit eine nicht-familiär strukturierte Situation, in der es sich ausreichend sicher fühlen und in kleinen Schritten von sich aus neu in Beziehung zu Erwachsenen treten könne, ohne dabei mit Elternansprüchen konfrontiert zu sein (a.a.O., 37). Die Erfahrung zeige, dass es häufig gerade bei kleinen Kindern nicht möglich sei, sie nach einer aus bindungspsychologischer Sicht vertretbaren angemessenen Zeit in ihre Ursprungsfamilie zurückzuführen. Für kleine Kinder, die zunächst in nichtfamiliären Strukturen wie etwa in einem Heim korrigierende Erfahrungen hätten machen können, seien Pflege- oder Adoptionsfamilien dann die geeignete Lebensperspektive (a.a.O., 42).

Allerdings sei es bei manchen Kindern aufgrund ihrer schweren Bindungsstörung nicht möglich, sie in angegliederten Erziehungsstellen, in Heimerziehung als Einzelbetreuung, in pädagogischen Lebensgemeinschaften oder in professionellen Pflegenestern zu versorgen. Eine solch intensive Beziehungsdichte könnten diese Kinder nicht ertragen. Je älter, auffälliger und sozial unangepasster ein Kind geworden sei, desto mehr sei damit zu rechnen, dass seine Lebensperspektive mit einem Heimaufenthalt verknüpft würde. Zunehmend sähen sich Heime und Jugendämter heute daher wieder vor die Aufgabe gestellt, Kindern mittel- bis langfristig eine adäquate Perspektive im Heim anzubieten. Als Aufgaben des Heimes werden aufgeführt:

1. Im Verbund mit anderen Diensten hat das Heim zunächst die Aufgabe eine umfassende psychosoziale Diagnostik zu gewährleisten, aus der sich die weitere Lebensperspektive des kleinen Kindes ergibt. Bindungspsychologische Aspekte erfordern, dieses in einem angemessenen kurzen Zeitraum zu gewährleisten. 2. Das Heim ist gefordert, dem traumatisierten Kind Bedingungen anzubieten, die es ihm ermöglichen, durch korrigierende Erfahrungen wieder Vertrauen in Beziehungen zu Erwachsenen zu fassen. 3. Falls die Entwicklung der Perspektive eine Rückführung des Kindes in seine Herkunftsfamilie ergibt, ist das Heim zusammen mit den anderen Diensten gefordert, die Eltern so zu unterstützen und zu begleiten, dass das Kind in ein tragfähiges Beziehungsfeld zurückgeführt wird. 4. Soll das kleine Kind in eine Pflegefamilie vermittelt

werden, hat das Heim die Aufgabe, sowohl die potenziellen Pflegeeltern als auch die Ursprungsfamilie ausreichend zu begleiten und zu unterstützen.
5. Sind sowohl eine Rückführung als auch eine Pflegevermittlung nicht realisierbar, hat das Heim Bedingungen zu schaffen, die es dem kleinen Kind ermöglichen, in tragfähigen Beziehungen aufzuwachsen (a.a.O., 46).

Die Autoren dieser Studie kommen zu dem Schluss, dass kleinen Kindern durch Heimerziehung durchaus wirkungsvoll geholfen werden könne, wenn sie dort in überschaubaren Gruppen lebten und ebenso menschlich geeigneten wie fachlich qualifizierten Erwachsenen begegneten. Trotzdem entsteht bei der Lektüre dieser Schrift der Eindruck, dass es sich eben doch um einen primär defensiv gemeinten Diskussionsbeitrag handelt. Es werden, verständlicherweise von interessierter Seite, Argumente vorgebracht, die für die Existenzberechtigung von Heimen sprechen sollen. Der Heimerziehung kommt allerdings hierbei doch eine eher indirekte Funktion zu. Ihr Auftrag besteht weniger darin, das Kind und seine Herkunftsfamilie auf eine Wiederaufnahme eines gemeinsamen Lebens vorzubereiten oder gar auf eine Selbständigkeit, sondern das Heim versteht sich eher als Übergangseinrichtung, als Platzhalter oder als diagnostische Station für eine andere Form der Fremdunterbringung.

Diese Auffassung wird auch von *Lothar Unzner* geteilt. Als bindungstheoretischer Experte ausgewiesen, schlägt er vor, „ für die Heimunterbringung von kleinen Kindern die Konzeption einer diagnostisch-therapeutischen Übergangseinrichtung zu favorisieren. Für notwendige Langzeitverbringungen seien andere Formen zu entwickeln, vor allem wenn Adoption oder Pflegefamilie nicht realisierbar sind" (*Unzner* 1995, 341). Die Erkenntnisse der Bindungstheorie und der Bindungsforschung seien von großer Bedeutung, wolle eine moderne Heimerziehung ihre Aufgaben erfüllen. Am Beispiel des von ihm geleiteten „Salberghauses" verdeutlicht der Autor seine Auffassung. Das Kind brauche erst eine Distanz zu seiner Ursprungsfamilie, um sich erneut binden zu können. Hierfür sei ein nicht-familiär strukturiertes Beziehungsangebot besser geeignet. Sonst könne man lediglich eine oberflächliche Anpassung seitens des Kindes erwarten. Gerade Pflegeeltern forderten zu nachhaltig eine intensive emotionale Beziehung ein und überforderten hiermit das Kind. Erst dann, wenn ein Kind deutliche Bindungswünsche signalisiere, solle die Suche nach einer Ersatzfamilie in Angriff genommen werden. Komme eine Pflegefamilie nicht in Frage, stünden als alternative Unterbringungsformen etwa der Aufenthalt in einem SOS-Kinderdorf oder in einer Familiengruppe zur Verfügung.

Dabei orientieren sich, wie auch *Graßl* et al. (2000) ausführen, Kinderdorffamilien in besonderem Maße an dem „Beziehungsideal der Fremderziehung" (*Bühler-Niederberger* 1999, 333 ff.). Gerade von Kinderdorfmüttern könne erwartet werden, dass sie über eine beziehungsintensive und Kontinuität verbürgende Form des Zusammenseins die Voraussetzung für den Aufbau korrigierender Bindungen bieten (vgl. *Hédervári-Heller* 1998), wobei zu beachten sei, dass die Bindungen zu den Eltern bestehen und wirksam bleiben. Daher habe sich das pädagogische Handeln im Kontext von Heimerziehung mit den „Themen Beziehung und Bindung auseinander zu setzen." (a.a.O., 46). Abschließend heißt es: „Pädagogisches Handeln gewinnt dann Qualität, wenn die Leitprinzipien Struktur und Geborgenheit gleichermaßen berücksichtigt werden. Diese Selbstverständlichkeit müsste im Grunde gar nicht extra betont werde, würden die Professionalisierungs- und Qualitätssicherungsdebatten nicht genau diese Einheit infrage stellen. Wir jedenfalls sind der Meinung, dass in der Heimerziehung nach wie vor die Fähigkeit gefragt ist, mit den Kindern in Beziehung zu treten und ihnen ganzheitlich zu begegnen." (*Graßl*, a.a.O., 57)

## 2.3 Alternativen zur Heimerziehung: Pflegefamilie und Adoption

### 2.3.1 Pflegefamilie

Diese beiden Formen der Fremdunterbringung, die immer dann ins Gespräch gebracht werden, wenn es darum geht, Alternativen zur verpönten Heimerziehung zu finden, werden häufig in einem Zusammenhang genannt.[1] An diesem Sachverhalt lässt sich schon die besondere Problematik der Pflegefamilie verdeutlichen. Ein Vergleich beider Familienformen lässt nämlich doch weit mehr Unterschiede als Gemeinsamkeiten erkennen. Gemeinsam ist ihnen beiden eigentlich nur die Tatsache, dass das Kind sich nicht mehr in der Herkunftsfamilie aufhält. Der entscheidende Unterschied besteht allerdings darin, dass mit der Adoption im Gegensatz zur Einrichtung einer Pflegschaft eine dauerhafte und rechtlich abgesicherte Lebensform begründet wird. Adoptivkinder können sich ihrer neuen Eltern sicher sein. Ebenso sind den Adoptiveltern diese Kinder sicher. Gerade dieser Umstand sollte bindungsrelevant sein.

Legt man die Gesetzeslage des KJHG zugrunde, handelt es sich bei der Unterbringung in einer Pflegefamilie um eine Maßnahme der Erziehungshilfe, die den Zweck verfolgen soll, das Kind solange zu betreuen, bis die Herkunftsfamilie wieder in der Lage ist, ihre Aufgabe zu erfüllen, d. h. ihr Kind wieder zu versorgen und zu erziehen. Von vornherein kommt sie daher nicht als eine auf Dauer angelegte Lebensform in Frage. Die Realität sieht allerdings durchaus anders aus. Bei der Erwartung, dass das Pflegekind letztlich doch wieder in seine Herkunftsfamilie zurückkehrt, handelt es sich doch häufig und wahrscheinlich sogar regelhaft um eine Illusion. Bei der dann anstehenden Dauerpflegschaft wird die Pflegefamilie dann doch zu einer entgültigen Ersatzfamilie. Auch muss man in Anbetracht des derzeit doch beträchtlichen Ungleichgewichts zwischen dem kargen Angebot an zur Adoption angemeldeten Kindern und der diesbezüglichen großen Nachfrage seitens erwachsener kinderloser Paare davon ausgehen, dass viele Pflegeeltern eine dauerhafte Lebensgemeinschaft mit ihrem Pflegekind mehr oder weniger offen erwarten und erhoffen. Solchen Eltern wird aber vom Gesetz auferlegt und auch zugemutet, mit den leiblichen Eltern regelmäßigen Kontakt zu pflegen, auch wenn sie oft nichts sehnlicher wünschen, als das ihnen ans Herz gewachsene Kind „für immer" behalten zu können. Dieser Unehrlichkeit und Bigotterie wird quasi offiziell Vorschub geleistet. Insgeheim hoffen die Pflegeeltern, aber auch häufig genug die mit den Realitäten vertrauten Mitarbeiterinnen des Jugendamtes, dass es den leiblichen Eltern nicht so schnell und vielleicht nie mehr gelingen möge, ihre Elternfunktion soweit zu rehabilitieren oder, was doch zumeist der Fall sein dürfte, erst einmal zu habilitieren, um dann ihrem Kind als Eltern wieder zur Verfügung zu stehen. Die Perspektive für das Kind und für seine derzeitigen Eltern kann unter solchen Umständen nur unsicher und diffus bleiben. Die Frage muss sich stellen, inwieweit unter diesen verunsichernden Bedingungen die Pflegeeltern wirkungsvolle Bindungspersonen sein können, deren wichtigste Funktion doch gerade darin besteht, dem Kind eine sichere Basis zu bieten. Auch wenn neueren Langzeitstudien durchaus zu entnehmen ist, dass die Aussichten für Pflegekinder doch nicht so ungünstig zu sein scheinen, zumindest wenn sie ihrer Ersatzeltern für einen langen Zeitraum sicher sein können (*Scholte* 1997), kann man sich aus bindungstheoretischer Sicht doch bisweilen nur wundern, mit welcher Unbekümmertheit die Unterbringung in einer Pflegefamilie häufig als Erziehungshilfemaßnahme vorgeschlagen wird. Der Verdacht muss sich einstellen, dass auch Kostengründe hier meinungsbildend sind.

Von den Vertretern der Heimerziehung wurde auf dieses Problematik bereits seit langem aufmerksam gemacht, offensichtlich ohne Erfolg, vermutlich weil man auf einer offenkundig interessierten Seite Objektivität nicht erwarten konnte. So benennt etwa *Andreas Mehringer* (1994, 186) als die „schwache Seite der Pflegefamilie: 1. Die Zusammenarbeit mit Angehörigen, vor allem mit der leiblichen Mutter ist von Hause aus schwierig. Eine Pflegemutter ist seltener als ein Heim bereit, einer leiblichen Mutter ihr Kind zu erhalten, ganz ohne Eifersucht. 2. Bei Erziehungsschwierigkeiten, die ja bei unseren Kindern fast immer vorhanden sind, fällt es einer Pflegefamilie schwerer, dem Kind standzuhalten, ihm treu zu bleiben." Der Autor spricht von einer „Bindungszumutung", die sich darin äußern könne, dass Pflegeeltern dem Kind dann ihre Zuneigung versagten, wenn sie von diesem nicht rechtzeitig Gegenliebe erhielten. In diesem Punkt sei das Heim zuverlässiger, weil die fachliche Einstellung zur Arbeit eine solche „Bindungszumutung" verhindere. Ein gutes Heim nähme echte Bindungen aus der familiären Herkunft ernst, auch wenn nur Reste davon wahrzunehmen seien.

Es verwundert daher auch nicht, dass die Angaben über einen „Erfolg" dieser Erziehungshilfemaßnahme sehr widersprüchlich sind. Sie schwanken zwischen 30 und 60 % (*Jordan* 1996). So kommen *Rosenfeld* und Mitarbeiter (1997) in ihrer amerikanischen Übersichtsarbeit zum Schluss, dass Pflegekinder ein immenses Reservoir an pädiatrischen und kinderpsychiatrischen Problemen darstellen, die auf kumulativ wirksame Risikofaktoren und insbesondere auf einen häufigen Beziehungswechsel zurückzuführen seien. Wie bindungstheoretisch nicht anders zu erwarten, verbessert eine Kontinuität der durch die Ersatzeltern angebotenen Beziehung die Prognose, wohingegen ein anhaltender Kontakt zu den leiblichen Eltern mit einem Abbruch der Pflegebeziehung assoziiert zu sein scheint (*Scholte* 1997). Gegenüber Heimerziehung allerdings schneidet die Betreuung in einer Pflegefamilie aber doch deutlicher besser ab. Diesbezüglich hat sich jedenfalls die Einschätzung in der sich diesem Thema widmenden Literatur seit dem Beginn der Bindungsforschung kaum etwas geändert (*Goldfarb* 1945, *Bowlby* 1951, *Tizard und Hodges* 1978, *Vorria* et al. 1998, *Roy* et al. 2000).

### 2.3.2 Adoption

Demgegenüber dürften sich in Bezug auf Adoptionen klarere Aussagen treffen lassen. Je früher es zur Adoption kommt, desto besser scheinen die Aussichten für das betreffende Kind zu sein. Bei frühadoptierten Kindern kommt es genau so häufig zur Bindungssicherheit wie bei Kindern, die mit ihren leiblichen Eltern aufwachsen. Werden sie später adoptiert, kommt es auf die Erfahrungen an, die sie vor ihrer Aufnahme in die Adoptivfamilie haben machen müssen. So wiesen rumänische Waisenkinder, die nach dem Zusammenbruch des dortigen grotesken Regimes im Alter von drei bis vier Jahren in westeuropäische Familien vermittelt wurden, überproportional häufig eine desorganisierte Bindungsstruktur auf, die mit Sicherheit auf die katastrophalen Verhältnisse der dortigen Heime zurückgeführt werden können. Selten zeigten sie ein vermeidendes Bindungsverhalten. Dieser Befund wurde damit erklärt, dass ein bindungsvermeidendes Verhalten gerade unter Umständen, die mit einem seltenen und letztlich unvorhersehbaren Beziehungsangebot einhergehen, dysfunktional sein muss (*Stovall und Dozier* 2000).

Dieses gute Ergebnis bei der Frühadoption konnte inzwischen in prospektiven Längsschnittstudien nachgewiesen werden. So untersuchte der schwedische Kinderpsychiater *Michael Bohman* (*Bohman und Sigvardsson* 1985) eine Kohorte von schwedischen Kindern, die nach ihrer Geburt von ihren Müttern zur Adoption freigegeben wurden. Es wurden drei Gruppen gebildet, von Kindern, die tatsächlich adoptiert wurden, dann von Kindern, die zu Pflegeeltern kamen, und zuletzt von Kindern, deren Mütter sich doch noch anders besannen und ihr Kind dann doch selbst aufzogen. Die Entwicklung all dieser Kinder wurde bis zum Alter von 23 Jahren verfolgt. Auch wenn im Schulalter von Seiten der Lehrer häufiger über Kontaktprobleme mit Gleichaltrigen und über Ängste bei den adoptierten Kindern berichtet wurde, unterschied sich deren Langzeitprognose nicht von der der Gesamtbevölkerung, wenn die Adoptiveltern für diese Aufgabe gut vorbereitet waren. Dagegen war die Prognose der beiden anderen Gruppen deutlich schlechter. So wiesen die Kinder, die von ihren leiblichen Müttern aufgezogen wurden, häufiger Verhaltensstörungen auf. Auch waren ihre Schulleistungen schlechter. Das traf auch für die Pflegekinder zu, obwohl diese zumeist schon im 1. Lebensjahr zu ihren Pflegeeltern kamen und es sich insofern bei diesem Pflegeverhältnis letztlich um eine De-facto-Adoption handelte. Mit einem ähnlichen Forschungsesign verfolgte auch die englische Arbeitsgruppe um den Kinderpsychologen *Jack Tizard* die Entwicklung solcher Kinder über insgesamt 16 Jahre (*Hodges und Tizard* 1989 a, 1989 b). Insgesamt befanden sich zum Untersuchungszeitpunkt die adoptierten Kinder in einer stabileren Situation, wiesen geringere psychische Störungen auf, waren intelligenter und zeigten bessere Schulleistungen als die Kinder, welche in einem Heim oder bei ihren leiblichen Müttern aufwuchsen. Zu gleichen Ergebnissen kamen auch *Barbara Maughan und Andrew Pickles* (1990) bei ihrer über 23 Jahre laufenden prospektiven Studie.

Die Tatsache, dass Adoptivkinder trotzdem insgesamt vermehrt psychiatrisch auffällig werden als Kinder, die bei ihren leiblichen Eltern aufwachsen, lässt sich darauf zurückführen, dass sie sowohl vor als auch nach ihrer Geburt einer Reihe nicht unbeträchtlicher Risiken ausgesetzt sind. In der Regel handelt es sich um ungewollte Schwangerschaften. Die leiblichen Mütter sind jünger, zeigen in der Regel ein niedrigeres Bildungsniveau, sind schlechter ausgebildet und besitzen dementsprechend einen deutlich niedrigeren sozioökonomischen Status. Auch sind sie psychopathologisch auffälliger im Vergleich zu Müttern, die an eine Weggabe ihres Kindes nicht denken. Ebenso wie bei den leiblichen Vätern, über die allerdings genaue Angaben nur selten zu erhalten sind, besteht bei ihnen eine höhere Neigung zu dissozialem Verhalten, Kriminalität, Alkoholismus und Drogenmissbrauch. Es ist daher auch von einem erhöhten genetischen Risiko für diese psychiatrischen Störungen auszugehen. Dadurch ist oft schon die pränatale Entwicklung dieser Kinder höher belastet. Zudem dürfte das Kind in der Zeit zwischen seiner Abgabe durch die leibliche Mutter und seiner Aufnahme bei den Adoptiveltern noch weiteren Risikofaktoren ausgesetzt sein. Insbesondere ein häufiger Wechsel der Bezugspersonen in einem Heim oder einer Pflegefamilie muss die Entwicklung eines sicheren Bindungskonzeptes erschweren. Gerade in Anbetracht solcher kumulativen Risiken kann daher eine Adoption nur als eine für die betreffenden Kinder eindeutig protektive Maßnahme bewertet werden. Insbesondere der bei den Adoptiveltern zweifellos bestehende Kinderwunsch dürfte sich auch in Richtung einer sicheren Bindungsorganisation auswirken. Trotzdem kommt es aber auch bei Adoptivkindern nicht selten zu bisweilen gravierenden Beziehungsstörungen, die zurückgeführt werden können auf die Besonderheiten der mit einer Adoption verbundenen sozialen Elternschaft sowie, was vermutlich wichtiger sein dürfte, auf eine schlechte „Passung" zwischen dem Kind und seinen Adoptiveltern in Bezug auf genetisch beeinflusste Merkmale wie Temperament, Aktivitätsniveau und Intelligenz. Die daraus resultierenden Erwartungsenttäuschungen dürften beim Kind wahrscheinlich noch ausgeprägter sein als bei den Adoptiveltern. Die oft so provokativ anmutenden Verhaltensstörungen jugendlicher Adoptivkinder lassen sich dann als Ausdruck ihres prononcierten Anders-Sein-Wollens verstehen. Insofern ist die Adoption sowohl ein psychiatrisches Risiko als auch ein protektiver, schützender Faktor (*Schleiffer* 1993, 1997).

## 2.4 Notwendigkeit von Heimen

Die eben genannten Alternativen zur Unterbringung in einem Heim kommen aber fast ausschließlich für Säuglinge und jüngere Kinder in Frage. So bleibt das Problem ungelöst, was denn geschehen solle mit den Kindern und Jugendlichen, die von ihren Eltern nicht angemessen versorgt und erzogen werden und die für eine Unterbringung in einer Pflegefamilie oder einer Adoptivfamilie zu alt und/oder zu verhaltensauffällig sind. Gerade bei älteren Kindern und Jugendlichen, die in ihrer Familie verwahrlost wurden, bestehen häufig dissoziale Verhaltensstörungen, bei denen ein deutlicher Zusammenhang mit einer Bindungsunsicherheit besteht, wobei sowohl die jeweilige Bindungsorganisation als auch das auffällige Verhalten als Ausdruck ihrer Anpassung an die ihnen zugemutete Familie aufgefasst werden müssen. Bei allen Maßnahmen der Kinder- und Jugendhilfe, die mit einer Herausnahme eines älteren Kindes aus seiner Familie verbunden sind, muss man damit rechnen, dass diese Kinder und Jugendlichen die ihnen zur Verfügung stehenden inneren Arbeitsmodelle auch anlässlich der Interaktion mit ihren neuen Bezugspersonen anwenden werden, d. h., auf einen Kontext, für den sie erst einmal nicht passend sind. Ihr bisweilen dramatisches und die Bewältigungsstrategien auch noch so ausgeglichener und toleranter Ersatzeltern doch immer wieder überforderndes Verhalten lässt erahnen, welches Sicherheitsbedürfnis diese Kinder umtreibt. Diese Kinder und Jugendlichen provozieren mit ihrem Verhalten offensichtlich eine Kommunikationsform, die ihnen aus ihrer Herkunftsfamilie vertraut ist und bei der ihnen ihre Beteiligung ausreichend sicher vorhersehbar erscheint, und nehmen die Nachteile dieser gespannten, von negativen Affekten geprägten Kommunikation gewissermaßen billigend in Kauf. Damit schaffen es diese Kinder allerdings auch immer wieder, dass niemand sie haben will. Aber auch in diesem Fall wissen sie wenigstens, woran sie sind.

In einer Pflegefamilie besteht durchaus die Möglichkeit, sich solch untragbarer Kinder zu entledigen und das Pflegschaftsverhältnis zu beenden. Diese Möglichkeit ist Institutionen, in denen man, wie es die Metaphorik der Alltagssprache ausdrückt, landet, nicht oder zumindest nur eingeschränkt gegeben. Bei diesen Institutionen handelt es sich neben den Heimen der öffentlichen Erziehungshilfe vor allem um Kliniken für Kinder- und Jugendpsychiatrie, gemeinhin als „die Psychiatrie" bezeichnet. Es verwundert daher auch nicht, dass es zwischen diesen beiden Institutionen immer wieder in Bezug auf diese verhaltensauffälligen, sowohl erziehungs- als auch behandlungsschwierigen, undankbaren wie therapieunwilligen, und daher von Ausstoßung bedrohten Kindern und Jugendlichen zu Verschiebevorgängen kommt. Diese Erfahrungen als „Grenzfälle" zwischen Heimen und Psychiatrie (*Köttgen und Kretzer* 1990) sind nur allzu geeignet, deren innere Arbeitsmodelle ein weiteres Mal zu bestätigen und noch stärker gegen neue und positive Erfahrungen zu immunisieren.

Zudem muss das heutige differenzierte Angebot an Maßnahmen der Kinder- und Jugendhilfe gerade im ambulanten Bereich zwangsläufig dazu führen, dass die Kinder und Jugendlichen, bei denen letztlich nur noch eine Unterbringung in ein Heim in Frage kommt, größere Probleme mit sich haben und Probleme für andere schaffen. So genannte leichtere Fälle werden im stationären Sektor rar, eine Entwicklung, mit der sich aus den gleichen Gründen auch die stationäre Kinder- und Jugendpsychiatrie konfrontiert sieht. Das Projekt Jugendhilfeleistungen (JULE), eine aktuelle deutsche repräsentative Evaluationsstudie zu stationären und teilstationären Erziehungshilfen, die unter der Projektleitung des Tübinger Erziehungswissenschaftlers *Hans Thiersch* durchgeführt wurde, verweist auf folgende Problemlagen bei den Kinder und Jugendlichen zu Beginn ihrer ersten stationären Erziehungshilfemaßnahme (*Baur* et al. 1998, 208 ff.):

- In ca. 67 % besteht eine starke Störung der Eltern-Kind-Beziehung,
- in ca. 54 % der Fälle sind die Kinder/Jugendlichen das Opfer familiärer Kämpfe,
- in ca. 43 % erleben sie Gewalt- und/oder Missbrauchserfahrungen,
- in ca. 48 % Vernachlässigung,
- in ca. 27 % Verwahrlosung,
- in ca. 16 % zeigen sie abweichendes Verhalten,
- in ca. 26 % aggressives Verhalten,
- in ca. 21 % weisen sie Entwicklungsrückstände auf,
- in ca. 40 % Konzentrations- und Motivationsprobleme,
- in ca. 45 % Lern- und Leistungsrückstände,
- in ca. 28 % kommt es zu einem Fernbleiben von der Schule.

Bei den Familien dieser Kinder und Jugendlichen bestand zudem ein regelrechtes Netzwerk aus psychosozialen Problemlagefaktoren: Bei etwa

- 40 % der Familien stand nur ein geringes materielles Einkommen zur Verfügung,
- 31 % gab es problematische Wohnverhältnissen,
- 23 % bestand Arbeitslosigkeit,
- 21 % eine Verschuldung,
- 43 % kam es zu massiven Gewalterfahrungen innerhalb der Familie,
- 35 % bestand eine Suchtproblematik eines Elternteiles,
- 53 % eine problematische Partnerbeziehung zwischen den Eltern, insgesamt bei etwa
- 70 % wurde eine allgemeine Überforderung der Eltern festgestellt.

Die Autoren weisen darauf hin, dass es neben den sozioökonomischen Belastungen die psychischen Probleme der Eltern seien, etwa Alkoholprobleme, die eine stationäre Erziehungshilfe der Jugendlichen begründeten, und weniger deren Verhaltensauffälligkeiten. Vor allem verfahrene chaotische Beziehungsverhältnisse in der Familie, die zu erheblichen Belastungen in den Beziehungen zwischen Eltern und Kind führten, machten eine Heimeinweisung unumgänglich. Diese Auflistung verdeutlicht, dass in diesen Fällen durchaus von einer elementaren Gefährdung des Kindeswohles auszugehen ist, mit der letztlich eine

Heimeinweisung heute gerechtfertigt wird, auch wenn etwa Jörg *Maywald* (1997) zu diesem Kriterium kritisch anmerkt: „Entscheidungen zur Indikation von Fremdunterbringungen orientieren sich oft einseitig an der äußeren Versorgung beziehungsweise an dem körperlichen Zustand der betroffenen Kinder. Dem psychischen Wohlergehen des Kindes wird dagegen zu wenig Aufmerksamkeit geschenkt. Insbesondere der Wunsch nach kontinuierlichen Bindungen als einem kindlichen Grundbedürfnis wird häufig zu wenig beachtet."

Nach Meinung von *Antje Holländer* und *Martin H. Schmidt* (1998) werde in der Praxis der Jugendhilfe „bisher im wesentlichen nur auf der Grundlage von individuellen und tradierten institutionellen subjektiven Erfahrungen" ermittelt, welche Hilfeart bei einer bestimmten Problemlage angezeigt sei. Die Autoren analysierten 119 Hilfepläne, um Aufschluss über die Kriterien zu erhalten, die der Entscheidung für die jeweilige Maßnahme der Jugendhilfe zugrunde lagen. Zumindest für die von ihnen untersuchte Gruppe von Kindern im Alter von fünf bis 13 Jahren ließ sich die Hypothese der Hilfepräferenz mit zunehmenden Schweregrad der Problematik von Sozialpädagogischer Familienhilfe (§ 31 KJHG) über Erziehung in einer Tagesgruppe (§ 32 KJHG) bin zur vollstationären Versorgung in einem Heim (§ 34 KJHG) nicht bestätigen. Allerdings waren die Kinder, die im Rahmen der Heimerziehung betreut wurden, insgesamt doch psychisch auffälliger, vor allem vermehrt dissozial. Ihr Verhalten schien „öfter die Qualität seelischer Behinderungen im Sinne von § 35 a KJHG zu erreichen". Auch fanden sich in den Familien dieser Kinder auffallend häufig Beziehungsstörungen mit deutlichen Ausstoßungstendenzen.

Auch in der Frage der Indikation für Heimerziehung besteht in der Literatur keine Einigkeit. Nicht selten wird darüber Klage geführt, dass eine Heimeinweisung zu spät erfolge, erst wenn gemäß dem vorgeschriebenen Subsidiaritätsprinzip andere, weniger eingreifende Jugendhilfemaßnahmen ausgeschöpft seien, obwohl ein geschulter Blick erkennen lasse, dass am Ende eine Heimunterbringung doch nicht zu umgehen sei. Wertvolle Zeit zur Hilfe und Förderung würde mit einer solchen Verfahrensweise vertan. So sei davon auszugehen, dass gut ein Drittel der Familien, deren Kind letztlich doch in einem Heim aufgenommen wurde, vorher erfolglos ambulante Hilfen zur Erziehung in Anspruch genommen hat (*Baur* et al. 1998).

In seinem Forschungsbericht über ambulante Erziehungshilfen im Vorfeld von Heimerziehung macht *Ulrich Bürger* (1997) zudem auf gravierende Unterschiede in der Verfügbarkeit ambulanter Hilfen aufmerksam. Man könne der These, dass Heimerziehung im Allgemeinen zu spät initiiert werde, nicht so ohne weiteres zustimmen. Den stationären Hilfen gingen häufig nur eher kurzfristige, ambulante Hilfen voraus. Ambulante Hilfe sei daher nicht per se als Alternative zur Heimunterbringung anzusehen, sondern sei oft sinnvoll zur Klärung der Indikation. Bisweilen erweise sich auch eine unmittelbare stationäre Hilfe ohne ambulante Vorbereitungsphase als durchaus bedarfsgerecht, vor allem aus der Sicht der Jugendlichen.

### 2.5 Häufigkeit von Heimerziehung

Heime bleiben also notwendig. Dieses Hilfearrangement erwies sich sogar wichtiger als erwartet. Die bereits erwähnte repräsentative Evaluationsstudie zu stationären und teilstationären Jugendhilfeleistungen, die auf der Analyse von Jugendamtsakten basiert, kommt zu dem Schluss: „Entgegen vieler Prognosen und einer deutlichen Forcierung präventiver und ambulanter Hilfen haben vor allem stationäre Erziehungshilfen weiterhin einen hohen Stellenwert im System der Jugendhilfe. Versuche, die Zahl von Fremdunterbringungen zu verringern, weil diese auf der einen Seite teuer sind, auf der anderen Seite häufig als zu eingreifend in die Lebenswelt und Biographie der Betroffenen empfunden werden, haben wenig Wirkung gezeigt" (*Baur* et al. 1998, 36). Die gleiche Auffassung vertritt auch *Wolfgang Trede* (1993, 580): „Trotz eines deutlichen Rückgangs bei den absoluten Zahlen, ist also die relative Bedeutung des Heimes für die Jugendhilfe kaum gesunken."

In ihrem Überblick über die Situation der Erziehung in Pflegefamilien und Heimen in den Staaten der Europäischen Union konstatieren *Colton* und *Hellinckx* (1999) einen Rückgang von Heimunterbringen zugunsten der Einrichtung von Pflegestellen. Europaweit scheinen von Heimerziehung vor allem Jugendliche betroffen zu sein, deren Versorgung aus den bereits aufgeführten Gründen zunehmend problematischer würde. Auch aus Großbritannien wird von einem Rückgang von Heimunterbringungen berichtet bei insgesamt kürzerer Verweildauer der davon betroffenen Kinder. Allerdings bildeten vor allem Jugendliche mit emotionalen und Verhaltensstörungen eine besondere Gruppe, die länger in Heimerziehung verweile und die daher inzwischen einen wachsenden Anteil an der gesamten Heimpopulation ausmachten (*Gooch* 1999).

Im europäischen Vergleich wird Heimerziehung in Deutschland vergleichsweise häufig nachgefragt. Im Gegensatz zu offiziellen oder auch nur offiziösen programmatischen Verlautbarungen, nach denen stationäre Erziehungshilfen zu vermeiden seien, nimmt die Zahl junger Menschen in Heimerziehung hierzulande derzeit offenbar noch zu. So hat sich im Zeitraum von Anfang 1991 bis Ende 1995 die Zahl junger Menschen in Heimerziehung von rund 64.000 auf 70.000 erhöht (*Dempwolf* 1998). *Wolfgang Trede* (2001, 204) stellt hierzu fest: „Deutschland zeigt sich als ein Land mit vergleichsweise hohen Fremdunterbringungsraten, d. h. ein im Europavergleich hoher Anteil von Minderjährigen ist zeitweise oder dauerhaft außerhalb der eigenen Familie untergebracht. Zugleich zeigt es sich als ein Land, das vergleichsweise wenig von der Pflegefamilie hält und stärker auf ein institutionelles professionelles System der Fremdplatzierung setzt." Auch *Ulrich Bürger* kommt zu dem Schluss, „dass trotz eines ganz erheblichen Ausbaus der ambulanten und der teilstationären Erziehungshilfen in den 90er-Jahren die Inanspruchnahme von Hilfen in Heimerziehung keineswegs rückläufig war, sondern im Gegenteil erkennbar zugenommen hat" (*Bürger* 2001, 650).

## 2.6 Evaluation von Heimerziehung

Ist schon die eigentlich doch recht banal anmutende Frage wie die nach der Häufigkeit offenbar nicht ganz einfach zu beantworten, wird man bei der doch ungleich komplexeren Frage nach dem Erfolg von Heimerziehung von vornherein kaum eine eindeutige Antwort erhoffen dürfen. Schließlich erfordert die Bearbeitung dieser Thematik eine erheblich aufwändigeres Forschungsmethodik. Die empirische Forschung ist denn auch diesbezüglich mit einer Reihe diffiziler methodischer und konzeptioneller Fragen konfrontiert. Den Erfolg von Heimerziehung an relativ leicht erfassbaren und vermeintlich objektiven quantitativen Daten festzumachen, wie etwa an einer schulischen und beruflichen Qualifizierung oder an der legalen Bewährung, kann sicherlich nicht befriedigen. Grundsätzliche Einwände gegen eine solche Art der Hilfeplanung und Erfolgsmessung werden etwa von *Klaus Wolf* (2000) vorgebracht. So plädiert er bei der Herausarbeitung angemessener Erfolgskriterien für ein systematisches Interesse dafür, wie Kinder die Arbeit ihrer Heimerzieher wahrnehmen. Ein solches Vorgehen ist allerdings auch nicht unproblematisch, zieht man die bekannten Auswirkungen der gerade dissozialen Jugendlichen zur Verfügung stehenden inneren Arbeitsmodelle bei der Konstruktion ihrer Wirklichkeit in Betracht. Auch muss man in Rechnung stellen, dass die internationalen Berichte mit denen aus Deutschland vermutlich nicht ohne weiteres zu vergleichen sind. Die forschungsleitenden pädagogischen Traditionen dürften schon zu unterschiedlich sein. Dies zeigt sich auch an den diesen Untersuchungen zugrundegelegten Evaluationskriterien. Während die deutsche pädagogische Forschung doch überwiegend einer hermeneutischen Methodologie den Vorzug gibt, wird die Frage der Evaluation von Heimerziehung im angloamerikanischen Sprachraum doch überwiegend mit qualitativ-empirischen Methoden zu beantworten gesucht.

In der Tat sind die in der Literatur vorfindlichen Äußerungen zum Erfolg der Heimerziehung durchaus widersprüchlich. Dabei schneidet Heimerziehung in den wenigen deutschsprachigen Untersuchungen insgesamt deutlich besser ab als in der internationalen bzw. angloamerikanischen Literatur. *Bürger* (1990) nahm eine Prä-Post-Analyse des Legalverhaltens und der schulischen/ beruflichen Qualifikation von 222 Probanden vor. Dabei fand er eine „Verbesserung der zuvor deutlich eingeschränkten sozialen Teilnahmechancen". Auch nach Meinung von *Wolfgang Trede* (1993), der sich in seiner Untersuchung den ehemals in Kinderdörfern lebenden Heimkindern annahm, bewährten sich die meisten von ihnen im späteren Leben.

Ebenfalls ein eher positives Bild der Heimunterbringung zeichnet *Walter Gehres* (1997), der qualitative Interviews mit 30 ehemaligen Heimkindern führte, um zu einem durch empirische Daten gesicherten Verständnis der Faktoren zu gelangen, die den Erfolg von außerfamiliärer Erziehungshilfe bedingen. Dazu gehören eine gelungene Thematisierung der Gründe für die Heimunterbringung, eine positive Einstellung zum Unterbringungsprozess, die Möglichkeit der Beziehungsaufnahme mit den Erzieherinnen und Erziehern und nicht zuletzt deren offenes und interessiertes Verhältnis zu den Eltern ihrer ihnen anvertrauten Kinder. Erfolgreiche Heimerziehungsarbeit sei demnach letztlich Beziehungsarbeit. Beziehung wird in dieser Arbeit „als der Kristallisationspunkt verstanden, in dem die wesentlichsten Dimensionen der Fremdunterbringung sowohl auf Seiten der Heimkinder als auch auf Seiten der Erzieherinnen und Erzieher sich konzentrieren" (a.a.O., 29). Von Seiten der Befragten wurden als die wichtigsten Gründe für die Zufriedenheit mit der früheren Heimunterbringung „Zuneigung, Verständnis, Vertrauen, Einfühlungsvermögen, Freiräume für die eigene selbstbestimmte Entwicklung und die Anerkennung durch die Erzieherseite und Erzieherinnenseite" genannt (a.a.O., 125). Es zeigte sich, dass „diejenigen ehemaligen Heimkinder, die ihre Sozialisationsgeschichte verstehen, differenziert berichten und mit dem Verlauf ihrer Entwicklung eher zufrieden sind, mit ihrem Leben heute alles in allem zurecht kommen und somit eine erfolgreiche Persönlichkeitsentwicklung hinter sich haben" (a.a.O., 196). Allerdings fand sich kein Zusammenhang zwischen der Qualität der pädagogischen Beziehung und der Dauer des Aufenthaltes im Heim.

*Auch die Autoren der bereits erwähnten JULE-Studie (Baur et al. 1998, 298) ziehen eine doch positive Bilanz: „Insgesamt zeigt sich an den untersuchten*

*Hilfeverläufen, dass teilstationäre und stationäre Erziehungshilfen notwendige und hilfreiche Funktionen im System der Jugendhilfe übernehmen und für eine Vielzahl von Kindern und Jugendlichen in schwierigen Situationen die richtige Hilfe geben können."*

Ebenfalls sprechen die ersten Ergebnisse der Jugendhilfe-Effekte-Studie (*Hohm* und *Petermann* 2000, *Schmidt* et al. 2000), bei der es sich um die erste prospektive Längsschnittstudie handelt, die unterschiedliche Maßnahmen der Jugendhilfe mehrerer Institutionen in ihrer Wirkung vergleicht, dafür, dass Heimerziehung durchaus zu stabilen positiven Veränderungen zumindest bei Kindern führen kann. Dabei zeigte sich aber auch, dass sich deren jeweilige Verhaltensauffälligkeiten leichter beeinflussen lassen als die psychosoziale Situation, die zu ändern erwartungsgemäß seltener gelang. Dieser Studie zufolge, an der allerdings nur ausgewählte Institutionen beteiligt waren, ist der Jugendhilfe durchaus eine generelle Leistungsfähigkeit zuzutrauen (*Petermann* und *Schmidt* 2000).

Deutlich skeptischer fällt allerdings das Fazit von *Klaus Wolf* (1995, 60 f.) aus: „*Die Heimerziehung hat größte Schwierigkeiten, angemessene Lebensbedingungen für die Kinder herzustellen. Aufgrund ihrer Herkunft und Geschichte, ihrer Organisationsstrukturen und ihrer gesellschaftlichen Funktion ist sie – man könnte fast sagen: denkbar ungeeignet – Erziehung günstig zu betreiben. Immer wieder stößt man auf Strukturen elender Anstaltserziehung, auf Lebensverhältnisse, die sich grundsätzlich von Lebensverhältnissen außerhalb der Heime unterscheiden und auf Organisationsmerkmale, die den Bedürfnissen der Kinder direkt entgegenstehen. Diese Feststellung ist selbstverständlich nicht neu und die Forderung nach ihrer Abschaffung nicht originell. Trotzdem gibt es die Heimerziehung noch und es wird sie auch weiterhin geben. Obwohl sie im Kinder- und Jugendhilfegesetz die zentrale Stellung verloren hat, die sie im Jugendwohlfahrtgesetz hatte, scheint sie derzeit eher eine Renaissance zu erleben. Wo immer man sich umhört, die Heime sind gut belegt. Fachlich begründeten Fragen nach der Legitimation der Heimpraxis, die sich nicht auf die wirtschaftliche Seite der Einrichtungen auswirken, fehlt der Stachel. Die (inhaltliche) fehlende Legitimation wird durch die Legitimation durch die Nachfrage allemal kompensiert. Beunruhigt kann man daher davon ausgehen, dass die Heimerziehung weiterhin eine wichtige Rolle in der Jugendhilfe spielen wird. Damit bleibt auch die Frage der Veränderung auf der Tagesordnung."*

Dem Statement zum Stand der Evaluationsforschung von *Andreas Mehringer* lässt sich unschwer widersprechen, wenn er in seiner Kritik der Kritik an der Heimerziehung formuliert:

*1. Der Satz „Holt die Kinder aus den Heimen" ist weitgehend berechtigt, vor allem was die sehr kleinen Kinder betrifft.*
*2. Absolut gesetzt ist er falsch. Die Möglichkeiten der offenen Hilfe sind begrenzt. Die Grenzen liegen schon bei den Eltern, bei den Müttern. Die Unterbringung in einer Pflegefamilie hat ihre eigene Problematik und sie hat auch Grenzen.*
*3. Die Heimerziehung ist nach aller Möglichkeit zu vermeiden. Sie ist oft schlecht bis miserabel, aber vielerorts ist sie so gut wie sie sein kann – und im ganzen besser als ihr Ruf. Sie muss noch verbessert werden, denn sie wird auch in Zukunft für manche Kinder in Not unentbehrlich bleiben.*
*(Mehringer 1994, 184)*

Eine doch deutlich pessimistischere Bewertung der Erfolgsmöglichkeiten von Heimerziehung findet sich allerdings in der internationalen Literatur. Angloamerikanischen Studien zu den Effekten von Heimerziehung vermitteln gar den Eindruck, dass sich diesbezüglich im Grunde kaum etwas verändert habe im Vergleich zu den Anfangszeiten der Bindungsforschung vor 50 Jahren. Die bereits erwähnten Ergebnisse der methodisch aufwändigen Längsschnittstudien wurden hier maßgebend. Sie wurden auch in weiteren Längsschnittstudien weithin bestätigt (*Quinton* und *Rutter* 1988). Eine jüngst veröffentliche Untersuchung von *Roy* et al. (2000), bei der Pflegekinder und Heimkinder mit einem Durchschnittsalter von sieben Jahren miteinander verglichen wurden, kam zu dem gleichen Ergebnis: Heimerziehung hat letztlich wenig Erfolge aufzuweisen. Pointiert wurde die Kritik am Heim und an der Heimerziehung von *Sinclair* (1988) auf vier Punkte gebracht, wobei allerdings einschränkend zu beachten ist, dass diese Kritik sich auf die Verhältnisse in England bezieht (vgl. *Trede* 2001):
1. Das Heim ist kein Ort, wo es sich normal und vernünftig leben lässt, wenn man normale gesellschaftliche Maßstäbe anlegt.
2. Fast niemand will dort leben.
3. Die Ziele werden nie erreicht.
4. Heimerziehung ist zu teuer.

Eine Vielzahl von Gründen für diese deprimierenden Ergebnisse werden aufgeführt. Zum einen besteht bei diesen Kindern und Jugendlichen eine ausgeprägte psychiatrische Auffälligkeit, die auch auf biologische, etwa genetische und Temperamentsfaktoren, zurückgeführt werden kann, aber auch auf die miserablen Erfahrungen, die diese Kinder vor ihrer Heimunterbringung haben machen müssen, wie Missbrauch oder Vernachlässigung durch ihre Eltern. Auch müssen Geschlechtsunterschiede beachtet werden. Jungen zeigen bekanntlich häufiger ein dissoziales Verhalten. Bei Mädchen aus Heimerziehung fand sich dagegen häufig das so genannte „assortative pairing", d. h. eine Neigung, Partnerschaften zu ähnlich sozial inkompetenten und verhaltensauffälligen männlichen Jugendlichen einzugehen, oft mit der Folge einer frühzeitigen Schwangerschaft. Dann kommt es mit hoher Wahrscheinlichkeit dazu, dass das „parenting breakdown" (*Quinton* und *Rutter* 1988), d. h. die Unfähigkeit von Eltern, ihr Kind selbständig und ohne öffentliche Unterstützung zu erziehen, in die nächste Generation in Sinne einer intergenerationalen Transmission weitergegeben wird. In ihrer Längsschnittuntersuchung verfolgten die Autoren die Geschichte von Kindern, die nicht wegen eigener Verhaltensauffälligkeiten, sondern ausschließlich aufgrund des erzieherischen Unvermögens ihrer Eltern in einem Heim Aufnahme fanden, bis in deren drittes Lebensjahrzehnt. Bei fast der Hälfte derjenigen Jungen und Mädchen, die schon in den ersten beiden Lebensjahren in ein Heim kamen und dort zumindest bis zum Alter von 16 Jahren verblieben, nahm ihre Entwicklung einen ungünstigen Verlauf. Viele der Partnerschaften, die sie inzwischen eingegangen waren, waren gescheitert. Auch war es häufig zu frühzeitigen Schwangerschaften gekommen. Bei vielen bestanden Persönlichkeitsstörungen, Suchtprobleme und kriminelle Tendenzen. Vor allem Mädchen schienen den unbefriedigenden Verhältnissen entkommen zu wollen durch Schwangerschaft und Heirat. Die intergenerationale Transmission wurde vor allem von Mädchen vermittelt, während Jungen weitaus seltener dazu tendierten, sich mit einer verhaltensauffälligen Partnerin zusammen zu tun. Im Rückblick ließ sich feststellen, dass diese Jugendlichen auch nach der Herausnahme aus ihrer Herkunftsfamilie weiter anhaltenden ungünstigen Einflüssen ausgesetzt waren. Jedenfalls erwies sich der Heimaufenthalt keineswegs als der erhoffte protektive Faktor. Der Hauptgrund für dieses enttäuschende Ergebnis wurde darin gesehen, dass den Jugendlichen in den Heimen zwar durchaus konfliktfreie Beziehungen angeboten wurden, dass sie aber dort wenig Gelegenheit geboten bekamen, dauerhafte Beziehungen zu ihren Bezugspersonen einzugehen. Geradezu bitter merken die Autoren an, es sei nicht auszuschließen, dass die Entwicklung dieser Kinder bei einem weiteren Verbleib in ihrem ursprünglichen sozialen Kontext nicht noch ungünstiger verlaufen wäre.

Man kann also davon ausgehen, dass diese Kinder und Jugendlichen nicht nur lange Zeit an ihren frühen Erfahrungen zu leiden haben, sondern dass sie darüber hinaus auch noch nach der Trennung von ihrer Herkunftsfamilie weiteren deprivierenden Erfahrungen ausgesetzt bleiben (*Rutter* 1995). Benachteiligende Umstände haben es offensichtlich an sich, zu einer kontinuierlichen Erfahrung zu werden. Auch bei denjenigen Kindern, die nach ihrer Entlassung aus dem Heim durchaus befriedigende soziale Beziehungen eingingen, bestehen dennoch gravierende Probleme. So tun sich etwa Kinder, die in den ersten

Jahren im Heim lebten, später schwer, vertrauensvolle Beziehungen zu Gleichaltrigen einzugehen. Diesen insgesamt deprimierenden schlechten Ergebnissen muss ein noch größeres Gewicht beigemessen werden, wenn man bedenkt, dass die betreffenden Kinder und Jugendlichen durch ihren Aufenthalt im Heim eigentlich vor den pathogenen Einflüssen seitens ihrer Familien geschützt sein sollten. Schließlich werden, wie *Klaus Wolf* (2000, 11) durchaus optimistisch betont, die „potenziellen Stärken der Heimerziehung gesehen in den Ressourcen, ein günstiges Lebens- und Lernfeld zu arrangieren, in dem Entwicklungsanreize entstehen" und wo „belastende Lebenserfahrungen durch menschenfreundliche, lebensbejahende Erfahrungen ergänzt und die Kinder von Problemen ein wenig entlastet werden, denen andere Kinder in unserer Gesellschaft erst gar nicht ausgesetzt sind. (…) Auf diese Weise bekommen sie den Kopf ein wenig freier und erhalten neue Entwicklungsmöglichkeiten, sodass sie es schließlich auch wagen können, aus relativ sicheren Verhältnissen zurückzublicken und manches neu zu bewerten und zu sortieren."

Auch der bereits erwähnte JULE-Bericht (*Baur* et al. 1998) beschäftigt sich mit den Ursachen für ein Scheitern von Heimerziehung. Bei einer bindungstheoretisch inspirierten Lektüre dieses Berichts fällt auf, wie genau sich die dort vorgenommene Beschreibung der Jugendlichen, bei denen Heimerziehung sich als nicht erfolgreich herausstellte und für die sich nur noch das Konstrukt des „unbetreubaren" Jugendlichen (a.a.O., 225) anbietet, mit der Charakterisierung von bindungsunsicheren Jugendlichen deckt. So heißt es dort etwa, dass bei diesen Jugendlichen keine tragfähigen Betreuungssettings geschaffen worden seien, und dass sie zu wenig „ausgehalten" würden (a.a.O., 235). Die jungen Menschen verweigerten eine Kooperation. Die Erwachsenen fänden zu ihnen keinen Kontakt und könnten daher keinen Einfluss auf sie ausüben. Die eigentliche Thematik der Jugendlichen sei die Suche nach tragfähigen verlässlichen Beziehungen. Überhaupt sei Erziehung stark auf die Erfahrung von Kontinuität und Sicherheit angewiesen. Daher müsse die Heimerziehung Erfahrungen von emotionaler Geborgenheit, Akzeptanz, Sicherheit, Zuwendung ermöglichen und vor allem eine grundlegende Unterstützung und Auseinandersetzung mit den Kindern bieten. Heimerziehung brauche Zeit, damit die Beteiligten sich aufeinander einlassen und tragfähige Beziehungen aufbauen könnten. Um eine tragfähige Bindung zu erreichen, müsse eine vertrauensvolle Bezugsperson zur Verfügung stehen.

Es ist zu vermuten, dass es sich bei diesen „unbetreubaren" Kindern und Jugendlichen um jene handelt, von denen auch das Bundesministerium für Soziales, Familie, Senioren und Jugend (*BMFSFJ* 1994, 542, zit. bei *Almstedt* 1996) befürchtet, dass sie in Zukunft eine anwachsende Gruppe ausmachten,

„die mit konventionellen Angeboten nicht zu erreichen" sei. Angesichts der gravierenden Beziehungsprobleme dieser Jugendlichen besteht offensichtlich immer wieder die Gefahr, zu resignieren und auf jegliche Erziehung zu verzichten. Es stellt sich dann die Frage, ob es ausreicht, sich bei der Definition des Zieles von Erziehungshilfe als Pflichtangebot der Jugendhilfe auf eine „Schaffung eines attraktiven, entlastenden Lebensraums, der Verlässlichkeit, Vertrautheit und Überschaubarkeit bietet" (*Stahlmann* 2000, 79) zu beschränken.

Die folgenden Ausführungen lassen sich leiten von der Überzeugung, dass gerade von bindungstheoretischem Wissen ein nicht zu unterschätzender Hilfebeitrag für die Jugendhilfe erwartet werden kann. Schließlich wird die Bedeutung einer diesen Kindern anzubietenden Beziehung in allen Texten zur Heimerziehung als zentral herausgestellt. Inwieweit ein solches Beziehungsangebot von diesen angenommen wird, hängt allerdings entscheidend ab von den ihnen zur Verfügung stehenden inneren Arbeitsmodellen von Bindung und Beziehung, von ihren Erwartungen, mit denen sie ihren Erzieherinnen im Heim begegnen. Dies scheinen auch die jugendlichen Heimbewohner selbst zu sehen. In seiner Studie zu den Lebenserfahrungen und Lebensentwürfen heimentlassener junger Erwachsener befragte *Norbert Wieland* und Mitarbeiter (1992) ehemalige Heimkinder und Jugendliche nach ihren dort gemachten Erfahrungen. Es stellte sich heraus, dass diese ihre Erfahrungen im Heim dann als positiv bewerteten, wenn die Beziehung zu ihren Betreuern exklusiv und damit bindungsrelevant war. Im folgenden Kapitel werden die Ergebnisse einer Studie vorgestellt, in der es darum ging, eben diese inneren Arbeitsmodelle von Bindung bei jugendlichen Heimbewohner zu untersuchen.

Anmerkung

1  Die Interessen von Pflegeeltern und Adoptiveltern werden etwa vom Bundesverband Pflege- und Adoptiveltern e.V. wahrgenommen.

## 3. Bindung bei Jugendlichen im Heim: eine empirische Untersuchung

### 3.1 Das Heim

Die Untersuchung[1] wurde durchgeführt in einem Kinder- und Jugendheim der Öffentlichen Erziehungshilfe in kirchlicher Trägerschaft. Bei dem Heim handelt es sich um eine in der Region bekannte und gut etablierte Einrichtung mit einer Gesamtplatzzahl von 132 stationären und 30 teilstationären Betreuungsplätzen, deren pädagogisches Konzept eine Vielzahl differenzierter pädagogischer Angebote umfasst. Die vielfältigen Angebote folgen zweifellos den im vorigen Kapitel referierten „großen Linien der Veränderungen in der Heimerziehungspraxis" (*Wolf* 1995).

Den pädagogischen Schwerpunkt benennt die Heimbroschüre mit dem Motto „Kindern ein Zuhause werden". Weiter heißt es dort: *„Unter dieser Prämisse wollen das Hermann-Josef-Haus, seine Ordensschwestern, Erzieher und Mitarbeiter die Persönlichkeit der Kinder und Jugendlichen ganzheitlich fördern und sie auf ihrem Weg zu einem selbständigen, mündigen und kritikfähigen Leben begleiten. Aus unserem Selbstverständnis heraus gehören auch die Vermittlung von Werten zur christlich orientierten Lebensgestaltung und die Einübung und Vertiefung des sozialen Verhaltens zu unseren pädagogischen Zielen. Dabei fühlen wir uns der Vision der Montessori-Pädagogik verpflichtet; d. h. wir fördern die Kinder und Jugendlichen in ihrer Entwicklung durch eine vorbereitete Umgebung, die gleichzeitig als gestaltetes Anregungsmilieu genutzt werden kann. Durch eine familiäre Atmosphäre wollen wir auch sensible Perioden in der Kindesentwicklung aufgreifen und auffangen."*

In drei Familiengruppen wurden jeweils alters- und geschlechtsgemischte Gruppen von neun bis zehn Kindern und Jugendlichen in einem Alter von drei bis 16 Jahren in einem familiär gestalteten und in sich abgegrenzten Umfeld betreut. Diese familiäre Atmosphäre dokumentierte sich für den außenstehenden Beobachter in ausgesprochen geordneten, sauberen, dabei aber auch durchaus Behaglichkeit ausstrahlenden, Räumlichkeiten. Auch wenn selbstverständlich vom Äußeren nicht ohne weiteres auf die Kommunikationsstrukturen geschlossen werden kann, kann man konstatieren, dass jedenfalls die äußeren Gegebenheiten den Bedürfnissen der Heimbewohner gerecht werden sollten. Der allgemeine Lebensstandard, der den Kindern und Jugendlichen vom Heim geboten wurde, kann nur als überdurchschnittlich bewertet werden. Er dürfte bei den meisten der Bewohnerinnen und Bewohner den Standard ihrer Herkunftsfamilien auch deutlich übertroffen haben. Hierzu trugen auch die zusätzlichen pädagogischen Angebote für die Freizeitgestaltung bei wie etwa das großzügiges Spielgelände, der Sportplatz, das Freizeitzentrum, eine Malschule, eine Bibliothek, der Fitness- und Snoezelraum, ein Musik- und Computerraum, eine Werkstatt, ein Fotolabor oder der Fahrradkeller.

Neben den Familiengruppen gab es eine „heilpädagogische Gruppe" für verhaltensauffällige Kinder und Jugendliche sowie eine „sonderpädagogische Gruppe" vor allem für solche Kinder, die als lernbehindert galten. In der so genannten Verselbständigungsgruppe sollten Jugendliche lernen, sich „aus der behüteten Versorgung zu lösen" und unter pädagogischer Begleitung die Gestaltung des ihnen gewährten Freiraumes in eigenverantwortlicher Entscheidung zu übernehmen. Die Außenwohngruppe „dient der intensiven Vorbereitung und Hinführung zur Ablösung in einen neuen Lebenskreis." Eine Reihe von Jugendlichen wohnten in angemieteten Wohnungen in der Stadt, wo sie sozialpädagogisch betreut werden. Zudem gab es eine weitere Außenwohngruppe, in der junge Mütter „in besonderen Notlagen" zusammen mit ihren kleinen Kindern wohnten und von Erzieherinnen betreut wurden. Ausschlusskriterium für eine Aufnahme in das Heim war eine manifeste Abhängigkeit von Suchtmitteln

Das Heim wurde von einer Ordensschwester geleitet. Es waren nur noch wenige Schwestern dort tätig. Gegen Ende des Forschungsprojektes zog der Orden bis auf die Heimleiterin alle Schwestern aus dem Heim zurück. Auch wenn also die von den Ordensschwestern geleistete Erziehungsarbeit quantitativ zu vernachlässigen war, so erwies sich der Umstand, dass die Heimleitung seit vielen Jahren in den Händen einer Ordensschwester lag, gerade unter bindungstheoretischem Gesichtspunkt von nicht unerheblicher Bedeutung. Diese Schwester lebte nämlich im Heim und war für viele der Kinder und Jugendlichen ganz eindeutig eine Bindungsfigur ersten Ranges. Nicht selten kam es vor, dass Kinder etwa nach der Schule erst einmal das Büro der Heimleiterin aufsuchten, etwa um sich zu beklagen oder nur um etwas für sie wichtiges mitzuteilen und „ihr Herz auszuschütten". Diesbezüglich war die Heimleiterin einfach konkurrenzlos. Sie verkörperte gewissermaßen das Familienprinzip. Sie lebte im und für das Heim, für „ihre" Kinder. Selbst familien-, zumindest kinderlos und so durch eigene familiären Verpflichtungen unbehindert, konnte sie im Vergleich zu ihren pädagogischen Mitarbeiterinnen viel überzeugender das anbieten, was zumindest die Kinder unter Familiarität verstanden und erwarteten. Nicht nur innerhalb des Heimes waren diese Beziehungen, die die Heimleiterin zu einigen der Kinder hatte, ein Maßstab, an dem die Mitarbeiterinnen die Qualität ihres eigenen Angebotes an Beziehungsarbeit wohl oder übel zu messen hatten. Auch wenn ein genauerer und „objektiver" Einblick einem Beobachter von außen verständlicherweise versagt sein muss, entstand doch der Eindruck, dass dieses besondere Beziehungsangebot seitens dieser Ordensschwester auch für manche Mitarbeiterinnen der Jugendämter, die das Heim mit der Durchführung der Erziehungshilfemaßnahmen beauftragten, durchaus auch ein Ärgernis darstellte. Wie es schien, lehnte die Bürokratie ein solch intensives Beziehungsangebot doch eher ab, diese Ablehnung rationalisierend mit dem Hinweis, man dürfe Kinder nicht zu sehr an sich und die Institution binden. Es war zu vermuten, dass von Seiten des Jugendamtes eine Bindung des Kindes an das Heim bzw. an dessen Leiterin verhindert werden sollte, bisweilen durchaus auch gegen den im wahrsten Sinne des Wortes unüberhörbar und unübersehbar erklärten Willen einiger betroffener Kinder. Die Forderung des Sozialpädagogen *Joachim Merchel* (1991, 51) an die Adresse der Jugendämter, „die spezifische Kompetenz der Heimerzieher (zu) respektieren und deren Situationsdefinition eine besondere Bedeutung einzuräumen" (zit. bei *Lambers* 1996), wurde des öfteren nicht erfüllt. Es kann nicht verwundern, dass die Heimleitung und damit auch das gesamte Personal durch solche Kooperationsformen in ihrer Arbeit sehr verunsichert wurden.

### 3.2 Die Jugendlichen

Es sollten möglichst alle Kinder und Jugendlichen mit einem Altern von über 12 Jahren an der Studie teilnehmen, die im Zeitraum eines Jahres in diesem Heim lebten. Da erfahrungsgemäß bei professionellen Erzieherinnen von einer gewissen Wissenschaftsskepsis auszugehen ist, wurde viel Zeit und Mühe investiert, um über die Ziele der Untersuchung aufzuklären, für die Studie zu werben, um so die Akzeptanz bei den Erzieherinnen wie auch bei den Jugendlichen zu verbessern. Dies gelang auch. Insgesamt fanden sich 72 Jugendliche bereit, an der Studie teilzunehmen. Lediglich zehn Jugendliche lehnten die Teilnahme ab, mit der Begründung, nicht über ihre Familiengeschichte sprechen wollen. Da die Untersucherin vor der Durchführung der Interviews eine Zeit lang in den jeweiligen Gruppen hospitierte, um den Kontakt mit den betreffenden Jugendlichen aufzunehmen und das doch oft bestehende Misstrauen abzubauen, lässt sich begründet vermuten, dass die Jugendlichen, die ihre Teilnahme an der Untersuchung letztlich ablehnten, keineswegs weniger auffällig, sondern eher noch beziehungsvermeidender gewesen sein dürften als diejenigen, für die die Teilnahme an der Untersuchung kein größeres Problem bedeutete. So dürfte es sich bei den 10 Jugendlichen, die nicht an der Untersuchungen teilnahmen, um besonders misstrauische Jugendliche mit einer noch ausgeprägteren unsicheren Bindungsorganisation gehandelt haben. Diese Einschätzung stützt sich auch auf Angaben zu diesen Jugendlichen, die etwa anlässlich von Fallbesprechungen gemacht wurden. Es ist also nicht davon auszugehen, dass die Ergebnisse der Studie dadurch grundlegend beeinflusst wurden. Wie in den folgenden Kapiteln deutlich werden wird, hätte ihre Teilnahme das Ergebnis dieser Studie vermutlich eher noch bestätigt.

39 Jungen und 33 Mädchen nahmen an der Untersuchung teil. Das Alter variierte von 12 bis 23 Jahren. Das Durchschnittsalter betrug 16 Jahre und acht Monate. 59 der Jugendlichen waren deutscher, 12 nicht deutscher Herkunft. Das Alter der Untersuchungsgruppe bei Aufnahme in diesem Heim lag im Durchschnitt bei 12 1/2 Jahren. Ihre durchschnittliche Aufenthaltsdauer dort betrug vier Jahre und drei Monate.

Die Gründe der Heimaufnahme, wie überhaupt die biographischen Daten, wurden zum einen den Akten entnommen, zum anderen in Gesprächen mit der Heimleitung in Erfahrung gebracht. Demnach wurde in über 80 % der Fälle die Heimeinweisung mit einer Vernachlässigung und/oder Misshandlung durch die Eltern begründet, in ca. 10 % mit einer „Überforderung der Eltern". Vier der Jugendlichen waren durch den Krieg aus ihrem Heimatland vertrieben worden.

Bei dreiviertel der Jugendlichen lebten die Eltern nicht mehr gemeinsam. 14 von ihnen hatten den Verlust eines Elternteiles oder einer anderen für sie wichtigen Bezugsperson durch deren Tod erleben müssen. Allein zehn der an der Studie teilnehmenden weiblichen sowie zwei der männlichen Jugendlichen waren selbst schon Eltern. Ihr Durchschnittsalter betrug 18 1/2 Jahre. Bezüglich der zum Zeitpunkt der Heimaufnahme bestehenden soziökonomischen Verhältnisse der Herkunftsfamilien konnten keine eindeutigen Daten erhoben werden. Aufgrund der Beschreibungen der Jugendlichen selbst und der Angaben der Mitarbeiterinnen des Heimes muss jedoch davon ausgegangen werden, dass eine große Zahl dieser Familien als soziökonomisch benachteiligt eingeschätzt werden muss.

Insgesamt lässt sich davon ausgehen, dass es sich bei den in der Studie untersuchten Kindern und Jugendlichen durchaus um eine „typische" Heimpopulation handelt. Wie bereits erwähnt, werden Kinder und Jugendliche heute nur noch dann in ein Heim eingewiesen, wenn ihre Eltern eindeutig nicht mehr in der Lage sind, ihre Kinder selbst zu erziehen. Massive Gewalterfahrungen innerhalb der Familie, Suchtproblematik eines Elternteiles, problematische Partnerbeziehung zwischen den Eltern sowie eine allgemeine Überforderung der Eltern stellen heute die häufigsten Gründe für die Heimeinweisung dar. Der prekäre sozioökonomische Kontext solcher psychologischen Problemlagen drückt sich zumeist aus in einem geringen Einkommen, in problematischen Wohnverhältnissen sowie in Arbeitslosigkeit und Verschuldung. Auch dürften es weniger die Schwierigkeiten der Kinder und Jugendlichen sein, die eine stationäre Maßnahme der Erziehungshilfe begründen als die psychischen Belastungen der Eltern und die verfahrenen chaotischen Beziehungsverhältnisse in der Gesamtfamilie.

Solch chaotischen Beziehungen, geprägt durch Gewalt, Vernachlässigung, Suchtproblematiken der Eltern und deren problematische und/oder ständig wechselnde Partnerbeziehungen, dürften auch die 60 Jugendlichen ausgesetzt gewesen sein, die vor ihrer Aufnahme in das Heim in ihrer Herkunftsfamilie misshandelt und/oder vernachlässigt worden waren. Bei 24 Jugendlichen, mithin bei einem Drittel der Untersuchungsgruppe, konnte aufgrund der Aussagen der Jugendlichen selbst oder anderer zusätzlicher Angaben von einer bestehenden Alkoholproblematik ihrer Eltern ausgegangen werden, wobei sicherlich noch eine gewisse Dunkelziffer in Rechnung gestellt werden muss. Auch deuten die Berichte der Jugendlichen und ihrer Betreuerinnen darauf hin, dass zumindest bei einem Teil der Eltern weitere psychische Erkrankungen vorlagen. Allerdings waren diese Aussagen jedoch zu ungenau, um sie datentechnisch verarbeiten zu können.

Eine Übertragbarkeit der vorliegenden Ergebnisse auch auf andere Jugendliche, die in Heimen leben, sollte also durchaus möglich sein. Hierfür spricht zudem auch die durchaus als typisch zu geltende Organisationsstruktur des Heimes, leben doch heute 60–70 % aller in einem Heim der öffentlichen Erziehungshilfe lebenden Kinder und Jugendlichen längerfristig in einer Institution im Sinne einer durchaus traditionellen Mehrgruppeneinrichtung mit Schichtbetreuung (*Münder* et al. 1998).

### 3.3 Psychopathologische Auffälligkeit

### 3.3.1 Methode

Da davon auszugehen war, dass es sich bei Kindern und Jugendlichen, die als Maßnahme der Jugendhilfe in einem Heim leben, häufig um Personen handelt, die als erziehungsschwierig zu gelten haben und bei denen man daher nicht von einer allzu hohen Motivation zur Zusammenarbeit mit Wissenschaftlern auszugehen hat, wurde ganz bewusst versucht, den Umfang des Untersuchungsinstrumentariums zu begrenzen. Zur Erfassung von Persönlichkeitsmerkmalen der Jugendlichen, vor allem zur Einschätzung etwaiger psychischer Auffälligkeiten, wurden zwei Messinstrumente eingesetzt, der *Offer*-Selbstbildfragebogen sowie die Child Behavior Checklist in der Form des Elternfragebogens sowie in der Form des Fragebogen für Jugendliche.

Die Betreuerinnen wurden gebeten, mit der Child Behavior Checklist (CBCL) einen Fragebogen über das Verhalten von Kindern und Jugendlichen auszufüllen, der für Eltern konzipiert wurde und der somit die psychiatrische Auffälligkeit der Jugendlichen aus Sicht eines externen Beobachters erfasst. In der vorliegenden Studie misst also der CBCL eine etwaige Auffälligkeit der Jugendlichen aus Sicht ihrer Betreuer in der Annahme, dass diese die Jugendlichen in ihrem täglichen „häuslichen" Umfeld erleben. Dieser Fragebogen wurde von dem amerikanischen Kinderpsychiater *Thomas Achenbach* entwickelt und von der Arbeitsgruppe Deutsche Child Behavior Ckecklist (1998 a, b) sowohl übersetzt als auch den deutschen Verhältnissen angepasst. Es handelt sich um ein Verfahren, das in der internationalen epidemiologischen wie klinischen Forschung zur Erhebung von Verhaltensauffälligkeiten bei Kindern und Jugendlichen sehr häufig angewendet wird. Der Fragebogen ist inzwischen in fast 50 Sprachen übersetzt worden. Dadurch ist eine Vergleichbarkeit der Ergebnisse gewährleistet.

Als ein dimensionales Verfahren versucht es, psychische Auffälligkeiten nicht durch die Zuweisung zu diagnostischen Kategorien, sondern anhand quantifizierter Merkmale zu erfassen. Es deckt dabei ein breites Spektrum psychischer Auffälligkeiten ab. Im Vergleich zu einer kategorialen Vorgehensweise, wie sie traditionell in der Medizin und auch in der Psychiatrie aus praktischen Gründen bevorzugt wird, stellt dieses dimensionale Verfahren mithin nicht nur Vorhandensein oder Nichtvorhandensein einer Störung fest, sondern liefert auch Informationen über den Ausprägungsgrad dieser Störung. Es handelt es um ein standardisiertes „Breitbandverfahren", das daher eine störungsspezifische Psychodiagnostik, die ein differenziertes Bild der einzelnen Störung liefern soll, nicht ersetzen kann. Es eignet sich aber doch recht gut dazu, zumindest eine generelle Unterscheidung zwischen psychiatrisch auffälligen und unauffälligen Kindern und Jugendlichen zu treffen.

Der von den Betreuerinnen auszufüllende Elternfragebogen (CBCL) erfasst in seinem ersten Teil psychosoziale Kompetenzen sowie im zweiten Teil Verhaltensauffälligkeiten, emotionale Auffälligkeiten und körperliche Beschwerden der Kinder und Jugendlichen. Der Beurteilungszeitraum umfasst die letzten 6 Monate. Die Beurteilung erfolgt anhand einer dreistufigen Skala von 0 = „nicht zutreffend" über 1 = „etwas oder manchmal zutreffend" zu 2 = „genau oder häufig zutreffend". Aus den Antworten auf die 120 Fragen des zweiten Teils werden 8 Problemskalen gebildet, wobei 33 Items keiner Skala zugeordnet werden, sondern zusammen mit den anderen Items in den 118 Items umfassenden Gesamtauffälligkeitswert eingehen. Aus den Fragen werden acht Syndromskalen erster Ordnung (= Primärskalen) und drei Problemskalen zweiter Ordnung (= Sekundärskalen) gebildet.[2]

Die Primärskalen beziehen sich auf folgende Verhaltensbereiche:
1. Sozialer Rückzug
2. Körperliche Beschwerden
3. Angst/Depressivität
4. Soziale Probleme
5. Schizoides und zwanghaftes Verhalten
6. Aufmerksamkeitsprobleme
7. Dissoziales Verhalten
8. Aggressives Verhalten

Die Sekundärskalen beziehen sich auf folgende Symptomgruppen:

*1. Internale Auffälligkeiten*
Diese Skala setzt sich zusammen aus den ersten drei Problemskalen. Sie erfasst also Depressionen, Angstzustände, Rückzugsverhalten sowie Essstörungen.

*2. Externale Auffälligkeiten*
Diese Skala setzt sich zusammen aus den Problemskalen 7 und 8. Erfasst werden vor allem aggressives, oppositionelles und dissoziales Verhalten.

*3. Gesamtauffälligkeit*
In diesen Score gehen alle Items ein, denen die Werte 1 oder 2 zugeteilt wurden mit Ausnahme der Items 2, 4 sowie der 16 sozialen Erwünschtheitsfragen. Bei der Unterscheidung zwischen internalisierenden und externalisierenden Syndromen handelt es sich weniger um eine theoriegeleitete denn um eine klinisch gewonnene und durchaus plausible Unterscheidung. Sowohl für internalisierte als auch für externalisierte Syndrome besteht eine eindeutige Alters- und Geschlechtsabhängigkeit, auch wenn Symptome aus beiden Bereichen durchaus gemeinsam bei manchen Kindern und Jugendlichen im Sinne einer Komorbidität auftreten können. So zeigen Jungen bekanntlich häufiger externale Symptome. Sind sie etwa unglücklich, werden sie ihre Wut eher direkt ge-

genüber ihrer Umwelt ausdrücken. In der Jugendzeit entwickeln Mädchen dagegen häufiger internale Symptommuster. Sie tendieren dann eher dazu, ihre Probleme mit sich selbst auszumachen und sich zurückzuziehen. Das führt dazu, dass deren internale Probleme weniger auffallen, bisweilen auch übersehen werden, weil sie die Umgebung weniger stören im Vergleich zu den oft unüberhörbaren und unübersehbaren Verhaltensauffälligkeiten ihrer männlichen Altersgenossen. So äußert sich bekanntlich auch die Aggressivität bei Mädchen in der Regel auf eine andere Art und Weise als bei den Jungen.

Alle Antworten auf Fragen, die internalisierende bzw. externalisierende Störungen beschreiben, werden zu gleichnamigen Skalen zweiter Ordnung zusammengefasst. 33 Fragen sind keiner Skala zugeordnet und gehen zusammen mit den anderen Aussagen in den 118 Fragen umfassenden Gesamtauffälligkeitswert ein. In diesen Skalen werden die zur Erfassung eines Syndroms herangezogenen Fragen zunächst zu einer Skalenrohwertsumme addiert. Deren Auswertung führt dann zu einem Profil, das durch Prozentränge und T-Werte die relative Stellung des untersuchten Kindes in Bezug auf die Normierungsstichprobe angibt.

Die CBCL lässt sich auch im deutschen Sprachraum einsetzen (*Döpfner* et al. 1997). Die Testgütekriterien sind befriedigend. Lediglich der Skala „schizoid/zwanghaft" fehlt eine hinreichende interne Konsistenz. Die Erhebung einer repräsentativen bundesweiten Stichprobe ermöglichte deutsche Normierungswerte. Dabei einigte man sich darauf, oberhalb eines Prozentrangs von 95 bei den Primärskalen sowie eines Prozentrangs von 82 bei den Sekundärskalen von klinisch relevanter Auffälligkeit zu sprechen. Es wurde also eine Kategorisierung der Skalenrohwerte am Prozentrang 95 vorgenommen. Mit anderen Worten: diejenigen 5 % der Kinder und Jugendlichen, denen am häufigsten Auffälligkeiten attestiert wurden, werden als klinisch auffällig bezeichnet (*Arbeitsgruppe Deutsche Child Behaviour Checklist* 1998 a, b). Auch in der vorliegenden Untersuchung wird auf diese Weise verfahren.

Die Befragung der Jugendlichen selbst erfolgte durch den Fragebogen für Jugendliche, der deutschen Übersetzung des Youth Self Report (YSR). Dieser Fragebogen ist analog zum Elternfragebogen CBCL aufgebaut, wobei allein 103 der Fragen identisch sind. Die Skalenbildung sowie die Auswertung erfolgt nach den gleichen Grundsätzen wie beim Elternfragebogen (*Arbeitsgruppe Deutsche Child Behaviour Checklist* 1998 a, b).

Zudem wurden die Jugendlichen gebeten, den *Offer*-Selbstbildfragebogen (*Offer* et al. 1982) in der deutschsprachigen Übersetzung und Anpassung von

*Seiffge-Krenke* (1987) auszufüllen. Mit diesem ebenfalls in der internationalen Forschung gut eingeführten und häufig verwendeten Persönlichkeitsfragebogen für Jugendliche sollen strukturelle Aspekte des Selbstkonzeptes erfasst werden. Er enthält 71 Items, die den Jugendlichen als in Ich-Form gehaltene Selbstaussagen vorgelegt werden und denen sie auf einer 5-stufigen Skala von 1 (trifft vollkommen zu) bis 5 (trifft nicht zu) zustimmen oder widersprechen können. Diese Items[3] bilden die folgenden fünf Selbstkonzeptskalen:

*1. Allgemeine Zufriedenheit des Jugendlichen mit sich und der Welt*
Die Items dieser Skala drücken Begeisterung im Leben sowie Zufriedenheit mit sich selbst und anderen aus. Beispielitems sind : „Die meiste Zeit über bin ich glücklich" oder „Ich habe den Eindruck, das andere Geschlecht findet mich attraktiv".

*2. Beziehung zu den Eltern*
Diese Skala beschreibt die Nähe und Qualität der emotionalen Bindung zu den Eltern. Das Vertrauen zu den Eltern und gegenseitiges Verständnis werden erfasst. Beispielitems sind: „Ich kann mich gewöhnlich auf meine Eltern verlassen" oder „Wenn ich erwachsen bin und eine Familie habe, so sollte sie in einigen Aspekten meiner eigenen ähnlich sein."

*3. Selbstvertrauen in eigene Leistungsfähigkeit des Jugendlichen*
Die Skala erfasst das Selbstvertrauen des Jugendlichen zur Lösung schulischer wie auch allgemeiner Probleme. Beispielitems sind: „Ich gehöre in der Schule zu den Besten" oder „Wenn ich mich konzentriere, kann ich fast alles lernen".

*4. Soziales Verhalten gegenüber Gleichaltrigen*
In dieser Skala geht es um soziales Einfühlungsvermögen, Hilfsbereitschaft und um die Bereitschaft sich für Beziehungen einzusetzen. Beispielitems sind „Wenn einem meiner Freunde ein Unglück zustößt, bin ich auch traurig" oder „Ich helfe einem Freund, wann immer ich kann".

*5. Depressives Selbstbild*
Die Skala beinhaltet soziale Angst, Rückzugsverhaltensweisen und allgemein mangelndes Selbstvertrauen. Itembeispiele sind: „Wenn ich mit anderen zusammen bin, habe ich Angst, dass sich jemand über mich lustig machen könnte" oder „Manchmal schäme ich mich so sehr, dass ich mich in einer Ecke verkriechen und heulen möchte".

## 3.3.2 Ergebnisse

### 3.3.2.1 Selbstbild

Vergleicht man das Selbstbild, das die untersuchten Jugendlichen von sich machen, mit dem Selbstbild „normaler" Jugendlichen, deren Werte des *Offer*-Fragebogens einer Studie von *Seiffge-Krenke* (1995) entnommen werden können (Tab. 2), so zeigt sich, dass die Jugendlichen der untersuchten Heimpopulation die Beziehung zu ihren Eltern deutlich schlechter einschätzten. Zudem erlebten sie sich tendenziell als weniger „zufrieden mit sich und der Welt". In den restlichen drei Skalen fanden sich keine statistisch bedeutungsvollen Unterschiede.

*Tabelle 2: Vergleich der statistischen Kennwerte im Offer-Selbstbild-Fragebogen zwischen den Jugendlichen in Heimerziehung (n=51) und denen einer unauffälligen Vergleichsgruppe (Seiffke-Krenke 1995)*

| Skalen | Jugendliche im Heim | | | | Vergleichsgruppe | |
|---|---|---|---|---|---|---|
| | Min | Max | Mittel | SD | Mittel | SD |
| Allgemeine Zufriedenheit | 12 | 45 | 32,87 | 7,15 | 34,41 | 5.56[1] |
| Gute Elternbeziehung | 17 | 55 | 35,74 | 9,33 | 41,84 | 6,72[2] |
| Selbstvertrauen in Eigenleistung | 20 | 45 | 33,45 | 5,84 | 34,39 | 4,18 |
| Sozialverhalten gegenüber Gleichaltrigen | 14 | 35 | 27,21 | 4,63 | 27,37 | 3,58 |
| Depressives Selbstbild | 18 | 59 | 38,54 | 11,33 | 39,10 | 9,13 |

1 $T(63) = -1.70$, $p < .10$; 2 $T(51) = -4.66$, $p < .001$

Dieses Ergebnis spricht dafür, dass die im Heim lebenden Jugendlichen die Qualität der Beziehung zu ihren Eltern als eher gering einschätzen. Die Skalen zeigen niedrige Korrelationen untereinander, sodass eine weitgehende Unabhängigkeit der einzelnen Skalen gegeben ist. Die Skala „Allgemeine Zufriedenheit mit sich und der Welt" korreliert tendenziell positiv mit den Skalen „Beziehung zu den Eltern" ($r = .27$, $p < .10$) und der Skala „Selbstvertrauen in die eigene Leistungsfähigkeit" ($r = .22$, $p < .10$). Diese drei Skalen korrelieren alle signifikant negativ mit der Skala „Depressives Selbstbild" ($r = -.47$, $p < .01$; $r = -.31$, $p < .05$; $r = -.51$, $p < .01$). Jugendliche, die sich zufrieden einschätzen, geben mithin eher an, eine gute Beziehung zu den Eltern zu haben und sich selbst mehr zuzutrauen. Bei den Jugendlichen, die sich als eher depressiv einschätzen, ist dies genau umgekehrt.

Auch fanden sich bei den Angaben zum Selbstbild einige durchaus interessante Geschlechterunterschiede. So schätzen sich die Jungen im Vergleich zu den Mädchen selbst eindeutig häufiger als „zufrieden mit sich und der Welt" (T (63) = 2.28, p < .05) ein und bewerteten ihre Beziehung zu den Eltern besser als die Mädchen (T (41) = 2.08, p < .05). Dieses Ergebnis verweist auf eine Neigung der männlichen Jugendlichen, die Beziehung zu ihren Eltern und ihre Situation überhaupt zu idealisieren. Diese Tendenz kann mit einer unsicher-distanzierten Bindungsrepräsentation in Zusammenhang gebracht werden.

Mädchen hingegen schätzen sich höher im „Sozialverhalten gegenüber Gleichaltrigen" ein (T (65) = -2.99, p < .005). Auch auf die im Heim lebenden Mädchen scheint das bekannte Geschlechtsrollenstereotyp zuzutreffen, wonach Mädchen sozialen Kompetenzen wie Hilfsbereitschaft und Einfühlungsvermögen besonderen Wert beimessen.

### 3.3.2.2 Psychiatrische Auffälligkeit

Die Ergebnisse des CBCL-Fragebogens und des YSR-Fragebogens lassen keinen Zweifel daran, dass es sich bei den Jugendlichen des Heimes um eine ausgesprochen hoch psychopathologiebelastete Gruppe von Jugendlichen handelt.

*Tabelle 3: Häufigkeiten klinischer Auffälligkeit (Prozentangaben) im Selbsturteil der 72 jugendlichen Heimbewohner (YSR) und im Fremdurteil durch die Heimerzieher (CBCL)*

|  |  | YSR | CBCL |
|---|---|---|---|
| Primärskalen | Sozialer Rückzug | 24 | 28 |
|  | Körperliche Beschwerden | 18 | 9 |
|  | Angst/Depression | 19 | 27 |
|  | Soziale Probleme | 15 | 28 |
|  | Schizoid/zwanghaft | 15 | 19 |
|  | Aufmerksamkeitsprobleme | 16 | 28 |
|  | Dissoziales Verhalten | 21 | 28 |
|  | Aggressives Verhalten | 13 | 25 |
| Sekundärskalen | Internale Symptomatik | 47 | 52 |
|  | Externale Symptomatik | 46 | 46 |
| Gesamtauffälligkeit |  | 53 | 51 |

Im Bereich externalisierender Auffälligkeiten wurden sowohl im Selbsturteil als auch im Fremdurteil 46 % der Jugendlichen als klinisch auffällig eingeschätzt. Auch hier ergab sich, dass 63 % der Jugendlichen, die von ihren Erzieherinnen als auffällig eingeschätzt wurden, sich selbst auch auffällig einschätzten.

Bezüglich internalisierender Auffälligkeiten haben sich 47 % der Jugendlichen selbst als klinisch auffällig eingeschätzt. Diesbezüglich taten dies die Erzieher bei 52 % der Jugendlichen. 45 % der Jugendlichen, denen ihre Erziehern internalisierende Auffälligkeiten von klinischer Relevanz attestiert haben, haben sich selbst diesbezüglich als auffällig eingeschätzt.

Etwas mehr als die Hälfte der untersuchten Jugendlichen gab also im Selbsturteil ein so hohen Maß an Symptombelastung an, dass sie nach den deutschen repräsentativen Kriterien in den Bereich klinischer Auffälligkeit fällt (*Arbeitsgruppe Deutsche Child Behaviour Checklist* 1998 a, b). Bezüglich der Gesamtverhaltensauffälligkeit ist der Wert dreimal so hoch als der der deutschen repräsentativen Stichprobe. Auch bezüglich der Primärskalenwerte unterscheiden sich die hier untersuchten Jugendlichen in Heimerziehung deutlich vom Durchschnitt ihrer Altersgenossen. Sie gaben je nach Verhaltensbereich drei- bis fünfmal so häufig ein solches Ausmaß an Symptombelastung an, dass sie als klinisch auffällig eingeschätzt werden müssen.

Das Ergebnis der sehr hohen psychiatrischen Auffälligkeit der im Heim lebenden Jugendlichen findet beurteilerübergreifend Bestätigung, denn auch aus der Perspektive ihrer Betreuer erreichten mehr als die Hälfte von ihnen einen als klinisch auffällig zu bewertenden Gesamtwert. In 40–45 % der Fälle divergierte allerdings die Wahrnehmung für klinische Auffälligkeit zwischen Selbst- und Fremdurteil. Diese Diskrepanzen zwischen Fremd- und Selbsteinschätzung von psychischer Auffälligkeit können allerdings nicht überraschen. Der statistische Zusammenhang zwischen Selbst- und Fremdurteilen bei der Beurteilung psychischer Auffälligkeiten liegt nämlich nach den Angaben der Literatur grundsätzlich eher im unteren bis mittleren Bereich (*Döpfner* und *Lehmkuhl* 1997). Mehrere Gründe für die insgesamt geringe Übereinstimmung zwischen Selbst- und Fremdeinschätzung lassen sich diskutieren. So können die unterschiedlichen Beurteiler bei ihrem Urteil schlicht über- oder untertreiben. Sie können unterschiedlich sensibilisiert sein für eine bestimmte Verhaltensweise, sich beispielsweise diesbezüglich eher tolerant zeigen. Ein und dasselbe Verhalten wird dann unterschiedlich beurteilt. Allerdings können beide Beurteiler durchaus auch „Recht haben". Dies ist der Fall, wenn sich die Jugendlichen in unterschiedlichen Situationen tatsächlich deutlich unterschiedlich verhalten. Die Diskrepanz zwischen den Beurteilern ist dann auf eine unterschiedliche Informationsbasis zurückzuführen. Die professionellen Helfer dürften hinsichtlich mancher Lebensbereiche, etwa der Schule oder den Interaktionen mit der Gleichaltrigengruppe der Jugendlichen, keinen ausreichenden Einblick haben und deshalb bestimmte Verhaltensweisen gar nicht wahrnehmen können. Verhaltensauffälligkeiten sind zudem häufig auch situations- und kontextabhängig. Eine niedrige Übereinstimmung zwischen Fremd- und Selbsturteil sollte daher eher als potenzielle Informationsquelle denn als fehlerbedingt angesehen werden (*Döpfner* und *Lehmkuhl* 1997).

Ein etwas anderes Bild ergibt sich, wenn man nicht nur eine Zweiteilung zwischen „klinisch auffällig" und „klinisch nicht auffällig" vornimmt (Tab. 3), sondern wenn man die kontinuierliche Häufigkeitsverteilung analysiert. Bei einer solchen Betrachtung ergibt sich, dass die Jugendlichen bei ihrer Selbstbeurteilung häufiger Probleme angaben als es ihnen bei der Fremdbeurteilung durch ihre Erzieherinnen attestiert wurde. Dieser Befund ist nicht überraschend, weiß man doch, dass Jugendliche in der Regel ihr eigenes Verhalten als problematischer bewerten, als dies bei einer Fremdbeurteilung geschieht. In der vorliegenden Untersuchung fand sich lediglich bei der Skala „Soziale Probleme" ein entgegengesetztes Verhältnis. Hier schätzten die Erzieherinnen die Jugendlichen als auffälliger ein als diese sich selbst. Der Umstand, dass sie von den Konflikten, die sich auf der Skala „soziale Probleme" wiederfinden, unmittelbar berührt sind, dürfte diesen Sachverhalt plausibel erklären. Statistisch eindeutige Korrelationen zwischen Selbsturteil und Fremdurteil fanden sich in nur in den Primärskalen „Delinquenz" ($r = .50$, $p < .01$), „Aggression" ($r = .46$, $p < .01$) sowie dementsprechend in der aus diesen Skalen zusammengesetzten Sekundärskala „Externale Auffälligkeiten" ($r = .46$, $p < .01$). Bei allen anderen Skalen fanden sich keine statistisch bedeutsamen Übereinstimmungen in der gemeinsamen Einschätzung. Offensichtlich sind externalisierende Verhaltensweisen eindeutiger zu identifizieren und zu bewerten, sodass hier eine Übereinstimmung auch eher zu erwarten ist. Die Jugendlichen und ihre Betreuer sind sich zumindest in der Wahrnehmung und Beurteilung von ausagierenden Verhaltenweisen recht einig. Dissoziales und aggressives Verhalten führt offenbar zu einer Klärung der sozialen Interaktion (vgl. Kapitel 5).

Diese Überlegungen werden auch gestützt durch den Vergleich mit den Ergebnissen aus dem *Offer*-Selbstbildfragebogen. Hierbei fanden sich eindeutige positive Zusammenhänge zwischen der *Offer*-Skala „Depressives Selbstbild" und den YSR-Primarskalen „Körperliche Beschwerden" ($r = .47$, $p < .01$), „Ängstlich/depressiv" ($r = .65$, $p < .01$) und zur YSR-Sekundärkala „Internalisierende Auffälligkeiten" ($r = .66$, $p < .01$) sowie ein tendenzieller Zusammenhang mit der Primärskala „Sozialer Rückzug" ($r = .24$, $p < .10$). Für die analogen Fremdurteilsskalen im CBCL ließen sich diese Zusammenhänge zur *Offer*-Skala „Depressives Selbstbild" allerdings nicht bestätigen. Lediglich bei der CBCL-Skala „Angst/Depressivität" fand sich eine tendenzielle Übereinstimmung zur *Offer*-Skala „Depressives Selbstbild" ($r = .27$, $p < .10$). Auch hier bestätigte sich die

Diskrepanz zwischen der Fremdbeurteilung durch die Heimerzieherinnen und der Selbsteinschätzung durch die Jugendlichen.

Auch die Geschlechtszugehörigkeit beeinflusste die Einschätzung. In ihrem Selbsturteil (YSR) schätzten sich Mädchen in den Primärskalen „Körperliche Beschwerden", „Angst/Depression", „Schizoid/zwanghaft" sowie in der Sekundärskala „Internale Auffälligkeiten" eindeutig als auffälliger ein. Die Jungen schätzen sich dagegen in keiner der Skalen signifikant auffälliger ein als die Mädchen. Die Geschlechterunterschiede bei den Symptombereichen „Körperliche Beschwerden" sowie „Angst/Depressivität" entsprechen auch den in der deutschen Repräsentativstudie erhobenen Daten (*Döpfner* et al. 1997). Wie bereits erwähnt, neigen Mädchen eher dazu, internale Symptome zu entwickeln. Die Geschlechtsunterschiede bezüglich der Angaben zu schizoidem und zwanghaftem Verhalten sollten jedoch nicht überinterpretiert werden, da diese Skala im deutschen Sprachraum keine hinreichende interne Konsistenz zu besitzen scheint. Die Jungen erleben sich in der vorliegenden Studie in keinem der Bereiche im Vergleich zu den Mädchen als auffälliger. Dieses Ergebnis muss überraschen, kann man doch in Anbetracht der Ergebnisse der Repräsentativstudie erwarten, dass sich männliche Jugendliche im Vergleich zu Mädchen signifikant häufiger als dissozial einschätzen.

Im Erzieherurteil (CBCL) besteht ein statistisch bedeutsamer Geschlechterunterschied bezüglich der Skala „Angst/Depressivität". Mädchen werden hier von den Erziehern als signifikant auffälliger eingeschätzt als Jungen. Weiterhin besteht eine Tendenz bezüglich der Sekundärskala „Internale Auffälligkeiten". Hier wurden Mädchen von ihren Erzieherinnen als auffälliger als die Jungen eingeschätzt. Weitere signifikante Unterschiede ließen sich nicht ermitteln. Dieses negative Ergebnis ist durchaus bemerkenswert. Schließlich werden Jungen übereinstimmend als psychiatrisch deutlich auffälliger als die Mädchen beschrieben. Demnach fand sich also auch in der Fremdeinschätzung durch die Erzieherinnen der sonst so deutliche Geschlechtsunterschied in der Ausprägung dissozialen und aggressiven Verhaltens nicht. Diesbezüglich stimmt die Sicht der professionellen Helfer mit der Eigenwahrnehmung der Mädchen überein. Die Ergebnisse lassen die Vermutung zu, dass Mädchen, die in einem Heim leben, eine von der Norm besonders deutlich abweichende Gruppe bilden. Handelt es sich bei der hier untersuchten Heimklientel insgesamt schon um eine psychiatrisch überaus auffällige Gruppe, so erscheinen die Mädchen doppelt belastet. Sie zeigen eine hohe Symptombelastung sowohl im internalen als auch im externalen Symptombereich im Sinne einer ausgeprägten Komorbidität. Mädchen, die im Heim leben, müssen demnach als besonders auffällig gelten.

## 3.4 Die Bindungsorganisation der Jugendlichen

### 3.4.1 Methode

Bei den 72 Jugendlichen wurde das Erwachsenenbindungsinterview (AAI) durchgeführt, das in Kapitel 1.6.2 bereits vorgestellt wurde. Die psychometrischen Eigenschaften dieses Verfahrens, also Zuverlässigkeit und Validität, sind als ausgesprochen gut einzustufen (*van IJzendoorn* 1995, *Hofmann* 2001). In zahlreichen Studien erwies das AAI zudem als weithin unabhängig sowohl von Einflüssen, die auf den Interviewer zurückgeführt werden müssen, als auch Merkmalen auf Seiten der Probanden wie Intelligenz oder allgemeine kognitive Fähigkeiten (*Bakermans-Kranenburg* 1993, *Gloger-Tippelt* und *Hofmann* 1997). Beim AAI handelt es sich um ein halbstrukturiertes, narratives Interviewverfahren, das die gegenwärtigen Bindungsrepräsentationen von Jugendlichen und Erwachsenen zu rekonstruieren sucht. Erfasst wird also die im Hier und Jetzt wirksame mentale Organisation der vergangenen Bindungserfahrungen, in den Worten von *Mary Main* (1991) der „state of the mind with regard to attachment". Bei diesen Repräsentationen handelt es sich um einen organisierten Komplex teils unbewusster, im prozeduralen Gedächtnis gespeicherter, teils dem Bewusstsein zugänglicher, episodischer Gedächtnisinhalte. Diese Erinnerungen betreffen bindungsrelevante Sachverhalte wie die Interaktion mit den wichtigen Bindungspersonen bei Krankheit, Verletzung, Kummer, Ablehnung, Trennung oder deren Verlust. Um dem unbewussten Anteil der Bindungsrepräsentationen zu erfassen, zielt die Analyse nicht primär auf den Inhalt des Interviews, sondern auf die Art und Weise, wie die interviewte Person ihre Geschichte erzählt. Zur Bewertung dieser Kohärenz wird auf einer Skala eingeschätzt, in welchem Ausmaß es ihr gelingt, die von dem Sprachphilosophen *Grice* (1975) aufgestellten Regeln einer idealen Konversation einzuhalten (vgl. *Gloger-Tippelt* 2001 a). Demnach zeichnet sich ein kohärenter Diskurs durch die Einhaltung von vier Konversationsmaximen aus:
- *Qualität:* „Sage die Wahrheit und habe Beweise dafür!"
- *Quantität:* „Sei kurz, aber umfassend!"
- *Relevanz:* „Beantworte die Fragen des Interviewers, und schweife nicht zu unwichtigen Dingen ab!"
- *Art und Weise:* „Bemühe dich um Verständlichkeit, und strukturiere deine Aussagen!"

Nach einigen „warming-up-Fragen" wurden die Jugendlichen gebeten, ihre Beziehung sowohl zur Mutter als auch zum Vater im Alter von fünf bis 12 Jahren mit fünf Adjektiven zu beschreiben. Daraufhin wurden sie nach Erinnerungen befragt, die diese Adjektive veranschaulichen könnten. Weiter sollten sie beantworten, welchem Elternteil sie sich näher gefühlt haben. Auch auf die gegenwärtigen Beziehungen mit den Bezugspersonen wurde eingegangen. Die Jugendlichen wurden zudem befragt, welchen Einfluss auf ihre Persönlichkeit sie den berichteten Kindheits- und Jugenderlebnissen zuschreiben.

Unter Zuhilfenahme eines umfangreichen Manuals werden diesen Abgaben nach genau angegebenen Kriterien Werte auf verschiedenen Auswertungsskalen zugeteilt. Aus diesen Zahlenwerten wird dann die jeweilig bestehende Bindungsorganisation ermittelt.

*Tabelle 4: Übersicht über die Ratingskalen des AAI nach Main und Goldwyn (1994) in der deutschen Übersetzung von Gloger-Tippelt (2001 a)*

| | Mutter | Vater |
|---|---|---|
| **I. Skalen für (erschlossene) Kindheitserfahrung** | | |
| – Liebe | 1 ---------- 9 | 1 ---------- 9 |
| – Zurückweisung | 1 ---------- 9 | 1 ---------- 9 |
| – Rollenumkehr | 1 ---------- 9 | 1 ---------- 9 |
| – Leistungsdruck | 1 ---------- 9 | 1 ---------- 9 |
| – Vernachlässigung | 1 ---------- 9 | 1 ---------- 9 |
| **II a. Skalen für den mentalen Verarbeitungszustand in Bezug auf Bindungspersonen** | | |
| – Idealisierung | 1 ---------- 9 | 1 ---------- 9 |
| – Ärger | 1 ---------- 9 | 1 ---------- 9 |
| – Abwertung | 1 ---------- 9 | 1 ---------- 9 |
| **II b. Skalen für den allgemeinen mentalen Verarbeitungszustand von Bindungserfahrungen** | | |
| – Abwertung von Bindung | | 1 ---------- 9 |
| – Bestehen von fehlender Erinnerung | | 1 ---------- 9 |
| – Traumatischer Gedächtnisverlust | | 1 ---------- 9 |
| – Metakognitive Prozesse | | 1 ---------- 9 |
| – Passivität (Denken/Ausdruck) | | 1 ---------- 9 |
| – Angst vor Verlust | | 1 ---------- 9 |
| – Höchster Wert unverarbeiteter Verlust | | 1 ---------- 9 |
| – Höchster Wert unverarbeitetes Trauma | | 1 ---------- 9 |
| – Kohärenz des Transkripts | | 1 ---------- 9 |
| – Kohärenz des Bewusstseins | | 1 ---------- 9 |

*Klassifikation:*

Die Interviews[4], die jeweils zwischen ein und zwei Stunden dauerten, wurden auf einem Tonband aufgezeichnet und anschließend zur Analyse wortgenau verschriftlicht. Die Interviews wurden von der Untersucherin[5] selbst sowohl durchgeführt als auch ausgewertet. Auch wenn eine gewisse Verzerrung bei dieser Prozedur nicht gänzlich ausgeschlossen werden kann, dürften allerdings die Vorteile eines solchen Vorgehens doch überwiegen. Schließlich konnte man bei dieser verhaltensschwierigen und oft recht misstrauischen Klientel nicht von einer voraussetzungslosen Bereitschaft zur Mitarbeit an einer wissenschaftlichen Untersuchung, deren unmittelbarer Nutzen den Jugendlichen kaum zu vermitteln war, ausgehen. Dementsprechend war die Untersucherin in den Monaten vor Beginn der eigentlichen Untersuchung intensiv bemüht, über eine teilnehmende Beobachtung an den Gruppenerziehungsprozessen eine Vertrauensbeziehung zu den Jugendlichen herzustellen[6]. Zudem ließ sich eine Minderung der „Objektivität" im Sinne einer Voreingenommenheit bei der Auswertung der Interviews durch eine solche Verfahrensweise auch in einer Studie von *Sagi* et al. (1994) nicht nachweisen.

Alle Interviews wurden zusätzlich durch eine zweite qualifizierte Auswerterin[7], die ebenfalls bei *Mary Main* trainiert und zertifiziert wurde, klassifiziert. Die Übereinstimmung zwischen den Auswerterinnen bei der Klassifizierung in die fünf oben beschrieben Gruppen lag bei 80 % (kappa = .68). Bei Nichtübereinstimmung wurde die entgültige Klassifikation durch gemeinsame Diskussion vorgenommen.

### 3.4.2 Ergebnisse

Die Auswertung der Erwachsenbindungsinterviews erbrachte ein überraschendes Ergebnis. Lediglich bei zwei der insgesamt 72 an der Untersuchung teilnehmenden Jugendlichen ließen ihre Antworten auf eine sichere Bindungsrepräsentanz schließen. Die restlichen 70 Jugendlichen, mithin fast alle, müssen demnach als unsicher gebunden gelten.

Versucht man eine Verteilung ausschließlich auf die drei traditionellen, organisierten, Bindungskategorien vorzunehmen, zeigten sich neben den zwei als sicher-gebunden klassifizierten Jugendlichen insgesamt 51 Probanden als vermeidend-unsicher und 18 als verstrickt-unsicher gebunden (Tabelle 5). Diese Verteilung unterscheidet sich also erheblich von der unausgewählter Jugendlicher der Normalbevölkerung. Wie bereits erwähnt, findet sich dort am häufigsten eine sichere Bindungsrepräsentation, gefolgt von einem unsicher-vermeidenden und unsicher-verstrickten Modus.

*Tabelle 5: Verteilung der Bindungsrepräsentanz (Dreifach-Klassifikation) bei den Jugendlichen in Heimerziehung (n = 72)*

| AAI-Klassifikation | Anzahl (%) |
|---|---|
| Sicher (F) | 3 ( 4 %) |
| Vermeidend (Ds) | 51 (71 %) |
| Verstrickt (E) | 18 (25 %) |

Differenziert man die Probanden, bei denen eine unsichere Bindungsrepräsentanz ermittelt wurde, genauer, ergibt sich folgende Aufteilung (Tabelle 5).

*Tabelle 6: Verteilung der Bindungsrepräsentanz in fünf Gruppen bei den Jugendlichen in Heimerziehung (n = 72)*

| AAI-Klassifikation | Anzahl (%) |
|---|---|
| Sicher (F) | 2 ( 3 %) |
| Vermeidend (Ds) | 25 (35 %) |
| Verstrickt (E) | 5 ( 7 %) |
| Ungelöst (U) | 8 (11 %) |
| Nicht-klassifizierbar (CC) | 32 (44 %) |

Demnach haben 35 % der Jugendlichen als unsicher-vermeidend gebunden zu gelten und 7 % als unsicher-verstrickt. 11 % der Jugendlichen zeigten eine unverarbeitete Repräsentation (U), und gar bei 44 % der Jugendlichen erwies sich deren Bindungsrepräsentation als nicht-klassifizierbar (CC). Nur zwei Probanden oder 3 % konnten als sicher gebunden klassifiziert werden.

Dieses überraschende Ergebnis, dass fast allen der sich in Heimerziehung befindlichen Jugendlichen nur eine unsichere Bindungsrepräsentation zur Verfügung stand, warf allerdings auch forschungstechnische Probleme auf. Schließlich geht es in der Wissenschaft immer um Vergleiche. Wissenschaftliche Erkenntnisse lassen sich nur gewinnen durch die Herausarbeitung und Interpretation von Differenzen. Es stellte sich also die Frage, wie bei einer solch homogen erscheinenden Gruppe Vergleiche anzustellen waren. Theoriegeleitet wurde daher eine Differenzierung vorgenommen in Bindungsrepräsentanzen, die bei aller Unsicherheit dennoch eine Organisationsstruktur erkennen lassen, und solchen, bei denen dies nicht der Fall ist. Es wurden also die unsicher-vermeidenden (Ds) sowie die unsicher-verstrickten (E) Bindungsmuster zu einer Gruppe zusammengefasst. Diese Gruppe wird als organisiert-unsicher bezeichnet. Zum Anderen wurde das ungelöste Repräsentanzenmuster (U) mit dem, das aufgrund seiner inneren Widersprüchlichkeit nicht den anderen Mustern zuzuordnen war und insofern als nicht-klassifizierbar gilt (CC), zum desorganisiert-unsicheren oder, verkürzt ausgedrückt, zum hochunsicheren Bindungsmuster zusammengefasst. Wie die weitere Analyse der Ergebnisse der Zusammenhänge zwischen Bindungsrepräsentanz und psychischer Auffälligkeit zeigen wird, erwies sich diese Zusammenfassung durchaus als sinnvoll. Überhaupt scheint die Unterscheidung zwischen organisiert und desorganisiert eher praxisrelevant zu sein als die zwischen sicher und unsicher (vgl. *Korfmacher* et al. 1997, *Solomon* et al. 1995).

Nimmt man eine solche Einteilung vor, ergibt sich folgendes Bild (Tabelle 7):

*Tabelle 7: Verteilung der Bindungsrepräsentanz (Dreifach-Klassifikation) bei den Jugendlichen in Heimerziehung (n = 72)*

| AAI-Klassifikation | Anzahl |
|---|---|
| Sicher (F) | 2 ( 3 %) |
| Vermeidend/verstrickt (Ds oder E) | 30 (42 %) |
| hochunsicher (Ud oder CC) | 40 (55 %) |

Beim Vergleich zwischen Mädchen und Jungen zeigen Mädchen eher eine desorganisierte, d. h. hochunsichere, Bindungsrepräsentation, während Jungen eher eine organisierte Bindungsrepräsentation aufweisen (Chi$^2$ [df = 1; N= 70] = 4. 34; p < .05). Auch wurden die Jungen eher als unsicher-distanziert (Ds), die Mädchen dagegen eher als unsicher-verstrickt (E) klassifiziert (Chi$^2$ [df = 1; N= 69] = 4.65; p < .05). Auch dieses Ergebnis spricht dafür, dass es sich bei Mädchen, die in einem Heim leben, um eine besonders problembeladene Gruppe handelt, zumal ein Geschlechtsunterschied bei desorganisierter Bindungsorganisation zumindest bei Kindern einer Normalpopulation nicht zu bestehen scheint (*van IJzendoorn* et al. 1999). Der hier für die besondere Hochrisikogruppe von Heimjugendlichen gefundene Zusammenhang zwischen einer hochunsicheren Bindung und dem Geschlecht bedarf allerdings einer weiteren Überprüfung.

Diese Ergebnisse der vorliegenden Untersuchung, wonach so gut wie alle Jugendlichen in Heimerziehung eine unsichere Bindungsrepräsentation aufweisen und über die Hälfte von ihnen sogar als hochunsicher-gebunden einzuschätzen sind, müssen vor dem Hintergrund der in der internationalen Literatur veröffentlichten Daten zur Verteilung der Bindungsrepräsentanzen in anderen Untersuchungspopulationen betrachtet werden. Wie der Tabelle 8 unschwer zu entnehmen ist, unterscheidet sich die bei der vorliegenden Untersuchung gefundene Verteilung stark von der Verteilung, die die niederländischen

Bindungsforscher *Marinus van IJzendoorn* und *Marian Bakermans-Kranenburg* (1996) in ihrer Metaanalyse von mehreren Studien zur Verteilung der Bindungsklassifikation bei klinisch nicht auffälligen Jugendlichen ermittelt haben. Auch besteht ein großer Unterschied zur Verteilung der Bindungsrepräsentanzen bei schwangeren Jugendlichen (*Ward* et al. 1995). Bei diesen Jugendlichen bestand eine sozioökonomische Benachteiligung. Ihre Beziehung zu den Eltern war zudem schlecht. Die Schwangerschaft war nicht geplant. Sie lebten allerdings nicht in einem Heim und dürften vermutlich auch weniger verhaltensauffällig gewesen sein. Auch in einer Studie zur Bindungsrepräsentanz nicht klinisch auffälliger Erwachsener mit niedrigem sozioökonomischen Status (*van IJzendoorn* und *Bakermans-Kronenburg* 1996) fand sich eine ganz andere Verteilung der Bindungsrepräsentanzen als in der vorliegenden Untersuchung. Im Vergleich zu diesen drei Studien zeigten sich die Jugendlichen, die sich im Heim befanden, deutlich seltener sicher und eindeutig häufiger hoch-unsicher gebunden.

*Tabelle 8: Vergleich mit anderen Studien zur Verteilung der Bindungsrepräsentanz*

| Studie | Anzahl | *Bindungsklassifikation* | | | |
|---|---|---|---|---|---|
| | | F | Ds | E | U/CC |
| Jugendliche im Heim | 72 (100 %) | 2 ( 3 %) | 25 (35 %) | 5 ( 7 %) | 40 (56 %) |
| Nicht-klinische Jugendliche (*van IJzendoorn* & *Bakermans-Kronenburg* 1996) | 225 (100 %) | 107 (48 %) | 47 (21 %) | 27 (12 %) | 44 (20 %) |
| Schwangere Jugendliche (*Ward* et al. 1995) | 88 (100 %) | 28 (32 %) | 32 (36 %) | 5 ( 6%) | 23 (26 %) |
| Nicht-klinische Erwachsene mit niedrigem SÖS (*van IJzendoorn* & *Bakermans-Kronenburg* 1996) | 350 (100 %) | 135 (39 %) | 87 (25 %) | 29 ( 8 %) | 99 (28 %) |
| Forensische Erwachsene (*van IJzendoorn* et al. 1997) | 40 (100 %) | 2 ( 5 %) | 9 (22 %) | 8 (20 %) | 21 (53 %) |

Wie der Tabelle 8 zu entnehmen ist, fand sich lediglich in einer Studie eine ähnliche Verteilung der Bindungsrepräsentanzen. Dabei handelt es sich um eine von *van IJzendoorn* et al. (1997) durchgeführte Untersuchung bei männlichen Erwachsenen mit einer gravierenden Persönlichkeitsstörung, die wegen einer schweren Straftat in einer forensisch-psychiatrischen Institution behandelt wurden. Interessant ist in diesem Zusammenhang die Tatsache, dass über die Hälfte dieser persönlichkeitsgestörten Kriminellen, nämlich 55 %, in einem Heim aufgewachsen waren. Trotzdem darf die überaus ähnliche Bindungsverteilung nur mit aller Vorsicht interpretiert werden. Keineswegs kann der Schluss gezogen werden, dass sich die in Heimerziehung befindlichen Jugendlichen im Verlauf ihres Lebens wahrscheinlich zu psychiatrisch auffälligen Kriminellen entwickeln werden. Dieses erst einmal erschreckende Ergebnis sollte allerdings weitere Forschungen anregen. Es stellt sich doch die Frage, wie sich die Entwicklungspfade von Jugendlichen gestalten, denen für die Gestaltung ihrer sozialen Interaktionen nur eine solchermaßen unsichere Bindungsrepräsentanz zur Verfügung steht. Zum einen könnte es sein, dass schon im Jugendalter eine besondere Konstellation von kumulativ wirksamen Risikofaktoren vorliegt, unter denen eine hochunsichere Bindungsrepräsentanz nur eine unter mehreren Risikofaktoren darstellt. Zum anderen könnte man auch bei solchermaßen hochunsicher gebundenen Jugendlichen von einer besonderen Vulnerabilität ausgehen, die sie bei späteren Gefährdungen zu Kriminellen werden lässt. Antworten auf diese brisanten Fragen können letztlich nur Längsschnittstudien liefern.

### 3.5 Beziehung zwischen Psychopathologie und Bindungsorganisation

Die Jugendlichen, deren Bindungsrepräsentanz in der vorliegenden Untersuchung nur als hochunsicher (U/CC) zu klassifizieren war, schienen im Vergleich zu den anderen Jugendlichen, deren Bindungsrepräsentanz als organisiertunsicher (Ds/E) bewertet wurde, psychiatrisch noch auffälliger zu sein. So schätzten sich diese Jugendlichen selbst in der YSR-Skala „schizoid/zwanghaft" als deutlich auffälliger ein (U (65) = 320,5, p < 01.) Weiterhin fand sich bei ihnen sich ein etwas höherer Gesamtauffälligkeitwert (T(64) = -1.86, p < .10). Auch gaben sie häufiger dissoziative Symptome an (Chi$^2$ (65) = 3.58, p < .10). Diese Ergebnisse dürften den schon von *Elizabeth Carlson* et al. (1998) berichteten Zusammenhang zwischen einem desorganisiertem Bindungsmuster und psychiatrischer Auffälligkeit zu bestätigen. Bemerkenswert ist in diesem Zusammenhang noch ein weiterer Befund aus dieser Längsschnittstudie. In dieser Studie waren Heranwachsende mit ehemals desorganisiertem Bindungsmuster von ihren Lehrern im Alter zwischen 11 und 17 Jahren bezüglich einer internalisierenden, einer externalisierenden wie auch einer dissoziativen Symptomatik als auffälliger eingeschätzt worden. Bringt man diese Befunde mit den Ergebnissen der hier vorliegenden Untersuchung der Jugendlichen in Heimerziehung in Zusammenhang, lässt sich mit guten Gründen vermuten, dass bei den Jugendlichen mit hochunsicherer Bindungsrepräsentanz schon in ihrem Kleinkindalter eine desorganisierte Bindung vorgelegen haben dürfte.

Auf einen weiteren Befund soll noch verwiesen werden. Die als hochunsicher gebunden (U/CC) klassifizierten Jugendlichen schätzten im *Offer*-Fragebogen ihre Beziehungen zu den Eltern als deutlich schlechter ein als die organisiert-unsicher gebundenen (Ds/E) Jugendlichen (T (47) = 2.39, p < .05). Der Grund für diesen Unterschied ist vermutlich darin zu sehen, dass sich in der Gruppe der organisiert-unsicher gebundenen Jugendlichen viele finden, die eine unsicher-distanzierte (Ds) Bindungsrepräsentanz aufweisen, für die definitionsgemäß eine Idealisierung ihrer eigentlich problematischen Beziehung zu den Eltern typisch ist. Zu einer solchen strukturgebenden Abwehrleistung scheinen die kognitiven und affektiven Ressourcen der hochunsicher gebundenen Jugendlichen angesichts ihrer unstrukturierten, chaotischen und daher unvorhersehbaren Umwelt offensichtlich nicht ausgereicht haben.

### 3.6 Heimjugendliche als Eltern

Zwölf der Jugendlichen, die an der Untersuchung teilnahmen, waren bereits Eltern. Das Durchschnittsalter der 10 Mütter betrug 16 1/2 Jahre. Die jüngste Mutter war 16 Jahre alt, die älteste 21 Jahre. Die zwei jungen Väter waren 19 bzw. 23 Jahre alt.

Beim Vergleich zwischen diesen jugendlichen Eltern und den anderen Jugendlichen gab es doch einige erwähnenswerte Unterschiede. Die jugendlichen Eltern hatten häufiger den Verlust einer ihnen wichtigen Bindungsfigur durch deren Tod erlebt. Auch gaben sie häufiger an, körperlich missbraucht worden zu sein. Während sich das mit dem *Offer*-Fragebogen ermittelte Selbstkonzept der jugendlichen Eltern sich nicht von dem der anderen Jugendlichen unterschied, schätzten sie sich im Youth Self Report (YSR) nur in der Skala „Soziale Probleme" als signifikant weniger auffällig ein (U (67) = 188.5, p < .05) im Vergleich zu den anderen Jugendlichen. Insgesamt handelt es sich also bei den jugendlichen Eltern um eine ebenso hoch psychopathologiebelastete Gruppe.

Allerdings spiegelte sich dies nicht im Fremdurteil wider. Im CBCL wurden die jugendlichen Eltern von ihren Erzieherinnen sowohl in der Primärskalen „Sozialer Rückzug" (U (66) = 122, p < .005; ) und „Dissozialität" (U (66) = 170.5, p < .05) als auch im Gesamtauffälligkeitswert (T (64) = 2.63, p < .05) als deutlich weniger auffällig eingeschätzt als die anderen Jugendlichen. Bei der Beantwortung der Frage, warum die jugendlichen Eltern im Gegensatz zur Selbsteinschätzung von den Erzieherinnen als psychiatrisch deutlich weniger auffälliger als die Jugendlichen ohne Kind eingeschätzt wurden, lassen sich nur Vermutungen anstellen. Es könnte sein, dass das Kind für die jungen Eltern doch auch ein Stück Sicherheit und Struktur bietet, das es ihnen ermöglicht, ihre Probleme nicht mehr mit Verhaltensweisen angehen zu müssen, die als psychopathologisch auffällig zu bewerten sind. Eltern dürften schon durch die bloße Gegenwart eines Kindes daran gehindert werden, ihre Probleme in dissozialer Weise auszuagieren. So ist die Rolle als Mutter und Vater kaum zu vereinbaren etwa mit der eines Mitgliedes einer dissozialen Subkultur. Dieser Gedanke wird denn auch immer wieder als Erklärung für die Tatsache angeführt, dass sich bei den meisten dissozialen Jugendlichen ihre Verhaltensstörung gewissermaßen „auswächst". Allerdings lässt sich auch nicht ausschließen, dass die Betreuer beim Ausfüllen der Fragebögen das Verhalten der jungen Eltern nachsichtiger und weniger kritisch eingeschätzt haben im Sinne der Gewährung einer Art „Baby-Bonus".

Die Untersuchung der Bindungsrepräsentanz mittels des AAI bei den zehn jungen Müttern und zwei Vätern brachte folgende Ergebnisse (Tabelle 9):

*Tabelle 9: Verteilung der Bindungsrepräsentanz bei den jugendlichen Eltern (n = 12)*

| Bindungsklassifikation | Anzahl |
|---|---|
| Sicher (F) | 0 |
| Vermeidend (Ds) | 1 ( 8%) |
| Verstrickt (E) | 0 |
| Ungelöst (U) | 0 |
| Nicht-klassifizierbar (CC) | 11 (92%) |

Fast alle der jugendlichen Eltern wiesen eine hochunsichere Bindungsrepräsentation (CC/U) auf. Bezüglich ihrer Bindungsorganisation unterscheiden sich diese Jugendlichen auch statistisch bedeutsam von den Jugendlichen ohne Kind (Chi$^2$ [df = 1; N= 70] = 7.04; p < .01). Sie waren noch unsicherer gebunden.

Bedenkt man, dass sie in der gleichen Weise wie ihre Mitbewohner, bei denen es sich nicht um Eltern handelt, in ihrer Kindheit kumulativ wirksamen Risikofaktoren ausgesetzt waren, geprägt durch eine chaotische und aggressive Familienumwelt mit häufig abwesenden Vätern und emotional wenig Wärme und Unterstützung gewährenden Müttern, kann man nur feststellen, dass diese jungen Eltern in besonderer Weise schlecht vorbereitet waren, ihre Elternrolle erfolgreich auszuüben. Die ihnen zur Verfügung stehende hochunsichere Bindungsrepräsentanz kann nur als Resultat der eigenen desolaten Erfahrungen mit mütterlicher Versorgung in ihrer Kindheit interpretiert werden. Es ist daher zu erwarten, dass die Chance für ihre Kinder, eine sichere Bindungsorganisation zu entwickeln, im Sinne der bereits angesprochenen intergenerationalen Weitergabe deutlich eingeschränkt gewesen sein dürfte.

Bei sieben der Kinder dieser adoleszenten Mütter war es möglich, deren Bindungsorganisation in der Fremden Situation zu untersuchen. Bei dieser Untersuchung fand sich nur bei zwei Kindern ein sicheres Bindungsmuster (B). Das Bindungsmuster der anderen fünf Kinder (71 %) ließ sich nur als desorganisiert-unsicher klassifizieren. Auch wenn die Fallzahl sehr gering ist, zeigt ein Vergleich zu den Zahlen, die *van IJzendoorn* und Mitarbeiter (1999) in ihrer Metaanalyse zur Bindung von Kindern jugendlicher Mütter angeben, dass es sich bei den hier untersuchten jugendlichen Müttern handeln dürfte, für deren Kinder ein besonders hohes Risiko, nicht angemessen versorgt zu werden, einzunehmen ist. Schließlich ist dem Ergebnis dieser Metaanalyse zufolge die durchschnittliche Häufigkeit desorganisierter Bindungsmuster bei Kindern jugendlicher Mütter mit 23 % deutlich geringer.

Überhaupt lässt die Literatur zur besonderen Problematik adoleszenter Mütter wenig Zweifel daran, dass es sich bei jugendlichen Müttern vergleichsweise insgesamt doch deutlich seltener um „ausreichend gute" Mütter handelt. Allerdings kann man keineswegs von einer Homogenität dieser Gruppe ausgehen. Bei jugendlichen Eltern, die in einem Heim leben, dürfte es sich um doch um eine besondere Gruppe von adoleszenten Müttern handeln, bei denen eine besonders hohe Wahrscheinlichkeit besteht, dass sie ihre hochunsichere Bindungsrepräsentanz an ihre Kinder weitergeben im Sinne der intergenerationalen Transmission.

## 3.7 Zusammenfassung der empirischen Studie

Ziel der Studie war die Erfassung der Bindungsrepräsentanzen bei Jugendlichen, die in einem Heim der öffentlichen Erziehungshilfe leben, und der Zusammenhänge zwischen den jeweiligen Bindungskonzepten und einzelnen Persönlichkeitsmerkmalen. In der bisherigen Bindungsforschung wurde diese Gruppe noch nicht untersucht. Neben den biographischen Daten wurden Befunde zur psychiatrischen Auffälligkeit in der Selbsteinschätzung wie auch in der Fremdeinschätzung durch die Erzieherinnen der Jugendlichen erhoben. Die Bindungskonzepte der Jugendlichen wurden mit dem Erwachsenen-Bindungsinterview (AAI) erfasst. Bei einer kleinen Gruppe von Jugendlichen, die selbst schon Eltern waren, wurde zudem die Fremde Situation zur Erfassung des Bindungsmusters der Kinder durchgeführt.

Der überwiegende Teil der untersuchten Jugendlichen erwies sich sowohl in der Eigen- als auch in der Fremdwahrnehmung durch die Betreuer als psychopathologisch höchst auffällig. Die sonst typische Geschlechterdifferenz bezüglich aggressiver und dissozialer Verhaltenauffälligkeiten ließ sich allerdings nicht beobachten. Die Mädchen waren diesbezüglich genau so auffällig wie ihre männlichen Altergenossen.

Die Bindungsrepräsentation erwies sich bei fast allen als unsicher bzw. hochunsicher. Ein gleichzeitiges Bestehen von starken externalisierenden und internalisierenden Problemmustern im Sinne einer Komorbidität stand in Zusammenhang mit dem Vorhandensein einer hochunsicheren Bindungsrepräsentation. Den jugendlichen Eltern stand ebenso wie ihren Kinder zumeist nur ein hochunsicheres Bindungskonzept zur Verfügung. Dieser Befund verweist auf eine intergenerationale Transmission.

**Anmerkungen**

1 Eine detaillierte statistische Auswertung der Untersuchungsergebnisse findet sich bei *Müller* (2001).
2 Die Fragen des CBCL finden sich im Anhang.
3 Die einzelnen Items sind im Anhang aufgelistet.
4 Der Leitfaden des AAI ist im Anhang wiedergegeben.
5 Frau Dr. Susanne Müller erhielt die Anerkennung als reliable AAI-Auswerterin von *Mary Main* nach Teilnahme an einem von Prof. *David Pederson*, London Ontario, Kanada, geleiteten Trainingsseminar.
6 Die erfreuliche Tatsache, dass fast alle Jugendlichen schließlich an der Untersuchung teilnahmen, ist denn auch eher diesen Bemühungen zuzuschreiben denn den DM 30.-, die die Teilnehmer als „Aufwandsentschädigung" erhielten.
7 Auch Frau Inge Graf-Mannebach erhielt die Anerkennung als reliable AAI-Auswerterin von *Mary Main* nach Teilnahme an einem von Prof. *David Pederson*, London Ontario, Kanada, geleiteten Trainingsseminar.

## 4. Bindungsunsicherheit und psychische Auffälligkeit

### 4.1 Der probabilistische Ansatz

Die Untersuchung zur Bindungsorganisation von Jugendlichen, denen als Erziehungshilfemaßnahme ein Leben im Heim zugedacht wurde, erbrachte zwei eindeutige Befunde: Zum einen handelt es sich um eine Gruppe, bei der hohes Ausmaß an psychischer Auffälligkeit besteht. Zum anderen steht diesen Jugendlichen nur eine unsichere und zumeist hoch unsichere Bindungsrepräsentanz zur Verfügung. Es dürfte wenig dagegen sprechen, diese Ergebnisse auch auf die gesamte Population von Jugendlichen in Heimerziehung übertragen zu können.

Es muss sich daher die Frage nach der Beziehung zwischen Bindungsunsicherheit und Psychopathologie stellen. Wie in Kapitel 1.10 bereits ausgeführt, ist es unter der probabilistischen Perspektive der Entwicklungspsychopathologie sinnvoll, gerade bei einer solchen Hochrisikogruppe wie die der Jugendlichen in Heimerziehung eine unsichere Bindung als bedeutsamen Risikofaktor für deren psychische Entwicklung aufzufassen. Dabei muss allerdings immer beachtet werden, dass die meisten Befunde der Entwicklungspsychopathologie sich auf Korrelationen, d. h., auf statistische Zusammenhänge beziehen, die eine eindeutige ursächliche Zurechnung ohne weiteres nicht erlauben. Um eine sichere Ursachenzuschreibung vornehmen zu können, bedarf es letztlich aufwändiger Längsschnittstudien, von denen es bereits eine Reihe gibt. Da es sich bei der Bindungsforschung noch um eine vergleichsweise junge Wissenschaftsdisziplin handelt, sind diesbezüglich weitere Befunde in Zukunft zu erwarten.

Aus entwicklungspsychologischen Gründen erscheint die Annahme plausibel, dass die Bindungsunsicherheit zeitlich der psychischen Auffälligkeit vorausgeht. Demnach besteht zuerst eine Bindungsunsicherheit, die dann die Entwicklung von Verhaltensauffälligkeiten begünstigt. Allerdings kann sich die zeitliche Reihenfolge auch anders darstellen. Denkbar ist also, dass sich erst eine psychische Störung bei einem Kind oder einem Jugendlichen herausbildet, die dann zu einer Bindungsunsicherheit führt oder zumindest deren Entstehung befördert. Schließlich kann es auch bei ursprünglich bindungssicheren Kindern und Jugendlichen zu psychiatrischen Störungen kommen. Allerdings dürfte sich dann bei ihnen eine unsichere Bindungsrepräsentation entwickeln, weiß man doch, dass bei psychisch auffälligen Personen in aller Regel eine solche Bindungsunsicherheit besteht. In einem solchen Fall wäre dann eine psychiatrische Störung als ein kritisches Lebensereignis anzusehen, das geeignet ist, die Bindungsorganisation auch nach den Jahren der Kindheit noch zu verändern. Wie bereits in Kapitel 1.6 ausgeführt, dürften kritische Lebensereignisse wie etwa Elternverluste durch deren Tod oder Trennung oder psychische Traumen dafür verantwortlich sein, dass sich eine Kontinuität in der Bindungsorganisation zwischen Kindheit und Adoleszenz nicht mehr nachweisen lässt (*Zimmermann* und *Becker-Stoll* 2001).

Es sind mithin immer komplexe Verhältnisse in Rechnung zu stellen, will man die Beziehung zwischen Bindung, psychischer Entwicklung und Auffälligkeit angemessen verstehen. Dabei reicht das Wissen um die statistischen Zusammenhänge sicherlich nicht aus. Vielmehr geht es darum, die pathogenetischen Mechanismen zu verstehen, die diesen Zusammenhängen zugrunde liegen. Da man davon ausgehen muss, dass die jeweiligen Risikofaktoren sowie die protektiven Faktoren sich wechselseitig beeinflussen und verändern, d. h. transaktional interagieren, bleibt letztlich nichts anderes übrig, als das jeweilige Ausprägungsmuster dieser Faktoren im Einzelfall zu untersuchen. Aufgrund dieser Überlegung wird denn auch in der Entwicklungspsychopathologie in jüngster Zeit einem personenorientierten Ansatz verstärkt Gewicht beigemessen, ohne dass der traditionelle variablenorientierte Ansatz deswegen abgewertet werden müsste (*Bergmann* und *Magnusson* 1997, *Greenberg* et al. 1997). Das wissenschaftlich vermittelte Wissen um die wahrscheinliche Wirkung bestimmter Faktoren, der so genannten Variablen, und ihrer zu erwartenden Interaktionen soll den Vertretern der helfenden Professionen Hilfen bereitstellen, beim jeweiligen Einzelfall nach Zusammenhängen zu suchen, die eine erfolgversprechende Intervention nahe legen.

Im Folgenden soll daher zur Veranschaulichung der in der empirischen Studie gewonnenen Ergebnisse von drei Jugendlichen ausführlich berichtet werden.

## 4.2 Drei Fallbeispiele

### 4.2.1 Ronnie

Beim 16-jährigen Ronnie handelte es sich um einen ausgesprochen erziehungsschwierigen Jungen. Die Erzieherinnen beklagten, dass es mit ihm so schwierig sei. Sie fühlten sich im Umgang mit ihm richtig mies. Es sorge immer wieder dafür, dass sie schlecht aussähen. Er lächele richtig fies, wenn sie irgendetwas nicht hinbekämen, etwa wenn sie den Fernsehapparat nicht richtig programmieren könnten. Er genieße seine Macht, wenn sie auf ihn, der ein Technikfreak sei, angewiesen seien. Er lasse sie dann richtig zappeln. Sonst sei er sehr verschlossen. Weder die Jugendlichen noch die Erzieher dürften ihn auf Gefühle ansprechen.

Seit drei Jahren lebte Ronnie im dem Heim. Im Alter von 3 1/2 Jahren wurde er mit seinen beiden Geschwistern aus der Familie herausgenommen, da die Eltern die Kinder völlig verwahrlosten. Die gesamte Wohnung habe sich in einem verdreckten Zustand befunden. Beide Eltern sollen getrunken haben. Der leibliche Vater sei inzwischen verstorben. Nach einem kurzen Heimaufenthalt waren die Kinder zu dritt in eine Pflegefamilie gekommen. Wie die Pflegeeltern berichteten, hätten die Kinder eine ganze Zeit lang nur Kontakt untereinander gehabt und zu anderen Menschen Abstand gehalten. Auch hätten alle so gut wie keine Gefühlsregungen gezeigt. Regelrecht maskenhaft seien ihre Gesichter damals gewesen. Ab dem Kindergartenalter wurde Ronnie kinderpsychiatrisch und psychotherapeutisch betreut, zuerst ambulant, dann mit 13 Jahren auch stationär. Anlass für die stationäre Aufnahme waren seine heftigen Aggressionen, die er zu Hause zeigte, wenn er seine Pflegeeltern bedrohte und beschimpfte. Als er begann, mit gefährlichen Gegenständen um sich zu werfen, konnte seine Pflegemutter ihn nicht mehr aushalten. In der Klinik wurde u. a. die Diagnose einer „psychosozialen Deprivation" gestellt. Wieder nach Hause zurückgekehrt, änderte sich nichts. Ein Schulwechsel wurde nötig. Bald darauf kam er in das Heim. In der ersten Zeit sei er dort sehr verschlossen und aggressiv gewesen. Zu den anderen Kindern habe er kaum Anschluss gefunden. So habe er sich anfangs in sein verdunkeltes Zimmer eingeschlossen. Erst mit der Zeit sei es etwas besser geworden.

Im Gespräch mit den Erzieherinnen wurde deutlich, dass sie Angst vor Ronnie hatten. Er sei in seinem Verhalten nicht vorhersehbar. Darauf angesprochen, ob er nicht auch gute Seiten habe, war zu erfahren, dass Ronnie gut mit technischen Dingen umgehen könne. Er habe ein einfaches Weltbild. Demnach gäbe im Leben zwei Menschengruppen: Leute, die das Sagen haben, sowie die Blöden. Zu Letzteren wolle Ronnie auf keinen Fall gehören. Er sei nämlich schlau, ein Anführertyp. Dabei sei er regelrecht hinterhältig. Auch seine Pflegeeltern wollten ihn deswegen nicht mehr. In der Tat wurden die Erzieherinnen ihn los. Man fand als Lösung seine Aufnahme im sozialpädagogisch betreuten Wohnen.

Die Bindungsorganisation von Ronnie wurde mit Hilfe des Erwachsenenbindungsinterviews (AAI) als vermeidend-unsicher (Ds) klassifiziert. Diese Klassifikation ist für solche Interviews vorgesehen, bei denen deutlich wird, dass die interviewte Person die Erörterung bindungsrelevanter Themen möglichst vermeidet oder, wenn eine Erörterung schon nicht zu vermeiden ist, dann zumindest diese Themen kurz und knapp abhandelt. Typisch sind etwa wiederholte Antworten „Ich weiß nicht". Auch dadurch ermöglicht es die Lektüre des Interviewtextes dem Leser kaum, nachzuvollziehen, wie der Interviewte zu seinen bisweilen ausgesprochen positiven Bewertungen der Beziehung zu seinen Bezugspersonen kommt. Für eine solche Bindungsklassifikation als „bindungsvermeidend" spricht auch ein häufiges Bestehen auf Erinnerungslücken bezüglich bindungsrelevanter Erlebnisse in der Kindheit, das auch eingesetzt wird, um eine weiteres Nachfragen zu verhindern.

Ronnie idealisiert im Interview die Beziehung zu seinen beiden Pflegeeltern. Immer wieder gibt er aber auch an, sich nicht erinnern zu können. Es folgen einige Passagen aus dem Interviewprotokoll des AAI. Dabei bedeutet I. Interviewerin, R. Ronnie.

I: Was würdest du sagen, wer dich großgezogen hat?
R.: ... ((3 sek.)) Meine Pflegeeltern.
I: Deine – deine leiblichen Eltern, hast du mit denen noch Kontakt?
R: Gar nicht – überhaupt nicht, mein Vater ist tot, soweit ich weiß, meine Mutter, keine Ahnung.
I: Wann ist der gestorben, wie alt warst du da?
R: Weiß ich nicht. Ich hab das auch alles später erst gehört als ich schon in N. war.
I: Also du hast dann auch überhaupt keinen Kontakt mehr gehabt, als du in der Pflegefamilie warst?
R: Überhaupt nicht.
I: Okay. Dann frag ich auch bei weiteren Fragen in Bezug auf deine Pflegeeltern.
R: Ja.

(...)

I: Gut. Ehm, bitte versuche einmal die Beziehung zu beschreiben, die du als kleines Kind zu deinen Pflegeeltern hattest.
R: Kann ich mich also/
I: Wenn du dich zurückerinnerst, wie das war.
R:. ... ((4 sek.)) Ich weiß nicht, ich weiß nur, wir haben immer viel gemacht, sind weggefahren oder pf – – ich weiß nicht genau.
I: Kannst ruhig was überlegen, ist ja auch nicht so einfach.
R: ............ ((12 sek.)) Ja die Beziehung selber war eigentlich immer gut, bis halt jetzt in dieser Zeit. Aber sonst.

Befragt, mit welchen fünf Adjektiven er die Beziehung zu seiner Mutter am besten beschreiben könne, nennt Ronnie nach langem Zögern „Vertrauen" und, von der Interviewerin geradezu um die Nennung eines weiteren Begriffs ersucht, nach längerem Schweigen das Wort „glücklich".

I: Hast du an irgendwas, als du gesagt hast, Vertrauen, hast du da an irgendwas Spezielles gedacht? Warum du das Wort genommen hast?
R: ...... ((8 sek.)) Eigentlich nicht.
I: Fällt dir auch nix mehr ein, was mir erklären würde, warum du das genommen hast. Wenn dir jetzt auch nix Spezielles einfällt, aber so allgemein, warum das Wort Vertrauen eure Beziehung damals beschrieben hat.
R: ... ((4 sek.)) Sie hat alles für mich gemacht und.
I: Zum Beispiel?
R: Ich weiß nicht, was man da jetzt als Beispiel nennen kann. Sie war immer da für mich, wenn sie nicht beruflich verhindert war.
I: Kannst du dich noch an eine konkrete Situation erinnern, wo sie für dich da war?
R: Nee. ............... ((17 sek.)) Mhm. ((Nein))
I: Gut. Dann hast du gesagt, die Beziehung war glücklich damals. Kannst du dich da noch an eine Situation erinnern?
R: Nee, ich hab das gesagt, weil ich eigentlich mit ihr immer gut auskam, nie halt unzufrieden war – unglücklich, mir gings eigentlich immer gut.
I: Und ehm kannst du dich noch an was erinnern, wo du gut mit ihr ausgekommen bist?
R: ...... ((6 sek.)) Was meinen sie jetzt?
I: Ja, dass wenn du dich an damals zurückerinnerst, ob dir da 'ne Situation einfällt, wo du gut mit ihr ausgekommen bist. Irgendein spezieller Tag?
R: Mhm. ((Nein))
I: Okay. Ehm jetzt möchte ich dich bitten, dir auch fünf Wörter zu überlegen, die die Beziehung zu deinem Pflegevater auch so zwischen fünf und zwölf Jahren am besten beschreiben würden.
R: ................. ((22 sek.)) Ich weiß nur, dass wir viel zusammen gemacht haben.

(...)

I: Mhm. Zu welchem deiner Eltern hattest du als Kind die engere Beziehung?
R: ... ((4 sek.)) Zu meiner Mutter.
I: Warum war das so?
R: ... ((4 sek.)) Ich denk mal ehm, weil die öfters zu Hause war noch als mein Vater.
I: Und ehm warum war das bei deinem Vater nicht so?
R: ...... ((6 sek.)) Warum er jetzt nicht zu Hause war oder was?
I: Nee warum du dich dem nicht so nahe gefühlt hast?
R: Ich weiß nicht. ......... ((9 sek.)) Keine Ahnung.
I: Wenn du dich als Kind nicht wohlgefühlt hast, was hast du da gemacht?

R: Ja ich bin in mein Zimmer gegangen.
I: Was hast du dann auf deinem Zimmer gemacht?
R: Keine Ahnung. Die Musik laut angemacht oder so was.
I: Kannst du dich da noch an 'ne Situation erinnern, wo du dich damals nicht wohlgefühlt hast? ……… ((9 sek.)) Oder wo du unglücklich warst oder Kummer hattest?
R: ……… ((9 sek.)) Als meine Uroma gestorben ist.
I: Wie alt warst du da?
R: Weiß ich jetzt gar nicht mehr. …… ((5 sek.)) Auf jeden Fall lag ich dann tagelang in meinem Zimmer auf meinem Bett 'rum. Hab nix gemacht.

(…)

I: …… ((6 sek.)) Noch irgendwie eine andere Situation, wo du Kummer hattest, unglücklich warst oder irgendwas, vielleicht in der Schule oder so.
R: Fällt mir jetzt so nix zu ein.
I: Kannst du dich daran erinnern, was passiert ist, wenn du dir als Kind wehgetan hast?
R: Nö ich hatte nur öfters mal im Kindergarten so mit dem Kopf gegen irgendwelche Sachen gestoßen, dann hatte ich immer so eine Platzwunde am Kopf, aber ich hab das nie gemerkt.
I: Wie hast du dich gefühlt?
R: Ich hab das am Kopf nie gemerkt. Irgendwann ist es einem aufgefallen, dass es geblutet hat. Ich bin schon ein paar Mal genäht worden am Kopf, aber so gemerkt hab ich das nie.
I: Und wie haben dann deine Eltern darauf reagiert?
R: Ja wenn die das gesehen haben, erst mal gefragt, was ist da passiert, dann ins Krankenhaus gefahren.
I: Und als du ein bisschen älter warst, als du vielleicht vom Fahrrad gefallen bist oder auf dem Spielplatz irgendwie hingefallen bist?
R: Ja die ersten Fahrversuche mit dem Fahrrad. Ja pf keine Ahnung. Erst heult man ein bisschen und dann ist wieder okay.
I: Wie alt warst du da?
R: Ich weiß nicht, zehn, keine Ahnung.
I: Und ehm wie haben deine Eltern darauf reagiert? Haben die das mitbekommen oder?
R: Ja, ja, war mein Vater immer mit, wenn ich Fahrrad gefahren bin. – – Ach er hat mich aufgehoben, ein bisschen gepustet und dann war das wieder okay, so.
I: … ((3 sek.)) Kannst du dich daran erinnern von deinen Eltern, wenn du unglücklich oder krank warst, in den Arm genommen worden zu sein?
R:…. ((3 sek.)) Wenn ich krank war und denen gesagt habe, ich hab keine Lust im Bett zu liegen und so, dann kamen sie halt immer an und haben gesagt, ja ist nicht schlimm, ist bald wieder vorbei und so und haben versucht mich aufzumuntern.
I: Haben sie dich da auch in Arm genommen?
R: Manchmal, das hat vielleicht auch damit was zu tun, dass sie selber nicht krank werden wollten. Ja.

I: Hattest du, als du klein warst, jemals das Gefühl gehabt, von deinen Eltern abgelehnt oder zurückgewiesen worden zu sein?
R: Nein.
I:.... ((4 sek.)) Hast du dich jemals weggestoßen oder nicht beachtet gefühlt?
R: Nein.
I: Warst du als Kind jemals ängstlich oder hast dir Sorgen gemacht?
R: Ängstlich vor Gewitter. Da hab ich immer bei der Mama im Bett geschlafen. Aber sonst.
I: Kannst du dich da noch an eine Situation erinnern, wo du bei ihr im Bett geschlafen hast? Wie das war, als du Angst hattest?
R: Ich weiß nicht, ich bin dann halt immer- wenn´s gedonnert hat bin ich dann immer zu ihr hin gegangen, Mama ich kann nicht schlafen, dann hab ich bei ihr geschlafen. Bei ihr im Bett hab ich dann geschlafen.
I: Was hat sie dann gesagt, als du kamst?
R: ......... ((10 sek.)) Keine Ahnung. Weiß ich nicht mehr.
I: He?
R: Weiß ich nicht mehr.
I: Aber du hast dann da geschlafen die Nacht? - - Okay. Haben deine Eltern dich jemals auf irgendeine Art und Weise bedroht, vielleicht um deinen Gehorsam zu erzwingen oder einfach nur zum Spaß?
R: Nee. Nee, soweit ich weiß nicht.
I: Manche Menschen berichten uns davon, dass sie von ihren Eltern damit bedroht wurden, verlassen zu werden oder von zu Hause weggeschickt zu werden, hast du so was schon mal erlebt?
R: ...... ((5 sek.)) Also in dem Alter war das nicht so.
I: Und gibt es irgendwas, was du nicht gut findest in deiner jetzigen Beziehung mit ihnen?
R: Nö.
I: Und irgendwas spezielles, wo du zufrieden drüber bist in eurer Beziehung?
R: ......... ((8 sek.)) Nee irgendwas spezielles nicht.
I: Hmm. Ehm wir haben uns in diesem Interview viel mit deiner Vergangenheit beschäftigt, enden möchte ich hier mit einem Blick in deine Zukunft. Eh was würdest du hoffen, dass dein Kind von dir gelernt hat, weil es dich als Vater hatte?
R:...... ((6 sek.)) Was mein Kind gelernt hat. ............ ((15 sek.)) Das Kind soll auf jeden Fall gelernt haben selbstständig zu leben, ...... ((5 sek.)) es soll wissen, dass es die Sache, die sie macht, Schule, Arbeit, das es die für sich macht, nicht für mich, zum Beispiel. Keine Ahnung was noch.
I: Das war's? Gut. Dann vielen Dank für das Interview.

Ronnie gab sich ausgesprochen „cool". Gefühlsäußerungen wurden nach Möglichkeit unterdrückt. Der Junge erinnert an die Kinder und Jugendlichen, die *Bowlby* (1944) in seiner frühen Studie über jugendliche Diebe als „gefühlsarme Charaktere" beschrieben hat (vgl. Kapitel 1.3). Ronnie ist eindeutig unsicher gebunden. Allerdings hat er es aber durchaus geschafft, seine Unsicherheit in einem beträchtlichen Ausmaß zu strukturieren und zu organisieren. In der Tat wurde sein Verhalten von seinem Erzieher in CBCL-Fragebogen als weitgehend unauffällig eingeschätzt, sieht man von einer hohen Zuschreibung von Aggressivität ab. Fremd- und Selbstbeschreibung (YSR) sind diesbezüglich nahezu deckungsgleich. Auch im *Offer*-Fragebogen gab Ronnie einen hohen Grad an Zufriedenheit mit sich und der Welt an und schätzte seine Beziehungen zu den Eltern als ausgesprochen gut ein. Beziehungsprobleme waren für ihn offensichtlich „kein Thema".

Einige Wochen nach dem Interview nahm Ronnie nach vielen Jahren wieder Kontakt zu seiner leiblichen Mutter auf. Auch dabei ließ er sich nicht helfen. Beim Hilfeplangespräch befragt, warum er Kontakt zu seiner Mutter aufgenommen habe, kämpfte er zunächst mit Tränen und wurde dann wütend, schmiss den Tisch um, verließ den Raum und schrie: „Leckt mich doch alle am Arsch!" Seinem ihm nacheilenden Betreuer bedeutete er, dass er nicht darüber reden wolle, warum er wieder den Kontakt zur leiblichen Mutter aufgenommen habe. Auch in späteren Gesprächen sagte er, dass dies niemanden etwas angehe.

In der Folgezeit bekam er für das so genannte Stammhaus des Heimes Hausverbot. Man vermutete, dass er mit Drogen zu tun hätte und somit eine Gefahr für alle anderen Jugendlichen darstellte. Als weitere Jugendhilfemaßnahme wurde daher das „Sozialpädagogisch betreute Wohnen" organisiert. In seiner Wohnung beherbergte er in der Folgezeit auch „die Abgängigen" des Heimes. Überhaupt wurde ein „schlechter Umgang" vermutet. In einem weiteren Hilfeplangespräch wurde mit ihm ein Neuanfang in einer auswärtigen Jugendhilfeeinrichtung vereinbart. Allerdings kam es nicht dazu, weil er den Sozialarbeiter versetzte, der ihn zum Vorstellungstermin fahren und begleiten wollte. Zuletzt verschwand er aus seiner Wohnung, ohne seinen Betreuer darüber zu informieren. Man vermutete, dass er bei seiner Freundin wohne, einem Mädchen, das ebenfalls in dem Heim gelebt und ihren Aufenthalt dort einige Zeit zuvor überraschend ohne Absprache beendet hatte. Aus der Schule wurde Ronnie wegen seines erziehungsschwierigen Verhaltens ebenfalls rausgeschmissen.

Man kann sich gut vorstellen, dass sich Erzieher und Erzieherinnen schwer tun, einen solchen Jungen wie Ronnie sympathisch zu finden. Wenn der Begriff von Beziehungsarbeit jemals angebracht sein sollte, dann sicherlich in einem solchen Fall. Ronnie verleugnete und nivellierte systematisch die Relevanz von Beziehungen. Dass es sich dabei um eine Strategie handelt, die er einsetzte, um einer Gefahr zu begegnen, wird schon darin deutlich, dass ihm die Beziehung zu den Erwachsenen nicht gleichgültig war. Sonst hätte er sie nicht so sehr kontrollieren müssen. Immer wieder war es ihm daran gelegen, sich und anderen die Unterlegenheit seiner Interaktionspartner vorzuführen. Nur eine fixierte Asymmetrie versprach ihm ausreichende Sicherheit. Drohte ihm Ablehnung, kontrollierte er diese, in dem er sie geradezu provozierte. Immer noch definierte sich Ronnie als ein von seinen leiblichen Eltern abgelehntes Kind. Es hatte den Anschein, als ob die Erfahrung, von pädagogischen Autoritäten abgelehnt zu werden, wie etwa von den Lehrern, Erziehern, Sozialarbeitern, aber auch von seine Pflegeeltern, ihm zu einer Identität verhalfen. Als kleines Kind konnte er die Ablehnung seitens seiner leiblichen Eltern schon aus Altersgründen nicht begreifen. Schließlich ist es auch schwer einzusehen, ungefragt auf die Welt gesetzt zu werden, um dann erleben zu müssen, nicht nur nicht willkommen geheißen, sondern sogar noch vernachlässigt und schlecht behandelt zu werden. Diese Ablehnung war also nicht zu kontrollieren und das heißt auch kognitiv und emotional nicht zu begreifen. Man kann gut nachvollziehen, dass einem Menschen nach solchen Lebenserfahrungen in früher Kindheit Empathie mit anderen letztlich zur Zumutung gerät. Schließlich ist mit einer Einfühlung immer erst einmal eine zeitweise und probeweise Zurückstellung der eigenen Perspektive verbunden, die daher immer mit einer gewissen Aufgabe von Sicherheit verbunden sein wird.

Demgegenüber vermochte Ronnie nun seine aktuelle Ablehnung zu begründen. Er machte sie sich regelrecht verständlich. Die biografischen Notizen lassen den Schluss zu, dass er sich geradezu bemühte, andere und insbesondere das pädagogische Personal zu verärgern. Es handelt sich dabei offensichtlich um eine Strategie, keineswegs um ein Verhalten, das ihm aus Versehen passierte oder aus Unwissen darüber, welche Umgangsformen im Umgang mit Lehrern und Sozialarbeitern angemessen wären. Die Vorteile eines solchen Verhaltens müssen also letztlich die – unbestreitbaren – Nachteile überwiegen, will man nicht auf ein so fragwürdiges Konzept wie das des Masochismus zurückgreifen. Die erlebte Ablehnung dürfte für Ronnie jedenfalls nun nicht mehr unbegreiflich gewesen sein. Im Gegenteil: Wenn man sich so benimmt, wie er es tat, musste es klar sein, warum man mit ihm nichts zu tun haben wollte. So bemühte er sich dauernd darum, das Sagen zu haben und selbst zu bestimmen, mit wem er es zu tun hatte. Ohne Vertrauen in eine ausreichend sicher erwartbare Antwortbereitschaft seiner Bezugspersonen versuchte er diese Beziehungen zu kontrollieren in geradezu leninistischer Manier: „Vertrauen ist gut, Kontrolle ist besser." Der Konflikt zwischen Autonomie und Abhängigkeit konnte nicht deutlicher ausfallen. Wünsche wurden nicht geäußert. Wünsche zu haben, bedeutet schließlich immer auch eine gewisse Gefahr. Hat man nämlich erst einmal einen Wunsch geäußert, ist man notgedrungen abhängig von der anderen Person, die eben diesen Wunsch erfüllen könnte.

Dass Ronnie gefährdet war, zeigte sich im Hilfeplangespräch, in dem er – pädagogisch sicherlich nicht gerade taktvoll – auf seine leibliche Mutter angesprochen wurde. Er wurde von seinen Gefühlen in wahrsten Sinne des Wortes übermannt, verlor die Kontrolle und konnte dann die Affekte eben nicht mehr beherrschen. Bedenkt man das ihm gegebene aggressive und damit andere und sich selbst schädigende Potenzial, wird man zu einer wohlwollenderen, durchaus positiven Bewertung seiner bindungsverleugnenden Strategie kommen können. Ronnie hatte einen Weg gefunden, sich und andere zu schützen. Die Nachteile einer solchen Bindungsorganisation liegen auf der Hand. Mit einer solchen Person fällt ein Zusammenzuleben schwer, wenn man von ihm nur etwas will und erst recht, wenn man ihn gar erziehen will. Beschränkt sich das Zusammensein etwa auf eine zeitlich und sachlich begrenzte Nutzung seiner technischer Fertigkeiten, war mit Ronnie durchaus auszukommen. Aber selbst bei dieser Frage erschien eine erfolgreiche Interaktion an eine geringe Kränkungsneigung seitens des Bittstellers gebunden.

Da Beziehungen von Ronnie immer kontrolliert werden mussten, war das Zusammensein mit ihm ausgesprochen anstrengend. Sieht man das Charakteristische einer Liebesbeziehung darin, dass der Andere erst einmal voraussetzungslos gemocht wird, hatte man sich kaum von Ronnie geliebt fühlen können. Dieser Umstand musste seine Erziehung einfach schwierig machen (vgl. Kapitel 5).

### 4.2.2 Nicole

In der Supervision wurde über Nicole gesprochen. Das 16-jährige Mädchen befand sich seit drei Jahren im Heim. Seit einem halben Jahr bewohnte sie eine eigene Wohnung im Rahmen des sozialpädagogisch betreuten Wohnens. Das Mädchen besuchte eine weiterführende Schule. Die für sie zuständige Sozialpädagogin beklagte sich, dass sie „keinen Zugang" zu Nicole fände. Überhaupt wisse sie nicht viel von ihr. Schon bei der „Übergabe" von der Heimgruppe in das sozialpädagogisch betreute Wohnen sei sie nicht gut informiert worden. Sie habe aber auch die Akten nicht richtig studiert. Deswegen wisse sie nicht viel aus Nicoles Leben. Sie wisse von Nicole eigentlich nur, dass sie für ihre Mutter früher habe sorgen müssen. Bei dieser sollen Alkoholprobleme bestehen. Nun habe das Jugendamt angefragt, wie das Heim den Antrag Nicoles auf Ehemündigkeit beurteile. Nicole wolle nämlich einen um fast 20 Jahre älteren Mann heiraten. Ihre Mutter habe dies schon befürwortet. Im Übrigen stamme dieser Mann aus demselben Land wie ihr leiblicher Vater. Für dieses Land habe sich Nicole schon früher interessiert, als sie mit einer Erzieherin dort einen gemeinsam Urlaub verbracht habe.

In der Diskussion wurde deutlich, dass die Betreuerin Angst hatte, das Jugendamt könne erfahren, dass es um ihre Beziehung zu Nicole nicht gut bestellt war. Sie fürchtete, dass das Jugendamt, mit ihrer Arbeit unzufrieden, sich weigern könnte, diese teure Jugendhilfemaßnahme noch weiter zu bezahlen, und stattdessen nur noch nach geleisteten Fachstunden abrechnen könnte. Es stellte sich bald heraus, dass die Pädagogin selbst ihre Arbeit für nicht wertvoll hielt. Sie schämte sich gar. Dann kam auch Wut auf gegen Nicole, die sich schließlich weigere, eine Beziehung einzugehen, aber auch Wut gegen eine ehemaligen Kollegin, die von Nicole bevorzugt würde. Zu dieser habe Nicole durchaus einen guten Kontakt: Sie bezeichne sie sogar als Freundin. Nicole sei nämlich durchaus beziehungsfähig. Sie müsse aber immer wieder selbst entscheiden, zu wem sie eine Beziehung eingehe. Dabei komme es aber immer wieder zu „unsauberen" Vermischungen zwischen privat und dienstlich. So habe eine andere Mitarbeiterin mit dem Mädchen gemeinsam die Sommerferien im Ausland verbracht. Das habe auch die Heimleitung kritisiert. Sie komme sich nun vor „wie beim Seiltanz" oder „wie auf Treibsand". Am liebsten würde sie die Betreuung abgeben. Deswegen stelle sie diesen Fall in der Supervision auch vor.

Die Kenntnis des AAI ermöglicht ein vertieftes Verständnis der angesprochenen pädagogischen Problematik. Allein schon die Länge des Interviewprotokolls von 51 Seiten lässt Anteile einer unsicher-verstrickten Bindungseinstellung vermuten. Allerdings finden sich im Interviewprotokoll auch Passagen, die auf eine vermeidend-unsichere Bindungsstrategie deuten. Auch gibt sich Hinweise dafür, dass das Mädchen immer noch, zumindest unbewusst, unter den traumatischen Erlebnissen litt, die sie also noch nicht erfolgreich hatte verarbeiten können. Aufgrund dieser widersprüchlichen Elemente wurde das AAI als nicht klassifizierbar (CC) bewertet.

Die ambivalente, verstrickte Beziehung Nicoles zu ihrer Mutter spiegelt sich denn schon in der Wahl der Begriffe, die sie zur Beschreibung dieser Beziehung wählt: Liebe – Angst – Scham – sie hat alles für mich getan – getrennt.

I: Gut. Ja du hast gesagt, die Beziehung damals zu deiner Mutter lässt sich mit Liebe beschreiben. Kannst du dich noch an eine konkrete Situation von damals erinnern, die mir das ein bisschen erklären könnte?
N.: Also ich weiß, dass immer Liebe da war. Also meine Mutter hat mich immer geliebt. Egal

was es war, auch wenn sie mir so erzählt oder wenn es nur von Erzählungen ist, zum Beispiel wo ich gerade auf der Welt war, da wurde sie schon eifersüchtig, wenn mich jemand anders in Arm genommen so hat. Also ich weiß, dass Liebe immer da war und dass es nicht an Liebe lag, dass ich heute hier bin. Also das weiß ich schon genau.
I: Kannst du dich an irgendwie an einen Tag erinnern, wo du das Gefühl hattest, da ist Liebe da? Also irgendwas konkretes.
N.: ...... ((7 sek.)) Tja ich weiß nicht wie man das beschreiben soll bei so 'ner Mutter, da weiß man einfach, wo ich zum Beispiel ja, ich hatte einmal 'nen Arm gebrochen und da hatte ich so Nägel im Arm und die mussten mir nach drei Monaten rausgenommen werden und da war nur der Arm betäubt, meine Mutter hat mich halt fest gehalten und ich hab in meinem Leben noch nie einen Menschen so schwitzen sehen. Also meine Mutter war so aufgeregt, hatte solche Angst, weil mein halber Arm ja, obwohl sie (...) ist, bei ihrer eigenen Tochter war so der halbe Arm offen und so, ich weiß nicht, ob das ein Zeichen von Liebe ist, aber da ist ihr halt der Schweiß so runter gelaufen da tat ich-. Oder wenn ich krank war, ja wenn ich krank war, dann iss sie ja diese typische Mutter.
I: Bei dem Arm gebrochen, wie kam das?
Da bin ich – nein das war nix – also da bin ich mit Rollschuhen, da war ich noch was kleiner, mit Rollschuhen in der Stadt gewesen, war ich bei meiner Mutter, da ging vom Geschäft aus so'n kleiner Berg runter und da bin ich runter gefallen auf'n Arm und dann war der gebrochen.
I: Wie hat dann deine Mutter darauf reagiert?
N.: Also das war ganz komisch. Wir hatten am Tag vorher – den Tag vorher hat sie mir aus ihrer Kindheit was erzählt, da hat sie mir erzählt, ich war halt auch noch klein und am Tag vorher hat sie mir zum ersten Mal erzählt, dass sie früher durch irgendwas mal einen Arm gebrochen hat und dann erzählt sie mir die Geschichte, am nächsten Tag fiel ich dann hin und der Arm tat mir so weh, dass ich direkt gesagt habe, der Arm ist gebrochen. Und sie dachte natürlich, spinnst du, nur weil ich dir gestern erzählt habe, dass ich mal einen Arm gebrochen hatte, dass du jetzt einen Arm gebrochen hast. Und erstens übertreibs nicht so und hier und da, aber als ich am Abend immer noch solche Schmerzen hatte, im Bett lag und kaum anfassen konnte, hatte sie schon gemeint, dann gehen wir besser mal zum Arzt. Ja und am nächsten Tag hat sie dann gesagt, tut mir Leid, hast ja doch Recht gehabt.

(...)

Die Lektüre dieses Beispiels von Liebe hinterlässt beim Leser eine zwiespältige Wirkung. Die erinnerte Episode handelt doch eher von einem Versagen von Mutterliebe. Offensichtlich geriet die Mutter durch das verletzungs- und schmerzbedingte Bindungsverlangen ihrer Tochter selbst in Bindungsstress. Weil ihr eigenes Bindungssystem aktiviert war, blieb ihr Pflegesystem gehemmt. Sie versagte in ihrer Pflegefunktion. Die Mutter war in dieser Situation alles andere als eine sichere Basis für ihre Tochter. Ungenügend abgegrenzt von ihrem Kind war die Mutter letztlich in dieser Situation nicht empathiefähig. Als Empathie wird das bewusste Erleben der körperlichen Zustandsänderungen einer anderen Person bezeichnet, wobei aber das Gefühl auf den anderen bezogen bleibt im Unterschied zu einer reinen Gefühlsansteckung (vgl. *Bischof-Köhler* 1998). Bei der Mutter muss es eher zu einer Gefühlsansteckung gekommen sein denn zu Empathie.

Auch wenn Liebe schwer, vielleicht auch gar nicht zu definieren ist (vgl. *Bierhoff* 1997), greift Nicole bei ihrer Definition doch auf ein Klischee zurück. Liebe erweist sich für sie an Eifersucht. Auch wenn es vielleicht etwas zu weit hergeholt erscheint: Nicole erzeugte bei ihren Erzieherinnen auch Eifersucht aufeinander und förderte deren Rivalität. Nur starke Gefühle waren für sie überzeugend.

Gefühle von Wut und Ärger werden in den folgenden Passagen des Interviews deutlich:

I: Okay, dann hast du gesagt, eure Beziehung lässt sich auch durch Angst von damals beschreiben, kannst du dich da noch an eine konkrete Situation erinnern?
N.: Ja also ich hab doch früher auch schon Angst gehabt, zum Beispiel also ich weiß nicht, ob sie früher auch schon getrunken hat, aber ich kann mich da nur noch, da war ich wirklich ganz klein, an eine Situation erinnern, da hatte sie glaube ich auch was getrunken und es war Winter und immer wenn wir über diese Straße gingen im Winter, die war so – (…) schlecht, die war so rutschig, dann ist sie halt dahin gefallen und sie ist nicht mehr aufgestanden und ich stand dann halt da und hab geweint und da hatte ich auch Angst. Oder (…) wo ich dann in die Wohnung gekommen bin und dann plötzlich die ganzen Sachen wurden gepackt und ich wusste ja nicht, was kommt die Katze lief da rum und das muss auch alles weg, nur das Nötigste mitnehmen, da hatte ich halt auch sehr viel Angst.
I.: Die erste Geschichte, wo sie da hin gefallen ist, wie ging das dann weiter?
N.: Ja sie stand dann irgendwann auf, natürlich wir waren so klein, was macht man dann? Man kann ja nichts weiter machen, man steht da bloß im Dunkeln keiner mehr da und man weiß nicht, ob der jenige jetzt noch aufsteht, was jetzt passiert, oder wenn ein Auto kommt.
I.: Wie alt warst du da bei der Geschichte?
N.: Ich hab keine Ahnung, das sind halt so – das sind so Geschichten, die man dann im Kopf hat so, keine Zusammenhänge, nur noch einzelne, aber ich muss schon ziemlich klein muss ich da gewesen sein. Aber ich weiß es nicht mehr, wann das war, das war halt früher noch in (…)
I.: Dann hast du gesagt, eure Beziehung lässt sich durch Scham beschreiben, kannst du dich da an ein Beispiel/
N./ Ja aber das geht nicht mehr so – an ganz früher. Ich hab mich sehr oft, wenn sie was getrunken hat, wenn sie was getrunken hatte, ich hab mich sehr oft geschämt. Wenn ich mit

ihr rausgegangen bin oder so, ich hatte immer Angst, dass die so das merken, oder wenn sie nicht gerade gelaufen ist, oder ich musste mit ihr in die Stadt gehen, das war – boah, das war für mich immer der Horror. Oder wenn wir irgendwo – egal ob es in der Gaststätte war oder so, das war für mich immer der Horror, da raus zu gehen oder da rein zu gehen, das fand ich immer so schrecklich.
I.: Kannst du dich da noch an ein Beispiel erinnern?
N.: Ja an einige so. Also ... ((3 sek.)) das war sehr oft, wenn wir irgendwo nur was Essen gingen und ich merkte wir blieben da noch was sitzen, dann trank man noch was, dann hab ich schon Angst, wenn das länger dauert, dass der Alkohol dann anfängt zu wirken, so, das war öfters so.
I.: Wie alt warst du da?
N.: Das war jetzt eigentlich mehr in der Zeit, so wo ich zehn war so. Wo ich kleiner war, da war das noch nicht so.
I.: Und wenn sie dann getrunken hatte, was hat sie dann gemacht?
N.: Ich weiß nnnn – vielleicht nicht, dass sie sich jetzt immer furchtbar aufgeführt hat oder so, aber ich hatte immer das Gefühl, jeder sieht es. Man fängt ja an zu schwanken oder ich sah es – also ich hab – ich brauch heute nur den Hörer abzunehmen und ihr Hallo zu hören, und ich weiß schon alles, ich merk das sofort – oder nur ein Blick in ihre Augen, dann weiß ich das schon sofort. Und ich hatte halt immer das Gefühl, alle Leute sehen das. Alle Leute sehen, dass sie jetzt betrunken ist, dass sie schwankt und ich hab mich dann immer furchtbar geschämt. Ich mein, wenn ich nicht dabei war, dann wars mir egal, dann kann sie machen was sie will und, aber wenn ich dabei war, dann war mir das immer so unangenehm oder egal, wenn man sich dann mit jemand anlegt, dann ist man ja auch viel lauter oder wird dann noch viel aggressiver. Das fand ich also – hatte ich immer Angst vor.
I.: Hat sie sich in diesem Zustand auch mit dir auseinander gesetzt?
N.: Ja öfters, also wo dann die extreme Zeit kam, wo sie richtig fatal anfing zu trinken, fing sie dann so zwei Jahre ungefähr bevor ich hier in kam also richtig fatal, sie ist zwei Wochen arbeiten gegangen, zwei Wochen frei und dann wurde nur getrunken und da war ich manchmal in meinem Zimmer und dann wusste ich nicht genau, was jetzt kommt, wenn du jetzt raus gehst, entweder ist sie überfreundlich – überfreundlich, das ist schon (...) zu viel ist, oder sie ist – du machst alles richtig, und sie sucht richtig einen Grund.
I.: Kannst du dich da noch an eine Situation erinnern?
N.: Ja das war auch oft so. Zum Beispiel manchmal kam sie dann einfach ins Zimmer, und wenn ich dann Fernseh guckte, sie kam einfach ins Zimmer, guckte und schloss wieder die Tür und fluchte vor sich hin oder so, von wegen ich würde ja nix anderes machen wie Fernseh gucken oder sie suchte dann so richtig so Gründe, manchmal kam sie in mein Zimmer einfach so und schimpfte mit mir rum, ich weiß noch an einem Tag. Da ist es dann auch richtig heftig geworden, also ich dann später hab ich dann angefangen zu wehren, sie ist nicht handgreiflich geworden, ist nicht so, dass ich geschlagen wurde, aber manchmal kam es schon dazu, dass sie mich dann packte oder so, ich hab mich dann auch später angefangen zu wehren und so, weil ich dann irgendwann den Dreh auch raus hatte, wenn sie betrunken

ist, dann kann sie mich gar nicht mehr, weil ich dann brauch dann nur zu schubsen, dann kommen die Leute ja schon ins Schwanken, wenn man unter Alkohol steht und irgendwann kam sie dann in mein Zimmer und wollte mich dann wohl auch wieder aufregen und so, dann setzte sie sich auch dahin und redete und redete und ich hatte so'n ganz großes Poster an der Wand, so`n tollen Mann, den ich so angehimmelt habe und das war wirklich von oben bis unten, das hat meine Freundin vergrößern lassen und das liebte ich abgöttisch und dann sagte sie, ich reiß dir das gleich ab, dann ging sie hin und riss das ganze Poster ab, ja und dann bin ich ins Wohnzimmer gegangen, ja und hab ihr teuerstes Parfüm ausgekippt und dann kam sie auf mich zu, dann hab ich sie nur zurück geschubst und dann fiel sie nur über ein Wasserkasten, also so was zum Beispiel so. Hinterher tat mir das dann immer furchtbar leid, wenn ich dann an so was denke.

I.: Wie hast du dich da in so einer Situation gefühlt?

N.: Also es war schon schlimm, wo ich sie dann in dem Moment, wo ich sie dann da liegen gesehen hab, und dachte, so weit ist es schon gekommen mit meiner Mutter, aber das war schon schlimm für mich.

I.: Dann hast du gesagt, die Beziehung lässt sich dadurch beschreiben, dass sie sich aufgeopfert hat. Kannst du dich da noch an eine konkrete Situation erinnern, wo sie das gemacht hat?

N.: Nein ich seh es jetzt allgemein so. Ich hab – so früher hab ich es nie verstanden, da hab ich sie immer gehasst dafür, dass sie es macht, da war bloß dieser Hass, warum betrinkt sie sich da, aber wenn ich das heute so sehe, das war alles nur für mich. Also sie ist damals hier rüber gekommen, war alleinerziehend und sie ist Tag und Nacht arbeiten gegangen, die war (...), die hatte (...), damit sie mir alles bieten konnte. Die gab immer alles, wenn es der Wunsch war, der Wunsch war, immer alles so. Fernseher, alles hatte ich eben. Ich seh' das heute so, dass sie daran kaputt gegangen ist. So alleine, dann die Beziehung mit mir und immer arbeiten, arbeiten, nur noch Leben eigentlich um dem Kind was bieten zu können, immer nur Pech zu haben und ich denke, dass sie daran kaputt gegangen ist, dass das der Grund ist, warum sie heute trinkt.

I.: Wo warst du dann, wenn sie arbeiten war?

N.: Ich war zu Hause, ich war ein so genanntes, wie man heute sagt, Schlüsselkind. Aber ich muss sagen, mir ist das – also ich finde es nicht schlimm, also mir ist es nicht – nicht zu schlechten gekommen, weil ich bin dadurch selbständiger geworden und ich konnte halt also – wo ich hier ins Haus kam, mich brauchte keiner mehr zu wecken, wie andere Leute, die noch achtzehn sind, ich kann halt so was schon alleine. Also das muss ich sagen, das find ich gut eigentlich an der Sache, ich hab mir dann selber Essen gemacht und so, das ging alles.

I.: Das war dann auch schon direkt ab vier oder so, dass du dann alleine zu Hause warst?

N.: Nee, nee, das war noch nicht so. wo wir dann – wo ich kleiner war, da in (...) gab es ja die Krippe und den Kindergarten und wo wir dann (...) gegangen sind, bin ich auch noch in Hort gegangen bis vier Uhr, aber da hab ich sie dann irgendwann überredet, dass ich da nicht mehr hingeh, weil mir hat es nicht so gefallen, aber meine Mutter hat halt auch immer ein sehr schlechtes Gewissen deswegen und hat dann nach gegeben und dann konnte ich dann

nach Hause gehen, von der Zeit an, war ich dann eigentlich mehr zu Hause.
I.: Ab acht war das so?
N.: Ja bestimmt so ab acht, neun Jahre.
I.: Und irgendwie noch eine konkrete Situation, wo sie sich für dich aufgeopfert hat, fällt dir noch was ein? An irgendein Tag oder so?
N.: Wo ich mich zwar dran erinnern kann, aber wo sie zum Beispiel auch nicht da war, das war wo ich meinen ersten Satz vorgelesen hab im Buch. Das war also der erste Satz, den ich überhaupt gelesen hab, das hab ich am Telefon gemacht, sie war also im Dienst und ich hab ihr am Telefon den ersten Satz vorgelesen, wenn ich heute darüber nachdenke, früher hab ich mich darüber gefreut, da war das für mich ganz normal, also ich hab dabei nicht gedacht, warum kann sie jetzt nicht hier sein, früher war das ganz normal, wenn ich heute daran denke, dann müssen ihr bestimmt die Tränen in den Augen gestanden haben, denn wenn man sich so vorstellt, dass das eigene Kind einem am Telefon die ersten Sätze vorliest, dann ist es schon hart irgendwie.
I.: Was hat sie dann gesagt, wie hat sie darauf reagiert?
N.: Sie hat sich natürlich gefreut, sie sagt schön und so. Hat sie sich sehr gefreut.
I.: Wie alt warst du da?
N.: Wann liest man die ersten Sätze, in der ersten Klasse. Ja in der ersten Klasse.
I.: Dann hast du gesagt, eure Beziehung damals lässt sich durch das Wort „getrennt" beschreiben.
N.: Ja ich würde heute sagen, dass wir zwei verschiedene Leben führen. Also sie hat in dem Sinne finde ich gar kein Leben mehr, geht immer weiter nach unten irgendwo, ja und ich bau mein Leben auf, bin erst am Anfang.
I.: Und damals, gabs da auch irgendetwas, was eure Beziehung als getrennt beschreiben würde?
N.: ...... ((6 sek.)) Eigentlich nicht. Sie hat zwar – sie hat zwar sehr oft erwähnt, dass – also wenn ich dann mal was erwähnt hab, was mir nicht so gefällt angedeutet hab oder so, dann hat sie sehr oft gesagt, dass das ihr Leben ist und dass sie sich da nicht so nach mir richten kann.
I.: Kannst du dich da noch an was erinnern, an eine konkrete Situation?
N.: Ja wenn ich sie gefragt habe, ... ((4 sek.)) warum sie trinkt, zum Beispiel ......... ((10 sek.)) (ein Taschentuch?) Geht schon. Dann hat sie halt gesagt, dass das ihr Leben ist. Und dass sie weiß was sie tut.
I.: ...... ((5 sek.)) Wie oft siehst du sie oder hast du sie dann gesehen?
N.: Seit ich im Heim bin?
I.: Ja.
N.: Also sie hat dann – ein Jahr vorher hat sie meinen Stiefvater kennen gelernt und der hat mir sehr viel geholfen (Er hat dir sehr viel geholfen?) Sehr viel geholfen, der hat diese ganze Last eigentlich von mir genommen, wo der kam, der hat wirklich alles gemacht und da war auch manchmal so – ich brauchte mich nicht mehr zu schämen, weil wenn ich in die Stadt gehen wollte, dann musste ich das nicht mehr, dann hat mein Stiefvater das gemacht. Dann

musste ich ihm das nur sagen, dann hat der das geregelt. Ich brauchte kein Alkohol mehr zu kaufen, denn das musste ich nicht mehr, was ich nicht will, das muss ich nicht mit ihr tun. Und so – oder wenn ich Probleme hatte, er hat mir alles erzählt und ich hab ihm alles erzählt, aber es blieb immer unter uns. Das kam nicht an meine Mutter, das war – ich weiß nicht, heute denke ich, das war so'n – das war wie als hätte jemand so'n Engel in meine Welt geschickt, der war dann halt da, ich kam dann ins Heim, da trank sie aber noch und dann haben sie halt – die hatten halt immer wegen deswegen wegen dem Alkohol auch immer Trennungen gehabt, aber der hat halt alles getan. Dann war ich hier im Heim, drei Tage später bin ich nach Hause gefahren, weil ich meine Katze füttern wollte und dann kam ich in die Wohnung, dann war da alles voller Blut, ich hab das erst gar nicht richtig realisiert, ich dachte vielleicht ist es jetzt schon so weit, dass sie es hygienisch nicht mehr auf die Reihe kriegt beim Alkohol, und dann bin ich in die Küche gegangen, hab dann halt das Essen rausgeholt, wollte die Dose in den Müll tun un dann sah ich da wieder Handtücher voller Blut, und da dachte ich, das kann doch nicht sein, und dann schaute ich so schräg auf sie, und dann hab ich gesehen, dass sie so ein umgenicktes Bein hatte, dann saß die da ganz locker auf der Couch mit 'nem offenen Bein, ja und ich bin dann erst mal, ja das Telefon ging da auch nicht, ich bin dann wieder hier nach (…) und dann haben die die Polizei angerufen und den Notarzt und dann ist sie dann ins Krankenhaus gegangen – und dann in dieser Zeit hat es dann mein Stiefvater auch wieder mit ihr versucht, die hat dann aufgehört zu trinken, ein Jahr lang, an meinem 14. Geburtstag halt, das ist jetzt wieder ein Jahr her, hat sie wieder angefangen und seitdem sind die auch nicht mehr zusammen, sie hat das immer noch mit diesem Knie, deswegen kann sie auch nicht arbeiten gehen, deswegen hat sie auch kein Halt mehr hochzukommen. Sie ist nur noch in ihrer Wohnung, raus möchte sie nicht, weil sie schämt sich auch dafür, weil sie (…) ist und die haben erst mal ein Jahr gebraucht eh sie die Entzündung rausgekriegt haben, das muss erst richtig zusammen wachsen und ob der das in den Knochen annimmt und alles so was, ja.
(…)

Nicole spricht viel, allerdings ohne unbedingt die an sie gestellte Frage zu beantworten. Sie verliert regelrecht den „roten Faden". Beim Leser entsteht der Eindruck, dass es ihr kaum gelingt, ein angemessenes Konzept für die verwirrenden und beängstigenden Erlebnisse zu finden. Ihre Ausführungen sind widersprüchlich, ihre Bewertungen ändern sich dabei immer wieder.

Hinzuweisen ist auf eine bemerkenswerte „Freudsche Fehlleistung". Nicole erlebt sich als ebenso kindlich wie ihre Mutter, wenn sie sagt: „Ja sie stand dann irgendwann auf, natürlich wir waren so klein, was macht man dann?" Die Mutter muss als Bindungsfigur immer wieder alkoholbedingt ausgefallen sein. Eindrucksvoll ist die Angst des kleinen Mädchens zu spüren, die sich völlig verlassen vorkam. Beide hatten Angst. Wiederum fällt die fehlende Abgrenzung auf. Die Auflösung der Generationsgrenze geht sogar noch weiter: Die Tochter hat sich um ihre Mutter zu sorgen. Es findet also eine Rollenumkehr statt. Das Kind findet sich wieder in der Rolle der Mutter. Es wird parentifiziert.

Deutlich wird in diesen Passagen des Interviewprotokolls der Wunsch, ja die Sehnsucht nach Liebe, Bindung und Sicherheit. Aufgefordert, die Wahl des Begriffs „Trennung" näher zu erläutern, wird Nicole traurig und erinnert sich an den Stiefvater, bei dem sie eindeutig die Funktion einer Bindungsperson erhoffte. Im Interview kam es zu einer Mikrodepression. Trotz vieler Ähnlichkeiten besteht doch ein wesentlicher Unterschied zwischen einer normalen Trauer und einer pathologischen Depression insofern, als es bei der Depression im Gegensatz zur Trauer als Reaktion auf einen Verlust zu einer Herabsetzung des Selbstwertgefühls kommt (*Mentzos* 1995, 19). Überhaupt verweist auch Nicoles Identifikation mit ihrer Mutter auf depressive Mechanismen. Bei einer solchen Internalisierung bzw. Introjektion besteht die Gefahr, dass auch die Konflikte der Mutter „importiert" werden (vgl. *Mentzos* 1995, 55). Diese depressiven Tendenzen wurden allerdings von Nicole eindeutig abgewehrt im Sinne einer Verleugnung. So gab sie im *Offer*-Fragebogen ausgesprochen niedrige Depressionswerte an.

Auch beim Thema Scham zeigte sich wiederum die Nähe, ja geringe psychische Trennung von der Mutter. Überhaupt scheint weder die Generationsschranke noch eine emotionale Abgrenzung gegeben. Scham ist ein Gefühl, das sich typisch verstärkt, wenn man sich beobachtet fühlt. Wenn der andere einen sieht, möchte man sich verbergen, in den Erdboden versinken. Kleine Kinder halten sich bekanntlich die Augen zu, wenn sie sich schämen, weil sie kognitiv noch nicht realisieren können, dass sie von der anderen Person dann dennoch wahrgenommen werden. Überhaupt dürfte es sich beim Schamaffekt um das Gefühl handeln, dem bei der Entstehung psychischer Störungen eine besondere Bedeutung zukommt (vgl. *Seidler* 1995). Es besteht eine besondere Nähe zur Schuld. Beide Gefühle, Scham wie Schuld, signalisieren eine Diskrepanz zwischen dem erlebten So-Sein, also dem Real-Ich, und dem gewünschten Zustand, dem Ideal-Ich. Es kommt zu Schamgefühlen, wenn man erlebt, dass man seinen Erwartungen nicht genügen kann und wenn dieses Versagen nicht sich selbst anzulasten ist. Im Unterschied zur Scham wird beim Schulderleben dem eigenen psychischen System die Ursache für diese Diskrepanz zugeschrieben. Man hat dann schuldhaft gehandelt. Wenn dem so ist, darf man daher auch beim Vorliegen von Schuld doch von einer gewissen Handlungskompetenz ausgehen. Zumindest kann man sich dann wenigstens noch entschuldigen. Scham dagegen ist eher an den Modus des Erlebens geknüpft. Schuldgefühle scheinen daher aufgrund einer zumindest vorgestellten Kontrollmöglichkeit oft doch noch erträglicher zu sein als Schamgefühle. Auch

Nicole fühlte sich verantwortlich für ihre Mutter. Die Trennung und Abgrenzung von der Mutter, um die sie sich auch bemühte, wurde von ihr als schuldhaft erlebt.

Neben diesem unsicher-verstrickten Bindungsmodell wird im Interviewprotokoll aber auch ein unsicher-distanziertes Bindungsmodell sichtbar. Es finden sich deutliche Tendenzen, die Bedeutung der enttäuschenden und ängstigenden Erlebnisse mit der Mutter abzuschwächen im Sinne einer Idealisierung, zumindest einer Normalisierung. Nicole erlebte sich immer wieder regelrecht abgemeldet. Der Widerspruch zu ihrer idealisierenden Charakterisierung der Beziehung zur Mutter als „nur Liebe" ist deutlich.

I.: Kannst du dich daran erinnern von deiner Mutter, wenn du unglücklich warst oder krank warst in Arm genommen worden zu sein?
N.: Ja immer. Meine Mutter hat mich immer in den Arm genommen. Auch wenn es nur abends vor dem Fernseher sitzen, meine Mutter hat mich immer in den Arm genommen.
I.: Kannst du dich noch an ein konkretes Beispiel erinnern, wo sie das getan hat, als du krank warst oder wo du unglücklich warst?
N.: Sie hat es auch in der Zeit sehr oft getan, wo wir viel Probleme hatten. Wo ich aufs Heim hinaus gearbeitet hab beim Jugendamt, wo sie gemerkt hat, dass es wirklich so weit ist langsam und sie es aber nicht mehr anders schaffte, da haben wir auch oft zusammen geweint. Oder sie hat dann versucht mich in Arm – aber das versucht sie heute auch noch. Manchmal tut ihr es leid, dann nimmt sie mich heute noch in Arm.
I.: Und als du kleiner warst? Da noch irgendwas so zwischen fünf und zehn?
N.: Also ich muss sagen, meine Mutter war eigentlich immer außer dass sie diesen Fehler, den sie später hatte, war sie so immer eine normale Mutter. Sie hat keine Fehler gehabt, ich wurde nicht geschlagen nichts. Da war sie immer eine richtige Mutter. Keine Vernachlässigungen nichts.
I.: Kannst du dich noch an eine konkrete Situation erinnern, wo sie dich in Arm genommen hat, als du unglücklich warst?
N.: Eigentlich nicht so.
I.: Kannst du dich erinnern, wann du das erste Mal von deinen Eltern getrennt warst? Also irgendeine Trennung, die für dich wichtig war? Schullandheim oder dass sie alleine in Urlaub waren?
N.: … ((4 sek.)) Ich war mal zwei Wochen im Reiterurlaub. Da war ich glaub ich acht oder so, Reiterferien. Das war schon – ja da war ich das erste Mal von meiner Mutter zwei Wochen getrennt. Aber so ganz allein war ich eigentlich finde ich, nachdem ich bei meinem Vater weggelaufen bin. Da war ich in 'ner Jugendschutzstelle, da war ich zum ersten Mal in meinem Leben eigentlich ganz weg. Von zu Hause also. Nicht mehr bei meiner Mutter, nicht mehr bei meinem Vater.
I.: Wie hast du dich da gefühlt?

N.: ... ((4 sek.)) also ich wusste nicht ganz genau, wie es weiter gehen soll. Auch ob ich das überhaupt ob Schule und ob ich das jetzt alles noch schaffe und wieso – Und ich hatte auch immer diese Vorstellung, sie sitzt jetzt alleine da in D., in der Wohnung ganz alleine, niemand ist mehr da, da hatte ich immer sehr große Schuldgefühle bei diesem Bild immer vor mir, dass sie jetzt da alleine ist und so. Das war schon eine schlimme Zeit.
I.: Und als du auf dem Reiterhof warst, wie war das für dich die Zeit? Wie hast du dich da gefühlt?
N.: Also die Ferien an sich haben mir damals glaub ich, sehr gut gefallen. Ich glaub das war nicht so schlimm. Aber ich hab mich dann sehr gefreut, als ich wieder zu Hause war. Meine Mutter auch, weil das halt zum ersten Mal war, dass wir zwei Wochen getrennt, das war dann schon komisch. Aber ich glaube an sich hatte mir das ganz gut gefallen.
I.: Und die Trennung von deinem Vater?
N.: Halt ich kann mich da gar nicht mehr dran erinnern. Wie die sich genau getrennt haben und ich hab nichts mehr vor Augen, ich kannte es halt nicht anders, das war nicht so, dass er mich ziemlich lange mit großgezogen hat, dann wäre es mir schwer gefallen, aber ich kann mich so konkret gar nicht mehr erinnern. Ich hab nur noch meine Mutter vor Augen.
I.: Hattest du das Gefühl als du klein warst von deinen Eltern jemals abgelehnt oder zurückgewiesen worden zu sein?
N.: ... ((3 sek.)) als ich klein war, nein. Mein Vater der war ja gar nicht mehr im Bilde, weiter weg. Der schrieb ab und zu, aber von meiner Mutter war ich nie abgelehnt. Ich war ja ihr einzigster Lebensteil so. Sie hat auch oft gesagt, sie wüste nicht was heute wäre, wenn ich nicht da wäre. Ob sie dann so weiter gelebt hätte oder überhaupt noch.
I.: Hast du dich jemals weggestoßen oder nicht beachtet gefühlt?
N.: Ja. Nicht beachtet hab ich mich manchmal gefühlt, wenn sie einen Freund da hatte. Dann hatte ich sehr oft das Gefühl, wenn ich sie was fragte, dann kam so eine trockene Antwort und mit ihrem Freund konnte sie immer lachen.
I.: Kannst du dich da noch an eine konkrete Situation erinnern?
N.: Konkret nicht mehr, aber es war öfters einfach so, dass ich mich so auf Seite so gefühlt hab. Obwohl ich doch eigentlich die Tochter von ihr bin, obwohl ich doch eigentlich, also so sah ich das, im Mittelpunkt stehen müsste und nicht irgendein Freund.
I.: Wie alt warst du da?
N.: Neun, so zehn die Zeit rum. Da hab ich manchmal gedacht.
I.: Hast du mit ihr darüber gesprochen?
N.: Nein das hätte ich niemals, könnte ich auch heute nicht. So ist halt denke ich, ihr Standpunkt, da kann sie doch wegen mir nicht drauf verzichten. Da hab ich nicht das Recht drauf, so was von ihr zu verlangen.
I.: Warst du als Kind jemals ängstlich oder hast du dir Sorgen gemacht?
N.: Sorgen hab ich mir immer gemacht. Halt wenn sie was getrunken hatte, so wie ich es vorhin schon erzählt hab, Sorgen waren schon früh da. Halt wie es weiter gehen soll oder so.

Im weiteren Verlauf spricht Nicole in aller Ausführlichkeit davon, wie schlimm es für sie war, Zeugin der offenbar ausgeprägten sexuellen Aktivität ihrer

Mutter gewesen zu sein. Bisweilen musste die das Bett mit ihrer Mutter und deren wechselnden Sexualpartnern teilen. Man darf spekulieren, dass die Mutter eine ausreichende affektive Versorgung vor allem über sexuelle Erlebnisse zu erreichen versuchte. Offensichtlich war sie dieser so sehr bedürftig, dass sie auf ihre Tochter keine Rücksicht nehmen wollte oder konnte. Ein solches Arrangement spricht für eine verstrickt-unsichere Bindungsrepräsentanz bei der Mutter von Nicole (vgl. *Crittenden* 1995, 165).

(....)
I.: Dann hast du gesagt, dein Vater hat dich auch geschlagen?
N.: Er hat mich nicht direkt geschlagen, aber er wollte es, er hat es mir immer angedroht, wenn ich nicht bald Ruhe geben würde und der hat mich also so gepackt, direkt zu geschlagen hat er nicht. Hat zwar öfters mal seine Hand erhoben, aber das hat er nicht getan. Oder dann hat er mal so'ne Vase genommen, das war aber halt nur die – wo ich bei ihm gewohnt hab, da hat er die Vase genommen und hat gedroht, dass er die auf meinem Kopf kaputt schlägt, aber so, ich denke, gewagt hat er es sich dann doch nicht.
I.: Hat deine Mutter das gemacht?
N.: Ja sie hat mir schon mal eine gescheuert, sag ich mal, ins Gesicht, aber nie so extrem, also ich kann nicht behaupten, dass ich verprügelt wurde zu Hause, das gabs bei mir nicht. Ich denke bei ihr – also ich seh es eigentlich auch mit ein Stück so Erziehungssache, wenn ich weiß nicht – vielleicht würde ich es auch so machen, wenn das Kind nicht so ganz spurt, eine Klaps auf den Hintern oder so. Außer dann ja halt, wenn sie was getrunken hatte, dann war das schon mal anders, wenn sie mich dann richtig gepackt hatte.
I.: Was hat sie dann gemacht?
N.: Meistens an den Haaren, dann hab ich eine ins Gesicht gescheuert gekriegt oder so. Aber ich hab dann manchmal – hab ich mir einfach, wenn ich in mein Zimmer gegangen bin, mir selber, hab ich mir noch mal da drauf geschlagen, weil ich wollte nur einmal, dass es richtig blau wird, also es war nie so stark, dass ich blau wurde, nur einfach, damit sie mal sieht, was sie gemacht hat.
I.: Und wie häufig passierte das?
N.: Nicht häufig, das war wirklich selten. Das war dann – was eher dann häufig war, war, dass sie mich halt angemotzt hat, angeschrien hat oder so. halt wenn sie was getrunken hatte, aber dann war halt diese Angst da, das war meist schlimmer als so 'n Schlag selber die Angst davor. Geschlagen an sich, das hat sie nicht oft gemacht.
I.: Du hast schon gesagt, du hattest dann Angst vor ihr in Situationen. Kannst du dich da noch an eine Situation erinnern, wo du Angst vor ihr hattest?
N.: Ja weil sie dann, wenn sie was getrunken hatte, so aggressiv werden konnte, wie ich sie gar nicht kannte meine Mutter. So 'ne Aggressivität, so was ihr dann im Gesicht steht, so was gabs vorher gar nicht so, grundlos, wenn sie so aggressiv war, dann müsste ich schon richtig was angestellt haben, selbst dann kannte ich das noch nicht mal von ihr und das war dann schon so 'ne Angst. Oder manchmal dachte ich mir dann einfach, wenn sie dann zwei Tage

so'ne schlechte Laune hatte, dann zwei Tage getrunken hatte, dann kam ich mir irgendwo auch alleine vor so, das konnte ich dann nicht mehr, weil sonst war ja immer meine Mutter da und dann zwei Tage so kalt und aggressiv war, dann war da irgendwie so – dann wollte ich sie einfach nur noch in den Arm nehmen. Und dann mich immer in meinem Zimmer zurückhalten, ihr bloß nicht über den Weg laufen, das ist auch schon schwer dann.
I.: Wie alt warst du da?
N.: Ja das war so die Zeit rum so, zehn, elf rum so um den Dreh.
I.: Was hast du dann gemacht?
N.: Ich war dann die meiste Zeit dann – also ich hab – bin immer – manchmal hab ichs ausgenutzt, wenn sie gute Laune hatte, dann bin ich dann direkt rüber und bin bei ihr geblieben und hab bei ihr geschlafen und so, das hab ich dann immer genutzt, wenn sie gute Laune hatte, damit sie auch ja keine schlechte kriegt, oder ich hab versucht, wenn ich wusste sie ist aggressiv, irgendwas zu machen, damit sie gute Laune kriegt. Irgendwas zu sagen oder von 'ner guten Note zu erzählen oder irgendwas, nur damit sie wieder gute Laune hat. So hab ich es dann immer versucht hinzukriegen.
I.: Bist du von deinem Stiefvater jemals geschlagen worden?
N.: Nein, niemals. Ich mein, der hatte meine Mutter auch niemals angefasst. Das ist eher 'ne Person, wenn es zu hoch geht, wenn der Streit zu sehr in die Höhe geht, dann haut er einmal gegen die Wand und dann geht er. Also das würde er – also dann geht er eher aus der Tür raus. Wie das er dann noch da sitzt, nee, das ist überhaupt nicht der Typ dafür.
I.: Bist du von dem jemals abgelehnt worden oder zurück gewiesen worden?
N.: Nein niemals. Also wenn es da ein Problem gab, wenn's da irgendwas gab, worüber ich reden wollte, dann war der immer da, also das war egal was. Wenn ich seine Hilfe brauchte oder wenn ich irgendwas brauchte, dann war der immer.
I.: Kannst du dich an eine konkrete Situation erinnern, wo du seine Hilfe brauchtest, abgesehen von dem Beispiel mit der Schule?
N.: Ja also ich halt bevor die zusammen gekommen sind, musste ich schon öfters den Krankenwagen bestellen, weil meine Mutter Tabletten genommen hatte, weil sie sich umbringen wollte, aber da hat sie auch nur gemacht, wenn sie unter Alkoholeinfluss stand und da war auch immer diese große Scham dabei, oh Gott jetzt schon wieder den Krankenwagen holen, die ganzen Nachbarn gucken zu, wenn die die da raus tragen und das wird alles wieder so schlimm und an dem Tag war dann halt mein Stiefvater da und ich dachte, ruf ihn an, hab ihn angerufen, hab ihm das gesagt und er hat gesagt, er kommt sofort. Der hat dann auch direkt in der Ecke da gewohnt und der kam dann auch sofort und das war dann halt zum ersten Mal, dass da einer sagt, geh in dein Zimmer, setz dich hin, ich mach das alles. Ich braucht nix zu sehen, ich brauchte keinen Krankenwagen zu sehen, keinen Notarzt, ich braucht niemandem Fragen zu beantworten, gar nichts, ich brauchte nur in meinem Zimmer zu sitzen und warten bis es vorbei ist. Und allein das war für mich schon eine riesige Hilfe, dass ich das nicht wieder tun musste. Ich musste dann auch nicht ins Krankenhaus gehen und die besuchen und ihr Sachen bringen, weil ja sonst keiner da ist, das hat ja alles er gemacht, das konnte ich mir ja dann selber wieder aussuchen.

I.: Wann fing das an, dass du den Krankenwagen anrufen musstest, wie alt warst du da?
N.: Wie alt war ich da, also ich glaub, das spielte sich alles so um den Kreis, wo ich zehn rum war so, zehn, elf.
I.: Was du mit deinen Eltern in deiner Kindheit erlebt hast, glaubst du, dass das Auswirkungen hat auf dich, so wie du heute bist, wie du denkst, wie du dich verhältst?
N.: Ich ... ((3 sek.)) ich kann es echt nicht leiden, wenn mich jemand mit meiner Mutter vergleicht, dann geh ich echt in die Luft, man kann mir sämtliche Sachen an den Kopf schmeißen, aber wenn man mich mit meiner Mutter vergleicht, dann hab ich Angst, dann hab ich wirklich Angst, weil ich will nicht so sein wie sie. Ich möchte auf gar keinen Fall so denken wie sie, mein Leben so führen wie sie, also ich denke manchmal, ich hoffe nicht, dass ich die gleichen Fehler wieder mache, weil es halt auch sehr oft ist, hier im Haus sieht man es auch sehr oft, die Kinder kommen hier hin, denen wird alles geboten, aber im Grunde genommen, sie wachsen wieder in die gleichen Fehler raus, wie die Eltern. Die tun genau das gleiche, die können vom Babyalter hier sein, und man sieht, die machen genau das gleiche aus ihrem Leben, das will ich auf gar keinen Fall, ich möchte später mal sagen können, ich hab echt was anderes. Also ich hab schon gesagt, ich kann an allem verrecken, also ich kann an allem drauf gehen, aber niemals an Alkohol. Das will ich nicht.

**Nicole versucht, negative Gefühle abzuwehren im Sinne einer Normalisierung. Dies kommt in den Passagen zum Ausdruck, in denen sie von Schlägen der Mutter berichtet. Sie versucht, die Bedeutung dieser Erlebnisse herunterzuspielen. Es ist durchaus anzunehmen, dass Nicole misshandelt wurde, zumindest wenn ihre Mutter betrunken war. Die kognitive Verwirrung zeigte sich auch in der oben wiedergegebenen Passage des Interviews, in der Nicole jede Form einer Vernachlässigung oder Misshandlung verleugnete.**

I.: Warum glaubst du haben sich deine Eltern während deiner Kindheit so verhalten, wie sie es getan haben?
N.: Also getrennt oder wie?
I.: Nee insgesamt so, wie sie dich groß gezogen haben. Wie sie sich dir gegenüber verhalten haben.
N.: Ja mein Vater denke ich, der wollte mich immer mit groß ziehen, der wollte schon dabei sein, wie ich groß werde. Durch die Trennung und dadurch dass er die Arbeit in (...) gekriegt hat, damals in (...), ging das halt nicht so, aber wollte mich halt nicht aus seinen Augen verlieren und meine Mutter, die wollte immer alles geben. Die wollte nicht, die brauchte – also die brauchte keine Unterstützung, dass hinterher jemand sagt, du hast es nicht alleine geschafft. Die hat halt alles gemacht, die hat ihre Ausbildung zu Ende gemacht, mich groß gekriegt, da war immer alles da, genug zu essen, zu trinken und alles was ich brauchte, Anziehsachen. So denke ich. Mein Vater konnte halt nicht viel mehr dazu geben, meine Mutter hat alles gegeben.
I.: Warum glaubst du hat sie das getan?

N.: Weil sie mich liebt. Doch die hat mich immer geliebt, das weiß ich, bin auch ihr ein und alles und sie sagt auch, jetzt hat sie alles verloren. Ohne mich und meinen Stiefvater hat sie alles verloren.
I..: Gabs in deiner Kindheit noch andere Erwachsene, die dir wie Eltern wichtig waren?
N.: …… ((6 sek.)) Mhm. Nein. Wo ich bei meiner Mutter war, da kam gar keiner mehr vor meiner Mutter eigentlich so mehr in Frage.
I.: Oder andere Erwachsene, die wichtig für dich waren, vielleicht jetzt nicht als Eltern?
N.: …… ((5 sek.)) Nee ich glaub so direkt nicht.
I.: Du hattest irgendwann von deiner Freundin erzählt und du warst auch bei den Eltern?
N.: Ehm ja aber da hatte ich eigentlich mehr – von den Eltern wollte ich eigentlich mehr Abstand, weil desto mehr ich eigentlich erzählte, desto mehr sahen sie was in der Familie ist, desto mehr gab es die Reaktion, wir müssen helfen. Aber ich hatte halt – ich wollte halt nie Hilfe von außerhalb, weil oh Gott, wenn meine Mutter das hört, wie ich geredet hab, was ich gesagt hab, das kann ich dann nicht tun. Das war auch so Angst. Das konnte ich nicht, auf gar keinen Fall darf sich da jemand von außerhalb einmischen, weil ich den Mund aufgemacht habe.
I.: Was glaubst du, was passiert wäre, was hätten die gesagt?
N.: Sie hätte nichts gemacht, ich habs ja dann beim Jugendamt gesehen. Allein diese Verletzung, dass ich sie so sehe, die Tränen stehen ihr in den Augen und ich tu ihr eigentlich so weh.
I.: Hast du als kleines Kind einen dir wichtigen Menschen durch den Tod verloren?
N.: Durch den Tod, ja ich denke – also bewusst meine Oma, ich kann mich nicht mehr dran erinnern, aber ich denke, wäre meine Oma am Leben geblieben, wäre vieles anders geworden. Ich denke sogar, wenn sie am Leben wäre, dass ich dann heute nicht hier wäre. Also es wäre vieles anders gewesen.
I.: Hast du sonst irgendjemand jetzt auch in der Jugendzeit oder wann auch immer durch den Tod verloren?
N.: Durch den – durch den Tod nie, aber ich sag mal, aber ich sag mal, bis jetzt hab ich jeden verloren. Also jetzt werde ich 15 Jahre und im Grunde genommen habe ich keinen Menschen behalten in den letzten 15 Jahren, das ist zwar nicht durch den Tod aber trotzdem, desto mehr es mir gut geht, desto größer ist in mir auch die Angst, dass ich wieder alles verliere. Weil bis jetzt ist noch kein Mensch geblieben, ob das mein Stiefvater war, oder ich weiß nicht kennen sie die Frau P. noch? Die war damals mit mir in die (…) gekommen und die Frau war auch mein ein und alles und das war- die hat alles gemacht und das war – ja wie so'n Stück Mutter irgendwie. Und als sie gegangen ist, ich weiß nicht, die sind alle wieder irgendwie gegangen.
I.: Wie lange war die wichtig für dich?
N.: Also ich bin damals auf die Gruppe gekommen und da war der Draht zu ihr war schon sehr gut. Da ging schon über dieses Geläster rum, ach da kommt Frau P.'s Liebchen und so, das merkte man schon und da kam dann mal- das war so die Zeit da kam ich nicht so, weil Frau P. war so'ne Frau die war halt hart und wenn ich dann nachließ und wenn ich zum

Beispiel, 'ne Zeit lang hab ich auch ziemlich den Durchhänger gehabt, da auf die Art, alles Scheißegal, wenn Frau (...) weiß, dass in einem Menschen mehr steckt und man mehr raus holen kann, dann konnte sie knallhart werden. Und sie war dann 'ne Zeitlang auch knallhart und da hatten wir auch ziemlich viele Auseinandersetzungen und so, aber so im Grunde genommen war die die ganze Zeit so die Bezugsperson. Und dann so im Sommer, wo wir in der (...) waren, das war halt toll für mich mit ihr zu gehen und hat sie viel Zeit für mich und sie nimmt mich mit und davor waren wir noch zusammen in Urlaub in (...) mit, das war halt alles ganz toll. Als sie sich dann entschieden hat zu gehen, das war echt ein Hammer für mich, das war wieder genau das, verlierst wieder alles.
I.: Hast du noch Kontakt zu ihr?
N.: Mhm. Nicht mehr.
I.: Und in was für einem Zeitraum war das so, wo sie dir wichtig war?
N.: Sie war mir die ganze Zeit sehr wichtig, aber so richtig gezeigt hat sich das, als sie zu mir gesagt hat, dass sie geht. Also da hab ich die ersten Tage nur noch geweint, also in meinem Bett gelegen und hab wirklich nur noch geweint, weil ich weiß nicht, da war irgendwie – sie war einfach da und das war gut. Ich hab nicht darüber nachgedacht, dass ich sie verliere oder so, ich brauchte mir keine Gedanken darüber zu machen, sie war ja da, sie war ja meine Erzieherin und so, aber dann plötzlich dieser Haken, ich gehe jetzt aus deinem Leben, da kam dann wieviel sie mir bedeutet kam da erst hoch.
I.: ...... ((6 sek.)) Hattest du außer den Erfahrungen, von denen du schon erzählt hast, Erfahrungen, die du als sehr überwältigend oder beängstigend erlebt hast?
N.: Als meine Mutter ihren epileptischen Anfall hatte. Da hab ich gedacht, die stirbt vor meinen Augen. Also das war für mich das Schlimmste überhaupt, da hab ich gedacht, jetzt ist vorbei. Also das fand ich sehr schwer. Und sie ist dann ins Krankenhaus gekommen und ich war dann die erste Nacht auch da, da war sie dann auf einer normalen Station und nach drei Tagen, ich weiß nicht, das war auf einmal wie im Fernsehen so, da würde man nie selber dran denken so. Und nach drei Tagen kam ich dann auf die Station, da sagt mir dann die Frau, die liegt auf der Intensivstation und oh Gott, was ist denn jetzt passiert und dann eigentlich , wie ich sie dann gesehen hab so, überall Schläuche und im Mund und bewusstlos und das war echt das schlimmste für mich.
I.: Wie alt warst du da?
N.: ... ((3 sek.)) Zwölf. Das war kurz bevor ich hier ins Heim gekommen bin. Da war ich zwölf Jahre alt.
I.: Warst du dann bei deinem Vater oder warst du alleine zu Hause?
N.: Das war nach der Zeit, wo ich bei meinem Vater war, wo ich wieder nach D. kommen musste und wo das Jugendamt immer gesagt hat, wir versuchen es erst mit Erziehungshilfe und so und so, aber wie das dann passiert war, haben sie zu mir gesagt, weil das kam durch den Alkoholentzug, nach dem das passiert war, haben sie dann zu mir gesagt, jetzt kannst du ins Heim. Aber nachdem ich das dann auch wieder gesehen hab, hatte ich dann auch wieder die Einstellung, nee, jetzt musst du zu Hause bleiben, wenn das noch mal passiert, dann stirbt deine Mutter und du bist es Schuld. Das kannst du nicht machen. Da hab ich dann gesagt,

nee ich will nicht ins Heim, ich bleibe zu Hause, wo ich dann auch noch zwei Monate war, als sie dann wieder anfing zu trinken, hab ich dann doch gesagt, geht nicht, ich muss raus. (...)
I.: Du hast gesagt, zu deiner Mutter hast du so alle zwei Wochen Kontakt, zu deinem Vater, wie oft siehst du den?
N.: Ich hab ihn jetzt ein ganzes Jahr nicht mehr gesehen, ich war letztes Jahr Weihnachten bei ihm, also vorletztes Jahr, Weihnachten hatten dann ganze Zeit Kontakt, wollten dann auch noch mal zu ihm fahren, aber das hat nicht so geklappt, das war dann so verspätet mit dem Ticket und so, ja und in den Sommerferien war er in (...), da wollte der mich eigentlich auch mitnehmen, aber ich hab dann doch ein bisschen Angst, da hab ich ihn dann nicht mehr gesehen. Ja und jetzt so seit vier Monaten, ja vier Monate hab ich bestimmt nicht mehr mit ihm telefoniert, habs zwar immer wieder versucht, aber.
I.: Gibt's spezielle Ursachen von Unzufriedenheit in deiner jetzigen Beziehung mit ihm?
N.: ... ((4 sek.)) Ich finds toll, wenn er im näheren Kreis wohnen würde. Zwar nicht direkt K., aber nicht direkt K., so vielleicht D., irgendwas dahinter. M. oder so was. Etwas weiter weg, das fänd ich schon toll. Weil dann könnte ich ihn auch wieder öfters sehen, so am Wochenende und so oder er könnte mich in der Woche besuchen und dann könnte man auch langsam so'ne Beziehung aufbauen, das wär schon schön, dann wäre nicht immer die Angst da, erreicht er mich, oder erreicht er mich nicht. Er sagt auch immer, guck mal nach 'ner Wohnung, aber wie soll ich denn mit fünfzehn Jahren eine Wohnung suchen. Das geht ja nicht. Der könnte sich das auch gut vorstellen, aber von (...) hier runter ziehen, das ist auch nicht so einfach.
I.: Gibt's irgendwas in eurer Beziehung, was du nicht gut findest?
N.: Eh ...... ((5 sek.)) Also ich hab eigentlich Angst davor, dass er mich ausstößt, also so ausstößt, er hat mehr von der Mentalität her, er hat mir mal gesagt, und dieser Satz ist mir noch genau im Kopf, er hat mir mal gesagt, bei uns in der Familie ist es so, dass die Kinder – also der wollte es gar nicht negativ ausdrücken, er hat mir irgendwas erzählt und dann hat er gesagt, bei uns in der Familie ist es so, dass die Kinder bei ihren Eltern leben, das hat er mir so erzählt im Anschluss, dass er jetzt eine Familie gründen will und so und da kam für mich so der Tick, jetzt hat er 'ne Frau, jetzt kriegt er neue Kinder, dann bist du abgeschrieben, weil du ja nicht in der Familie lebst, also bist du auch keine richtige Tochter und so und davor hab ich schon ein bisschen Angst. Oder halt von der Mentalität her, wenn die so anfangen zu denken, wenn er mich um sieben Uhr anruft, und ich bin dann immer noch nicht da, dann denkt er sich, was ist das für ein Mädchen, wenn es dunkel wird, und die läuft immer noch draußen rum, das ist doch nicht meine Tochter. Da hab ich halt ein bisschen Angst vor, dass er mich dann ...
I.: Was würdest du sagen, wie die Beziehung zu deinem Vater jetzt ist?
N.: Distanzvoll. Sehr große Distanz eigentlich.
I.: Und zu deiner Mutter?
N.: ... ((4 sek.)) also es ist komisch, ich hab vor ein paar Tagen eigentlich zum ersten Mal, also früher hab ich mir immer gesagt, wo ich noch kleiner war, die Frau, die betrunken ist, das

ist nicht meine Mutter, das ist sie einfach nicht, auch wenn es dann zu Handgreiflichkeiten oder so kam in dem Sinne, die Entschuldigung, das ist eh nicht deine Mutter, diese Frau, die Frau, die nüchtern ist, das ist deine Mutter. Und ich hab dann eigentlich vor ein paar Tage erst, sag ich mal jetzt so, zum ersten Mal mit meiner Mutter telefoniert, seit also in diesem Jahr. Wenn wir dann so miteinander reden, wenn sie nüchtern ist, dann ist auch wieder alles in Ordnung, dann erzähl ich ihr alles und so und dann sag ich ihr, dass ich sie liebe und sie sagt mir das auch und dann freuen wir uns, uns wieder zu sehen, dann könnten wir uns eigentlich sofort wieder sehen, wenn dann das Wochenende vor uns liegt, dann hätte ich sofort Lust nach Hause zu fahren zu ihr, aber wenn sie dann halt wieder in der Phase ist, wo sie wieder trinkt, was manchmal auch echt lange dauern kann, dann ist da eigentlich gar kein Kontakt. Dann ist es bloß, dann bin ich bloß zu Hause, ich guck dann Fernsehen, esse, dusche oder so oder schlafe da, aber im Grunde genommen, am Tag geh ich dann nur weg. Bin dann da, aber da ist dann gar kein Kontakt, dann reden wir nicht miteinander, das gibt wieder nur Theater oder so, ja aber ich versuch dann immer, so wenig wie möglich, halt denn wenn einmal das Theater anfängt, dann eah, beim letzten ist es auch ziemlich eskaliert, da sind wir dann also, da hab ich ihr dann – da hab ich ihr eine gescheuert. Das – ich weiß nicht, da war sie halt betrunken und fing sie wieder ziemlich an zu reden und so und ich sagte dann, lass mich einfach in Ruhe, sie wollte mich dann in Arm nehmen und dann hab ich gesagt, lass mich einfach in Ruhe, lass mich Fernsehen gucken und dann sagte sie dann, ich hatte durch die Erfahrung, dass ich sie früher mal gehört habe, so rede ich mit meiner Mutter nicht gerne über Sex, sie ist zwar so eine, die könnte ich als Freundin nehmen, sie mag das diese Mutter-Kind-Beziehung also dann als Freundschaft, aber ich mag es überhaupt nicht, also ich kann das einfach nicht und sie hat auch gefragt, ob ich schon mal mit meinem Freund geschlafen hätte und ich hab es ihr dann auch gesagt, obwohl ich es eigentlich nicht gerne tue und genau das hat sie dann auch ausgenutzt, wenn sie betrunken war. Da tat mir das hinterher schon wieder so leid, da war sie betrunken und dann guckt sie mich an, du bist 'ne Schlampe und dann hab ich zu ihr gemeint, ich bin 'ne Schlampe, gerade ich, du sagst so was zu mir, da sagt sie, ja klar, hast doch eh hier und da und da hab ich mir dann – das tat mir weh, weil da hab ich gedacht, siehst du, du machst es nicht gerne, du hast trotzdem mit ihr darüber geredet, sie war ja nüchtern, und dann wirft sie dir so was vor. Ja und dann sagte sie halt, ich würde halt für jeden die Beine breit machen, in ihrem Suff hat sie das gesagt, ja und dann hab ich ihr eine gescheuert.
I.: Ganz schön schlimm.
N.: Ja im Nachhinein denke ich auch, wenn man sich das vorstellt, die eigene Tochter scheuert der Mutter eine/
I.: /Nein das meine ich nicht ist das Schlimme, dass du sie geschlagen hast, sondern, dass du ihr das gesagt hast und das so wieder rüber kam.
N.: Das war genau das, wo ich mir dann dachte, bor da machst du es, obwohl du es nicht gerne tust, redest mit ihr über so was und dann.
I.: Ich möchte dir jetzt eine Frage zu einem anderen Thema stellen. Stell dir bitte vor, du hättest ein einjähriges Kind, was denkst du, wie du dich fühlen würdest, wenn du von dem Kind zum Beispiel für ein Wochenende getrennt sein müsstest?

N.: ... ((3 sek.)) Ich hätte Angst glaub ich. Wenn ich ein Wochenende nicht da wär, weil ich denke, wenn mein Kind ein Jahr alt ist, ist auch so eine Entwicklungsphase irgendwo, wo diese Kinder was neues lernen, ich weiß nicht, wenn ich dann übers Wochenende wegfahre, also ich würd mir dann schon Gedanken machen, was macht das jetzt. Also ich denke, 'ne Mutter muss schon da sein, um immer die Flasche zu geben so richtig, dass das nicht andere Leute ständig tun, wenn ich jetzt ein Kind hätte, klar muss ich meine Ausbildung zu Ende machen, da sind immer andere Leute da, aber so'n Wochenende, ich weiß nicht, ich glaub das wär das nicht so für mich.

(...)

Nicole hat es noch nicht geschafft, eine eindeutige Strategie zu entwickeln im Umgang mit Beziehungen und ihren Problemen. Es lässt sich vermuten, dass sich die Erfahrungen mit ihrer Mutter, die ja über viele Jahre ihre einzige Bindungsperson war, in zwei unterschiedlichen Bindungskonzepten niedergeschlagen haben. Die ambivalente, verstrickte Bindungshaltung dürfte sich auf die betrunkene Mutter beziehen, die bindungsabweisende eher auf die nüchterne Mutter. Die Ambivalenz Nicoles in ihrer Bindungseinstellung zeigt sich auch darin, dass Nicole bei aller Kritik und Wut auf ihre Mutter doch auch stark mit ihr identifiziert zu sein scheint. Zumindest wenn die Mutter betrunken war, war sie das Gegenteil von feinfühlig. Angesichts einer solchermaßen unvorhersehbaren Bindungsperson lernte Nicole sich anzupassen und deren Verfügbarkeit zu kontrollieren. Ihr Bindungssystem erscheint chronisch aktiviert.

Nicole versuchte, ihre Beziehungen selbst zu kontrollieren. Dabei schlug sie auch wohlgemeinte Beziehungs- und Hilfeangebote souverän aus. Manche ihrer Erzieherinnen fühlten sich daher überflüssig und ohne die Gelegenheit, helfen zu können, auch hilflos. Sie fühlten sich den Launen des Mädchens ausgeliefert, vermutlich in ähnlicher Weise, wie dies Nicole als Kind erleben musste. Aber nicht nur dieses Kontrollbedürfnis, sondern auch die Schamgefühle dürften Nicole daran gehindert haben, über sich zu sprechen. Die Betreuerin fühlte sich dadurch nicht anerkannt in ihrer Rolle. Sie schämte sich ob dieser fehlenden Anerkennung. Sie befürchtete, dass auch das Jugendamt dies sehen könnte. Am liebsten wollte sie daher als Betreuerin von der Bildfläche verschwinden. Nicole hatte es geschafft, dass nun nicht mehr sie selbst, sondern eine andere Person unter diesem Gefühl von Scham zu leiden hatte.[1]

## 4.2.3 Jessica und ihre Tochter Petra

Die 18-jährige Jessica wohnte seit drei Jahren in dem Heim. Sie war Mutter der knapp ein Jahr alten Tochter Petra, mit der zusammen sie in einer betreuten Mutter-Kind-Gruppe lebte. Jessica war in einem Klima der Gewalt aufgewachsen. Von ihrem Vater wurde sie von klein auf geschlagen. Mit dem Alter nahm das Ausmaß der erlittenen Gewalt zu, bis hin zu Nasenbein- und Rippenfrakturen. Immer wieder wurde sie als Kind eingesperrt. Versuchte ihre Mutter, sie vor dem Vater zu schützen, wurde diese selbst von ihrem Mann geschlagen. Als Jessica klein war, war ihr die Großmutter eine wichtige Bezugsperson, die sie, wenn irgendwie möglich, jeden Tag besuchte. Sie kam mit drei Jahren in den Kindergarten, wurde aber nach einem halben Jahr wieder herausgenommen, weil sie weinte und dort nicht bleiben wollte. In der Vorpubertät zog sie für ein Jahr ganz zu ihrer Großmutter. Im Alter von 15 Jahren, als sie wieder bei ihren Eltern lebte, schwänzte sie die Schule. Sie begann harte Drogen zu nehmen, kam nachts nicht nach Hause und ging der Prostitution nach. Sexueller Missbrauch durch einen Freund des Vaters wird vermutet. Kurze Zeit später verließ Jessica ihr Zuhause mit ausdrücklicher Zustimmung ihres Vaters. Vor der Aufnahme im Heim war sie noch für kurze Zeit in anderen Jugendhilfeeinrichtungen untergebracht, auch mehrere Monate in einer jugendpsychiatrischen Klinik. Die Mutter trennte sich dann vom Vater. Sie lebte seitdem mit einem jüngeren Mann zusammen, bei dem es sich um den Ex-Freund ihrer Tochter Jessica handelte. Der Vater drohte der Mutter immer noch. Den Berichten der Erzieherinnen war zu entnehmen, das Jessica weiterhin Angst um ihre Mutter hatte. Diese verhalte sich unbeständig, geradezu chaotisch, sage Besuchstermine im Heim kurzfristig ab und halte Versprechen nicht ein. Von ihr hieß es, dass sie in der Beziehung zu ihrer Tochter eher die abhängige, gar hilflose Person sei. Ihrer beider Beziehung wurde als „Schulkameradinnen-Verhältnis" beschrieben.

Am Anfang des Heimaufenthaltes habe sich Jessica an jede Person geklammert. Müsse ihr allerdings jemand einen Wunsch abschlagen, sei diejenige Person für Jessica „gestorben". Dauernd versuche sie, Leute für sich zu vereinnahmen, lasse diese aber wieder fallen, wenn es zu einem Dissens komme. Überhaupt wiegele sie nur allzu gerne alle gegeneinander auf. Wenn es Jessica schlecht gehe, lasse sie dies ihre ganze Umwelt spüren. Dann werde sie aggressiv und laut. Sie zwinge damit ihre Umgebung, auf sie zu reagieren. Von Anfang an habe sie sich auch die Arme aufgeschnitten. Erst als sie sich alleine habe verbinden müssen, habe das Ritzen aufgehört. Nach dem Tod der Großmutter vor einem Jahr habe Jessica wieder angefangen, sich die Arme aufzuschneiden, und habe in der Gruppe randaliert. Jessica habe ihre Angst, ihre Oma bald zu verlieren, schon vor deren Tod häufig geäußert. Überhaupt könne sie Gefühle kaum für sich behalten. Inzwischen habe sie eine Anspruchshaltung entwickelt nach dem Motto „Jetzt, wo ich meine Oma nicht mehr habe, sieh du mal zu, wie du mir helfen kannst!". Zu ihrer Bezugsbetreuerin hatte sich eine sehr intensive, aber auch äußerst ambivalente Beziehung etabliert. Jessica schlug diese wiederholt, um sich dann bald darauf wieder mit ihr zu vertragen.

Mit anderen Jugendlichen sei sie immer wieder Freundschaften von nur geringer Dauer eingegangen. Aus solch einer kurzdauernden Beziehung zu einem Jungen, der selbst kurz zuvor aus einem anderen Heim der näheren Umgebung entlassen worden war, ging die Tochter Petra hervor. Die Beziehung zum Vater des Kindes ging schon während der Schwangerschaft in die Brüche.

Die Beziehung Jessicas zu ihrer Tochter war von Anfang an problematisch. Jessica interessierte sich kaum für ihr Baby. Bisweilen sah es so aus, als ob sie auf Petra eifersüchtig sein könnte. So legte sie sich zum Ärger ihrer Betreuerinnen in das Kinderzimmer und hörte sich Kinderkassetten an. Sie regredierte unübersehbar: Sie nahm den Schnuller ihrer Tochter in den Mund oder kam zu den Erzieherinnen zum „Knuddeln" mit dem Kommentar, sie müsse nun ihre „Kindheit nachholen". Die Erzieherinnen waren sich immer wieder unsicher, wie sie sich verhalten sollten. Es war nämlich nicht zu übersehen, dass die kleine Petra mit der Zeit eine Bindung eher mit ihnen als mit ihrer Mutter einging. Sie fragten sich, wie Jessica zu helfen war, ohne sie als Mutter bloßzustellen. War Petra mit ihrer Mutter zusammen, schaute sie ängstlich und hilfesuchend zur Erzieherin. War Jessica außerhalb des Hauses unterwegs, zeigte sie bei ihrer Rückkehr ein unterschiedliches Verhalten, je nach dem, wie es ihr ging. War sie „schlecht drauf", ging sie schnurstracks in ihr eigenes Zimmer und nahm die Tochter gar nicht als anwesend wahr. War sie „gut drauf", nahm sie sich das Kind, um mit der Kleinen zu schmusen. Dabei nahm sie keine Rücksicht darauf, ob Petra etwa gerade mit einer Erzieherin innig zusammen war. Sie war das Gegenteil von feinfühlig. Da die Erzieherinnen es nicht wagten, Jessica das Kind vorzuenthalten, gaben sie regelhaft klein bei. So musste die kleine Petra erleben, dass auch auf diese Bindungsperson kein Verlass war, da sie in Angstsituationen eben nicht sicher für sie da war. Anlässlich solcher Wiedersehensszenen verhielt sich auch Petra denn auch sehr unterschiedlich. Manchmal ging sie zu ihrer Mutter, wenn diese sie rief, manchmal aber auch nicht.

Schon wenige Monate nach der Geburt wurde klar, dass bei diesem Arrangement das Kindeswohl und das Wohl der jungen Mutter einvernehmlich nicht zu garantieren waren. Man versuchte daher, Jessica davon zu überzeugen, dass es das Beste sei, Petra einer Pflegefamilie anzuvertrauen. Dies gelang auch. Jessica selbst suchte allerdings in der Folgezeit verstärkt den Kontakt zur Drogenszene. Sie verließ die Mutter-Kind-Gruppe und wurde zwischenzeitlich wiederum stationär jugendpsychiatrisch behandelt. Da zu befürchten war, dass Jessica ohne Kind noch haltloser werden würde, wurde ihr mit einer Eins-zu-Eins-Betreuung eine besonders intensive Jugendhilfemaßnahme angeboten. Allerdings entzog sie sich auch dieser Betreuung immer wieder. Sie wurde erneut schwanger und ließ eine Abtreibung vornehmen. Ihre Tochter Petra lebte von nun an bei Pflegeltern, die sie herzlich aufnahmen.

Jessicas ganze Widersprüchlichkeit, ihr inneres Chaos, zeigt sich im Interviewprotokoll ihres Erwachsenenbindungsinterviews. Es wurde als „nicht klassifizierbar" (CC) und damit hochunsicher bewertet. Diese CC-Kategorie wird einem Interview dann zugeteilt, wenn sich im Text eine Kombination widersprüchlicher Sprachmuster finden. So verraten Jessicas Antworten zum einen eine nicht vorhandene Distanz zu ihren primären Bezugspersonen. Immer noch erscheint sie mit dem Vater emotional verstrickt. Diese Merkmale sind für unsicher-verstrickte Bindungsrepräsentanzen typisch. Allerdings sprechen eine ausgeprägte Neigung zur Idealisierung der Beziehung zur Mutter und mehr noch zur Großmutter sowie häufige Gedächtnislücken auch für ein bindungsabwertendes Muster, das normalerweise sich nur schlecht vereinbaren lässt mit der einer verstrickten Bindungsrepräsentanz. Zudem fanden sich auch deutliche Hinweise dafür, dass es Jessica noch nicht gelungen war, den Tod der Großmutter so zu verarbeiten, dass ihr eine kohärente Erzählung dieser Verlusterfahrung möglich gewesen wäre.

I: Wie lang hast du bei deinen Eltern gelebt?
J.: – – Tja wie lang hab ich bei meinen Eltern gelebt? Ich hab ein Jahr lang zwischendurch halt ohne meine Eltern gelebt, da hab ich – war ich bei meiner Oma. (Hmm.) – – Ansonsten war ich halt eigentlich immer mit meinen Eltern, bis halt vor kurzem, wo ich von zu Hause weg bin. Seit drei Jahren.
I: Und warum bist du von zu Hause weg?
J.: Mmmm weil dann – weil mein Vater mich also ziemlich böse geschlagen hat, also – mich beschimpft hat, rausgeschmissen öfters. (Hm.) Also er hat gesagt, er will mich rausschmeißen, und ich soll gehen, aber – – und irgendwann bin – hab ich dann meine Sachen genommen, bin gegangen. (Und das war ungefähr vor drei Jahren?) Hm. Ja, drei, vier.

Die Auswirkungen der Gewalterfahrungen werden deutlich in der folgenden Passage, in der Jessica die Adjektive, die sie zur Charakterisierung der Beziehung zur Mutter nannte, näher erläutern sollte. Es wird deutlich, wie dieses

Erleben ihr gesamtes Beziehungskonzept prägt. Jessica erlebt sich als der Mutter recht ähnlich. Dagegen wird der Vater vehement abgelehnt und abgewertet.

I: Ich würd' dir da gern noch 'n paar Fragen zu stellen. Du hast gesagt, die Beziehung zu deiner Mutter war damals gut. (Hmm.) Kannst du dich an konkrete Situationen erinnern – oder eine konkrete Situation – wo du die Beziehung als gut erlebt hast damals?
J.: Ja, meine Mutter hat mir immer versucht eigentlich ziemlich gut zu helfen, also gegen meinen Vater halt auch.
I: Kannst du dich da noch an 'ne Situation erinnern, wo sie das gemacht hat?
J.: … ((3 sek.)) Jaa, das war, da war ich drei, da hat er mir ehm – – den ganzen Oberschenkel kaputtgehauen. Weil ich nich in meinem Bett schlafen wollte. Und da iss meine Mutter dann irgendwann dazwischengegangen, nachdem ich geblutet hab ohne Ende.
I: Und was hat sie dann gemacht?
J.: Ja, die hat halt mit ihm geredet, dass er aufhören soll.
I: Hmm. ……… ((10 sek.)) Dann haste gesagt, die Beziehung zu ihr war auch traurig. (Ja.) Kannst du dich da an 'ne konkrete Situation von damals erinnern, warum die traurig war, eure Beziehung/
J.: /Ja, weil die sich immer, wenn sie sich für mich eingesetzt hat, ziemlich Ärger mit meinem Vater bekommen hat und – – ja, ich war halt ziemlich traurig, weil ich das mitgekriegt hab, wie mein Vater mit meiner Mutter umgegangen iss. Ich mein, der hat auch meine Mutter schon zweimal geschlagen. (Hmm.) Das iss schon – – für 'n vier-, drei-, vierjähriges Kind 'n bisschen heftig so.
I: Kannst du dich da noch an 'ne Situation erinnern, wo du traurig warst? 'Ne konkrete?
J.: Ja, wo er die geschlagen hat, also – – wo die dann in die Badewanne geflogen iss. – – Aber um was es da ging, weiß ich nich mehr.
I: Und wie alt warst du da, haste gesagt, drei, vier oder?
J.: Drei, vier, ja. Das weiß ich noch, an dem Zeitpunkt, wo wir da in der (…) stra – ehm – – ich weiß nich mehr die Straße – – (…) 11 gewohnt haben, in dem Haus.
I: Hmm. Dann haste gesagt, eure Beziehung war auch ängstlich.
J.: Ja, wir hatten eigentlich alle beide viel Schiss vor meinem Vater. – – Aber trotzdem hat meine Mutter mir halt immer geholfen.
I: Hmm. Kannst du dich noch an 'ne Situation erinnern, wo es ängstlich war?
J.: – – Ja, wo sich meine Mutter zum Beispiel für mich eingesetzt hat, wo er mir den – – auf'm Oberschenkel rumgehauen hat. (Noch irgend 'ne andere Situation, wo du Angst hattest?) Mmm – (Um eure Beziehung.) … ((4 sek.)) Ja, wenn ich halt arbeiten musste, und meine Mutter gesagt hat, ja die bleibt jetzt am Wochenende hier, und da hat sich meine Mutter mit meinem Vater halt immer angelegt deswegen. Da hatt ich auch Angst, dass er meine Mutter wieder schlagen könnte.
I: Und wie alt warst du da?
J.: Dreizehn.

I: Dann haste gesagt, eure Beziehung lässt sich durch Einsamkeit beschreiben von damals.
J.: Ja, meine Mutter ha – hat früher keine Freunde gehabt. Und – – ich musste halt immer bei den Pferden helfen und so. (Bei was, bei den Pferden?) Bei den Pferden. (Hattet ihr Pferde?) Ja, wir haben immer noch welche. Ehm – – dann hatte ich auch keine Zeit für Freunde und so, also wir waren schon ziemlich einsam, weil wir niemanden hatten, mit dem wir reden konnten darüber. Außer halt unsre – also meine Oma.
I: Hm. – – Kannst du dich noch an 'e konkrete Situation erinnern, wo du einsam warst?
J.: … ((4 sek.)) Wo ich einsam war. – – Mmm … ((3 sek.)) Ja, es gab viele Zeitpunkte, wo ich einsam war. – – Wo ich wieder Ärger mit meinem Vater hatte und meine Mutter nichts machen konnte, zum Beispiel. Da hab ich mich irgendwo einsam gefühlt.
I: Hm. Dann haste gesagt, eure Beziehung war damals auch verletzlich.
J.: … ((3 sek.)) Mmm ja mmm mein Vater hat viele, viele Schimpfwörter gegen mich und meine Mutter gesagt und – – die schon ziemlich verletzlich waren.
I: Kannst du dich noch an 'ne Situation erinnern, die verletzlich war für dich?
J.: Mm – – ja, das war kurz bevor ich gegangen bin von zu Hause. Und da hat er mich ja ziemlich beschimpft, von wegen dass ich 'ne Hure wäre und dass ich mich verpissen soll; wenn er morgen wiederkommt, soll ich nich mehr da sein; mich will keiner-
I: – – Hmm. Ja, dann würd ich dich bitten, dir fünf Wörter zu überlegen, die die Beziehung zu deinem Vater – (Nee.) beschreiben.
J.: Okay. Scheiße, scheiße, scheiße, scheiße, scheiße. … ((3 sek.)) (Das erste hätten wir dann schon mal.) – – 'N Arschloch. Was soll ich dazu denn sagen? Zu dem will ich auch gar nichts sagen, weil – – das ist das Letzte für mich, dieser Mensch. Das iss kein Mensch mehr, das iss Abschaum. Den sollte man hier draußen nich auf der Straße rumlaufen lassen.
I: – – Okay, dann nehmen wir halt erst mal das eine, vielleicht kommt noch was anderes. Die Beziehung war scheiße. (Ja.) Warum?
J.: Ja, wieso? Weil er mich geschlagen hat, weil er meine Mutter fertig gemacht hat, weil er versucht hat, jeden fertig zu machen –

**Im Vergleich zur Beziehung zur Mutter wird die Beziehung zur Großmutter noch stärker idealisiert, ohne dass es Jessica gelingt, dies dem Zuhörer bzw. Leser überzeugend zu vermitteln.**

I: … ((3 sek.)) Du hast ja gesagt, dass die – dass deine Oma dich großgezogen hat, ne? (Zum Teil.) Dass die wichtig für dich war. (Ja.) Könntste mir da auch fünf Wörter nennen, die eure Beziehung so zwischen fünf und zwölf am besten beschreiben würden?
J.: Ach … ((4 sek.)) Gut. Spaßig. – – Verständnisvoll. … ((3 sek)) Mm – – mitfühlend. – – Ehm ……… ((10 sek.)) liebevoll.
I: Okay. – – Ja, du hast gesagt, die Beziehung war damals gut. (Ja.) Kannst du dich noch an 'ne konkrete Situation erinnern, warum die gut war?
J.: Alles war gut, weil wir einfach 'n gutes Verhältnis zueinander hatten.
I: – – Ja, kannst du dich an irgend 'ne Situation erinnern?

J.: Es gab so viele, was weiß ich denn. Einfach alles war an dieser Frau gut und ... ((3 sek.))
I: Gut. Dann haste gesagt, eure Beziehung war damals spaßig.
J.: Ja, wir haben sehr, sehr viel Spaß miteinander gehabt. Wir haben zum Beispiel abends auf der Couch gesessen und haben Witze gemacht, haben uns – – Sachen erzählt, die witzig sind. – – Haben Karten gespielt. Spaß gehabt ((?)).
I: Hmm. Dann war eure Beziehung damals auch verständnisvoll.
J.: Ja, meine Oma hatte viel, viel Verständnis für mich. Das hat mir sehr – also – – die hat das verstanden, warum ich so geworden bin oder so reagiert hab teilweise.
I: Kannst du dich da noch an 'ne Situation erinnern?
J.: Ja, wenn die zum Beispiel mal so die Hand erhoben hat, so schnell, und dann – ich dann zurückgezuckt bin und gesagt habe, ja, lass das mal oder so, dann hat die verstanden, also so – – die wusste, wieso ich das nich mag. (Hm.) Ich hab ihr das – sie wusste das ja, und sie hat das einfach verstanden, deswegen hat sie's in meiner Gegenwart halt auch nich gemacht. ((Nachsatz unverständlich.))
I: Was heißt Hand gehoben?
J.: Ja, so halt nur die Hand heben. – – Oder so schnelle Bewegungen halt in meiner Gegenwart. Oder mit'm Gürtel rumspielen, mit Peitsche, was weiß ich ((?)).
I: Dann haste gesagt, eure Beziehung lässt sich auch als mitfühlend beschreiben damals.
J.: Ja, sie hatte sehr, sehr viel Mitgefühl. Also sie hat ehm wenn's mir richtig scheiße ging, hat meine Mutter mitge also mei – hat meine Oma mitgefühlt.
I: Kannst du dich noch an 'ne Situation erinnern, wo sie Mitgefühl hatte, wo's dir schlecht ging?
J.: Ja. Da hat mein Vater mich gegen die ehm – – so 'ne – gegen die Badezimmertür mit den langen Haaren gesch – also gepackt und mich gegen die Badezimmertür geschmissen und hat auf mich eingetreten, mit Stahlkappenschuhen und – – meiner Oma ging es in dem Moment auch ziemlich scheiße, weil sie mir nich helfen konnte. (Wie –) Ich hab das in ihrem Gesicht geseh'n, also sie hat die Tränen schon in den Augen gehabt.
I: Wie alt warste da?
J.: ... ((3 sek.)) Ich glaub 13. Bin mir aber nich mehr sicher.
I: Dann ehm hast du gesagt, eure Beziehung war liebevoll.
J.: Ja. Wir haben uns richtig lieb gehabt. Also wir waren ein Herz und eine Seele.
I: Okay. ...... ((6 sek.)) Zu welchem deiner Eltern hattest du als Kind die engere Beziehung?
J.: Meiner Mutter.
I: Und warum war das so?
J.: Weil meine Mutter mich nich geschlagen hat.
I: – – Und was würdest du sagen, ehm zu wem war es enger, zu deiner Mutter oder zu deiner Großmutter?
J.: Zu meiner Großmutter. Ehm zu meiner Oma.
I: Und warum war das?
J.: ... ((3 sek.)) Ja, was soll ich dazu – weiß nich. – – Weil sie mir einfach alles gegeben hat, ehm ich mein jetz nich Sachen oder so, sondern einfach Liebe, Geborgenheit, alles, was mei-

ne Mutter mir nich geben konnte wegen dem Stress mit meinem Vater, hat meine Oma mir halt gegeben.
I: Hmm. – – Wenn du dich als Kind nicht wohlgefühlt hast, was hast du dann gemacht?
J.: Bin raus zu'n Pferden. Zum Stall.
I: Kannst du dich noch an 'ne Situation erinnern, wo du dich nich wohlgefühlt hast?
J.: Ja, wenn meine Mutter an – wenn mein Vater angefangen hat, mit meiner Mutter rumzuschreien. – – Dann bin ich meistens runter zu den Pferden – – in 'n Stall, und hab mich halt zu meinem Pferd in' Stall gesetzt und hab geweint, mit ihm geredet.
I: Und wie alt warst du da?
J.: Fünf, sechs Jahre alt.
I: Ehm – – wenn du als Kind Kummer hattest oder unglücklich warst, was hast du dann gemacht?
J.: – – Als Kind? – – Bin ausgeritten.
I: ... ((4 sek.)) Kannst du dich da noch an 'ne Situation erinnern?
J.: Ja, halt die Aktion mit meinem Vater, wenn der mit meiner Mutter rumgeschrien hat, iss alles so zusammengekommen. Dann bin ich dann runter in 'n Stall und hab mich darein gesetzt und hab geheult, oder ich bin raus – hab den rausgeholt und hab – bin dann raus ins Gelände geritten und habe dann – – was weiß ich, gesungen und so.
I: Und wie alt warst du da?
J.: Wie alt war ich denn da? Ja, auch so fünf, sechs, sieben. Ich hab genau die Alter hab ich nich mehr genau im Kopf also –
(...)
I: Hattest du, als du klein warst, jemals das Gefühl, von deinen Eltern abgelehnt oder zurückgewiesen worden zu sein?
J.: Von meinem Vater.
I: Kannst du dich da noch an 'ne Situation erinnern?
J.: Mhm. ((Nein.)) – – Eigentlich nich.
I: Hattest du, als du klein warst, jemals das Gefühl, von deinen Eltern abgelehnt oder zurückgewiesen worden zu sein?
J.: Von meinem Vater.
I: Kannst du dich da noch an 'ne Situation erinnern?
J.: Mhm. ((Nein.)) – – Eigentlich nich.
I: Eeehm – – warum, glaubst du, hat er sich so verhalten, wie er's getan hat?
J.: Iss mir eigentlich auch egal.

Der folgenden Passage lässt sich entnehmen, dass Jessica sich in ihrem Erleben und in ihren Gefühlen nur schlecht abgrenzen kann von ihrer Mutter. Großmutter, Mutter und sie bilden gewissermaßen eine Folge. Wie weiter unten ersichtlich wird, ließ sich befürchten, dass Jessicas Tochter Petra diese Reihe in die vierte Generation würde fortsetzen können.

I: Warst du als Kind jemals ängstlich oder hast du dir Sorgen gemacht?
J.: Ja, Sorgen schon, aber ängstlich war ich eigentlich – ja doch, was was meine Mutter betraf, hab ich – war ich ängstlich und hab ich mir Sorgen gemacht, aber ansonsten, so ängstlich eigentlich –
I: Wodrüber hast du dir Sorgen gemacht?
J.: Ja, dass mein Vater die irgendwann mal totschlägt oder irgendwie so was, oder sie mit Sachen nich mehr klar kommt. (Hmm.) Oder dass meine Mutter einfach mal abhaut oder so, und dann nich mehr wiederkommt.
I: – – Wie alt warst du da ungefähr?
J.: – – Was weiß ich, wie alt ich da war, keine Ahnung.
I: Haben deine Eltern dich jemals auf irgendeine Art und Weise bedroht, vielleicht um deinen Gehorsam zu erzwingen oder einfach zum Spaß?
J.: – – Bedroht, mein Vater hat mich öfters bedroht.
I: Der hat dich physisch bedroht – – also körperlich, aber auch irgendwie durch (Auch seelisch.) durch Worte?
J.: Ja, durch Worte. – – Muss ich sagen was? – – Ja, ehm zum Beispiel, ich bring dich um, wenn – mit der Mama was passiert. (Er hat zu dir gesagt, ich bring dich um, wenn der Mama was passiert?) Ja, weil meine Mutter herzkrank iss. Dann ... ((3 sek.)) wenn das kaputt geht, krieg ich 'n paar auf die Fresse ... ((4 sek.))
I: Hmhm. Das mit dem ich bring dich um, wenn der Mama was passiert, kannst du dich da noch erinnern, wie alt du warst?
J.: Ja, da war ich fünfzehn, das war da – also 14, 15, das war, wo ich meine Krise hatte.
I: Und was heißt das?
J.: Ja, wo ich angefangen hab mit Drogen und so. Wo ich dann halt nachts nich nach Hause gekommen bin.
(...)
I: Warum glaubst du, haben sich deine Eltern während deiner Kindheit so verhalten, wie sie es getan haben?
J.: Weil mein Vater 'n Arschloch is, und meine Mutter, weil sie Angst hatte, sich einzu – also meistens Angst hatte, sich einzumischen oder so, aber sie hat`s ja trotzdem getan.
I: Und was glaubst du, warum sich deine Oma so verhalten hat, wie sie`s damals getan hat?
J.: Weil sie mir helfen wollte.
I: Hmm, okay. Gab's in deiner Kindheit außer den drei Personen, über die wir schon gesprochen haben, irgend jemand anders, der dir noch sehr wichtig war?
J.: ... ((4 sek.)) Nein, außer meinem Pferd nich.

Im folgenden Abschnitt des Interviews wird deutlich, welche Mühe es Jessica immer noch macht, über den Verlust der von ihr idealisierten Großmutter zu erzählen.

I: Ja, dann hast du erzählt, dass du deine Oma verloren hast? (Ja.) Wann war das?

J.: (gibt exaktes Datum an)
I: Das iss so 'n Jahr jetzt her. (Ja. Am Freitag.) Hmm. Kannst du mir da über die Umstände erzählen?
J.: Mhm. ((Nein.)) – – Mhm, kann ich nich.
I: Ehm – – war das eher plötzlich, dass sie gestorben iss oder war das vorhersehbar?
J.: – – Ich weiß nich so- also sie war 'ne lange Zeit im Krankenhaus und – – sie war dann im Koma, so was ähnliches wie im Koma, ja und irgendwann war sie nich mehr aufgestanden.
I: – – Wie waren deine damaligen Gefühle?
J.: ... ((3 sek.)) Meine Gefühle, wie waren die dann? Scheiße waren die, also ich mein, ich hab mich ziemlich Mist gefühlt, ich mein, da wo ich dann 'ne ganze Zeitlang nichts gegessen habe und mir die Arme aufgeschnitten habe und so. (Danach?) Hm? (Nach dem Tod?) Ja. – – Und oben ziemlich gut randaliert habe und – ja, das war schon – – ziemlich heftig. (Hm.) und ich paar Nächte lang nich geschlafen habe.
I. ... ((3 sek.)) Ehm haben sich diese Gefühle jetzt mit der Zeit verändert – über deine Oma?
J.: Ja, ich mein, ich schneid mir jetz nich mehr die Arme auf, aber – – ich bin immer noch ziemlich traurig.
I: Hmm. Warst du bei der Beerdigung dabei (Ja.) und wie war das für dich?
J.: Schrecklich.

Wie schwer es Jessica fällt, sich von der Mutter abzugrenzen, lässt sich in der folgenden Passage erkennen. In dem Klima von Gewalt ist selbst von aggressivem Verhalten eine Klärung der Beziehungen nicht zu erwarten. Jessicas Vorstellungen von sich selbst verschwimmen mit denen von der Mutter. Es gelingt ihr ausgesprochen schlecht, Selbstrepräsentanz und Fremdrepräsentanz auseinander zu halten. Das innere Chaos ist schon für den Zuhörer bzw. Leser nur schwer zu ertragen. Es lässt sich erahnen, wie Jessica selbst sich fühlen muss.

I: – – Wie oft hast du Kontakt zu denen?
J.: Zu meiner Mutter regelmäßig eigentlich. Und zu meinem Vater seit kurzem nich mehr. Also wir haben seit kurzem miteinander telefoniert, aber jetz auch nich mehr.
I: Leben die zusammen, die beiden?
J.: Nee, die sind getrennt.
J.: Und wann haben die sich getrennt?
I: Ich glaub, vor zwei Jahren oder so. Ein, zwei Jahren. (Also nachdem du weg warst?) Ja, meine Mutter iss abgehauen. Genauso wie ich.
J.: Hmm. – – Kannst du mir Ursachen von Unzufriedenheit in deiner jetzigen Beziehung zu deinen Eltern nennen?
J.: Unzufriedenheit. Ich bin mit meinem Vater ziemlich unzufrieden, weil er meiner Mutter immer noch droht. - - Ich mein, letztens beim ((unverständlich)) hat er ihr auch ziemlich gedroht, vor zwei Wochen.

I: – – Und Unzufriedenheit mehr in bezug auf die Beziehung zu deiner Mutter?
J.: – – Gibt's eigentlich kei – ja doch, dass sie 'n bisschen Schiss vor mir hat, damit bin ich unzufrieden, also ich find das nich so toll. (Dass sie Schiss vor dir hat?) Ja, also – was heißt Schiss ehm – – die iss 'n bisschen komisch. (Du hast das Gefühl, dass das so iss?) Ja, also sie ehm hat Angst, weil ich wollt ja nach Hause fahren, und sie hat Angst, weil ich am (...) Geburtstag habe, da werd ich 18, dass ich ehm dann tu und lass, was ich will, und dann nich mehr auf sie höre. Und das find ich nich richtig, weil ich denke mal, sie iss halt meine Mutter und die müsste eigentlich wissen, wie sie mich einzuschätzen hat und wie nich. Auch wenn man einen längere Zeit nich gesehn hat.
(...)
I: ... ((3 sek.)) Wir kommen zur letzten Frage. – – Wir haben uns in diesem Interview viel mit deiner Vergangenheit beschäftigt (Hmm.), enden möchte ich mit einem Blick in deine Zukunft. (Ja, toll.) Ehm wir haben grad darüber gesprochen, was du glaubst von deinen eigenen Kindheitserfahrungen gelernt zu haben, ich möchte das Interview mit der Frage beenden, was würdest du hoffen, dass dein Kind von dir gelernt hat, weil es dich als Mutter hatte?
J.: ... ((3 sek.)) Ja, die Tierliebe, das Reiten – – verständnisvoll zu sein (Hmm.), mmm für jemanden da zu sein – – und die Liebe auszustrahlen, die ich eigentlich ausstrahle, wenn ich nich aggressiv bin ... ((3 sek.))
I: Hmm. Dann vielen Dank für das Interview.

Vergleicht man diesen Interviewtext mit dem von Ronnie, fällt auf, dass es Jessica nicht gelungen ist, zu einer einheitlichen kognitiven und emotionalen Bewertung ihrer äußerst ungünstigen und durchaus traumatischen frühen Erfahrungen zu gelangen. Sie hat nicht wie Ronnie eine eindeutige Strategie entwickelt, mit Beziehungen umzugehen und diese zu ordnen. Ihr Bindungskonzept muss daher als nicht-organisiert und damit als hochunsicher eingeschätzt werden.

Dazu passen auch die anderen Befunde der psychologischen Untersuchung. In gleicher Weise wie bei der Fremdbeurteilung durch die Erzieherin (CBCL) schätzte sie sich selbst im YSR-Fragebogen auch als klinisch hoch auffällig ein, wobei dieser Wert vor allem auf hohe Werte im externalen Symptombereich zurückgeht. Allerdings waren die Werte auf der Skala Angst/Depressivität auch recht hoch. Im *Offer*-Fragebogen fand sich dementsprechend ein hoher Depressionswert.

Die Desorganisation in ihrem Konzept von Beziehungen drückte sich in ihrem auffälligen Verhalten aus, das geradezu ein unruhiges Getriebensein verriet. Desorganisation meint denn auch weniger eine Abwesenheit von Strategien, denn eher eine Unentschiedenheit, welcher Strategie der Vorzug zu geben sei.

Jessicas grundsätzliche Ambivalenz, dieses Sowohl-als-Auch, bestimmte auch den Umgang mit ihr. So war sie beispielsweise nicht in der Lage, an einem Teamgespräch der Erzieherinnen teilzunehmen, in dem es ausdrücklich um sie gehen sollte. Allerdings vermochte sie es auch nicht, sich in dieser Zeit mit etwas anderem zu beschäftigen. Vielmehr stand sie während der gesamten Zeit im Türrahmen, gewissermaßen auf halber Strecke, kam manchmal hinein, um eine Frage zu beantworten oder einen Kommentar abzugeben, um sich dann wieder zu entfernen. Es war augenscheinlich, dass ihr Bindungssystem dauernd aktiviert war. Dementsprechend war auch die Aufmerksamkeit der Betreuerinnen immer wieder auf die jeweilige räumliche Distanz zu Jessica gerichtet.

Überhaupt handelt es sich bei der Bindungstheorie ja um eine Theorie, der es ursprünglich um räumliche Sachverhalte zu tun war, um die Regulation von Bindungsnähe und Distanz bei der Exploration. Jessica tat sich immer noch schwer, die Distanz zu anderen zu kontrollieren. Zur Lösung dieser Entwicklungsaufgabe wurde Jessica jedenfalls denkbar schlecht unterstützt von ihren Eltern, die die Distanzlosigkeit in ihrer Beziehung ebenfalls externalisiert hatten. Die gewalttätigen Exzesse des Vaters, für die Jessica von klein auf Zeugin wurde, dürften für Jessicas inneres Arbeitsmodell bezüglich des Umgangs mit Konflikten maßgeblich geworden sein. Auch wenn keine Klarheit darüber bestand, ob und in welchem Ausmaß es in ihrer Kindheit tatsächlich zum sexuellen Missbrauch gekommen war, so dürfte ein solches Delikt kaum überraschen, gerade auch in Anbetracht der schwachen Generationengrenzen.

Für Jessica hatte sich damals das Problem gestellt, wie die Erfahrung mit einer hilflosen Mutter, die eben nicht mit *Bowlbys* Worten „stronger and wiser" war, mit dem Erleben, von dem Partner dieser Person körperlich misshandelt zu werden, zu vereinbaren. Männer spielten in der Familie von Jessica seit Generationen als Väter so gut wie keine Rolle. Wie Jessicas durchaus promiskuitives Verhalten zeigte, musste sich für sie die Sexualisierung von Beziehungen als erfolgversprechende, zumindest kurzfristig doch beträchtliche Vorhersehbarkeit gewährende Methode angeboten haben, eine Kontrolle über den Umgang mit Vertretern des männlichen Geschlechts zu gewinnen. Ihre traumatischen Erfahrungen mit ihrem Vater mussten Jessica davon überzeugen, dass sexuelle Bedürfnisse sich nicht mit der elterlichen Rolle vertragen. Auch musste sie die Erfahrung machen, dass sich ihre Mutter in dem Konflikt zwischen Mutterrolle und Partnerinnenrolle für letztere entschied. Überhaupt lässt sich promiskuitives Verhalten als dissoziales Symptom auffassen (vgl. Kapitel 5). Ihre bislang drei Schwangerschaften wurden von ihr offenbar billigend in Kauf genommen. Sicherlich dürften auch andere Motive hierfür eine Rolle gespielt haben. So lässt sich auch spekulieren, dass es sich bei der Mutterschaft um einen Bewältigungsmechanismus angesichts des für Jessica schmerzhaften Verlustes ihrer Großmutter gehandelt haben könnte. Vielleicht erhoffte sie sich von einem Kind doch auch eine Hilfe bei der Bewältigung ihres Beziehungschaos, das ihren Alltag auszeichnete. Schließlich mag einem die Mutter-Baby-Beziehung doch vergleichsweise übersichtlich vorkommen. Die Wahrnehmung zumindest der physiologischen Bedürfnisse eines Säuglings scheint für die meisten Menschen doch unproblematisch zu sein. Diesbezüglich ist auf eine intuitive Elternschaft recht hoher Verlass (vgl. Kap. 1.4)[2]. Insofern bringt die Verpflichtung, einen Säugling versorgen zu müssen, auch eine gewisse psychische Strukturierung. Die Mutter kann mit hoher Treffsicherheit und mit niedrigem Enttäuschungsrisiko erwarten, was von ihr erwartet wird: das Fläschen.

Insgesamt lässt sich Jessicas Verhalten also interpretieren als ihr Versuch, die inneren Probleme nach außen zu tragen, diese also zu externalisieren, in der Hoffnung, sie vielleicht dort leichter bearbeiten und lösen zu können. Dauernd war sie daher „auf dem Sprung", immer „auf Achse". Verabredungen waren mit ihr daher immer nur unter Vorbehalt einzugehen. Dass ein solches Verhalten nicht vereinbar ist mit der Funktion einer „genügend guten Mutter" im Sinne von *Winnicott* (1971, 20), kann nach alledem nicht verwundern. Im Alltag der Mutter-Kind-Gruppe des Heimes, in der Jessica mit ihrer kleinen Tochter Petra lebte, ließ sich der Beginn der intergenerationalen Weitergabe hoch unsicher-gebundener und damit pathogener Mutter-Kind-Beziehungen und auch der Mechanismus des bekannten intergenerationalen Zirkels von Vernachlässigung und Misshandlung anschaulich studieren. Jessica erschien mit ihrer Tochter in ähnlicher Weise verstrickt zu sein wie mit ihrer eigenen Mutter. Wiederholt behandelte sie die Kleine ausgesprochen schlecht. Andererseits brauchte bzw. missbrauchte sie diese immer wieder zu ihrem eigenen Lustgewinn. In ihrem regressiven Verhalten konkurrierte sie um die Versorgung seitens der Erzieherinnen, die Nivellierung der Generationsgrenzen in die nächste Generation weitergebend. Dadurch dass sie diese Abhängigkeitsbedürfnisse nur in solch übertriebener und ironisierter Form zu äußern vermochte, reduzierte sie wiederum auch ihre Enttäuschungsgefahr. Im Enttäuschungsfalle war es ihr nämlich dann möglich, ihr Selbstkonzept für sich und für die Betreuerinnen zu wahren mit dem Hinweis, dass sie es schließlich doch nicht so ernst gemeint habe. Forciert vorgebrachte Anspruchhaltung und Ironisierung vermögen gleichermaßen, das Enttäuschungsrisiko und damit die Kränkungsgefahr zu reduzieren. Sie sind diesbezüglich funktional durchaus äquivalent. Bei alledem fielen Männer als Sicherheit gewährende Bindungspersonen eindeutig aus, für Petra, für ihre Mutter, ihre Großmutter und, so war zu vermuten, auch für die Urgroßmutter.

14 Monate nach diesem Interview wurde mit Jessica und ihrer 13 Monate alten Tochter Petra die Fremde Situation durchgeführt. Bei dieser Untersuchung zeigte Petra ein desorganisiertes Bindungsverhalten bei der Wiedervereinigung mit der Mutter. Nachdem die Mutter den Raum betreten hatte und die fremde Person hinausgegangen war, schaute das Mädchen eine ganze Weile wie in einem Trancezustand der Fremden hinterher, ohne auf ihre Mutter zu achten. Sie erschien nicht richtig orientiert. Petras Bindungsmuster wurde daher als desorganisiert-unsicher klassifiziert. Zudem waren auch vermeidende Bindungsverhaltensweisen zu beobachten. In dem desorientierten Verhalten lässt sich eine Parallele zur oben beschriebenen Situation sehen, in der das kleine Mädchen schließlich eher von einer anderen Person als von ihrer Mutter Schutz und Unterstützung erwartete. Die Vermutung erscheint durchaus plausibel, dass Petra bei der Wiedervereinigungsepisode der Fremden deswegen solange hinterher blickte, weil sie von dieser mehr erhoffte als von ihrer eigenen Mutter.

Wie die Erzieherinnen berichteten, änderte sich Petras Verhalten, nachdem die Mutter aus der Mutter-Kind-Einheit ausgezogen war und Petra ihren künftigen Pflegeeltern vorgestellt wurde. War sie im ersten Lebensjahr eher pflegeleicht, wurde ihr Verhalten nun durchaus als provokant beschreiben. Sie machte offensichtlich auf sich aufmerksam, indem sie die anderen kleinen Kinder verprügele, wobei sie absichtlich besonders kräftig draufzuhauen schien. Die Erzieherinnen fühlten sich hierbei an das Verhalten der Mutter erinnert.

Überhaupt schien sich die Ambivalenz, die die Beziehung Jessicas zu ihrer Tochter prägte, auf die Einstellung der Erzieherinnen übertragen zu haben. Auch sie schwankten, wie sie das Verhalten Jessicas zu bewerten hätten. Sollten sie empört sein über die Rücksichtslosigkeit, mit der Jessica sowohl ihr Kind als auch die Erzieherinnen behandelte, oder sollten sie sich doch eher um Verständnis bemühen angesichts der offenkundigen Schwierigkeiten der jungen Mutter. In gewisser Weise schwankten auch sie bezüglich ihres pädagogischen Konzeptes, ihres inneren Arbeitsmodells von Erziehung, zwischen einer hilflos-repressiven und Supervisionsbedarf geradezu anspruchlich anmeldenden Position und einer eher feindseligen Haltung. Sie spiegeln somit das von *Lyons-Ruth* et al. (1999) bei dissozialen Jugendlichen vorgefundene innere Arbeitsmodell wider, das von der Autorin als feindselig/hilflos beschrieben wurde (vgl. Kapitel 5.7).

## 4.3 Bindungssicherheit als Erziehungsziel

Die Rede von einer intergenerationalen Weitergabe einer unsicherer Bindungsorganisation, wie sie bei Jessica und ihrer Tochter Petra bereits in Gang gekommen war, darf nicht darüber hinwegtäuschen, dass sich die Bindungsrepräsentanz in den verschiedenen Altersstufen entwicklungsbedingt unterschiedlich im Verhalten äußert. Auch wenn man mit *Bowlby* davon ausgehen darf, dass die Funktion des Bindungssystems lebenslang darin besteht, das homöostatische Gleichgewicht und damit die Sicherheit und die Aufrechterhaltung des psychischen Systems in Situationen seiner Gefährdung zu gewährleisten, wird das Bindungssystem seine Funktion entwicklungsbedingt immer in einer dem jeweiligen Entwicklungsstand angemessenen Art und Weise ausüben. Insbesondere mit der Entwicklung der Fähigkeit zur Reflexion bekommen dann unterschiedliche Ereignisse eine bindungsrelevante Bedeutung zugesprochen. Das Bindungssystem entscheidet dabei selbst, welchen Ereignissen in diesem System Bedeutung zukommt. Diese Bedeutungszuweisung ist von der Bindungsgeschichte abhängig, und das heißt, von den jeweiligen Erfahrungen mit den unterschiedlichen Bindungspersonen.

Wie schon *Bowlby* ausgeführt hat, sind Kinder mit zunehmender kognitiver Reife in der Lage, in ihrem Bindungsverhalten zielkorrigiert vorzugehen, d. h. auch die Absichten und Wünsche ihrer Bindungsperson bei der Wahl des Bindungsverhaltens zu berücksichtigen und dabei auch die bindungsrelevanten Konsequenzen ihres Verhalten in Rechnung zu stellen. Dies ist Kindern im Alter von Petra natürlich noch nicht möglich. Ihre Bindungsorganisation ist noch unmittelbar an das Verhalten ihrer Bezugspersonen angepasst. Petra zeigte denn auch bald im Zusammenleben mit ihren auf sie feinfühlig eingehenden Pflegeeltern ein gänzlich anderes Bindungsverhalten, das für ihre weitere Entwicklung durchaus zu Hoffnung Anlass geben kann. Mit der Zeit verselbständigt sich das Bindungssystem, ohne allerdings jemals völlig unabhängig vom konkreten Verhalten anderer Personen zu werden. Die Bindungserfahrungen führen zu inneren Arbeitsmodellen, gerinnen zu Erwartungsstrukturen als den wichtigsten Strukturen des psychischen Systems. Das bedeutet auch, dass das Bindungssystem jenseits der Kindheitsphase häufiger auch rein innerpsychische, also von einer aktuellen sozialen Interaktion abgekoppelte, Ereignisse als Gefahren interpretiert, wie Erinnerungen, Erwartungen, Phantasien oder Wünsche. Die Bindungstheorie geht mithin von einem Entwicklungsmodell aus, das eine abnehmende Empfindlichkeit gegenüber den Erfahrungen mit den Bezugspersonen und damit einhergehend eine steigende Stabilisierung und Autonomisierung der inneren Arbeitsmodelle annimmt (*Zimmermann* 2000). Dieses Arbeitsmodell entscheidet dann darüber, ob einer Situation eine bindungsrelevante Bedeutung zukommt.

Bei den Jugendlichen, von denen hier die Rede ist, lässt sich dies gut beobachten. Manche Verhaltensweisen, vermutlich gerade solche, die als störend, zumindest als auffällig imponieren, können unschwer als Aktionen des Bindungsverhaltenssystems ausgemacht werden. In diesem Sinne kann denn auch das erziehungsschwierige Verhalten der Jugendlichen etwa in der Schule oder auch im Heimalltag durchaus als Versuch angesehen werden, den sozialen Kontext ihres psychischen Systems an die ihnen zur Verfügung stehenden inneren Arbeitsmodellen anzupassen. Insofern erweist sich auch und vielleicht gerade das auffällige Verhalten als durchaus zielgerichtet. Ein Verhalten, das auf eine sichere Bindungsorganisation verweist, dient ebenso der Anpassung wie Verhaltensweisen, die auf eine unsichere Bindungsrepräsentanz zurückzuführen sind. Normales wie auffälliges Verhalten sind bezüglich der erstrebten Sicherheit funktional äquivalent. Die Funktion eines Verhaltens, das von einem Beobachter als symptomatisch bewertet wird, ist allerdings nicht immer leicht und eindeutig zu bestimmen.

Die Fallbeispiele dürften folgenden transgenerationalen Entwicklungspfad verdeutlicht haben. Anfänglich ist eine Bindungsunsicherheit wie im Falle der kleinen Petra zu verstehen als Anpassung an die mangelhafte Erziehungsfähigkeit seiner Bindungspersonen, also ihrer Mutter sowie des abwesenden Vaters. Im Jugendalter ist die Erziehungsschwierigkeit wie bei Jessica, aber auch bei Ronnie, Ausdruck ihres inneren Arbeitsmodells, ihrer Erwartungsstrukturen. Der Mangel an Erziehung durch die Eltern bewirkt also eine Erziehungsschwierigkeit bei deren Kindern, die dann zu den Adressaten der Erziehungsschwierigenpädagogik werden. Bei unsicherer Bindung handelt es sich um einen wichtigen, vielleicht den wichtigsten Faktor, der diesen Entwicklungspfad vorzeichnet und ihn stabilisiert.

Diese abnehmende Beeinflussbarkeit des inneren Arbeitsmodells durch Erfahrungen mit anderen Personen hat nun bedeutsame Konsequenzen für die Pädagogik. Erkennt man in Bindungssicherheit einen protektiven Faktor, in unsicherer Bindung dagegen einen Risikofaktor für die psychische Entwicklung eines Menschen, dann sollte die Entwicklung einer sicheren Bindung als Erziehungsziel angesehen werden. Ohne Zweifel lässt sich zumindest eine Erziehungsschwierigkeit, mit der die hier untersuchten Heimjugendlichen ihre Erzieher konfrontierten, als Resultat unzureichender Erziehung verstehen. Erziehungshilfe, die bei diesen Jugendlichen offensichtlich angezeigt war, sollte sich daher um einen Zuwachs an Bindungssicherheit bemühen.

Bevor die Möglichkeiten und Chancen einer solchen Erziehungshilfe diskutiert werden, soll im nächsten Kapitel noch die mehr grundsätzliche Frage, was denn Bindung mit Erziehung zu tun habe, unter systemtheoretischem Aspekt behandelt werden. Gerade ein systemtheoretischer Ansatz sollte gut passen zu den von *Bowlby* in die Bindungstheorie eingeführten homöostatischen Modellen.

**Anmerkungen**

1 Die Psychoanalyse spricht von projektiver Identifizierung. Dieser unbewusste Mechanismus lässt sich auch in pädagogischen Zusammenhängen immer wieder gut studieren (vgl. *Trescher* 1993).
2 Die Erzieherinnen der Mutter-Kind-Gruppe konnten sich allerdings auch darauf nicht immer verlassen. Hungersignale wurden etwa überhört.

# 5. Bindung und Erziehungsschwierigkeit

## 5.1 Erziehung

Es ist doch so: klappt es, läuft es reibungslos, freuen wir uns, wenn wir es denn überhaupt zur Kenntnis nehmen. Es ist dann „kein Thema". Schließlich sollte es doch normal sein, wenn etwas funktioniert. Erst wenn dies nicht der Fall ist, wenn also Probleme auftauchen und Konflikte aufbrechen, stellen wir uns die Frage, was denn los sei und warum dies so sei. Der Normalfall ist normalerweise nicht oder kaum der Rede wert. Professionelle Helfer können diese Einstellung begründen, zumindest rationalisieren, mit dem Hinweis darauf, dass sie sich doch schließlich genug um Probleme zu kümmern hätten, zumindest während ihrer beruflichen Tätigkeit etwa als Sozialpädagogin, Heimerzieherinnen, Jugendpsychiaterin oder Psychotherapeutin. Man müsse daher nicht auch noch das Normale, das Unauffällige analysieren, besprechen und dadurch vielleicht gar noch kaputt reden wollen.

Wissenschaftler sollten allerdings nicht nur das erforschen wollen, was nicht erwartungsgemäß funktioniert. Schließlich sind sie als Angehörige des Wissenschaftssystems gerade von der Verpflichtung freigestellt, sich um die Behebung von Funktionsausfällen oder die Behandlung von Funktionsstörungen kümmern zu müssen. Sie können, ja sie sollen es sich leisten, auch zu fragen, warum und wieso das, was funktioniert, denn auch tatsächlich funktioniert. Erkenntnis lässt sich zweifellos von beiden Seiten aus gewinnen. Wissen wir mehr darüber, wie etwas funktioniert, wissen wir auch mehr darüber, wann und weshalb dies nicht wie gewünscht funktioniert. Ebenso sind aber auch mehr Kenntnisse zu erwarten über die Ursachen und den Verlauf von Störungen, wissen wir mehr über die normalen und ungestörten Funktionen. Wollen wir uns klar machen, weshalb etwas überhaupt funktioniert, werden wir doch überrascht sein, welche Voraussetzungen alle erfüllt sein müssen, damit überhaupt etwas funktioniert. Oft werden wir dann nicht umhin kommen zuzugeben, dass es eigentlich beim Normalfall um den erklärungsbedürftigen Sachverhalt handelt. Führen wir uns nämlich vor Augen, was alles der Fall sein muss, damit etwas normal funktioniert, muss uns der Normalfall oft genug als geradezu unwahrscheinlich vorkommen. Wir werden dann staunend und neugierig fragen, wie es denn dazu kommt, dass nicht nichts, sondern normalerweise doch einiges, vielleicht sogar das meiste ganz normal funktioniert.

So dürfte es sich auch mit Erziehung verhalten. Dass Erziehung schwierig ist, und wie es heißt, „gerade in der heutigen Zeit", hat sich herumgesprochen. Aus den oben angestellten Überlegungen lässt sich folgern, dass wir mehr über die Schwierigkeiten der Erziehung erfahren, wenn wir besser Bescheid wissen über die Erziehung erziehungsschwieriger Kinder und Jugendlichen. Wie der Begriff nahe legt, sind Erziehungsschwierige denn auch besonders erziehungsschwierig. Wenn wir also verstehen, warum Erziehungsschwierige, bei denen sich ein Bedarf an Erziehungshilfe auftut, erziehungsschwierig sind, sollten wir mehr verstehen, warum Erziehung überhaupt schwierig ist. Die normalen Schwierigkeiten beim Erziehungsgeschäft sollten besonders deutlich bei der Erziehung erziehungsschwieriger Kinder zu Tage treten.

Die Frage, was man unter Erziehung zu versehen habe, hat zu einer kaum mehr zu überschauenden Zahl von Antworten geführt. Den weiteren Ausführungen soll eine systemtheoretisch formulierte Antwort zu Grunde gelegt werden. Folgende Definition hat der 1998 verstorbene Soziologe und Systemtheoretiker *Niklas Luhmann* vorgeschlagen:

*„Unter Erziehung versteht man üblicherweise die Änderung von Personen durch darauf spezialisierte Kommunikation. Man kann diese Vorstellung einschränken – etwa durch Beschränkung auf Kinder als Gegenstand der Erziehung, also durch Voraussetzung einer Altersdifferenz zwischen Erzieher und Zögling. Üblich ist (zumindest in Pädagogenkreisen) auch, dass man, etwa unter dem Namen Freiheit, die Selbstbestimmung des Zöglings in Betracht zieht – sei es als Ziel, sei es als Schwierigkeit für die Erziehung. All diese Modifikationen des Alltagsverständnisses von Erziehung ändern jedoch nichts daran, dass der Begriff psychische Auswirkungen von Kommunikation bezeichnen soll; als Verbesserung gemeinte Veränderungen psychischer Systeme. Der Begriff bezeichnet, mit anderen Worten, einen Kausalnexus, der soziale Systeme (Kommunikation) und psychische Systeme (Bewußtsein) verknüpft, und zwar auf planmäßige, kontrollierbare, wenngleich nicht immer erfolgreiche Weise verknüpft"* (Luhmann 1991).

Das Problem, die ganz normale Schwierigkeit von Erziehung, lässt sich auf den Umstand zurückführen, dass es bei ihr zur Verknüpfung zweier Systeme kommt, von denen jedes, wie es die moderne Systemtheorie zugegeben sehr abstrakt und nicht ganz leicht verständlich ausdrückt, strukturdeterminiert und daher autonom funktioniert. Die moderne Systemtheorie unterscheidet psychische und soziale Systeme strikt von biologischen und technischen Systemen. Im Gegensatz zu letzteren, die von Menschen fabriziert werden, reproduzieren sich psychische und soziale Systeme selbst. Sie funktionieren autopoietisch, d. h. selbstmachend (griech.: *autos*=selbst, *poiein*=machen). Autopoietische Systeme müssen sich also, um existieren zu können, immer selbst bei allen Gelegenheiten von ihrer Umwelt unterscheiden können. Als autopoietische Systeme reproduzieren sie sich selbst mit Hilfe ihrer Elemente, aus denen sie bestehen. Um sich von ihrem Kontext zu differenzieren, müssen sie als Bestandsbedingung erst einmal immer ihre Grenzen selbst herstellen.[1]

Autonom bedeutet allerdings keineswegs autark. Auch autopoietische Systeme sind auf ihre jeweilige Umwelt angewiesen, biologisch-organische Systeme etwa auf Energiezufuhr, psychische Systeme auf Kommunikation, soziale Systeme auf die Beteiligung psychischer Systeme. Die spezifische Art der Beziehungsgestaltung ist allerdings Sache des Systems selbst, wird also nicht von der Umwelt vorgegeben. Deswegen muss ein autopoietisches System auch immer die Grenze zu seiner Umwelt beobachten können. Bei allen Operationen nimmt es auf diesen Unterschied Bezug, weil es in rückbezüglicher Weise immer an seinen eigenen Operationen anzuschließen hat. Um dies zu bewerkstelligen, muss das System bei all seinen Operationen sich selbst von der Umwelt unterscheiden. Sonst geht es seiner Abgegrenztheit verlustig, was letztlich Aufhören und Tod bedeuten würde.

Psychische wie auch soziale Systeme sind sinnhaft operierende Systeme. Um ihre autopoietische Reproduktion aufrechtzuerhalten, um also weiterzumachen, haben sie zwei Möglichkeiten. Sie können sich entweder an den systemeigenen Zuständen orientieren oder an denen der Außenwelt. Sie können also mit ihren Operationen an ihrer Selbstreferenz oder an der Fremdreferenz anschließen. So befassen sich Gedanken und Vorstellungen als Operationen des psychischen Systems ebenso wie Kommunikationen als Operationen sozialer Systeme stets mit irgendetwas in der Welt. Das meint der fremdreferentielle Aspekt. Jeder Gedanke verweist auf anschließende Möglichkeiten, aus denen wieder eine aktualisiert werden muss. Wenn ein soziales System kommuniziert, wird immer über etwas kommuniziert. Bei der Reflexion beschäftigen sich sinnhafte Systeme fremdreferentiell mit sich selbst.

Kommunikation liegt immer dann vor, wenn die Differenz von Information und Mitteilung unterschieden und verstanden wird (*Luhmann* 1984, 203). Dabei bezeichnet die Mitteilung den selbstreferentiellen, die Information den fremdreferentiellen Aspekt der Kommunikation. Immer wenn in der Kommunikation verstanden wird, dass eine Information mitgeteilt wird, bezieht sich der Begriff der Fremdreferenz auf das, worüber informiert wird, der Begriff der Selbstreferenz darauf, warum und wie etwas mitgeteilt wird.

Ein Beispiel aus dem eigenen Tätigkeitsbereich mag diesen komplexen Sachverhalt veranschaulichen. In der Vorlesung sehe und höre ich eine Studentin herzhaft gähnen. Nur wenn ich das Gähnen wahrnehme und beobachte, kann es für mich eine Information sein. Nach der bekannten Definition des Anthropologen *Gregory Bateson* (1992, 274) lässt sich Information auffassen als ein Unterschied, der einen Unterschied ausmacht, der also von Bedeutung ist. Es gibt nun in dieser Situation zwei Unterschiede. Ich unterscheide diese gähnende Studentin etwa von anderen Vorlesungsteilnehmerinnen, die meinen Erwartungen gemäß aufmerksam meinen Worten folgen und gar mitschreiben. Vielleicht unterscheide ich diese Studentin in diesem Augenblick aber auch von der Studentin, die zu Beginn der Vorlesung – offenbar eine spannende Vorlesung erwartend – aufmerksam war und sich durch Fragen beteiligte. Wie auch immer, dieser von mir wahrgenommene Unterschied kann bei mir jedenfalls einen Unterschied hervorrufen, der wiederum durchaus unterschiedlich ausfallen kann. Welchen Unterschied dieser erste Unterschied, den ich, genauer mein psychisches System beobachtet hat, hervorruft, hängt dabei von der Verfassung meines psychischen Systems ab. Grundsätzlich entscheidet ja das System selbst über die Informativität eines Ereignisses. Information wird also systemintern erzeugt, erfolgt also nicht via Übertragung, wie es die ältere Systemtheorie und Informationstheorie modellierte. Daher vermag ein weiterer Beobachter, der mich beobachtet, wie ich beobachte, in diesem Falle, wie ich dieses auffallende Bewegungsmuster der Gesichtsmuskulatur von dem kurz zuvor mimisch stabilen Zustand der noch aufmerksamen Studentin unterscheide und dann dieses Ereignis als Gähnen bezeichne, Schlüsse ziehen auf meine Unterscheidungen, mit deren Hilfe ich meine Umwelt beobachte. Was für ein System informativ ist, sagt eine Menge aus über das System. Insofern ist es sinnvoll, etwas über die Systeme der Adressaten in Erfahrung zu bringen, bevor man eine Vorlesung hält, ein pädagogisch trivialer Sachverhalt. Jedenfalls ist die Rede, dass ich Studenten informiere, ungenau. Nur die Systeme selbst können sich informieren. Ich kann sie nur dazu anregen, indem ich etwas von mir gebe, das ihre Systeme als Information verwenden. Diese Information entbindet mich allerdings keineswegs davon, mich für die Vorlesung vorzubereiten, mit dem Argument, dass es ja nicht an mir liege, was mit meinen Ausführungen passiert nach dem Motto „Man kann keinen Hund zum Jagen tragen". Vielmehr erwartet man zu Recht von jedem Lehrer, dass er sich über die Lernvoraussetzungen seiner Schüler kundig macht, d. h. deren psychisches System zu verstehen sucht.

Ich kann also, etwa im Zustand einer etwas depressiven Verstimmung, die Information „eine Studentin gähnt" als Hinweis darauf verwenden, dass der Vorlesungsstoff tatsächlich langweilig ist oder aber auch, von Selbstzweifel wenig angekränkelt, vermuten, dass die Studentin übermüdet sei, vielleicht weil ihr Kind sie in der Nacht zuvor nicht hat schlafen lassen oder sie vielleicht zu viel gelernt hat oder zu lange in der Disco war, und dann darüber räsonnieren, dass die heutigen Studenten einfach nicht zum Studieren motiviert seien, dass diesem Umstand letztlich doch nur mit Studiengebühren beizukommen sei, und so weiter ...

Bei alledem handelt es sich aber noch nicht um Kommunikation. Nur dann kann ich das Gähnen der Studentin als deren kommunikativen Beitrag auffassen, wenn ich ihr Gähnen als Mitteilung verstehe, wenn ich also verstehe, dass die Studentin aus den ihr gegebenen Möglichkeiten wie etwa Zuhören, Nicht-Zuhören-und-Sich-ihren-Teil-Denken oder eben Gähnen, gerade letztere Möglichkeit ausgewählt hat. In diesem Fall gehe ich also davon aus, dass die Studentin mir mitteilen wollte, dass sie die Vorlesung einschläfernd fände. Ich kann dies richtig verstanden haben oder auch nicht. Mir steht es dann frei, etwa die Studentin, gekränkt und ärgerlich, darauf anzusprechen, dass es ja doch schließlich auch andere Möglichkeiten gäbe, ihre Unzufriedenheit mit dem von mir Gebotenem auszudrücken, etwa durch deren Verbalisierung in oder nach der Vorlesung, unter vier oder auch mehr Ohren. Mein nachträgliches Verstehen jedenfalls begründet erst die Kommunikation.

Ich, bzw. genauer mein kommunikativer Beitrag, kann nun entweder an der Information oder an der Mitteilung anschließen, mit anderen Worten, an der Fremdreferenz oder aber an der Selbstreferenz. Wenn ich etwa sage, „dieses Thema müsste doch auch eine künftige Sozialpädagogin interessieren", schließe ich also an der Fremdreferenz an, an der Seite der Information. Wenn ich mir Gedanken mache, warum die Studentin ihr Missfallen gerade auf diese Art und Weise ausdrückt, schließe ich an der selbstreferentiellen Seite der Mitteilung an.

Bei alledem bleibt also festzuhalten, dass das soziale System, wie in diesem Beispiel die Vorlesung, separat und überschneidungsfrei zu den beteiligten psychischen Systemen operiert. Kommunikation käme schließlich nicht zustande, wäre sie in ihrem Zustandekommen abhängig vom Wissen um die jeweilige Verfassung der beteiligten psychischen Systeme. Und umgekehrt kann nichts und niemand in das psychische System hineinblicken. Es ist also für andere Systeme intransparent.

Die Entwicklung des psychischen Systems in seinem sozialen Kontext lässt sich als Sozialisation bezeichnen. Da das psychische System autonom funktioniert, kann es sich bei der Sozialisation immer nur um Selbstsozialisation handeln.

Allerdings benötigen, wie bereits gesagt, autopoietische Systeme immer einen Kontext, um ihre Grenzen selbst herstellen zu können. Sie sind also auf dauernde Anregungen bzw. Irritationen angewiesen. Auf diese besondere Beziehung zwischen getrennt operierenden Systemen bezieht sich der Begriff der strukturellen Kopplung (*Maturana* und *Varela* 1987). Strukturelle Koppelung meint die gleichzeitig gegebene Abhängigkeit und Unabhängigkeit zweier Systeme, die letztlich füreinander Umwelten sind. Die strukturelle Kopplung zwischen psychischen und sozialen Systemen wird über Sprache vermittelt.

### 5.2 Die Schwierigkeit von Erziehung

Erziehung lässt sich nun als ein solcher Vorgang beschreiben, bei dem es zu einer strukturellen Kopplung von kommunikativem und psychischem System kommt. Dieser Vorgang kann also nicht einseitig vollzogen werden. Zudem handelt es sich beim psychischen System offensichtlich nicht um eine „triviale Maschine" im Sinne von *Heinz von Foerster* (1987). Triviale Maschinen reagieren auf die gleiche Anregung von außen immer auf die gleiche Weise. Beim Zigarettenautomaten etwa handelt es sich um eine solche triviale Maschine. Nikotinabhängige wissen die Vorteile dieser Trivialität zu schätzen. Psychische Systeme sind dagegen eindeutig nicht-triviale Maschinen, deren Reaktionen immer von ihren jeweiligen inneren Zuständen, d. h. von ihrer Lerngeschichte und damit von dem sich im Lebenslauf entwickelnden Selbstkonzept bestimmt sind.

Wenn es also immer nur die eigene Struktur ist, die darüber entscheidet, wie das System sich verhält, ist damit auch gesagt, dass es nur selbst sich verändern kann. Für die Psychotherapie bedeutet dies bekanntlich, dass man in ein autonomes System nicht von außen eingreifen kann. Instruktive Interventionen sind nach systemtheoretischem Verständnis also nicht möglich. Dies hat auch für Erziehung zu gelten. Allerdings wollen Erzieher, dass das Kind, genauer das psychische System des Kindes, sich verändert durch die erzieherische Kommunikation. Auch möchte man ja auch wenigstens ab und an Erfolge sehen. Erziehung sieht sich also mit einer besonderen Schwierigkeit konfrontiert, dessen Brisanz den Pädagogen schon immer bekannt war. Bei der Erziehung handelt es sich nämlich um die Kommunikation eines sozialen Systems, das mit der Absicht geschieht, ein anderes, ebenfalls strukturdeterminiertes und autonom funktionierendes System, nämlich das psychische des zu erziehenden Kindes, so zu verändern, dass es sich später gut in der Gesellschaft zurechtfindet.

Eine solche Theorie hat Konsequenzen für das Selbstverständnis aller Erzieher, der primären, „natürlichen", wie auch der professionellen Pädagogen. Wenn es sich beim psychischen System des Kindes um eine strukturdeterminiertes System handelt, könnte man meinen, dass die Entwicklung des Kindes von außen überhaupt nicht zu beeinflussen sei. Für den Bereich der Erziehungshilfe könnte diese Überlegung gar tröstlich sein. Misserfolge müsste man sich dann nicht selbst zurechnen. So einfach ist es aber denn doch nicht. Für Erziehung gibt es trotz alledem noch genügend Raum. Schließlich ist keineswegs alles genetisch programmiert. Allerdings müssen Erzieher in ihren Erwartungen bescheidener werden. Sicherlich sind die Reaktionen eines nichttrivialen Systems grundsätzlich nicht vorhersehbar. Ob der Jugendliche sich erziehen oder zumindest nacherziehen lässt, entscheidet sein psychisches System allerdings selbst. Das macht die Sache kompliziert. Hierin liegt das vielzitierte Technologiedefizit der Erziehung (*Luhmann* und *Schorr* 1982) begründet. Erzieher sind nämlich darauf angewiesen, dass sich ihre Zöglinge erziehen lassen, dass mit anderen Worten ihr psychisches System anlässlich der erzieherischen Kommunikation nicht Einspruch erhebt. Das Kind oder der Jugendliche muss an Erziehung interessiert sein, zumindest sich Erziehung gefallen lassen. Jugendliche müssen für Erziehung gewonnen werden (*Rotthaus* 1999, 47). Bei einem nicht erziehungsschwierigen Kind muss also in gewisser Weise eine Selbsttrivialisierung vorausgesetzt werden können. Nur so lässt sich die Paradoxie des Erziehungsprozesses auflösen, die darin besteht, dass man Kinder dazu bringen will, etwas letztlich von selbst zu tun. Daraus folgt aber nicht, dass Erzieher und Erzieherinnen keine Verantwortung für die psychische Entwicklung des ihnen anvertrauten Kindes hätten. So besteht die Verantwortung von Erziehern und Erzieherinnen darin, ihre pädagogischen Beiträge so zu verfassen, dass das psychische System des Kindes sie wahrscheinlich akzeptiert. Es darf sich nicht zu sehr durch die Asymmetrie der pädagogischen Situation in seiner Autonomie gefährdet fühlen. Sonst wird es sich die Inhalte der Erziehung eben nicht zu eigen machen. Es ist also gerade der selbstreferentielle Aspekt der erzieherischen Kommunikation, also der Umstand, dass einem eine Veränderungsabsicht mitgeteilt wird, der häufig schon ausreicht, um die Ablehnung dieser Kommunikation zu provozieren. Der Inhalt, die Fremdreferenz, also das, um was es geht, spielt dabei eine eher untergeordnete Rolle. Eltern bekommen zu hören, zumindest vermeinen sie, es vernehmen zu können: „Wenn du es mir nicht gesagt hättest, hätte ich es ja von alleine gemacht. Aber so …!"

Man stelle sich folgende Szenario vor: Ein junger Mann möchte seiner Freundin sein neues Auto vorführen. An der zweiten Kreuzung würgt er den Motor ab. Sie gibt ihm den Ratschlag, die Kupplung langsamer kommen zu lassen.

Die Beziehungskrise ist da. Oder: Man verabredet sich zum ersten Mal, zum Pizza essen. Er gibt ihr zu verstehen, dass man beim Essen den Mund geschlossen zu halten habe. Die Beziehung ist beendet, bevor sie begonnen hat. Lehrerhaftes Verhalten wird sogar in der Schule bekanntlich als unangemessen angesehen. Erziehung ist zweifellos riskant. Daher bedarf es besonderer Sicherheitsvorkehrungen, um den Erziehungserfolg wahrscheinlich zu machen. Institutionen sollen etwa einen Erfolg sichern. So werden die Erziehungsbemühungen der Lehrer in der Schule – mehr oder weniger – toleriert.

Wie bereits angedeutet, verdeutlichen die Probleme mit erziehungsschwierigen Kindern die grundsätzlichen Schwierigkeit von Erziehung. Erziehung hat sich an die psychischen Strukturen des Kindes anzupassen, damit dessen psychisches System diese Anregungen zu nutzen vermag für seine Entwicklung. Ob das Kind sich die in der erzieherischen Kommunikation angebotene pädagogische Information aneignet, hängt von der Verfassung seines psychischen Systems ab, mithin von seiner Biographie (*Kade* 1997, 50). Erziehungsschwierigkeit ist Ausdruck von Aneignungsproblemen auf Seiten des psychischen Systems des Kindes. Diese lassen sich eher selten zurückführen auf grundlegende Probleme des Verstehens von Kommunikation, und damit auch des Verstehens der erzieherischen Kommunikation, wie etwa bei autistischen Kindern, oder auf Schwierigkeiten, den Informationsgehalt der pädagogischen Beiträge zu verstehen wie etwa bei Kindern mit einer geistigen Behinderung. Von solchen Kindern lässt sich sagen, dass sie die absichtvolle, erzieherische Kommunikation nicht grundsätzlich ablehnen, sondern dass deren ungenügende biologische Ressourcen die Erziehung erschweren. Lehnen Kinder allerdings die Mitteilung der ihnen angesonnenen erzieherischen Kommunikation ab, liegt in erziehungswissenschaftlicher Terminologie eine Erziehungsschwierigkeit, in psychiatrischer Terminologie eine Dissozialität vor.

### 5.3 Erziehung und Familie

Um Erziehung dennoch zu ermöglichen, hat die Gesellschaft zwei eigene Funktionssysteme ausdifferenziert, die sich dieser heiklen Aufgabe speziell widmen, die Familie und die Schule. Dabei dürfte Erziehung immer schon Aufgabe der Familie gewesen sein, während die Wissensvermittlung erst später Sache der Schule wurde. Erst um 1800 wurde der Schule darüber hinaus die Aufgabe zugewiesen, zusätzlich zur Belehrung auch Erziehung zu betreiben. Mit der Konzipierung eines solchen „erziehenden Unterrichts" wurde dann die neue Schulpädagogik betraut (*Luhmann* 1997, 951).

## DIE SCHWIERIGKEIT VON ERZIEHUNG

Derzeit wird heftig darüber diskutiert, wieviel Erziehung von diesen beiden Institutionen zu erwarten sei. So wird von Seiten der Schulpädagogen erbitterte Klage darüber geführt, dass die Familie der Aufgabe, ihre Kinder zu erziehen und sie dabei auch auf den Schulbesuch vorzubereiten, immer weniger gerecht würde. Die Familie würde sich bei der Erziehung zunehmend auf die Schule verlassen und die ihnen eigentlich zukommende Aufgabe ungerechtfertigterweise an die Schule delegieren. Den solchermaßen unzureichend erzogenen und ungezogenen Schülern ließe sich von Seiten der Schule nur noch mit großen Anstrengungen, bisweilen auch nicht mehr, Wissen und Bildung vermitteln. Solle die Schule ihre Funktion wahrnehmen können, müsse die Familie wieder mehr in die Pflicht genommen werden. Sie habe die Kinder so zu erziehen, dass es der Schule wieder ermöglicht würde, Wissen zu vermitteln (*Giesecke* 1996). In der Wissensvermittlung bestünde schließlich die Aufgabe von Schule. Grundlegende Fertigkeiten und Fähigkeiten, wie sie die so genannte soziale Kompetenz ausmachten, könne die Schule den Kindern schließlich nicht beibringen. Ein solch globaler Erziehungsauftrag sei nicht in Form von Unterricht zu erfüllen und könne daher die Organisation Schule nur überfordern. Wissensvermittlung käme dann aber zu kurz.

Ein Vergleich zwischen den Leistungen familiärer und professioneller Pädagogik oder eine Diskussion ihrer Beziehungen wäre sicherlich sehr interessant, müsste aber den hier gegebenen Rahmen sprengen. Daher soll nur auf zwei Sachverhalte hingewiesen werden, die sich wechselseitig bedingen dürften. Zum einen geht die Erziehung in der Familie der schulischen Erziehung zeitlich voraus. Auch vor dem Eintritt in die Kinderkrippe oder den Kindergarten waren bereits familiäre Erziehungsprozesse wirksam, mehr oder weniger erfolgreich. Zum anderen kommt der Familie keineswegs nur die Funktion von Erziehung zu im Gegensatz zur Schule, die sich auf diese Funktion spezialisiert hat.

Worin besteht nun die besondere Erziehungsfunktion der Familie? Das Erziehungssystem, und darin vor allem die Familie, hat die Funktion, über die Vermittlung sozialer Kompetenzen das Kind zur Teilnahme an der Kommunikation in den unterschiedlichen funktional ausdifferenzierten Teilsystemen der Gesellschaft zu befähigen, wie etwa dem Wirtschaftssystem, dem Rechtssystem, dem politische System, dem Wissenschaftssystem, der Kunst und Religion oder dem Medizin- bzw. Krankenversorgungssystem. Im Gegensatz zur traditionellen Gesellschaft, in der Geburt, die Familie, also Standes- und Schichtzugehörigkeit darüber bestimmten, was aus einem wurde, haben in der modernen, funktional ausdifferenzierten, Gesellschaft alle Gesellschaftsmitglieder die Möglichkeit, sich an den jeweiligen Systemprozessen zu beteiligen. Dies meint das Prinzip der Inklusion. Jeder wird erzogen, darf oder muss in die Schule gehen, jeder kann die Patientenrolle einnehmen, jeder kann Rechtsgeschäfte eingehen oder sich wissenschaftlich betätigen. Jeder kann als Teilnehmer im Wirtschaftsystem etwas kaufen, zumindest Schulden machen.

Diese Inklusion hat allerdings bei allen Vorteilen auch eine bedeutsame Kehrseite. Wir haben uns nämlich anzupassen an die in den funktional ausdifferenzierten Systemen jeweils geltenden Regeln der Kommunikation. Tun wir dies nicht, müssen wir erleben, dass unsere Kommunikationsbeiträge dort nicht angenommen werden, bestenfalls ohne Anschluss bleiben, schlechtestenfalls uns in Schwierigkeiten bringen. Betreten wir etwa eine Bank, wird von uns in diesen Geldinstitut ein Geldgeschäft erwartet. Ansonsten geraten wir nach einer gewissen Zeit in Verdacht. Vor Gericht werden wir schwerlich Erfolg haben mit dem Hinweis auf unsere Vorliebe für Dalmatiner. An der Kasse des Supermarkts zählt das Aussehen oder die Religionszugehörigkeit nichts. Dafür kann man sich jedenfalls dort nichts kaufen. Die moderne Gesellschaft bietet ihren Mitgliedern also die Möglichkeit zur Inklusion nur nach den jeweils dort geltenden systemspezifischen Kommunikationsbedingungen. Wir können uns daher gewissermaßen aufgesplittet erleben in die Rollen etwa eines Patienten im Gesundheitssystem, eines Kreditnehmers im Wirtschaftssystem, eines Angeklagten im Rechtssystem, eines Berufschülers im Erziehungssystem oder eines „Zöglings" im Heim. Anlässlich der Kommunikation in diesen Systemen haben wir daher keine Chance, als ganze Person, mit all unseren Ambitionen, Vorlieben, Stärken und Schwächen angesprochen und adressiert zu werden. Allerdings gibt es doch einen Ort, an dem wir erwarten dürfen, dass all unsere kommunikativen Beiträge für bedeutsam erachtet werden. Das ist die Familie (*Luhmann* 1990 c).

Die Funktion der Familie besteht nun darin, das Kind vorzubereiten auf diesen Verzicht einer kommunikativen Adressierung als Vollperson, der unvermeidlich mit der Teilnahme an den unterschiedlichen Kommunikationssystemen der Gesellschaft verbunden ist. Dieses moderne Intimsystem reagiert auf das Problem der Fragmentierung in der modernen Gesellschaft (*Fuchs* 1999). Nur in der Familie dürfen die Familienmitglieder erwarten, dass alles, was sie vorbringen, verwendet wird, dass alles, was sie sagen, Gehör findet. In der Familie besteht für alle Mitglieder geradezu die Pflicht zuzuhören. Erzählt etwa die Tochter, dass sie mit dem Rad beinahe eine Wegschnecke überfahren habe, hat der Vater den glücklichen Ausgang dieses Ausflugs angemessen zu würdigen. Tut er dies nicht, hat er sich für dieses Schweigen zu rechtfertigen, etwa mit dringenden beruflichen Verpflichtungen, will er nicht als schlechter Vater Karriere machen. Auch gibt es in diesem durch das Medium Liebe fundierten Intimsystem für alle Familienmitglieder auch eine Auskunftspflicht. Ausnahme ist das Thema der elterlichen Sexualität, das die Kinder nichts anzugehen hat (*Fuchs* 1999). Dabei wird die besorgte Mutter auf ihre Frage, warum ihre pubertierende Tochter so spät nach Hause gekommen sei, allerdings doch kaum die Nennung des wahren Grundes erwarten dürfen. Schließlich würden ehrliche Äußerungen wie „das will ich dir nicht sagen" oder, schlimmer noch, „das geht dich nichts an", doch nur weiteres Nachfragen provozieren, wenn nicht gar die Teilnahme an familientherapeutischen Gesprächen in Aussicht stellen. Auf Fragen muss geantwortet werden, muss Rechenschaft abgelegt werden. Die Wahrheitsfrage steht auf einem anderen Blatt, wie in der Politik.

Um problemlos auf eine Adressierung als Vollperson in den unterschiedlich operierenden Funktionssystemen der Gesellschaft verzichten zu können, bedarf es eines ausreichenden Grundstocks an Selbstsicherheit. Diesen dem Kind zu vermitteln, ist Aufgabe der Familie. Eine ausreichend liebevolle familiäre Kommunikation bietet dem Kind die besten Voraussetzungen, dass es seine Inklusionschancen bezüglich der unterschiedlichen Funktionssysteme nutzen kann. Kinder und Jugendliche, die diese Erfahrung in ihren Familien nicht haben machen können, werden nicht in der Lage sein, genügend selbstdiszipliniert ihre Verhaltensmöglichkeiten einzuschränken. Ihnen mangelt es dann an sozialer Kompetenz. Nicht ausreichend gut in der Familie erzogen, werden sie in der Schule ihren professionellen Erziehern Schwierigkeiten bereiten. Dann werden sie dort als erziehungsschwierig etikettiert. Am ehesten noch in den ersten beiden Grundschuljahren können sie erwarten, als ganze Person thematisiert zu werden, etwa anlässlich morgendlicher Gesprächsrunden zu Beginn des Unterrichtstages. Wollen sie sich später noch dieses Erlebnis verschaffen, ist dies in normenkonformer Weise außerhalb der Familie nur noch in der intimen Kommunikation mit Freund oder Freundin zu erhoffen. Hat ihnen die erzieherische Kommunikation in ihrer Familie allerdings nur unzureichende Anregungen geboten, um sich auf einen problemlosen Übergang in den Erwachsenenstatus vorzubereiten, verbleibt ihnen oft nur ein Ausweg. Sie werden sich daran machen, die ihnen so wichtige kommunikative Adressierung als Vollperson über abweichendes Verhalten zu erreichen. Dies ist der dissoziale Weg. Enttäuschen sie nämlich die normativen Erwartungen der anderen in negativer Weise, provozieren sie systematisch moralische Sanktionen. Ihr Handeln wird als moralisch schlecht beurteilt, sie selbst bisweilen verurteilt. Die moralischen Urteile beziehen sich in der Regel eben auf die ganze Person. Die meisten Eltern warnen ihre Kinder vor dem schlechten Umgang. „Spiel nicht mit dem Schmuddelkind!", heißt es. Insofern erreichen dissoziale Jugendlichen doch noch ihre selbstbestätigende Personalisierung, wenn auch auf negative Weise. Man spricht über sie, will aber nach Möglichkeit nicht mit ihnen zu tun haben. Die direkte Interaktion wird gemieden. Dass sich dissoziale Jugendliche zum Ausgleich in Cliquen, Banden oder Gangs zusammentun, kann denn auch nicht verwundern.[2]

### 5.4 Erziehung und Bindung

Ohne Zweifel ist die Institution Familie wichtig. Genauer gesagt: die oben beschriebene Leistung, die die Familie für die moderne Gesellschaft erbringt, ist für das Leben der Menschen in der Gesellschaft und damit für das Funktionieren der Gesellschaft notwendig. Sollte es sich herausstellen, dass eine andere Institution diesbezüglich leistungsfähiger ist als die gegenwärtige Familie, wird die Familie ihre Struktur verändern müssen oder sie wird aufhören zu existieren. Wir werden es abwarten können. Derzeit spricht allerdings nichts dafür, dass eine andere Institution diese Aufgabe, die Kinder auf das Leben in der Gesellschaft vorzubereiten, besser erfüllen könnte als die vielgescholtene Familie. „Gerade der Umstand, dass man nirgendwo sonst in der Gesellschaft für alles, was einen kümmert, soziale Resonanz finden kann, steigert die Erwartungen und die Ansprüche an die Familie" (*Luhmann* 1990 c, 208). Mit den Ansprüchen steigt unweigerlich die Enttäuschungsgefahr. Die zunehmende Häufigkeit von Scheidungen sowie die steigende Zahl so genannter unvollständiger Familien dürfte denn auch eher Indiz dafür sein, dass sich die Partner mit ihren hochgespannten Erwartungen und Hoffnungen nur allzu leicht überfordern denn als ein Zeichen von Desinteresse an dieser Institution.

Die Frage muss sich stellen, was die Familie instand setzt, diese offensichtlich schwierige Aufgabe immer wieder mehr oder weniger erfolgreich zu bewältigen. Wie schafft sie es, die autonom funktionierenden psychischen Systeme der Kinder dazu zu bringen, die für die erzieherische Kommunikation charakteristische Asymmetrie zu tolerieren? Warum dürfen wir hoffen, dass sie zumeist nur normal erziehungsschwierig sind? Vergleicht man die Erziehungsbedingungen, wird man feststellen können, dass es die Familie im Unterschied zur Schule, und erst recht zu den Institutionen der Jugendhilfe, auch leichter hat, ihre erzieherischen Kommunikationsbeiträge an den Jungen oder das Mädchen zu bringen. Folgende Antwort auf diese Fragen liegt nahe: Es ist die Bindungsbeziehung, die das Kind motiviert, sich an der erzieherischen Kommunikation zu beteiligen und sich erziehen zu lassen. Eine ausreichend sichere Bindungsbeziehung gestattet es den Kindern, sich soweit selbst zu trivialisieren, dass ihr psychisches System sich gegen die Beeinflussung durch die erzieherische Kommunikation nicht allzu sehr wehrt.[3] Sicher gebundene Kinder haben das Vertrauen, dass ihnen Erziehung letztlich gut bekommt (*Scheuerer-Englisch* und *Zimmermann* 1997). Vertrauen wird denn auch seit langem als „pädagogischer Imperativ" oder als „pädagogisches Gebot" herausgestellt (*Uhle* 1997). Auch wenn Vertrauen Voraussetzung für eine erträgliche und ertragreiche pädagogische Beziehung ist (*Schweer* 1996), kann Vertrauen allerdings nur schwer absichtsvoll hergestellt werden. Vertrauensbildende Maßnahmen lassen nämlich zwangsläufig Verdacht aufkommen. Aus der Politik ist dies bekannt.

Erst die Bindungsbeziehung ermöglicht also die strukturelle Kopplung zwischen dem psychischen System des Kindes und seinem Erziehungssystem. Insofern können Eltern sich bei ihren Erziehungsbemühungen auch auf Mutter Natur verlassen, zumindest auf ihre Unterstützung zählen. Im wahrsten Sinne des Wortes ist es für das Kind ganz natürlich, wenn, um nochmals die Worte von *Bowlby* zu zitieren, seine Eltern „stronger and wiser" sind. Biologisch vorprogrammiert (vgl. Kapitel 1.4) erwartet das Kind gerade diese Asymmetrie in der Beziehung zu seinen primären Bezugspersonen. Diese Erwartungshaltung ist für die Eltern das Pfund, mit dem sich wuchern lässt. Eine Nivellierung oder gar eine Umkehr dieser Asymmetrie in der Beziehung zu den Eltern kann ein Kind nur verunsichern und ängstigen. Auch Jessica brachte ihre Enttäuschung diesbezüglich deutlich zum Ausdruck (vgl. Kap. 4.2.3)

Wird diese Chance allerdings vertan, sind also die Eltern nicht in der Lage oder willens, die Bedürfnisse ihrer Kindes feinfühlig wahrzunehmen und diese angemessen zu befriedigen, muss das Kind die Erfahrung machen, dass eine zu sorglose Akzeptanz dieser Asymmetrie seine Beziehungen, auf die es angewiesen ist, doch unsicherer werden lässt. Es wird seine Bindungsbeziehung so verändern müssen, dass die Vorhersehbarkeit dieser Beziehungen, die seine Welt doch noch zum großen Teil ausmachen, wieder ausreicht. Entwicklungsbedingt noch in hohem Maße abhängig von den Erwachsenen, aber ohne ausreichendes Vertrauen in deren Kompetenz, wird es sich daran machen, seine Bindungspersonen zu kontrollieren. Die Bindungsforschung hat bereits beträchtliches Wissen zusammengetragen, das darüber aufklärt, mit welchen Strategien manche Kinder versuchen, die Beziehung zu ihren Bindungspersonen so zu beeinflussen, dass sie ihre biologisch bestimmte Funktion, nämlich Sicherheit zu gewährleisten, den Umständen entsprechend möglichst gut erfüllen. Bei diesen Strategien handelt es sich um Verhaltensweisen, die die bindungstheoretisch inspirierte, entwicklungspsychopathologische Forschung als Anfangssymptome einer dissozialen Entwicklung identifizieren konnte.

## 5.5 Dissozialität

Dissozialität meint die langanhaltende bis stabile und sich auf weite Verhaltensbereiche erstreckende Neigung, von den in der Gesellschaft bestehenden normativen Verhaltenserwartungen in negativer Weise abzuweichen. Die Probleme von und mit dissozialen Kindern und Jugendlichen werden dabei in verschiedenen Funktionssystemen der Gesellschaft thematisiert, zuallererst in ihren Familien, dann im Erziehungssystem, wo sie als erziehungsschwierig oder verhaltensauffällig gelten und daher, in Abhängigkeit vom jeweiligen Ausmaß an Ernsthaftigkeit, mit dem Schulpädagogik und Schulverwaltung die Integration bzw. Inklusion aller Schüler betreiben, der Sonderschule für Erziehungshilfe oder für Verhaltensgestörte zugeführt werden. Haben sie mit 14 Jahren das Alter ihrer Strafmündigkeit erreicht, werden manche ihrer Handlungen als delinquent oder gar kriminell bezeichnet. Dann wird mit ihnen, zumindest über sie, im Rechtssystem verhandelt. Häufig ist das Gesundheitssystem bzw. das medizinische System mit ihren Problemen befasst. Man schätzt, dass etwa 40 % aller Vorstellungen in der Kinderpsychiatrie wegen solcher Verhaltensstörungen erfolgen. Im Medizinsystem erhalten diese Kinder und Jugendlichen die Diagnose „Störung des Sozialverhaltens".

In der derzeit aktuellen Fassung der Internationalen Klassifikation von Krankheiten, die ICD-10 (Dilling et al. 1991), findet sich die Definition dieser Diagnose. Demnach sind sie „durch ein sich wiederholendes und andauerndes Muster dissozialen, aggressiven und aufsässigen Verhaltens charakterisiert. In seinen extremsten Auswirkungen beinhaltet dieses Verhalten gröbste Verletzungen altersentsprechender sozialer Erwartungen. Es soll schwerwiegender sein als gewöhnlicher kindlicher Unfug oder jugendliche Aufmüpfigkeit. Einzelne dissoziale oder kriminelle Handlungen sind allein kein Grund für die Diagnose, die ein andauerndes Verhaltensmuster impliziert." Weiter heißt es dort: „Störungen des Sozialverhaltens können sich in einigen Fällen zu einer dissozialen Persönlichkeitsstörung entwickeln. Eine Störung des Sozialverhaltens tritt oft zusammen mit schwierigen psychosozialen Umständen, wie unzureichenden familiären Beziehungen und Schulversagen auf; sie wird bei Angehörigen des männlichen Geschlechts häufiger gesehen. Die Unterscheidung von einer emotionalen Störung ist gut belegt; ihre Abgrenzung gegen Hyperaktivität ist weniger klar, hier sind Überschneidungen häufig." Als Beispiele für Verhaltensweisen, die diese Diagnose begründen, werden in der ICD 10 „ein extremes Maß an Streiten oder Tyrannisieren, Grausamkeiten gegenüber anderen Menschen oder gegenüber Tieren, erhebliche Destruktivität gegenüber Eigentum, Feuer legen, Stehlen, häufiges Lügen, Schulschwänzen und Weglaufen von zu Hause, ungewöhnlich häufige oder schwere Wutausbrüche und Ungehorsam" genannt.

Für die Entwicklung von Dissozialität ist eine Vielzahl von Risikofaktoren inzwischen nachgewiesen. Unter ihnen lassen sich biologische und psychosoziale Faktoren unterscheiden. Unter den biologischen Faktoren spielt bekanntlich das Geschlecht eine herausragende Rolle. Nach wie vor, allerdings in einem in den letzten Jahrzehnten sich verringerndem Ausmaß, besteht ein starker Zusammenhang zwischen Dissozialität und dem männlichen Geschlecht.[4]

Zu den biologischen Risikofaktoren zählen zudem ein schwieriges Temperament, das sich in einer übergroßen Empfindlichkeit, Impulsivität und in hyperaktivem Verhalten bemerkbar macht, sowie neuropsychologische Defizite, die etwa die motorische Koordination, die Integration akustischer und visueller Reize, die Sprachentwicklung, und damit das Lernen und die Anpassungsfähigkeit überhaupt beeinträchtigen. Die psychosozialen Risikofaktoren wirken sich entweder als proximale Faktoren eher direkt aus oder als distale eher indirekt und vermittelt. Als distale Risikofaktoren wurden statistisch nachgewiesen insbesondere ein niedriger sozioökonomischer Status, Armut, schlechte Wohnverhältnisse, wie sie etwa mit dem Wohnen in einem „sozialen Brennpunkt" verbunden sind. Mit proximal wirkenden Risikofaktoren wird das Kind in seiner Familie, aber auch in der Schule unmittelbar konfrontiert. Dort sind dies etwa ein zu geringes Lob für Schulleistung, überhaupt eine Vernachlässigung der akademischen Leistung, eine Geringschätzung der individuellen Verantwortlichkeit der Schüler sowie ein mangelndes Zur-Verfügung-Stehen der Lehrerinnen bei der Problembewältigung ihrer Schüler (*Kazdin* 1997).

Für unser Thema sind die proximal wirksamen familiären Risikofaktoren von besonderem Interesse. Hierzu zählen vor allem Streitigkeiten der Eltern untereinander bis hin zu ihrer Trennung, Dissozialität und Kriminalität bei Eltern oder Geschwistern, psychische Störungen der Eltern, etwa eine Depression der Mutter oder eine Suchtproblematik beim Vater, vor allem aber Probleme der frühen Eltern-Kind-Beziehung sowie ein wenig erfolgreiches Erziehungsverhalten, das geprägt wird durch harte, bisweilen grausame, und dabei kaum vorhersehbare Strafaktionen. Diese Risikofaktoren liegen selten isoliert vor, sondern in der Regel kumuliert als so genannte Cluster. Sie addieren sich in ihren Auswirkungen und dürften sich zudem auch gegenseitig beeinflussen. Der Einfluss der Risikofaktoren zeigt sich bei der Entwicklung der Störung ebenso wie in ihrem Verlauf.

Längsschnittstudien lassen es gerechtfertigt erscheinen, zwei Entwicklungspfade oder Verlaufstypen zu unterscheiden (*Moffit* 1993, *Aguilar* et al. 2000). Beim einen Verlaufstyp tritt dissoziales Verhalten erst in der Adoleszenz auf. Hier ist der Geschlechterunterschied nicht so deutlich, die Aggressivität geringer ausgeprägt. Dem Einfluss der Gleichaltrigen scheint dagegen größere Bedeutung zuzukommen. Die Prognose dieses auf das Jugendalter begrenzten Verlaufstyps scheint insgesamt besser zu sein. Beim anderen Verlaufstyp bestehen die Probleme schon seit der frühen Kindheit. Es handelt sich also um eine ausgesprochen kontinuierlich verlaufendes Störungsmuster mit einer hohen Stabilität. Insbesondere bei einer Interaktion der beiden Risikofaktoren „Dissozialität bei den Eltern" und „Intelligenzminderung" muss man damit rechnen, dass sich dieses Verhalten zumindest bei den Jungen bis in das Erwachsenenalter fortsetzt. Jugendliche mit diesem Verlaufstyp sind die eigentlichen Problemfälle. Unter ihnen sind die 6 %, die für die Hälfte aller Delikte verantwortlich zu machen sind (*Patterson* 1996). Ihre delinquente Karriere ist insofern recht gleichförmig, als die Delikte sowohl qualitativ als auch quantitativ mit dem Alter zunehmen. Bei diesen „early starters" bestehen von Anfang an gravierende Konflikte in der Eltern-Kind-Beziehung. Deren dissoziales Verhalten lässt sich letztlich auf ein Versagen der elterlichen Erziehung zurückzuführen. Der norwegische Dissozialitätsforscher *Dan Olweus* (1979) charakterisiert das familiäre Klima, denen diese Kinder ausgesetzt sind, prägnant mit den Worten „too little love, too much freedom". Sie erhalten von ihren Eltern zu wenig Liebe und zu wenig Aufsicht. Interessanterweise verweist der heute nicht mehr gebräuchliche, weil inzwischen allzu diskriminierende Begriff, „Verwahrlosung" gerade auf diesen Zusammenhang. Das Verb „verwahrlosen" bezeichnete nämlich ursprünglich einen transitiven, aktiven Vorgang (*Hartmann* 1977, 3). Eltern verwahrlosen ihre Kinder, wenn sie ihnen nicht die angemessene Sorge und Achtung entgegenbringen. Diese werden von ihren Eltern nicht ausreichend voraussetzungslos geliebt, d. h. als ganze Person akzeptiert. Ihre Bindungspersonen sind nicht in der Lage, genügend Empathie aufzubringen, um feinfühlig ihre Bedürfnisse wahrnehmen und angemessen befriedigen zu können. Bei Kindern, die sich dissozial entwickeln, kommt es daher zu einer besonderen Form der strukturellen Koppelung zwischen dem kommunikativen Erziehungssystem und ihrem sich entwickelnden psychischen System.

### 5.6 Die Funktion dissozialen Handelns

Der Gedanke, dass manche Kinder sich dissozial verhalten, wenn ihnen ihre Bezugspersonen nicht ausreichend Sicherheit vermitteln, mag auf den ersten Blick überraschen. Schließlich ist man eher gewohnt, bei dissozialem Handeln an eine eher gesteigerte Risikobereitschaft zu denken. Man denke nur an Verhaltensweisen, die als „risk seeking behavior" bekannt geworden sind, etwa an das berüchtigte U-Bahn-Surfen. Aber auch aggressives Handeln oder

Stehlen scheint doch auch eher geeignet zu sein, Unsicherheit zu erhöhen. Wie lässt sich dann davon sprechen, dass dissoziales Handeln den Grad der Vorhersehbarkeit steigert? Hier kann eine Analyse der Funktion dissozialen Handelns ansetzen (vgl. *Schleiffer* 1988, 1994).

Ein einfaches Gedankenexperiment ist hilfreich. Fordert man Studenten oder Seminarteilnehmer auf, sich zu überlegen, wie sie ganz sicher beim Dozenten eine Reaktion hervorrufen können, die sie sich dann selbst ursächlich zuschreiben können, wird man fast ausschließlich nur solche Vorschläge zu hören bekommen, die auf störende, den normativen Erwartungen zumindest des Vortragenden eindeutig und vorhersehbar zuwiderlaufende Handlungsweisen zielen. Als Vorschläge bekommt man etwa zu hören: Sich-mit-dem-Nachbarn-laut-unterhalten, Pfeifen, Auf-den-Tisch-klettern, Laut-schmatzend-ein-Butterbrot-vertilgen oder ähnliches. Selten wird etwa die Idee geäußert, sich zu Wort melden zu wollen, um eine Frage zu stellen. Auch wenn man selbstverständlich nur für den Fall, dass sich die Teilnehmer dieses Experiments viele dieser Vorschläge in ihrem weiteren Verhalten dauerhaft zu eigen machen, eine dissoziale Störung diagnostizieren könnte, wird doch schon deutlich, dass von einem abweichenden Handeln eine höhere Wirksamkeit erwartet wird. Die kommunikative Anschlussfähigkeit solcher Handlungen wird jedenfalls als höher eingeschätzt im Vergleich zu normkonformen Handlungen. Die Funktion der vorgeschlagenen Handlungsweisen besteht mithin darin, sich soziale Resonanz zu verschaffen, sich die Gelegenheit zu verschaffen, sich als Ursache einer Wirkung erleben zu können.

Besonders wirksam sind also Enttäuschungen normativer Erwartungen. Wie bereits angesprochen (Kap. 1.6.1) liegt das Besondere an normativen Erwartungen nämlich darin, dass wir an ihnen auch im Enttäuschungsfalle festhalten (*Luhmann* 1984, 437). Kommt beispielsweise einem auf der Autobahn ein Geisterfahrer entgegen, wird man im Überlebensfall trotzdem bei der nächsten Fahrt erwarten, dass die Verkehrsteilnehmer ihre Fahrbahn korrekt benutzen. Mit dem Festhalten an diesen normativen Erwartungen beweist man sich zudem bisweilen geradezu moralische Stärke. Noch etwas kommt hinzu. Die Enttäuschung normativer Erwartungen führt in der Regel zu einer Emotionalisierung, die wiederum einen Handlungsdruck erzeugt. Dieser Mechanismus lässt sich gut studieren etwa bei den Themen Kinderschändung oder Fremdenfeindlichkeit und Ausländerhass (vgl. *Schleiffer* 1996). Wir werden wütend, sind empört, äußern Ekel, fordern strafrechtliche Sanktionen. Negative Affekte sind offensichtlich besonders wirksam. Selbst ansonsten liberale Geister melden sich mit Forderungen zu Wort, die man eigentlich sonst nur von Angehörigen der Law-and-order-Fraktion zu hören gewohnt ist. Im Gegensatz zu normativen Erwartungen ändern wir beim kognitiven Erwartungstyp im Enttäuschungsfall unsere Erwartungen. Diesbezüglich sind wir also durchaus lernbereit. „Von der Eintracht etwa ist auch wirklich nichts mehr zu erhoffen." Die normative Erwartung „Nie mehr 2. Liga" ist wirklich zu riskant. Man kann sie vergessen!

Wie das obige Gedankenexperiment zeigt, besteht die Funktion abweichenden, dissozialen Handelns darin, sich seiner Handlungskompetenz zu vergewissern. Geht man als Systemtheoretiker davon aus, dass alles Verhalten letztlich der Systemerhaltung dient, bietet es sich an, dissoziales Handeln als Problemlösungsversuch aufzufassen. Tun wir das, können wir uns dann die Frage stellen, wie denn das Problem beschaffen sein dürfte, das ein solches Problemlösungsverhalten nahelegt. Als Probleme, die dissoziales Handeln als Problemlösung sinnvoll erscheinen lassen, kommen vor allem Probleme mit dem Selbstkonzept in Frage. Das Selbstkonzept eines Menschen gilt als schwach und unsicher, wenn er nicht ausreichend sicher sein kann, sich oft genug als Ursache von Wirkung bei anderen erleben zu können. Mit anderen Worten: wenn ich ausreichend sicher bin, dass ich nicht nur in der Kommunikation ausreichend oft thematisiert werde, sondern an dieser Kommunikation auch ausreichend oft beteiligt bin, dann fühle ich mich geachtet, anerkannt und gut.

Wie die Kleinkindforscher nachgewiesen haben, sind diese Mechanismen bereits im Säuglingsalter zu beobachten (vgl. *Dornes* 2001). Schon das kleine Kind im ersten Lebensjahr empfindet Befriedigung dabei, die Personen seiner Umgebung vorhersehbar beeinflussen zu können. Das Erleben, Ursache von Wirkung zu sein, ist für den Säugling ausgesprochen stimulierend. Erinnert sei an die immer wieder referierte Geschichte mit dem über dem Kinderbettchen angebrachten Mobile, dem das Baby anfangs ein durchaus großes Interesse entgegenbringen mag, das aber doch nach einer kurzen Zeit nachlässt. Bringt man aber das Mobile in Reichweite, gibt man dem Baby also damit die Gelegenheit, die Bewegung des Mobiles selbst zu beeinflussen, wird es sich viel länger damit beschäftigen. Die Tatsache, bei der Bezugsperson, im Gesicht der Mutter das so charakteristische mimische Muster des Lächelns zu provozieren, ist sogar noch faszinierender. Überhaupt sprechen viele Befunde dafür, dass das Neugeborene von seiner biologischen Ausstattung her für eine Teilnahme an der zwischenmenschlichen Kommunikation gut vorbereitet ist. Bei dieser Erfahrung, Ursache von Wirkung zu sein, dürfte es sich um den Kern der Selbsterfahrung handeln. Hierbei ist der Säugling allerdings in hohem Maße noch auf seine Bezugspersonen angewiesen, deren Feinfühligkeit sich denn auch gerade darin beweist, dass sie ihrem Kind solche Erfahrungen in einer dem Entwicklungsstand des Kindes angemessen Form ermöglichen, d. h., ohne es zu unter- oder überzustimulieren. Es verwundert daher auch nicht, dass Kinder, die das Glück hatten, anlässlich der Kommunikation mit ihren einfühligen Eltern eine sichere Bindungsorganisation ausbilden zu können, auch über ein besseres Selbstkonzept verfügen (vgl. Kap. 1.8).

Tun die Eltern dies nicht oder nur unzureichend, muss das Kind nachhelfen, um sich selbst als handelnd erleben zu können. Es wird sich jedenfalls anpassen. Hierbei kann es sich die besondere Anschlussfähigkeit negativer Affekte zu Nutze machen. Quengeln oder gar Schreien kann dann die frühe Eltern-Kind-Interaktion prägen. Der ontogenetisch am frühesten nachweisbare Mechanismus, die eigene Autonomie zu betonen, besteht bekanntlich im verneinenden Kopfschütteln (*Spitz* 1978). Später wird im Dienste dieser Selbstbehauptung dann die gereifte Motorik eingesetzt. Ab dem zweiten Lebensjahr lernt das Kind allmählich, Handlungen auch entgegen den Erwartungen der Eltern zu planen. Die Wahrnehmung der Erwartungsenttäuschung auf Seiten der Eltern ist dann selbstbestätigend. In diesen Familien entwickelt sich eine feindselige Kommunikation, die immer wieder negativ verstärkt wird, während prosoziales Handeln regelhaft nicht beachtet und nicht belohnt wird. Das Kind kontrolliert mit seinem nervenden Verhalten die familiäre Kommunikation und sichert sich so seinen Einfluss. Die Aufmerksamkeit ist ihm dann hinreichend sicher. Es wird in der familiären Kommunikation thematisiert.

Die Arbeitsgruppe um *Patterson* (1996) hat diesen „coercive cycle", der sich bei dissozialen Kindern bereits im Vorschulalter nachweisen lässt, eingehend erforscht. Ein Beispiel soll diesen Mechanismus der negativen Verstärkung veranschaulichen. Besuch hat sich angesagt. Die Mutter meint, dass ihr Sohn seine Spielsachen aus dem Wohnzimmer entfernen und in das Kinderzimmer bringen solle. Der Junge hat aber offensichtlich keine Lust und verspricht daher, es gleich zu tun. Nach fünf Minuten erinnert die Mutter an die versprochene Transaktion. Der Junge wiederholt seine Antwort, wiederum mit aufschiebender Wirkung. Erneut nach fünf Minuten das Gleiche. Der Ton wird allerdings etwas gereizter. Die Mutter fragt daraufhin in ärgerlichem Ton nach. Der Junge wird patzig: „Ich habe doch gesagt, gleich. Jetzt nicht!". Die Mutter erschrickt und resigniert. Sie räumt die Sachen dann selbst weg. Es hat nämlich schon geklingelt.

Was ist passiert? Der Junge macht die Erfahrung, dass er nur frech genug sein muss, um um etwas bekanntermaßen so Unangenehmen wie das Aufräumen herumzukommen. Sein ungezogenes Verhalten wird also belohnt, insofern als eine negativ bewertete Handlung nicht stattfindet. Man spricht von negativer Verstärkung. Dieses Modell des „coercive cycle", das mit statistisch elaborierten Methoden in vielen empirischen Untersuchungen nachgewiesen wurde, vermag nachzuzeichnen, wie sich eine aggressiv getönte Interaktion gegenseitig hochschaukelt und auf der Seite des Kindes in eine dissoziale Störung mündet. Dann besteht die Gefahr, dass sich das Kind in seinem Verhalten auch außerhalb der Familie an diesem offensichtlich tauglichem Modell orientieren wird.

Überhaupt dient Aggressivität der Klärung uneindeutiger Situationen. Bin ich aggressiv, schlage ich zum Beispiel jemanden, ist unzweifelhaft, dass ich gehandelt habe. Wenn ich mir nicht sicher bin, wie ich mir und anderen meine Handlungsfähigkeit beweisen kann, weil mir hierfür vielleicht die kognitiven und materiellen Ressourcen fehlen oder sich auch keine passende Gelegenheit bietet, bleibt mir doch fast immer die Möglichkeit, aggressiv zu handeln. Hierzu bedarf es doch recht wenig. Es handelt sich im wahrsten Sinne des Wortes um eine trottelsichere Methode, die nur geringer Voraussetzungen bedarf. Um wirkungsvoll aggressiv sein zu können, muss man sich allerdings hierfür erst einmal motivieren. Dies geschieht, in dem ich den sozialen Interaktionen vor allem solche Informationen entnehme, die mich davon überzeugen können, dass ich mich zu wehren habe.

Die Arbeitsgruppe um den amerikanischen Kognitionspsychologen *Kenneth Dodge* (1993) hat diese besondere Art der Informationsverarbeitung als Defizit sozial-kognitiver Fähigkeiten beschrieben und sie auch experimentell nachweisen können. Demnach richten dissoziale Kinder verstärkt ihre Aufmerksamkeit auf aggressive Sachverhalte, insbesondere auf solche, die sie als feindlich gesonnen interpretieren können. Uneindeutige Situationen klären sie, indem sie dem Anderen eine feindseilige Absicht unterstellen. Im Zweifel meint es der andere nicht gut mit einem. *Dodge* spricht in diesem Zusammenhang von einem Attributionsfehler. Rempele ich etwa im Gedränge vor dem Kassenhäuschen aus Versehen einen dissozialen Jugendlichen, werde ich von diesem mit drohendem Unterton angeraunzt: „Iss was?". Dann ist es besser, auf einen Klärungsversuch zu verzichten. Die klare Einteilung der Welt in Freund und Feind, in Täter und Opfer, ist denn auch handlungsanleitend und insofern auch durchaus selbstwertstabilisierend. Wenn ich angegriffen werde, brauche ich nicht groß zu überlegen. Ich muss mich doch wehren! Was bleibt mir übrig? Zu überlegen, ob es noch andere Interpretationsmöglichkeiten für den Rempler geben könnte, macht die Sache doch nur kompliziert. Dann könnte es vielleicht herauskommen, dass es mit meiner eigenen sozialen Kompetenz doch nicht so weit her ist, dass mir eigentlich nichts anderes einfällt. In der Tat erweisen sich die Problemlösungsvorschläge dissozialer Kinder als qualitativ wie auch quantitativ durchaus dürftig. Diese inzwischen vielfach nachgewiesenen Informationsverarbeitungsprozesse dissozialer Kinder und Jugendlichen dienen ihrer Anpassung, auch wenn sie als Defizite beschrieben werden. Dies zeigt sich darin, dass diese Kinder ihre Strategien durchaus als gut und erfolgreich bewerten. Tatsächlich lässt sich bei aggressiven Jugendlichen häufig ein gehobenes Selbstwertgefühl beobachten.

Als Beobachter, dessen dissoziale Tendenzen sich doch in Grenzen halten, muss man überrascht sein, wie wichtig eine solche feindselige Kommunikation diesen Kindern und Jugendlichen ist. Mitleid kann sich sogar einstellen, wenn man bedenkt, wie viel Unbill, welche Nachteile sie billigend in Kauf nehmen, nur um sich das selbstbestätigende Erlebnis zu verschaffen, wirksam zu sein.

Es fällt dissozialen Kindern also schwer, mit unklaren Situationen, mit Ambivalenzen umzugehen. Warum ist dies so? Um eine zweideutige Situation in beiderseitigen Einvernehmen zu klären, ist es zumeist notwendig, mit dem anderen zu sprechen, ihn zu fragen, warum er oder sie sich so und nicht anders verhalten hat. Man muss also sich bemühen herauszufinden, was den anderen denn dazu bewogen hat, sich so zu verhalten, was er vorhatte. Kurz: um eine uneindeutige Situation zu klären, ist es sinnvoll, den anderen verstehen zu wollen. Empathie, Einfühlung ist hierfür notwendig. Bei dissozialen Kindern und Jugendlichen wurde schon immer gerade diese Fähigkeit, eine empathische Haltung einnehmen zu können, als defizitär angesehen. Vieles spricht allerdings dafür, dass es sich nicht um ein ursprüngliches Defizit handelt, sondern dass diese Jugendlichen den gekonnten Umgang mit Empathie nicht gelernt haben und deswegen in unübersichtlichen Situationen überfordert sind, wenn man von ihnen Empathie erwartet. Wie entwickelt sich aber diese Fähigkeit bzw. diese Einstellung?

Feinfühlige Eltern vermögen sich in die Lage ihres Kindes hineinzuversetzen, auch und gerade wenn es diesem nicht gut geht, etwa wenn es sich ärgert, wütend oder traurig ist. Sie werden den negativen Affekt des Kindes wahrnehmen, es aber bei der Wahrnehmung nicht belassen, sondern dem Kind dabei helfen, diesen Affekt so zu regulieren, dass sein psychisches System nicht dekompensiert. Der amerikanische Psychoanalytiker und Entwicklungspsychologe *Daniel Stern* hat die Rolle der Eltern beim Erlernen dieser Affektregulation beschrieben (*Stern* 1992). Eltern spiegeln beim so genannten „affect attunement", bei der Affektanpassung, den von Säugling gezeigten Affekt nicht nur einfach wider, sondern in einer etwas veränderten Form, in der dieser Affekt nun, und das ist entscheidend, für das Kind erträglicher ist. Damit geben sie ihren Kind einen Hinweis, wie es bei nächster Gelegenheit selbständig diese negativen Affekte erfolgreich verarbeiten kann. Im Vertrauen um die eigene

Fähigkeit zur Affektregulation brauchen solchermaßen gut angeleitete Kinder dann auch keine Angst mehr zu haben vor Situationen, die bei ihnen starke Affekte auslösen könnten, weil sie nun erfahren haben, dass sie mit ihnen angemessen umgehen können. Sie fühlen sich sicher.

### 5.7 Gewalterfahrung und Bindung

Diese Sicherheit zu gewährleisten, ist eine der wichtigen Funktionen des Bindungssystems, dem auch die Aufgabe zukommt, die Affekte, die im Umgang mit den Bezugspersonen entstehen, zu regulieren. Das Kind beobachtet, dass und wie seine Bezugsperson es zu verstehen sucht. Es bekommt also mit, dass diese bei ihm die Existenz eines eigenen, separat funktionierenden psychischen Systems unterstellt, mit eigenen Vorstellungen, eigenen Wünschen und Absichten. Mit der Zeit lässt sich das Kind von der Angemessenheit einer solchen Unterstellung überzeugen. Mit anderen Worten: Das Kind übernimmt die „Theory of Mind" seiner erwachsenen Bezugspersonen (vgl. Kap. 1.8). Dabei beobachtet es, dass seine Bezugsperson mit ihm kommuniziert, weil sie ja nie ganz sicher sein kann, was sich in seinem Inneren abspielt. Kommunikation kann letztlich nur zustande kommen, wenn die Kommunikationspartner davon ausgehen, dass in den Kopf des anderen nicht hineinzuschauen ist, dass dessen psychisches System intransparent ist. Eltern, die auf diese Weise über die psychische Verfassung ihres Kindes reflektieren können, ermöglichen ihren Kindern die Entwicklung einer sicheren Bindung. Das sicher gebundene Kind übernimmt dann eben dieses Bild, das seine feinfühligen und empathischen Eltern von ihm haben, als Kern seines guten Selbstkonzeptes. Dabei macht es sich die Art und Weise, mit der seine Eltern sich ein Bild von ihrem Kind machen, zu eigen. Wenn es später darum geht, andere Personen zu verstehen, kann und wird das Kind auf die ihm vorgelebten Mechanismen zurückgreifen.

In der bereits in Kapitel 1.7 erwähnten Untersuchung von *Peter Fonagy* und Mitarbeiter (1991) ging es um diesen Zusammenhang. Die Autoren entwickelten aus dem Adult Attachment Interview ein Maß für diese Fähigkeit zur Reflexion, mit dem sie werdende Eltern untersuchten. Es stellte sich heraus, dass die Kinder von Vätern und Müttern, die in hohem Maße über eine solche Fähigkeit verfügten, drei- bis viermal so häufig als sicher gebunden klassifiziert wurden als Kinder, deren Eltern diese Fähigkeit kaum zeigten. Wie die Autoren in einer nachfolgenden Untersuchung nachweisen konnten, zeigt sich die Bedeutung dieser Reflexionsfähigkeit in besonderer Weise in Krisensituationen. Kinder von Müttern, deren Reflexionsfähigkeit als hoch eingeschätzt wurde, erwiesen sich als sicher gebunden, auch wenn sie ihre Kindheit und Jugend unter ungünstigen Bedingungen hatten verbringen müssen (*Fonagy* et al. 1993). Aus diesen Befunden lässt sich der Schluss ziehen, dass die intergenerationale Weitergabe schlechter und pathogener Eltern-Kind-Beziehungen unterbrochen werden kann, wenn es der Bezugsperson möglich ist, in produktiver Weise über ihre Erlebnisse zu reflektieren.

Hierzu waren die in der vorliegenden Studie untersuchten jugendlichen Mütter nicht in der Lage. Im Gegenteil: den Ausschnitten des Adult Attachment Interviews bei Jessica und der Beschreibung ihres Elternverhalten ist unschwer zu entnehmen, wie die negativen Gefühle von Ärger, Wut und Enttäuschung, die mit der Erinnerung bindungsrelevanter Kindheitserlebnisse bei ihr aufsteigen, auch ihren Umgang mit ihrer Tochter Petra prägten. Überhaupt zeigt sich an der Geschichte von Jessica eindrucksvoll, mit welchen psychischen Folgen man bei einer frühen Misshandlung durch die Eltern zu rechnen hat. Zu diesen Folgen müssen auch die Auswirkungen auf die Entwicklung des eigenen Elternverhaltens gezählt werden im Sinne der wiederholt erwähnten intergenerationalen Transmission. Viele empirische Untersuchungen belegen den ursächlichen Zusammenhang zwischen Misshandlungserfahrungen und der Entwicklung einer hochunsicheren Bindungsorganisation einerseits und dissozialen und aggressiven Verhaltensstörungen andererseits, der sich auch bei Jessica fand. Man kann sich gut vorstellen, wie schwierig es für das Mädchen sein musste, das Verhalten des Vaters zu verstehen, zumal ihr von der Mutter diesbezüglich keine Hilfe zuteil wurde. Es ist schließlich kaum davon auszugehen, dass Eltern, die ihre Kinder misshandeln, sich in deren Lage einzufühlen versuchen. Im Gegenteil behandeln sie ihr Kind nach einem Konzept, das mit ihrem realen Kind nicht viel zu tun hat. Dieses Kind wird sich also auch nur identifizieren können mit einem Elternteil, der sein Kind eben nicht als eine mit eigenem psychischen System ausgestattete Person ansieht und achtet. Vielmehr kann die Beziehung nur als eine depersonalisierte und eher sachähnliche begriffen und ertragen werden. Einfühlung gerät dann zur Zumutung. Wird man als Kind schon von seiner Bindungsperson schlecht behandelt, dürfte sich diese Erfahrung auch nur ertragen lassen, wenn man dieser Person möglichst keine Motive und Absichten für ein solches Tun unterstellt. Auch Jessica dürfte sich angewöhnt haben, erst gar nicht die Handlungen anderer Personen mit deren Absichten gedanklich in Verbindung zu bringen und sie verstehen zu können. Vielmehr muss es doch entlastend gewesen sein, eine passive Haltung einzunehmen nach dem Motto: „Es kommt, wie es kommt." Ihr Verhalten als Jugendliche zeigt denn auch eine solche Einstellung. Besonders deutlich kommt dies in ihrer Weigerung zum Ausdruck, eine Konzeptionsverhütung vorzunehmen, aber auch in ihrem oft unverantwortlichen Verhalten ihrer Tochter gegenüber. Abstrakt ausgedrückt: Jessica rechnete das, was passiert, ursächlich nicht ihrem eigenen psychischen System zu, sondern eher ihrer Umwelt. Sie reduzierte so die Komplexität ihrer Welt nicht im Modus des Handelns, sondern eher im Modus des Erlebens. Vieles schien mit ihr nichts zu tun zu haben. Es passierte einfach.

Es ist anzunehmen, dass ihre im Adult Attachment Interview (AAI) nachweisbare hochunsichere Bindungsrepräsentanz mit einer desorganisierten Bindung im frühen Kindesalter in zeitlichem Zusammenhang steht. Jessica dürfte noch nie sicher gebunden gewesen sein. Die Ergebnisse einer Vielzahl von Untersuchungen sprechen dafür, dass desorganisiert-unsicher gebundene Kinder mit der Äußerung eigenen Bindungsverhaltens bei ihren Bindungspersonen ebenfalls ein desorganisiertes Verhalten auslösen, das entweder als feindselig-hilflos (*Lyons-Ruth* et al. 1999) oder als ängstigend-angstvoll (*Schuengel* et al. 1999) beschrieben werden kann. Äußern sie Angst oder weinen sie und zeigen so an, dass sie schutz- und trostbedürftig sind, besteht die Gefahr, dass sie mit solchen Wünschen bei ihrer Bindungsperson Erinnerungen wachrufen, die deren eigenes Bindungssystem aktiviert und dabei gleichzeitig das Pflegesystem deaktiviert. Solche Eltern werden dann entweder versuchen, sich dieser elterlichen Aufgabe zu entziehen oder ihr Kind wütend einzuschüchtern, um so zumindest die Kontrolle über die Situation wiederzugewinnen. Das Kind selbst dürfte allerdings kaum imstande sein, angesichts eines solchen Verhaltens seiner Bindungsperson eine kohärente Erwartungsstruktur, d. h. ein wirksames inneres Arbeitsmodell aufzubauen. Auch Nicole (vgl. Kap. 4.2.2) muss dies wohl so erlebt haben.

In der Beziehung zwischen Jessica und ihrer Tochter Petra wurde dieses Chaos sichtbar. So ging Jessica häufig ausgesprochen aggressiv mit ihrer Tochter um, schrie sie an und nahm oft genug deren Bedürfnisse erst gar nicht wahr. Dann wiederum konnte sie auch kurzfristig übertrieben zärtlich zu Petra sein. Dann musste diese mit der Mutter schmusen. Nach Aussagen der Erzieherin brachte Jessica „in einer Sekunde ihre Tochter zum Lachen und in der nächsten Sekunde zum Weinen". Petra war ihrer Mutter in diesen Situationen vollkommen ausgeliefert. Sie reagierte dabei auffallend ruhig und vermittelte geradezu den Eindruck, gar nicht existent zu sein. Offenbar stellte sie sich auf das unvorhersehbare und sicherlich sie auch ängstigende Verhalten ihrer Mutter ein, indem sie gewissermaßen „abschaltete" und damit die Relevanz dieses Erlebens nivellierte. Selten ihre Bedürfnisse kundtuend, verhielt sie sich ruhig und unauffällig. Offensichtlich war es ihr sehr wichtig, sich darum zu bemühen, möglichst nicht „anzuecken". Dazu passt auch, dass Petra sehr schnell durchschlief.

Petras desorganisiertes Verhalten zeigte sich in der Fremden Situation eindrucksvoll bei der Rückkehr der Mutter in den Untersuchungsraum. Sie schaute nämlich in beiden Wiedervereinigungsepisoden auffallend lange der Fremden Person hinterher. Es sah dabei so aus, als ob sie nicht in der Lage sei, die Fremde Person von der Mutter zu unterscheiden. Sie erschien ausgesprochen ratlos. Es ist davon auszugehen, dass die Mutter, die ja selbst nur über ein äußerst unsicheres Bindungskonzept verfügt, durch das Verhalten ihrer Tochter an ihre eigenen traumatischen Erlebnisse erinnert wurde und dass diese Erinnerungen bei ihr ein angemessenes mütterliches Verhalten verhinderten. Das Hilfesuchverhalten ihrer Tochter machte sie selbst immer wieder hilflos, was wiederum Enttäuschung und Ärger hervorrufen musste. Die Auswirkungen dieses feindselig-hilflosen inneren Arbeitsmodells (*Lyons-Ruth* et al. 1999) ließen sich auch im Alltag der Mutter-Kind-Gruppe beobachten. Als Petra ungefähr sieben Monate alt war, wohnte ihre Mutter für einige Wochen nicht im Heim, weil sie sich zum Drogenentzug in einer auswärtigen Klinik befand. In dieser Zeit erlebten die Betreuerinnen Petra als viel lebendiger. Nach der Rückkehr der Mutter begann Petra dann ihre Mutter häufig zu schlagen, worauf die Mutter ausgesprochen hilflos reagierte. Wenn sie selbst nicht wütend wurde, setzte sie ihre Tochter irgendwo ab und zog sich zurück.

An der Geschichte von Jessica und ihrer Tochter Petra lässt sich gut studieren, wie eine desorganisierte und hochunsichere Bindung zu einem desorganisiertem Selbst führt. Das externalisierende Verhalten ist als Mittel zu verstehen, angesichts der bestehenden Konfusion doch noch eine gewisse Kohärenz zu bewahren. Aggressivität vermag die Beziehung durchaus zu ordnen. Werden die Bindungsbedürfnisse eines Kindes frustriert, zeigt es Ärger. Es ist dies eine natürliche Reaktion, wenn die Bindungsbedürfnisse nicht befriedigt werden, die Erwartungen enttäuscht werden. Darüber hinaus hat Wut aber auch die Funktion, die Integrität der Selbstrepräsentation und damit des Selbstkonzeptes zu erhalten. Es lässt sich gut vorstellen, wie die Geschichte von Jessica und Petra weiter gegangen wäre, hätte man sie nicht voneinander getrennt. Petra wäre vermutlich aggressiver geworden. Da ihre Mutter angesichts der nur schwachen Bindungsbeziehung kaum die Drohung mit Liebesverlust als Erziehungsmittel hätte einsetzen können, wäre ihr wohl kaum etwas anderes übrig geblieben, als wiederum Gewaltandrohung als Disziplinierungsmittel einzusetzen. Der bereits erwähnte Teufelskreis eines „coercive cycle" hätte sich eingespielt. Das aggressive Verhalten hätte die schon schwache Bindungsbeziehung sicher weiter geschwächt.

Selbst höchst unsicher, ohne die Möglichkeit, sich auf ein kohärentes inneres Arbeitsmodell von ausreichend sicheren Bindungsbeziehungen verlassen zu können, haben es solche Eltern nötig, ihre schwachen Anteile gewissermaßen an ihr Kind abzutreten in der unbewussten Hoffnung, sie dort kontrollieren zu können[5]. Ängstigen sie ihr Kind, können sie sich nun stärker fühlen. Solange das Kind selbst Angst zeigt, brauchen sie sich nämlich selbst nicht ängstlich zu erleben. Sie sind in einem solchen Fall geradezu darauf angewiesen, dass ihr Kind schwach bleibt. Meldet dieses mit der Zeit eigene Bedürfnisse an, zeigt sich das Kind also etwas weniger abhängig, ist dieses Arrangement dann nur noch mit stärkerer Aggression aufrechtzuerhalten. Die Wut hat dann die Funktion, die verpönte Schwäche und Hilflosigkeit zu kontrollieren oder sich ihrer zu entledigen, sowohl bei sich selbst als auch bei dem Kind (*Fonagy* 2000).

Vieles spricht dafür, dass Jessica selbst gerade so erzogen wurde bzw. sich selbst sozialisierte. An ihrem Beispiel lässt sich der inzwischen in vielen Untersuchungen gesicherte Zusammenhang zwischen Misshandlung, Bindungsstörung und Dissozialität überzeugend veranschaulichen. Auch wenn der Misshandlungserfahrung im Ursachenspektrum dissozialer Verhaltensstörungen eine besondere Bedeutung zukommen dürfte, hat man allerdings davon auszugehen, dass es noch eine Reihe weiterer Entwicklungspfade gibt, die gleichermaßen in eine Dissozialität führen. Schließlich dürften nicht alle in der vorliegenden Studie untersuchten Jugendlichen als Kinder misshandelt worden sein. Die rigiden Erziehungsformen müssen nicht unbedingt ein solches Ausmaß annehmen wie bei Ronnie und Jessica, um das Bindungsorganisation nachhaltig zu beeinträchtigen und Verhaltensstörungen hervorzurufen.

So sind immer auch biologische Faktoren, wiewohl oft nur schwer nachweisbar, in Rechnung zu stellen. Hierbei dürfte das schwierige Temperament eine wichtige Rolle spielen. Dieses Merkmal wurde in der vorliegenden Untersuchung nicht eigens untersucht. Allerdings sind die Prozesse inzwischen gut bekannt, die dazu führen, dass sich die beiden Risikofaktoren „schwieriges Temperament" auf Seiten des Kindes und „mangelnde Feinfühligkeit" auf Seiten der Bezugsperson in verhängnisvoller Weise in ihren Auswirkungen auf die psychische Entwicklung des Kindes ergänzen. Das schwierige Temperament wird als ein wichtiger Risikofaktor für die Entwicklung einer dissozialen Verhaltensstörung herausgestellt. Bei Kindern mit einem so genannten schwierigen Temperament handelt es sich, salopp ausgedrückt, um genau das Gegenteil von pflegeleichten Kindern. Sie sind schnell frustriert, dann zudem noch schwer zu beruhigen. In ihrer Grundstimmung scheint sich irgendwie eine basale Unzufriedenheit auszudrücken. Sie nerven eben. Ein solches Kind wird daher der Mutter nicht so viel Gelegenheit geben, sich als gute Mutter zu erleben. Im Gegenteil: sie wird sich ständig fragen, was sie denn falsch gemacht haben könnte, dass ihr Kind nicht zufrieden ist. Es lässt sich nun unschwer nachvollziehen, dass ein solches Kind seine Mutter schnell überfordert, zumal wenn diese eher wenig feinfühlig ist. Auch hier droht ein Teufelskreis. Die beiden Risikofaktoren verstärken sich gegenseitig im Sinne einer transaktionalen Interaktion. Versucht die Mutter, bei der Versorgung ihres Kindes dessen Unmutsbekundungen zu übersehen, wird sie sich dem Kind regelrecht aufdrängen. Oder sie wird jede sich auftuende Gelegenheit nutzen, sich dieser belastenden Situation zu entziehen. Dann wird sie ihrem Kind noch weniger als Bindungsperson zur Verfügung stehen. Das Kind wird dadurch noch mehr frustriert und vermehrt nörgeln. Die Probleme dürften zunehmen, wenn das Kind älter, also mobiler wird. Die Mutter wird dann mehr aufpassen müssen, dass es nichts anstellt und dass nichts passiert. Die Interaktion gerät immer freudloser. Der schon mehrfach erwähnte „coercive cycle" spielt sich ein. Das Kind spürt, dass es seiner Mutter auf die Nerven geht. Allerdings hat es dann auch bald gelernt, dass das Mutter-Nerven noch die sicherste Methode ist, mit ihr zusammen zu sein und von ihr bemerkt zu werden. Nervt es nämlich einmal nicht, wird die Mutter diese Situation nutzen, um endlich auch einmal etwas für sich zu tun. Für das Kind bedeutet dies, dass sein nettes und unauffälliges Verhalten regelrecht bestraft wird.

Solange das Kind noch klein ist, fällt es nicht so sehr auf, dass es, solchermaßen erzogen und sozialisiert, nur über unsichere und oft konfuse Bindungsrepräsentanzen verfügt. Schließlich kann es mit seiner Wut und seinem Ärger seiner Bindungsperson noch keinen ernsthaften körperlichen Schaden zufügen. Spätestens mit der Pubertät ändert sich dies. Wie der Psychoanalytiker *Peter Fonagy* (2000) betont, kann die körperliche Überlegenheit der erwachsenen Erzieher noch kaschieren, dass die elterliche Kontrolle sich nicht auf eine emotionale Beziehung stützt. Spätestens, wenn Empathie erwartet wird und moralische Entscheidungen anstehen, wird die Unzulänglichkeit des Bindungssystems offensichtlich. Die Jugendlichen müssen angesichts ihrer nur schwach ausgebildeten inneren Kontrollinstanzen zusehen, wie sie die nötige Kontrolle von außen außerhalb des Elternhause sicherstellen. Machen sie die Erfahrung, dass die gesellschaftlichen Institutionen ihre externalisierenden Manöver nicht tolerieren, werden sie sich an Gleichaltrige halten, und zwar vorzugsweise an solche, die über ähnlich desolate Bindungserfahrungen und ähnliche Verhaltensmuster verfügen, von denen sie also erwarten können, dass sie großzügiger sind als etwa ihre Lehrer, Erzieher oder Arbeitgeber. Cliquen oder Gangs werden attraktiv. In einem Heim der öffentlichen Erziehungshilfe brauchen sie allerdings erst gar nicht groß zu suchen. Hier trifft man sich. Im Heim besteht durchaus die Chance, dass sich unter Gleichgesinnten diese besondere Art ihrer Kommunikation doch als anschlussfähig erweist.

Für die stationäre Jugendhilfe tut sich ein brisantes Problem, wenn nicht gar ein Dilemma auf. Sie kann es oft nur schwer vermeiden, mit ihrem Hilfeangebot geradezu eine Situation zu schaffen, die den Jugendlichen die Möglichkeit bietet, erfolgreich ihre dissozialen Selbsthilfemechanismen auszuleben, die doch den Erziehungshilfebedarf erst nötig werden ließen. Wollte man sarkastisch sein, ließe sich sagen, dass Heimerziehung in einem solchen Fall eine Hilfe zur Selbsthilfe ermöglicht. Allerdings zu einer Selbsthilfe, die nicht gewollt ist und daher wiederum Erziehungshilfe notwendig erscheinen lässt. Das bekannte Wort von *Karl Kraus*, auf die Psychoanalyse gemünzt, ließe sich modifizieren: Heimerziehung ist das Problem, das sie selbst erzeugt. Allerdings verbleibt ein Trost: die Zeit. Irgendwann und unvermeidlich werden die Jugendlichen erwachsen. Dann ist zumindest Jugendhilfe nicht mehr angezeigt. Allerdings ist das moderne ausdifferenzierte Erziehungssystem der Gesellschaft seit langem nicht mehr ausschließlich für Kinder zuständig. Zumindest lässt sich erwarten, dass viele dieser Jugendlichen noch längere Zeit sozialpädagogisch betreut werden. Das Erziehungssystem erweist sich insofern als ein autopoietisches System. Es reproduziert sich selbst.

### 5.8 Erziehungsschwierige Mütter

Dissoziale Jugendliche tun sich bekanntlich gerne zusammen. Dabei bevorzugen sie nach außen hin riskant erscheinende Unternehmungen (vgl. Kap. 6.4). Überhaupt spiegelt ihr externalisierendes Verhalten eine generelle Vorliebe für problematisches Verhalten wider (*Donovan* et al. 1988). Auch dadurch erhöht sich die Wahrscheinlichkeit, dass es zu einer frühen Schwangerschaft kommt.

Die Literatur erlaubt keinen Zweifel: Jugendliche Mütter sind im Durchschnitt „weniger gute" Mütter. Das Mutterverhalten jugendlicher Mütter ist überdurchschnittlich häufig den kindlichen Bedürfnissen nicht angemessen. Für diesen Tatbestand gibt es mehrere Gründe. Zum einen stehen die jungen Mütter in der Regel unter einem starkem affektiven Druck. Schließlich haben sie die in der Adoleszenz normativ anstehende Entwicklungsaufgabe zu lösen, nämlich ihre Autonomie zu entwickeln. Eine altersangemessene Lösung dieser Aufgabe wird erheblich erschwert durch die außerhalb der Entwicklungsnorm bestehende Verpflichtung und Notwendigkeit, für ein Kind sorgen zu müssen. Während die Entwicklungsphase der Adoleszenz eine eher selbstbezogene Haltung nahelegt, setzt erfolgreiche Elternschaft dagegen über längere Zeit ein auf die Bedürfnissen des Kindes ausgerichtetes, bisweilen gar ein selbstloses Verhalten voraus. Zudem bestehen bei jugendlichen Müttern in der Regel kumulative Risikofaktoren, etwa der Status einer alleinerziehenden Elternschaft, eine unabgeschlossene Schul- und Berufsausbildung sowie Probleme mit der Herkunftsfamilie (*Ziegenhain* et al. 1999). Resultat ist dann eine deutliche Einschränkung ihrer intuitiven Elternschaft. In ihrem Verhalten sind sie insgesamt weniger responsiv und weniger feinfühlig. Sie wissen nicht all zu viel über die Bedürfnisse ihrer Kinder. Auch daher können sie sich eher schlecht an diese anpassen. Sie verhalten sich häufig unter- oder auch überstimulierend.

Gilt dies schon für die Gruppe jugendlicher Mütter überhaupt, so darf man erwarten, dass sich diese Probleme beim Vorliegen einer dissozialen Entwicklung noch verschärfen. Diese Zusammenhänge ließen sich in einer neuseeländischen Längsschnittstudie nachweisen (*Woodward* und *Fergusson* 1999). Die Forscher verfolgten den Lebenslauf von 1.265 Mädchen eines Geburtsjahrgangs von der Geburt bis in deren 18. Lebensjahr. Mädchen, die schon früh Verhaltensstörungen zeigten, waren eindeutig riskiert, als Teenager schwanger zu werden. Bei denjenigen 10 %, die diesbezüglich im Alter von sieben Jahren am auffälligsten waren, bestand eine fünfmal höhere Wahrscheinlichkeit, dass sie mit 18 Jahren schwanger waren, als bei den 50 %, deren Verhalten am wenigsten auffällig eingeschätzt wurde. Bei den Müttern bestand ein generelles dissoziales Problemverhalten, das sich äußerte in frühen sexuellen Erfahrungen mit zahlreichen Sexualpartnern im Alter von 16 Jahren, einem eingeschränkten Kontakt mit Gleichaltrigen, einem erhöhten Konsum legaler und illegaler Drogen, in Konflikten mit den Lehrern sowie in einem häufigen Schulschwänzen. Die Entwicklung der Mädchen, die schon früh verhaltensgestört waren, wurde aber nicht nur durch eine vorzeitige Schwangerschaft belastet. Darüber bestanden Störungen im gesundheitlichen Bereich, häufig ein Drogenmissbrauch sowie Probleme in Schule und Ausbildung.

Bei Müttern, die in einem Heim leben, dürfte es sich um eine Gruppe von Mädchen und jungen Frauen handeln, die besonders schlecht vorbereitet sind, die Rolle einer „ausreichend guten" Mutter zu übernehmen. Auch die Ergebnisse der empirischen Untersuchung (Kap. 3.6) verweisen auf ein ausgeprägtes kumulatives Risiko. Die diesen jungen Müttern zur Verfügung stehenden Ressourcen waren ausgesprochen gering. Schließlich befanden sie sich in Heimerziehung, weil ihre Herkunftsfamilien sie nicht angemessen hatten erziehen und versorgen können. Sie berichteten über Gewalterfahrungen in ihren Familien sowie über sexuelle Ausbeutung auch außerhalb des häuslichen Umfeldes. Die Geschichte von Jessica und ihrer Tochter Petra ist hierfür ein eindrucksvolles Beispiel (Kap. 4.2.3). Ihnen stand zumeist eine nur hochunsichere Bindungsorganisation zur Verfügung. Mit ihrem auffälligen und störenden Verhalten vergrößerten sie zudem noch das Risiko, demotivierten sie doch noch durchaus hilfegeneigte Personen ihrer Umgebung. Zudem waren sie zumeist auch psychopathologisch hoch auffällig. Es bestanden häufig eigene, ungelöste Autonomiekonflikte sowie teilweise gravierende Selbstwertprobleme. Ihre Partnerschaften erwiesen sich als alles andere als hilfreich. Sie waren kaum jemals auf Dauer eingestellt. In für Heimjugendliche typischer Weise tendierten sie zum bekannten „selective mating" oder „assortative pairing", d. h. sie neigten dazu, sich Freunde zu suchen, die nur über ähnlich frustrierende Bindungserfahrungen und daher nur über ebenso ungenügend sichere Bindungskonzepte verfügten. Eine solche Partnerwahl ist zwar geeignet, die mit der Partnersuche verbundene Kränkungsgefahr zu verringern, allerdings nur auf Kosten der Chance, eine befriedigende Partnerschaft aufzubauen. Dagegen besteht die Gefahr, dass es zu einer frühzeitigen Schwangerschaft kommt, wird doch die intime Beziehung, vor allem deren emotionale Dimension, leicht auf eine überwiegend sexuelle Beziehung reduziert. Häufig entstand bei den betreffenden jugendlichen Müttern der Eindruck, dass sie mit Schwangerschaft und Mutterschaft eine diffuse Hoffnung verbanden, ihren gegenwärtigen Problemen zu entkommen.

Die Mädchen zeigten sich schlecht vorbereitet auf ihre Rolle als Mutter. Dementsprechend konstellierte sich eine höchst problematische Mutter-Kind-Interaktion. Es entwickelte sich eine unsichere und oftmals hochunsichere Bindungsbeziehung zwischen Mutter und Kind. Bisweilen waren die jungen Mütter beim Umgang mit ihren Kindern geradezu schweigsam. Beispielsweise hatten sich manche angewöhnt, das Fernsehprogramm anzuschauen, wenn sie dem Kind die Flasche gaben. Dabei hatten sie sich mit Kissen und Decken eine Haltevorrichtung für das Fläschen zurechtgebastelt, die es erlaubte, mit dem Kind gar nicht mehr in körperlichen Kontakt treten zu müssen. Stattdessen erwarteten sie von ihrem Säugling, dass dieser sich selbst versorge.

Insgesamt ließ sich die Situation der jungen Mütter, die der Säuglinge, aber auch die der Betreuerinnen in der Mutter-Kind-Gruppe des Heimes nur als höchst frustrierend bezeichnen. Die Betreuerinnen vermochten ihre Rolle kaum zu definieren. Selbst hilflos, fühlten sie sich von den jungen Müttern nur allzu oft als Handlanger und Lückenbüßer ausgenutzt. Auch wenn ihnen bei einigen der Kinder durchaus die Funktion einer Bezugs- und Bindungsperson zukam, trauten sie sich nicht, diese Funktion auch gegenüber den Müttern deutlich zu vertreten. Versorgten sie etwa gerade die Kinder oder spielten mit ihnen, fügten sie sich einem auch in noch so unempathischer Weise geäußerten Wunsch seitens der Mutter, bei Rückkehr von der Schule oder der Arbeit ihr Kind unverzüglich selbst auf den Arm nehmen zu wollen und überließen ihr das Kind, augenscheinlich einen Konflikt mit der Mutter befürchtend. Das affektive Klima in der Mutter-Kind-Gruppe war dauerhaft angespannt. Die Mütter wagten nicht, ihre angesichts ihrer Problemlage nur allzu verständlichen ambivalenten Gefühle gegenüber ihrer Mutterschaft zu äußern. Stattdessen nutzten sie jede Gelegenheit, eine andere Mutter in der Gruppe als „Rabenmutter" zu denunzieren, wenn diese es einmal wagte, die Absicht zu äußern, ihr Kind vielleicht doch einer Pflegefamilie anzuvertrauen oder gar zur Adoption freizugeben zu wollen. Diese wechselseitigen Projektionen ließen sich kaum jemals bearbeiten. Hierzu fühlten sich die Erzieherinnen nicht ausreichend kompetent. Diese affektive Hochspannung in der Gruppe erwies sich als ungeeignet, die Herausbildung einer mütterlichen Einstellung zu fördern.

Die wissenschaftliche Literatur zur Problematik jugendlicher Mütter lässt keinen Zweifel daran, dass mit einer Mutterschaft in der Adoleszenz ein hohes Risiko für die psychische Entwicklung des betreffenden Kindes verbunden ist (*Brooks-Gunn* und *Chase-Lansdale* 1995). Kinder jugendlicher Mütter erreichen im Durchschnitt in allen psychosozialen Dimensionen schlechtere Werte und weisen gehäuft Verhaltensstörungen auf. So waren etwa in einer amerikanischen Untersuchung lediglich ein Viertel der sechsjährigen Kinder jugendlicher Mütter psychiatrisch unauffällig (*Spieker* et al. 1997).

Da die kleinen Kinder von ihren jungen Müttern kaum jemals angemessen emotional versorgt wurden, ging es bei den pädagogischen Diskussionen, vor allem auch bei den Hilfeplangesprächen, im Grunde immer um die brisante Frage, ob und wie auch bei diesen kleinen Kindern eine Fremdplatzierung letztlich zu vermeiden sei. Für den außenstehenden Beobachter entstand der Eindruck einer Situation, die allen offiziell geäußerten Jugendhilfeabsichten eklatant widersprach. Alle Parteien warteten ab, ob sich im Verhalten der jungen Mütter vielleicht doch noch Anzeichen erkennen ließen, die für eine Sicherung des Kindeswohl sprechen könnten. Weil diese Zeichen aber immer wieder auf sich warten ließen, wurden bisweilen aber auch, sicherlich eher unbewusst, eindeutig unmütterliche Verhaltensweisen bisweilen mit klammheimlicher Freude zur Kenntnis genommen, da nun so die Entscheidung für eine Fremdplatzierung des Kindes eindeutig vorzunehmen war. Für einen solchen Fall bestand zudem die Hoffnung, die Mutter würde es nun selbst einsehen, dass sie nicht in der Lage sei, ihr Kind selbst angemessen zu versorgen. Dieses Verfahren ließ allerdings den Faktor Zeit außer Acht, bei dem es sich aus entwicklungspsychologischen Gründen um eine ausgesprochen knappe Ressource handelt.

## 5.9 Bindung und Lernbehinderung

Mit seinem externalisierenden Verhalten bringt das Kind oder der Jugendliche seine Umwelt jedenfalls dazu zu reagieren. Dissoziales Verhalten stört, soll stören. Insofern sind diese Verhaltensstörungen auch Ausdruck einer dem Kind verbliebenen Hoffnung, worauf der englische Kinderarzt und Psychoanalytiker *D. W. Winnicott* (1976, 228 f.) unter Berufung auf *Bowlby* hingewiesen hat (vgl. *Clos* 1982). Dissoziale Kinder setzen denn auch nicht selten ihre soziale Kompetenz sein, wenn es ihnen darum geht, gerade mit ihren normabweichenden Handlungen doch noch für soziale Resonanz zu sorgen. Allerdings steht manchen Kindern und Jugendlichen auch für eine solch dissoziale Aktivität nicht ausreichend soziale Kompetenz zur Verfügung, wie das folgende Beispiel veranschaulichen soll.

Der 14-jährige Olaf wurde auf Veranlassung der Heimleitung dem Kinderpsychiater vorgestellt mit der Fragestellung, ob bei dem Jungen, der von einem älteren Mann einige Tage zuvor angeblich sexuell missbraucht worden sei, ein psychisches Trauma vorläge. Olaf besuchte die Sonderschule für Lernbehinderte. Dort wurde er regelmäßig von seinen Mitschülern drangsaliert. Olaf, bei dem im motorischen Bereich eine Teilleistungsschwäche vorlag, konnte sich dagegen nicht wehren.
Die Aufklärung des Sachverhalts erwies sich als äußerst schwierig, da Olaf nur ungenaue Angaben machen konnte. Von folgendem Sachverhalt war auszugehen. Als er während des Schultags wieder einmal von einem eindeutig stärkeren Mitschüler bedroht wurde, suchte er Hilfe bei der Schulrektorin. Diese versagte ihm die Hilfe mit dem Hinweis, es sei Sache der Schüler selbst, sich irgendwie zu einigen. Daraufhin absentierte sich Olaf, ging zur U-Bahn-Haltestelle und nahm den nächsten Zug. Am Bahnhof angekommen, wurde ihm schlecht, und er musste sich übergeben. Das beobachtete ein Mann, der sich seiner dann fürsorglich annahm, ihn zu sich nach Hause nahm, ihn dort reinigte, ihm zu Essen und Trinken gab und ihn dann sein Bett anbot. Als er allerdings dann sexuell zudringlich wurde, bekam es Olaf mit der Angst und flüchtete aus der Wohnung, ohne dass er daran von diesem Mann gehindert wurde. Er fuhr zum Heim zurück und berichtete dort von seinem Erlebnis. Die Polizei wurde eingeschaltet. Olaf schien unter diesem Erlebnis nicht besonders gelitten zu haben. Von einem Psychotrauma war jedenfalls nicht auszugehen. Die Frage, seit wann er in diesem Heim lebe, vermochte Olaf nicht zu beantworten. Es wisse es nicht mehr. Auf die Frage, warum er denn im Heim und nicht zuhause lebe, meinte Olaf, dass seine Mutter kein Geld habe. Sie müsse schließlich die Katzen versorgen. Weiter war von Olaf zu erfahren, dass seine Mutter alleine mit einer Reihe von Katzen lebe. Einmal im Monat hole sie ihn

ab. Seinen Vater kenne er nicht. Er habe noch einen sechs Jahre alten Bruder. Er wisse aber nicht, wo dieser wohne. Bevor er in das Heim gekommen sei, habe er eine Zeit lang bei einer Pflegefamilie gelebt. Dort sei es gar nicht gut gewesen. Er sei dauernd eingesperrt worden. So habe er immer „in einen Eimer machen" müssen.
In die Schule gehe er sehr ungern. Er gehöre zu den Schwächeren und würde häufig verprügelt. Das würde den anderen Spaß machen. Seine Lehrerin würde sich nicht um ihn kümmern. Sie fordere ihn nur auf, zurückschlagen. Er selbst würde daher gerne Kampfsport machen.

Die Tatsache, dass seine Mutter Katzen zu versorgen hatte, begründete für Olaf offensichtlich überzeugend die Notwendigkeit seines Heimaufenthaltes. Er ließ im Gespräch auch nicht den geringsten Zweifel an der Ernsthaftigkeit und Berechtigung dieser Begründung erkennen. Geradezu selbstverständlich ging er davon aus, dass sein Gesprächspartner dies auch so sehen müsse. Er erwartete keinen Einwand. Mit dieser Konstruktion war es dem Jungen gelungen, sich das Bild einer zumindest tierlieben Mutter zu erhalten. Er fragte nicht nach. Überhaupt lässt sich vermuten, dass Olaf sich abgewöhnt hatte zu fragen. Nicht-Wissen-Wollen war seine Art der Anpassung. Lernen im Sinne einer durch Erfahrung herbeigeführten Veränderung von Konzepten und kognitiven Schemata war ihm offensichtlich zu riskant. Olaf war daher lernbehindert.[6] Er traute sich nicht zu explorieren, zu beobachten, Unterscheidungen vorzunehmen und nach Informationen Ausschau zu halten, weil diese einen Unterschied bedeuten könnten, der einen zu großen, gefährlichen Unterschied macht.[7] Olaf hatte sich die Maxime „Was ich nicht weiß, macht mich nicht heiß" zu eigen gemacht. Die geradezu grotesk anmutende Begründung für den Heimaufenthalt durfte er nicht in Frage stellen. Er vermied es, sich mit der Beziehung zu seiner Mutter auseinander zu setzen. Dieses Thema war zu brisant. Ihm stand schließlich nur seine Mutter als Bindungsperson zur Verfügung. Von seinen professionellen Erzieherinnen in Schulen und Heim erwartete Olaf offenkundig wenig Hilfe.

Wie bereits ausgeführt (Kap. 1.8), verweisen die Ergebnisse der Bindungsforschung auf einen engen Zusammenhang zwischen einer sicheren Bindung und einer späteren kognitiven und affektiven Kompetenz. Dieser Zusammenhang dürfte sicherlich auch vermittelt werden durch das stärkere Selbstvertrauen sicher gebundener Kinder, die sich auf die Unterstützung ihrer Bezugspersonen verlassen können. So sind sicher gebundene Kinder später im Kindergartenalter sozial kompetenter, aber auch kooperativer. Sie sind beliebter bei ihren Altersgenossen. Sie trauen sich mehr zu, und ihnen wird auch mehr zugetraut.

Aufgrund der engen Beziehung zwischen Bindungsverhaltenssystem und Explorationssystem ist zu erwarten, dass auch die Lernmotivation von der jeweiligen Entwicklung des Bindungsorganisation abhängen dürfte. Um zu erforschen, wie sich das Erkundungsverhalten bei unsicher gebundenen Kindern entwickelt, untersuchten die beiden amerikanischen Psychologen *Aber* und *Allen* (1987) das Lernverhalten misshandelter Kinder. Dabei zeigten sich nichtmisshandelte Kinder sicher, zu lernen und zu explorieren. Sie besaßen eine „secure readiness to learn", eine sichere Lernbereitschaft. Sicher gebunden, waren sie weniger abhängig vom Lob der Erwachsenen, waren neugierig und hatten wenig Schwierigkeiten, sich auf Neues und Unvorhersehbares einzulassen. Sie waren flexibel bei der Lösung von Problemen und bewiesen eine hohe kognitive Reife. Die misshandelten Kinder dagegen zeigten hierbei niedrige Werte und hohe Werte bei dem Faktor „Von Außen bestimmtes Verhalten". Ihre Problemlösungsstrategien waren eher external orientiert, ein Verhalten, wie es bei Lernbehinderten bekannt ist. Sie suchten vermehrt Aufmerksamkeit und Anerkennung bei den Erwachsenen und ahmten diese vermehrt nach.

Eine solche bindungsbedingte Lernbehinderung dürfte gerade bei hochunsicher gebundenen Kindern vorhanden sein. Schon in der Fremden Situation erscheint das Explorationsverhalten desorganisiert-unsicher gebundener Kinder widersprüchlicher und gehemmter als das von Kinder mit anderen Bindungsmustern (*Main* und *Solomon* 1986). In ihrer Berliner Studie beobachteten Ute *Ziegenhain* und Mitarbeiter (1988) bei den desorganisierten Kinder eine geringere Frustrationstoleranz im Beisein ihrer Mutter. Zudem verhielten sie sich aufgeregter und weniger konzentriert bei den Testungen. Ihre mentale Entwicklung erschien insgesamt verzögert.

Ein Zusammenhang zwischen einer desorganisierten Bindung und einer schlechten Anpassung an die schulischen Erfordernisse konnte inzwischen auch in Längsschnittstudien nachgewiesen werden (vgl. *Lyons-Ruth* und *Jacobvitz* 1999). So wurden die Entwicklung desorganisiert-unsicher gebundener Kleinkinder bis in ihre Adoleszenz verfolgt. Es zeigte sich, dass die Mutter-Kind-Beziehung im Alter von zwei und dreieinhalb Jahren beeinträchtigt war und dass es zu Problemen im Kindergarten wie auch später in der Schule kam. Insgesamt waren diese Kinder von Anfang an bis in die Adoleszenz psychopathologisch deutlich auffälliger.

Eine isländische Längsschnittstudie (*Jacobson* et al. 1994) ging dem Zusammenhang zwischen der Bindungsrepräsentation im Alter von sieben Jahren und der weiteren kognitiver Entwicklung bis in die Adoleszenz nach. Die desorganisiert-unsicher gebundenen Kinder erreichten mit sieben Jahren in einem nonverbalen Intelligenztest die niedrigsten Werte, hatten weniger Selbstvertrauen im Vergleich zu den sicheren und den unsicher-vermeidenden Kindern und erreichten schlechtere Schulnoten als die sicher gebundenen Kinder. Es fand sich ein eindeutiger Einfluss der Bindungsrepräsentanz des Kindes mit sieben Jahren auf die spätere formale Denkfähigkeit. Die Autoren interpretierten diese Ergebnisse auch mit Hilfe der bereits erwähnten „secure readiness to learn"-Hypothese. Demnach entwickele sich die Bereitschaft des Kindes, seine Umwelt zu explorieren, erst auf der Basis einer liebevollen Beziehungserfahrung. Sicher gebundenen Kinder hätten mehr Vertrauen in ihre eigenen Fähigkeiten und zeigten daher auch bessere kognitive Leistungen.

Ein hochunsicheres Bindungsmuster, wie es sich bei den in der vorliegenden Studie untersuchten Jugendlichen so häufig fand, ist also als ein gemeinsamer Risikofaktor für Dissozialität und Lernbehinderung anzusehen (*Schleiffer* 2000). Ein Vergleich der Funktionen von dissozialer und „lernbehinderter" Kommunikation lässt erkennen, dass beiden Kommunikationsweisen die Funktion zukommt, die Beziehung zur Bindungsperson allen Schwierigkeiten zum Trotz herzustellen und aufrechtzuerhalten. In dieser Hinsicht sind sie funktional äquivalent. Für ein lernbehindertes Kind wie Olaf wird die mitgeteilte Information schnell zu informativ und damit zu riskant. Das Neue, die Information wird kontrolliert zugunsten des Bekannten. Redundanz wird angestrebt. Auch dissoziale Kinder und Jugendliche bemühen sich um eine Redundanzsicherung, etwa wenn sie versuchen, ihnen unklare Situationen im Sinne eines Opfer-Täter-Modells zu vereinfachen und ihre internen Arbeitsmodelle im Kontakt zu ihren Erziehern zu bestätigen.

Lernbehinderte ebenso wie erziehungsschwierige Kinder und Jugendliche sind nicht ausreichend sicher gebunden, um vertrauensvoll das Risiko eingehen zu können, das mit jedem Lernen auch verbunden ist. Zumindest lernen sie nicht das, was von ihnen erwartet wird, sondern vorzugsweise nur das, was sie zu brauchen glauben. Sie beschränken sich darauf, sich selbst zu sozialisieren. Insofern sind Lernbehinderte ebenso erziehungsschwierig wie Erziehungsschwierige lernbehindert. Lernbehinderte sind erziehungsschwierig, weil sie aufgrund schlechter Erfahrung mit der primären Erziehung keinen Sinn in dem ausmachen können, was ihre professionellen Erzieher meinen, ihnen zur Vorbereitung für das spätere Leben anbieten zu sollen. Nicht hinreichend lernbereit können sie sich auch schlecht anpassen an die in der Subkultur der Gleichaltrigengruppe geltenden Kommunikationsregeln und -moden (*Jacobvitz* und *Hazen* 1999). Irgendwie sind sie auch dort immer „draußen". Sie eignen sich daher leicht als Ziel von Hänseleien und auch ernsterer Aggressionen. Sie lassen sich gut „verarschen".

Erziehungsschwierige Kinder sind häufig aufgrund ihrer nur allzu unsicheren Bindung auch lernbehindert. Ohne ausreichendes Vertrauen in die eigene Resonanzfähigkeit, d. h. in die eigene Liebenswertigkeit, verweigern sie die Teilnahme an der pädagogischen Kommunikation. Folgt man dieser Analyse der Funktion von Verhaltensauffälligkeit und Lernbehinderung, darf man annehmen, dass sich beide Verhaltensmuster ablösen oder ergänzen können, weil ihnen ja die gleiche Funktion zukommt. Hierin dürfte auch die „Komorbidität" von Lernbehinderung und Dissozialität, d. h. ihr gleichzeitiges Vorhandensein begründet sein, auf die letztlich die bekannt hohe Überlappung der Klientel der Sonderschulen für Erziehungshilfe und Lernbehinderung zurückzuführen ist.

## Anmerkungen

1 Die Autopoiesis wurde erstmals von den beiden Biologen *Humberto Maturana* und *Francisco Varela* (1987) als Organisationsprinzip alles Lebendigen herausgestellt, in der Folgezeit aber auch zur Beschreibung der Funktionsweise psychischer und sozialer Systeme verwendet. Die systemtheoretische Literatur ist inzwischen unüberschaubar. Systemtheoretisches Denken hat auch Eingang gefunden in die Theorie der Sozialpädagogik bzw. Sozialarbeit. Hierzu: *Merten* (2000), *Bommes* und *Scherr* (2000 a, b). Die Bücher des Soziologen *Peter Fuchs* beweisen trotz aller Gelehrsamkeit, dass die Beschäftigung mit Systemtheorie dennoch ausgesprochen Spaß machen kann (*Fuchs* 1992, 1999, *Fuchs* und *Schmatz* 1997).

2 In vielen Aspekten ähnliche Mechanismen lassen sich durchaus auch bei rechtsextremen und fremdenfeindlichen Gruppen beobachten (vgl. *Schleiffer* 1998).

3 Anders ausgedrückt: Das Kind lässt sich erziehen der Bindungsperson zuliebe. In gewisser Weise hat ja auch *Bowlby* den Begriff Mutterliebe durch Bindung ersetzt. Dieser Kunstgriff ermöglichte erst die wissenschaftlichen Bearbeitung dieser Thematik. Bindung hat mit Liebe viel zu tun, geht allerdings sicherlich in Liebe nicht auf. Bei der schwierigen Frage, was denn Liebe sei, handelt es sich um eine der wenigen Fragen, die sich dem wissenschaftlichen Zugriff (noch) erfolgreich entziehen (vgl. *Bierhoff* 1997). Zur Beziehung zwischen Liebe und Erziehung finden sich in der Pädagogik seit alters her viele Abhandlungen (etwa *Bollnow* 1981).

4 Auf welche Weise sich dieser Risikofaktor „männliches Geschlecht" auswirkt, ist noch völlig unklar. Auch bei dieser Frage erscheint es plausibel, von einer Transaktion zwischen biologischen, etwa genetischen und hormonellen, Mechanismen und soziokulturellen Prozessen wie etwa eine Erziehung zu „ganzen Kerlen" auszugehen. So ging es in der so genannten Sex-Gender-Debatte darum, ob es sich beim Geschlecht um ein biologisches Merkmal (sex) oder eine soziokulturelle Zuschreibung (gender) handelt.

5 Dieser Mechanismus lässt sich auch als projektive Identifizierung beschreiben (vgl. Kap. 4.2.2)
6 Ein solches Risiko ist besonders hoch, wenn ein Intelligenzdefizit besteht. Schüler einer Sonderschule für Lernbehinderte verfügen typisch nur über eingeschränkte kognitive, emotionale und motivationale Ressourcen. *Hiller* (1994) verweist auf deren instabile, von wechselseitiger Ausbeutung und Abhängigkeit gekennzeichneten, Beziehungen zu ihren wenig verlässlichen primären Bezugspersonen.
7 Erinnert sei an die bereits in Kapitel 5.2 erwähnte Definition von Information als Unterschied, der einen Unterschied ausmacht (*Bateson* 1982, 274).

# 6. Erziehungshilfe

## 6.1 Erziehung und Jugendhilfe

Dass Erziehung grundsätzlich schwierig ist, ließ sich mit den begrifflichen Mitteln der Systemtheorie überzeugend begründen. Gilt dies mithin schon für alle Kinder, also auch für solche, die nicht eigens als erziehungsschwierig oder schwer erziehbar gelten, muss sich die Frage stellen, ob Erziehung überhaupt und, wenn ja, wie sie bei Kindern und Jugendlichen noch möglich ist, deren Erziehungsschwierigkeit als so ausgeprägt eingeschätzt wurde, dass von Amts wegen Heimerziehung als Jugendhilfemaßnahme beschlossen wurde.

Offensichtlich bereitet die Beantwortung dieser Frage schon auf einer theoretisch-begrifflichen Ebene nicht unbeträchtliche Probleme. So macht *Wolfgang Post* (1997, 65) auf die Widersprüchlichkeit der Rechtskonstruktion des KJHG aufmerksam, die darin besteht, dass den Eltern ein Anspruch auf Hilfeleistung zugebilligt wird, obwohl ihr Kind durch die Jugendhilfemaßnahme Heimerziehung gerade davor bewahrt werden soll, weiterhin ihren offenkundig unzureichenden und schädlichen Erziehungseinflüssen ausgesetzt sein zu müssen. Auch wenn es im Gesetzestext nicht ganz eindeutig ausgedrückt ist, soll im Heim schließlich doch erzogen werden, und zwar in einer Form, die sich deutlich unterscheiden sollte von der Art von Erziehung, welche die Eltern ihrem Kind zuteil werden ließen. Der *§ 1 des KJHG* lautet:

(1) Jeder junge Mensch hat ein Recht auf Förderung seiner Entwicklung und auf Erziehung zu einer eigenverantwortlichen und gemeinschaftsfähigen Persönlichkeit.
(2) Pflege und Erziehung der Kinder sind das natürliche Recht der Eltern und die zuvörderst ihnen obliegende Pflicht. Über ihre Betätigung wacht die staatliche Gemeinschaft.
(3) Jugendhilfe soll zur Verwirklichung des Rechts nach Absatz 1 insbesondere
1. junge Menschen in ihrer individuellen und sozialen Entwicklung fördern und dazu beitragen, Benachteiligungen zu vermeiden oder abzubauen,
2. Eltern und andere Erziehungsberechtigte bei der Erziehung beraten und unterstützen,
3. Kinder und Jugendliche vor Gefahren für ihr Wohl schützen,
4. dazu beitragen, positive Lebensbedingungen für junge Menschen und ihre Familien sowie eine kinder- und familienfreundliche Umwelt zu erhalten oder zu schaffen.

Bei der Heimerziehung handelt es sich um eine der Maßnahmen, die als Hilfe zur Erziehung gemäß § 2 KJHG neben anderen „Aufgaben zugunsten junger Menschen und Familien" zu den Leistungen der Jugendhilfe gehören. Insofern ist als Ziel der Heimerziehung die „Erziehung zur eigenverantwortlichen und gemeinschaftsfähigen Persönlichkeit" gesetzlich vorgeschrieben. Die Erziehungshilfe richtet sich also primär an die Eltern. Die Gewährung von Heimerziehung hängt davon ab, ob die Voraussetzungen des *§ 27 KJHG* erfüllt sind. Dort heißt es:

(1) Ein Personensorgeberechtigter hat bei der Erziehung eines Kindes oder eines Jugendlichen Anspruch auf Hilfe (Hilfe zur Erziehung), wenn eine dem Wohl des Kindes oder des Jugendlichen entsprechende Erziehung nicht gewährleistet ist und die Hilfe für seine Entwicklung geeignet und notwendig ist.

Wie *Wolfgang Post* betont (1997, 66), rechtfertigen nur „die gesamte Persönlichkeit tiefgreifend erfassende Störungen in der Entwicklung eines Kindes oder Jugendlichen" die Notwendigkeit von Hilfen zur Erziehung. Dies gelte ganz besonders für die Heimerziehung. Die Indikation zur Heimerziehung sei dann gegeben, wenn eine Störung in der Entwicklung des Kindes festgestellt sei, „der gegenüber die elterliche Erziehungsfähigkeit so wenig ausreicht, dass andere Hilfen zur Erziehung ausscheiden" (a.a.O. 71) Hierfür müsse „geklärt sein, woran es liegt, dass bei der Erziehung durch die Eltern das Wohl des Kindes nicht gewährleistet ist, was die Eltern zur Unterstützung ihrer Erziehung benötigen und welchen Erziehungsbedarf ihr Kind hat." (a.a.O., 68) Weiter führt der Autor aus: „Entscheidend ist die Erziehungsfähigkeit der Eltern im Zusammenhang mit Art und Grad der Schwierigkeiten ihres Kindes. Reichen Qualität und Kapazität der elterlichen Erziehung nicht aus oder ist die Erziehung durch sie überhaupt nicht verantwortbar, ist eine ambulante Hilfe zur Erziehung ungeeignet" (a.a.O., 69).

Zur Heimerziehung heißt es im *§ 34 KJHG:*

Hilfe zur Erziehung in einer Einrichtung über Tag und Nacht (Heimerziehung) oder in einer sonstigen betreuten Wohnform soll Kinder und Jugendliche durch eine Verbindung von Alltagserleben mit pädagogischen und therapeutischen Angeboten in ihrer Entwicklung fördern. Sie soll entsprechend dem Alter und Entwicklungsstand des Kindes oder des Jugendlichen sowie den Möglichkeiten der Verbesserung der Erziehungsbedingungen in der Herkunftsfamilie
1. eine Rückkehr in die Familie zu erreichen versuchen oder
2. die Erziehung in einer anderen Familie vorbereiten oder
3. eine auf längere Zeit angelegte Lebensform bieten und auf ein selbständiges Leben vorbereiten.

Jugendliche sollen in Fragen der Ausbildung und Beschäftigung sowie der allgemeinen Lebensführung beraten und unterstützt werden.

Die in Kapitel 3 aufgeführten Befunde der eigenen Untersuchung, insbesondere zur Persönlichkeitsentwicklung der Jugendlichen und der Situation ihrer Herkunftsfamilien, lassen keinen Zweifel daran, dass bei ihnen die Indikation zur Heimerziehung vorgelegen hatte. Bei allen untersuchten Jugendlichen handelte es sich bei deren Heimerziehung um eine auf längere Zeit angelegte Lebensform im Sinne des § 34 KJHG. Eine Rückkehr in die Herkunftsfamilie und damit die im Gesetz vorgesehene Rehabilitation der elterlichen Erziehung wurde denn auch in keinem Fall ernsthaft angestrebt. Eine Unterbringung in einer Pflegefamilie kam für sie nicht mehr in Betracht. Hierfür waren sie schon zu alt. Insofern darf man zumindest bei den betreffenden Jugendlichen davon ausgehen, dass es sich bei ihrer Heimerziehung nicht um eine Erziehungshilfemaßnahme im eigentlichen Sinne des Gesetzes handelte, weil es niemanden gab, dem bei der Erziehung geholfen werden sollte. Vielmehr war das Heim auf sich selbst angewiesen. Nur hier konnte noch Erziehung stattfinden, oder eben auch nicht. Unzureichende oder gar nicht stattfindende Erziehung durch die Eltern sollte ersetzt, zumindest nachgeholt werden. Schließlich wurden die meisten Jugendlichen gerade deswegen dem Heim anvertraut, weil die erzieherische Kommunikation in ihren Herkunftsfamilien ihnen nur eine dissoziale Selbstsozialisation nahegelegte.

Allerdings ließen sich den Befunden zur psychischen Entwicklung der untersuchten Kinder und Jugendlichen, insbesondere dem hohen Ausmaß ihrer psychiatrischen Auffälligkeit, kaum eindeutige Hinweise entnehmen, die auf einen Erfolg dieser Jugendhilfemaßnahme bei ihnen hätte hindeuten könnten. Im Gegenteil hatte es sogar den Anschein, als ob bei einigen von ihnen der mit der Heimerziehung gegebene neue soziale Kontext geradezu eine Fortsetzung ihre dissozialen Selbstsozialisation nahe legte. Bei ihnen war es zu einer prekären strukturellen Kopplung zwischen dem Erziehungssystem Heim und ihrem psychischen System gekommen, die sich ausdrückte in deutlichen Befindlichkeitsstörungen der Jugendlichen, aber auch in einer Gefährdung der Gesellschaft angesichts ihrer dissozialen und aggressiven Verhaltensweisen und deren zu befürchtender intergenerationaler Transmission.

Soll die Jugendhilfemaßnahme Heimerziehung Erfolg haben, muss das Heim den betreffenden Kindern und Jugendlichen Anregungen geben können zu einer sozialverträglichen Form ihrer Selbstsozialisation. Auch wenn in Anbetracht der zumeist deprimierenden Lebensgeschichten eine Erwartung, Heimerziehung könne die Erziehungsschwierigkeit der Jugendlichen beheben, reichlich naiv oder gar utopisch erscheinen muss, sollte Heimerziehung diese Erziehungsschwierigkeit bei den betreffenden Kindern und Jugendlichen aber doch soweit mindern, dass deren psychisches System nicht mehr gegen die

Erziehungsabsichten so vehement Einspruch erhebt. Dass der Erfolg von Erziehung von der Erziehungstoleranz der zu erziehenden Kinder und Jugendlichen abhängt, dürfte gerade im Falle von Heimerziehung unmittelbar einleuchten. Angesichts ihrer fast immer desolaten Erfahrungen mit Erziehung, die sie mit ihren erziehungsunfähigen und/oder erziehungsunwilligen Eltern haben machen müssen, lässt sich nicht erwarten, dass die betreffenden Kinder und Jugendlichen sich die Erziehungsabsichten ihrer nun für sie zuständigen professionellen Erzieher ohne weiteres zu eigen machen sollten. Vielmehr ist diesbezüglich von einem tiefen Misstrauen, einem Urmisstrauen, auszugehen, das sie ihren Erzieherinnen entgegenbringen. Ihre Erziehung gestaltet sich deswegen so schwierig, weil ihr psychisches System die Bedeutung des pädagogischen Kontextes immer selbst konstruiert. Wie in Kapitel 5.6 ausgeführt, neigen gerade dissoziale Jugendliche dazu, in für sie unklaren Situationen ihren Kommunikationspartnern erst einmal feindselige Absichten zu unterstellen. Aufgabe der professionellen Erzieher kann es dann nur sein, durch geeignete Anregungen den Möglichkeitsspielraum der Jugendlichen für alternative Bedeutungszuweisungen zu erweitern in der Hoffnung, dass diese die Chance einer Veränderung ihrer rigiden Bedeutungszuschreibung nutzen im Sinne einer Ko-Konstruktion neuer und flexiblerer Konzepte. Nur so ließe sich eine Verbesserung in der Akzeptanz ihrer erzieherischen Bemühungen erreichen. Ob dies gelingt, muss allerdings unsicher bleiben. Vertrauen lässt sich nicht herbeiführen. Man hat es oder eben nicht. Vertrauensbildende Maßnahmen schüren nur allzu oft Misstrauen, wird man doch mit der Tatsache konfrontiert, dass Vertrauen eben nicht selbstverständlich ist. Was sollte einen jetzt gerade dazu bewegen, jemandem zu vertrauen, der vorgibt, dass man ihm vertrauen könne?

Zugegeben, stark schematisierend lassen sich zwei alternative Wege unterscheiden, wie Heimerziehung mit diesem Problem umgehen kann. Heimerziehung kann zum einen die Erziehungsabsicht zurücknehmen, eine solche verschweigen oder sie zumindest nicht allzu offen kundtun. Zum anderen kann Heimerziehung aber doch auf Erziehung bestehen. Eine Erziehungsabstinenz ließe sich durchaus mit einem Hinweis auf die Autopoiesis des psychischen Systems der betreffenden Jugendlichen rechtfertigen, zumindest rationalisieren. Wenn schon der Jugendliche sowieso allen pädagogischen Angeboten eine eigene, ganz persönliche, Bedeutung beimisst, dann bleibe letztlich doch nicht viel mehr zu tun übrig, als ihm Kost und Logis bereitzustellen. Schließlich sei es gemäß § 34 KJHG Aufgabe der Heimerziehung, die Jugendlichen zu einem selbstständigen Leben vorzubereiten. Wenn Erziehung bei manchen Kindern sich als zu schwierig erweist, könnte man also zu dem Schluss gelangen, auf Erziehung zu verzichten. Ohne Erziehung gibt es schließlich auch keine erziehungsschwierigen Kinder. Erziehungshilfe würde sich also erübrigen. Überdies ließe sich so auch vermeiden, den Jugendlichen noch weiteren Schaden zufügen zu müssen, eine Gefahr, die angesichts deren psychischer Verfassung nicht von der Hand zu weisen ist. Schließlich ist Erziehung immer auch provokativ.

Allerdings kann ein solcher Erziehungsverzicht doch nicht recht befriedigen. Zu deutlich sind die Anzeichen, die befürchten lassen, dass sich die Jugendlichen nach ihrer Entlassung aus dem Heim, „im Leben draußen", doch zu schlecht zurechtfinden, um ein, wenn schon nicht glückliches, so doch einigermaßen befriedigendes Leben führen zu können. Zudem muss man bedenken, dass das Risiko keineswegs nur bei den Jugendlichen selbst liegt. Auch wenn man betont tolerant zu bedenken gibt, dass jede Gesellschaft die Gefährdung durch eine begrenzte Zahl ihrer Mitglieder zu tragen hätte, sollte doch der Hinweis auf die Folgen der Weitergabe schlechter und durchaus pathogener Eltern-Kind-Beziehungen auf die nachfolgende Generation einen pädagogischen Handlungsbedarf nahe legen. Diese Überlegung sollte also dafür sprechen, dass im Heim doch erzogen werden sollte. Verzichtet Heimerziehung also nicht auf den Erziehungsanspruch, sollte, schon um die Enttäuschungsgefahr in Grenzen zu halten, möglichst eindeutig geklärt sein, wie die bei jeder Erziehung angestrebte Veränderung des psychischen Systems bei den Kindern und Jugendlichen erreicht werden kann. Wie es im § 34 KJHG heißt, soll Heimerziehung „Kinder und Jugendliche durch eine Verbindung von Alltagserleben mit pädagogischen und therapeutischen Angeboten in ihrer Entwicklung fördern". Die Frage stellt sich, wie sich denn pädagogische von therapeutischen Maßnahmen überhaupt unterscheiden lassen.

### 6.2 Erziehung und Therapie

Auch wenn man davon ausgehen muss, dass es fließende Übergänge zwischen den beiden Tätigkeiten Erziehung und Therapie gibt, sprechen doch zumindest zwei Argumente dafür, dass es bei dieser Unterscheidung nicht bloß um rein begriffliche Differenzen und um Wortklauberei geht.

Zum einen handelt es sich offensichtlich um ein Problem, das die Einheit und Identität der damit betrauten Fachdisziplinen betrifft, nämlich Pädagogik und Medizin bzw. Heilpädagogik und Kinderpsychiatrie. Die wissenschaftliche Bearbeitung dieser Frage hat denn auch eine lange Geschichte (vgl. *Schön* 1993, *Göppel* 2000). An ihr entzündeten sich die traditionellen Konflikte zwischen den Disziplinen, in denen erzogen bzw. Therapie getrieben wird. Die Schwierigkeiten, eindeutige Kriterien für eine Unterscheidung zu finden, führten zu dem verständlichen Vorschlag, auf eine Unterscheidung zu verzichten und den jeweils anderen Tätigkeitsbereich dem eigenen einzuverleiben. So wurde von ärztlicher Seite unter der Vorstellung, dass psychiatrisches Wissen für die Heilpädagogik grundlegend sei, dafür plädiert, die Heilpädagogik der Psychiatrie unterzuordnen. Erinnert sei hier nur an das Buch des deutschen Kinderarztes *Adalbert Czerny* (1908) mit dem programmatischen Titel „Der Arzt als Erzieher", oder an den psychologisch-pädagogisch orientierten Psychiater und Begründer der Kinderpsychiatrie in München *Max Isserlin*, für den 1925 Heilpädagogik „angewandte Psychopathologie" war. Das, was heute als Kinderpsychiatrie bezeichnet wird, hieß damals „Heilpädagogik in der Psychiatrie". Mitglieder der Münchener „Gesellschaft für Heilpädagogik" waren vor allem Pädagogen und Psychiater (*Martinius* 2000). Im Jahre 1940 wurde die Deutsche Gesellschaft für Kinderpsychiatrie und Heilpädagogik gegründet. Noch 1952 nannte der österreichische Kinderarzt *Hans Asperger* sein kinderpsychiatrisches Lehrbuch „Heilpädagogik – Einführung in die Psychopathologie des Kindes". Allerdings findet sich auch der Vorschlag, Psychotherapie als eine spezielle Form von Erziehung zu sehen (*Datler* 1995). Zuletzt gibt es auch die Möglichkeit, die Existenz von Differenzen gar zu bestreiten. So hält der Kinderpsychiater *Reinhart Lempp* (1993) eine solche Unterscheidung von Erziehung und Therapie für grundsätzlich nicht sinnvoll. Von sonderpädagogischer Seite wurde der Begriff „Erziehungstherapie" kreiert, die sich als eine der humanistischen Psychologie verpflichtete Pädagogik versteht, der es ähnlich wie der Psychotherapie darum geht, menschliches Wachstum zu ermöglichen (*Fortmann* 1984).

Zum anderen ergibt sich aus einer solchen Gleichsetzung von Erziehung und Therapie die Schwierigkeit, wie Erzieher und Therapeuten sich selbst voneinander unterscheiden können. Dieses Problem taucht auch im Heimkontext immer wieder auf. Hier müssen Psychotherapeuten und Erzieher schließlich irgendwie zusammenarbeiten. Die Notwendigkeit einer interdisziplinären Kooperation wird denn auch immer betont, ihre Verbesserung wieder und wieder angemahnt. Diese Forderung verkommt dann zu einem wohlfeilen Lippenbekenntnis, wenn man nicht die Schwierigkeiten einer solchen Kooperation anerkennt. Diese wird schwierig, wenn man sich seiner Identität, seiner beruflichen Rolle nicht sicher sein kann. Dann weiß man nämlich selbst nicht genau, was man zu tun hat, und bemerkt recht schnell, dass der andere auch nicht weiß, was er von einem erwarten kann und soll. In einem solchen Fall weiß man dann auch nicht, was man von dem anderen erwarten kann. Dies ist eine Situation, in der Misstrauen bis hin zu Neid nur allzu gut gedeihen.

Dann geht es darum, wie mit dem Narzissmus der kleinen oder gar fehlenden Differenz umzugehen ist. *Sigmund Freud* (1921, 111) hatte bekanntlich den Narzissmus der kleinen Differenz als bedeutsamen Konfliktherd herausstellt. Schließlich wollen wir uns von dem Anderen auch unterscheiden können, um uns unserer Individualität zu versichern. Erst wenn wir uns vom Anderen abzugrenzen wissen, können wir miteinander handeln und kooperieren. Wenn Therapeuten und Pädagogen nichts Unterschiedliches täten, bliebe für sie nur der Ausweg, es irgendwie besser machen zu müssen. Da dies aber, schon aufgrund unklarer Evaluationskriterien, so einfach nicht ist, bietet sich eine Lösung an, die allerdings nur allzu geeignet ist, Unfrieden zwischen den Mitarbeitern der verschiedenen Berufsgruppen zu stiften: Um die gewünschte Differenz herzustellen, wird der andere abgewertet und seine Arbeit etwa als entbehrlich oder gar als „kontraproduktiv" dargestellt.

Die verständliche Animosität von Erziehern gegenüber Therapeuten hat daher auch schon Tradition. Zu einer Zeit, in der Therapie noch fast ausschließlich von ärztlichen Therapeuten betrieben wurde, richtete sich diese Abneigung vor allem eben gegen die Ärzte. Gegen den Prioritätsanspruch des Arztes wandte sich schon 1930 vehement der Schweizer Heilpädagoge *Heinrich Hanselmann* mit den Worten: „Mit aller Bestimmtheit aber weisen wir Heilpädagogen jene Hybris zurück, die auf psychiatrischer Seite hie und da zum Ausdruck kommt und in welcher der Heilpädagoge nur als eine Art Unterassistenz oder als besserer Wärter betrachtet wird, der nichts anderes tun sollte, als ärztliche Befehle auszuführen." Schließlich sei Heilpädagogik nichts anderes als Pädagogik (*Moor* 1974, 273). Gegen eine „Überstrapazierung des Therapiebegriffes" würde argumentiert (*Speck* 1991, 226), ein „Urschrei nach Therapie" (*Bach* 1980) in der Pädagogik vernommen und beklagt. Repädagogisierung war angesagt.

Allerdings dürfte trotz alledem Therapie noch in höherem Kurs stehen als Erziehung. Das höhere gesellschaftliche Prestige von Psychotherapeuten, messbar auch an ihrer in der Regel höheren Vergütung, liegt auch darin begründet, dass seit *Freud* Psychotherapie als eine Form der Nacherziehung verstanden wird, bei der es darum geht, Erziehungsfehler wieder gut zu machen. In der Regel rufen Erzieher dann nach psychotherapeutischer Hilfe, wenn sie nicht mehr weiter wissen und sich hilflos fühlen. Damit geht oft einher eine Überschätzung der dem Psychotherapeuten zur Verfügung stehenden Möglichkeiten und Kompetenzen. Es handelt sich dann um einen höchst problematischen Überweisungsmodus. Der Therapeut ist zumindest gut beraten, nicht allzu vertrauensvoll davon auszugehen, dass ihm von der überweisenden Seite ein Erfolg seiner therapeutischen Bemühungen vorbehaltlos auch gewünscht wird. Schließlich kann die Beobachtung, dass der andere es auch nicht besser kann, doch durchaus tröstlich sein. Auch Misserfolg verbindet. Beim Thema Hilfe und Helfen handelt es sich offensichtlich um ein für die Heimerziehung zentrales Thema (vgl. Kapitel 7).

Aus diesen Gründen dürfte eine Unterscheidung von Erziehung und Therapie also durchaus nützlich sein. Im folgenden soll daher versucht werden, mit den begrifflichen Mitteln der Systemtheorie zu einer Unterscheidung zwischen Erziehung und Therapie zu gelangen. Vergleicht man etwa die Tätigkeit eines Heimerziehers mit der einer im Heim tätigen Psychotherapeutin, wird man feststellen können, dass es sich bei ihren Tätigkeiten jeweils um Kommunikationen handelt, die die gleiche Absicht verfolgen, nämlich ein psychisches System zu verändern. So soll sich etwa der Junge weniger aggressiv verhalten, endlich regelmäßig in die Schule gehen, das Mädchen nicht mehr so niedergeschlagen sein oder sich nicht dauernd mit Jungen herumtreiben, und alle sollen mehr Vertrauen haben zu ihren Erzieherinnen. Wie lassen sich diese Kommunikationen dann noch unterscheiden?

Wenn es sich, wie die Systemtheorie postuliert, bei den funktional ausdifferenzierten Kommunikationssystemen um autonome und überschneidungsfrei operierende Systeme handelt, müssen sich die Operationen der Systeme, also die Kommunikationen, selbst unterscheiden können, um sich zu Systemen zusammenschließen zu können. Bestandsnotwendigkeit sozialer Systeme ist die Anschlussfähigkeit ihrer Kommunikationen. Um aneinander anschließen zu können, damit es also irgendwie weitergeht, müssen sich die Kommunikationen selbst als systemzugehörig identifizieren können. Dazu nutzen sie die für das jeweilige Sozialsystem spezifische zweiwertige Codierung. Bei jeder Kommunikation etwa, die sich beobachten lässt mit dem Code wahr/unwahr, handelt es sich um eine Operation des Wissenschaftssystems. Rechtliche Kommunikationen operieren mit dem Code Recht/Unrecht, wirtschaftliche mit dem pekuniären Code von Zahlen und Nicht-Zahlen. In der Politik geht es um Macht, um die Auseinandersetzung zwischen Regierung und Opposition. Indem jedes Funktionssystem mit Hilfe seiner eigenen Unterscheidung beobachtet, kann es nur selbst, d. h. mit systeminternen Mitteln, entscheiden, ob die beobachteten Sachverhalte systemzugehörig sind und damit im System Anschluss finden können. Diese Anschlussfähigkeit, die sicherstellt, dass das System sich selbst, d. h. autopoietisch reproduziert, vermittelt in der Regel der positive Wert dieses binären Codes, etwa „wahr" oder „Geld haben", während der negative Wert als Reflexionswert bezeichnet wird, der sicherstellt, dass die autopoietische Reproduktion auch in diesem Falle weiterläuft. Im Falle von Schulden etwa bemüht man sich um ein Umschuldungsverfahren.

Auf den ersten Blick mag es einfach erscheinen, den Code zu bestimmen, der für therapeutische Kommunikationen in Frage kommt. Wenn nämlich von Therapie ernsthaft die Rede ist, muss es jemanden geben, der krank ist, muss so etwas wie Krankheit vorliegen. In der Therapie geht es nämlich um Kommunikationen, die sich am binären Code gesund/krank orientieren (*Luhmann* 1990 d). Krankheit soll geheilt, eine krankhafte Störung behandelt werden. Eine solche Codierung der Kommunikation verweist auf deren Zugehörigkeit zum Medizinsystem oder Gesundheitssystem. Allerdings erscheint eine solche Zuordnung nur für die Fälle unproblematisch, bei denen es um den Körper geht, und zwar um den kranken Körper. Medizinisches Handeln ist denn auch traditionell körperorientiert. Medizinische Kommunikationen, die sich also an der Unterscheidung gesund/krank ausrichten, thematisieren seit alters her bevorzugt den kranken Körper. Schließlich verdanken sich die Erfolge der Medizin gerade der Möglichkeit, den Körper als triviale Maschine zu behandeln, die in vorhersehbarer Weise auf den selben Input immer ein und den selben output produziert (vgl. Kap. 5.2). Der Patient leidet. Er hat Schluckbeschwerden. Er macht beim Arzt den Mund auf und macht „Aaah". Gerötete und geschwollene Rachenmandeln, belegt mit eitrigen Belägen, legen die Diagnose einer Streptokokkenangina nahe. Penicillin ist angesagt. Nicht immer, aber doch zumeist, wirkt es. Oder aber: ein Tumor. Nun kommt es darauf an. Handelt es sich um einen bösartigen Tumor, ist die Trivialität immer noch oft tödlich. Das biologische System funktioniert unerbittlich autonom. Ist er gutartig, lässt er sich herausoperieren mittels einer – zugegeben leider nur theoretisch – trivialen Operation. Charakteristisch für die Operationen im somatischen (griech.: *soma* = der Körper) Sektor des Medizinsystems ist, dass das Gespräch von nachrangiger Bedeutung ist. Auch wenn die Anästhesistin am Abend zuvor mit „der Galle" spricht, um dem Patienten die Ängste vor der anstehenden Operation zu nehmen, geht es ihr doch bei dieser Visite vor allem darum, Informationen zu erhalten, die es dem Operateur am nächsten Tag ermöglichen, bei seinem Tun den Körper ohne allzu großes Risiko als triviale Maschine behandeln zu können. Auch der Patient sollte tunlichst ein Interesse daran haben, dass sein Körper sich möglichst trivial und damit vorhersehbar verhält. Zudem wird bei der Operation nicht allzu viel gesprochen, zumindest nicht mit dem Patienten. Ist das Werk getan, wird er angesprochen und befragt, ob er schon wach sei. Die sich hierbei auftuende Kommunikation handelt typisch von Trivialitäten.[1]

Ist allerdings im Kontext von Heimerziehung von Therapie die Rede, geht es nur selten um somatotherapeutische Maßnahmen, die das Ziel verfolgen, den körperlichen Zustand zu verändern. In einem solchen Fall geht es darum, ein aufgeregtes oder aggressives Kind durch die Gabe von Psychopharmaka soweit zu beruhigen, dass die Erzieherinnen keine Angst mehr vor ihm haben müssen, weil es wieder zuzuhören vermag, also wieder ansprechbar und somit auch beeinflussbar wird. Das allzu erziehungsschwierige Kind, das sich also nicht ausreichend selbst trivialisiert, wird dann medikamentös zu trivialisieren versucht. Aber auch hierbei muss von komplexen Interaktionen ausgegangen werden. So kommt es etwa auf jugendpsychiatrischen Stationen immer wieder zu Situationen, in denen ein aggressiver und damit sich selbst und andere gefährdender Patient mittels einer Injektion „ruhiggespritzt" werden muss. Dann lässt sich beobachten, dass er nach heftigem Handgemenge seinen Kampf aufgibt, sobald das Medikament injiziert ist. Der Patient trivialisiert sich selbst, bevor überhaupt die pharmakologische Wirkung eingetreten sein kann: ein verzweifeltes Bemühen um die Bewahrung seiner Autonomie, die durch die Spritze bedroht wird. Bevor das Medikament ihn trivialisiert, tut er dies dann doch lieber selbst.

Dagegen zielen psychotherapeutische (griech.: *psyche* = Seele) Maßnahmen auf das psychische System, bei dem es sich, wie bereits ausgeführt, eben nicht um eine triviale Maschine handelt. Daher ist auch in der Psychiatrie im Gegensatz zu den anderen medizinischen Teildisziplinen die sonst so praktische Trivialisierung nur sehr eingeschränkt möglich, sind die Reaktionen des zu therapierenden psychischen Systems doch letztlich unvorhersehbar. Die Kompetenz zur Durchführung psychotherapeutischer Behandlungsverfahren, in der es um die Rekonstruktion der Lerngeschichte bzw. der verinnerlichten Beziehungserfahrungen geht, wird denn auch in zunehmenden Ausmaß von anderen nichtärztlichen Berufsgruppen reklamiert, seit Einführung des Psychotherapeutengesetzes vor allem von psychologischen Psychotherapeuten und Kinder- und Jugendlichenpsychotherapeuten. Es liegt an der Nichttrivialität des psychischen Systems, wenn etwa psychisch Kranke oft nur widerstrebend die Patientenrolle einnehmen, zumal wenn es ihnen wie im Falle des Vorliegens einer Psychose an Krankheitseinsicht fehlt und sie daher eine Beteiligung am Medizinsystem ablehnen. Die derzeit dominierende Biologische Psychiatrie bemüht sich derzeit in enger struktureller Koppelung zum Wirtschaftssystem um eine Trivialisierung ihrer Klientel. Diese rechtfertigt sie mit Behandlungserfolgen, die sie der psychopharmakologischen Technologie verdankt.

Der Umgang mit Krankheit ist Sache des Medizinsystems bzw. des Krankenbehandlungssystem. Dieses funktional ausdifferenzierte System der Gesellschaft orientiert seine Operationen an dem binären Code gesund/krank, der den spezifischen Kommunikationsbereich des Arztes und seiner Patienten definiert (*Luhmann* 1990 d). Hier tut sich allerdings eine weitere Schwierigkeit auf, auf die doch noch hingewiesen werden soll. Sie betrifft den Krankheitsbegriff. Es wurde bereits ausgeführt, dass es sich bei Kommunikationen, die sich am Code von gesund und krank orientieren, um Operationen des Medizinsystems handelt. Die Frage stellt sich, wie die Begriffe krank und gesund zu definieren sind. Offenbar gibt es zur Bestimmung von Gesundheit kaum objektivierbare Kriterien. Das lässt sich an der von der Weltgesundheitsorganisation (1947) vorgelegten Definition von Gesundheit leicht ablesen. Dort heißt es: „Gesundheit ist ein Zustand vollständigen physischen, geistigen und sozialen Wohlbefindens und nicht nur die Abwesenheit von Krankheit und Schwäche." Es erscheint unmittelbar einleuchtend, dass eine solche Definition nicht praktikabel ist. Sie ist denn auch überwiegend gesundheitspolitisch motiviert. Läge nämlich Gesundheit tatsächlich nur bei völligem Wohlbefinden vor, wäre der Autor als unverbesserlicher Fan der Frankfurter Eintracht chronisch krank, wie ein Blick auf die Bundesligatabellen der letzten Jahre unschwer erkennen lässt. Aus diesem Grunde erweist sich bislang ausschließlich der Wert krank als anschlussfähig. Nicht Gesundheit, sondern Krankheit wird diagnostiziert und behandelt. Fühlt man sich gesund, hat man sich nicht genügend Untersuchungen unterzogen. Dies ist auch bekanntlich ein Problem der Vorsorgeuntersuchungen. Je mehr untersucht wird, desto größer ist die Gefahr, dass so genannte falsch positive Befunde erhoben werden, d. h., Befunde, bei denen es sich um eine keineswegs als krankhaft zu bezeichnende Variationen von der Durchschnittsnorm handelt oder bei denen Fehler der diagnostischen Instrumente zugrunde liegen, von Fehlinterpretationen oder Kunstfehlern der Diagnostiker ganz zu schweigen. Dass diese falsch positiven Befunde dann weitere diagnostische Prozeduren mit demselben Fehlerrisiko nach sich ziehen werden, ist allzu verständlich und daher kaum zu vermeiden. In der Medizin, also auch in der Psychiatrie und damit auch beim Einsatz der Behandlungsmethode Psychotherapie, geht es um Krankheit.

Der von dem Psychiater *Heinz Häfner* (1983) vorlegte allgemeine Krankheitsbegriff beansprucht eine Anwendbarkeit auf physische wie auf psychische Krankheiten: „Wir verstehen unter Krankheit einen Zustand unwillkürlich gestörter Lebensfunktionen eines Individuums, der eine Zeitdimension aufweist – Beginn und Verlauf – und in der Regel eine Beeinträchtigung des Wohlbefindens und der Leistungsfähigkeit bzw. der Fähigkeit zur Daseinsbewältigung zur Folge hat." Dieser Krankheitsbegriff ist beschreibend und normativ zugleich. Dabei geht es weniger um Abweichungen von einer statistischen, sondern von einer teleologisch verstandenen natürlichen Norm, die sich in der Regel objektivieren lassen als Defizite und Beeinträchtigungen von Funktionen und Strukturen, die dem Organismus erst seine ihm charakteristische Lebensweise ermöglichen (*Müller* 1997). Unter einer systemtheoretischen Perspektive (*Simon* 1995) erscheinen Krankheit und Gesundheit daher als stets angepasste Lebensformen. Krankheit meint den Prozess, der die besonderen Operationen und Verhaltensweisen umfasst, die ein lebender Organismus einsetzt, um seine durch ungewohnte Kontextbedingungen gefährdete autopoietische Reproduktion aufrechtzuerhalten. Die Symptome als Krankheitsäußerungen werden durch die Struktur des Organismus bestimmt. Krankheiten können unbemerkt und schleichend oder plötzlich und auffallend beginnen. Sie können akut, intermittierend oder chronisch verlaufen. Erweist sich eine Krankheit als nicht heilbar, aber auch als nicht tödlich, spricht man je nach dem Ausmaß der Symptomatik und dem Verbleiben von Funktionseinschränkungen von einer chronischen Krankheit oder von einer Behinderung. Krankheit impliziert ein Nicht-Können bzw. Nicht-anders-Können. Die Gesellschaft bewertet Krankheit negativ und erwartet von dem Kranken, dass er sich um seine Gesundung bemüht, insbesondere einen Arzt aufsucht und mit ihm kooperiert. In der ihm dann zugestandenen Krankenrolle darf er die Befreiung von sozialen Rollenverpflichtungen und seine Exkulpation von der Verantwortung für seinen Krankheitszustand erwarten.

Auch wenn es berechtigt erscheint, von psychischer Krankheit zu sprechen, da Erleben und zurechenbares Handeln zur spezifisch und biologisch fundierten Lebensweise gehören, führt die Übertragung des Krankheitsbegriffs auf den Bereich psychischer Krankheiten zu Problemen. So ist das Kriterium der Unwillkürlichkeit bisweilen nur ungenau festzusetzen, etwa beim Vorliegen einer Sucht oder beim Vorliegen allzu heftiger Impulsivität, die Unterscheidung zwischen Nichtwollen und Nichtkönnen und damit die Beurteilung der Geschäfts- oder Zurechnungsfähigkeit nur schwer vorzunehmen, wie beim Vorliegen von Psychosen. Da sich objektive Befunde häufig nicht beobachten lassen, ist auch eine Abgrenzung zur Simulation bisweilen schwierig. Manche psychiatrischen Krankheiten gehen keineswegs mit einer subjektiven Beeinträchtigung einher, etwa Manien. Auch besteht bei Psychosen typisch keine Krankheitseinsicht. Diese Probleme haben dazu geführt, in den modernen Klassifikationssystemen wie der DSM-IV und der ICD-10 auf den Krankheitsbegriff zu verzichten zugunsten des allerdings keineswegs exakteren Begriffs der psychischen Störung.

Krankheit hat immer auch eine subjektive Seite. Inwieweit der Kranke eine Beeinträchtigung subjektiv erlebt und wie er seine Beschwerden präsentiert, hängt u. a. von seinem subjektiven Krankheitskonzept ab. Vor allem im Kindesalter kann bei einer Krankheit die subjektive Befindlichkeit nicht oder kaum eingeschränkt sein (*Lohaus* 1990). Wie bereits erwähnt, ist dissoziales Verhalten ein sehr häufiger Anlass, ein Kind oder einen Jugendlichen dem Kinderpsychiater vorzustellen. Ist Dissozialität aber eine Krankheit? Nicht nur die betroffenen Kinder sträuben sich gegen eine solche Etikettierung. Schließlich wollen sie sich und ihrer Umgebung mit ihrem störenden Verhalten gerade ihre Autonomie und ihre Funktionstüchtigkeit beweisen. Es ist fraglich, ob diesem Problem mit einer Erweiterung des Krankheitsbegriffes letztlich beizukommen ist. So bezeichnet etwa der Kinderpsychiater *Helmut Remschmidt* (1988) als kinder- und jugendpsychiatrische Erkrankung „einen Zustand unwillkürlich gestörter Lebensfunktionen, der durch Beginn, Verlauf und ggf. auch Ende eine zeitliche Dimension aufweist und ein Kind oder einen Jugendlichen entscheidend daran hindert, an den alterstypischen Lebensvollzügen aktiv teilzunehmen und diese zu bewältigen". Kinderpsychiatrische Krankheit erweist sich demnach am Verfehlen von Entwicklungsaufgaben, die allerdings immer auch sozial definiert werden. Sie muss daher immer unter einer Entwicklungsperspektive betrachtet werden. In den letzten beiden Jahrzehnten hat denn auch die Entwicklungspsychopathologie als Grundlagenwissenschaft der Kinder- und Jugendpsychiatrie das Verständnis des Auftretens von Krankheiten und ihres Verlaufes erweitert (vgl. Kap. 1.10).

Beim Erziehungssystem erweist sich die Zuordnung eines systemspezifischen Codes als noch problematischer. Schließlich ist die Funktion von Erziehung sicherlich nicht auf die bekanntlich bei Pädagogen ungeliebte Selektion zu reduzieren, wiewohl immer deutlicher wird, dass die Schulkarriere und insbesondere der Schulabschluss die Chancen für die spätere Teilhabe an der Gesellschaft zwar nicht determiniert, aber doch stark beeinflusst. Im Folgenden soll daher der Vorschlag des Erziehungswissenschaftlers *Jochen Kade* (1997, 50) aufgegriffen werden, der als Code für das Erziehungssystem, in dem es um die Vermittlung von Wissen geht, das Dual „vermittelbar/nicht-vermittelbar" zugrundelegt. Dabei entspricht der Unterscheidung von Vermittlung durch die Erzieher und Aneignung auf Seiten des Adressaten dieser pädagogischen Kommunikation die Differenz von erzieherischem und psychischem System. Ob eine in der pädagogischen Kommunikation geäußerte Information vermittelbar ist oder nicht, hängt von der Aufnahmebereitschaft des psychischen Systems des Kindes oder Jugendlichen ab und ist daher nie sicher vorhersehbar. Das macht die Erziehung ja so schwierig. Das daraus resultierende Technologiedefizit schmerzt, da Pädagogik nicht darauf verzichten kann, Ziele zu erreichen. Kinder müssen erzogen werden und sind insofern Zwangsmitglieder des Erziehungssystems. Dieses Technologieproblem lässt einerseits Trivialisierung versprechende Diagnosen des Medizinsystems wie etwa „minimale zerebrale Dysfunktion" (MCD) oder „Aufmerksamkeitsdefizitsyndrom" (ADS) attraktiv erscheinen. Andererseits wird bisweilen auch jede Technologie abgelehnt. Dieses idealistische Technologieverdikt (*Luhmann* und *Schorr* 1988, 143 f.) kennzeichnet auch die Distanzierung von einem medizinischen Modell, das allerdings in der angegebenen Trivialität selbst in der somatischen Medizin schon lange ausgedient hat und gerade in der Entwicklungspsychopathogie durch probabilistische Modelle, die den komplexen Transaktionen von Risiko- und protektiven Faktoren Rechnung tragen, ersetzt wurde (vgl. Kapitel 1.10).

Bei therapeutischen Maßnahmen handelt es sich um Kommunikationen des Gesundheits- bzw. Medizinsystems. Pädagogische Maßnahmen sind dagegen Operationen des Erziehungssystems. Ein Grund für die Probleme bei der Unterscheidung von Therapie und Erziehung lässt sich nun benennen. Die angesprochenen interdisziplinären Konflikte lassen sich darauf zurückführen, dass sowohl das Erziehungssystem als auch das Krankenversorgungssystem auf ihrem Weg zu modernen funktional ausdifferenzierten gesellschaftlichen Systemen mit komplexen, verschiedenen Funktionssystemen zugehörigen Problemen konfrontiert wurden, denen mit ihren differenzierten Programmen nicht beizukommen war. Mit der Lösung dieser Probleme wurde mit der Heilpädagogik und der (Kinder)psychiatrie zwei Subdisziplinen beauftragt, die von dieser funktionalen Differenzierung ausgespart blieben bzw. sich ihr nicht oder nur unzulänglich unterzogen haben. Die Kooperationsprobleme zwischen Pädagogen und Therapeuten sind daher letztlich auf ein beiden Funktionssystemen gemeinsames Differenzierungsdefizit zurückzuführen.

## 6.3 Funktion von Erziehungshilfe

Erweist sich die Fortsetzung der erzieherische Kommunikation als zu schwierig, droht also ein Misserfolg der pädagogische Kommunikation, ist Erziehungshilfe angezeigt, die das Ziel hat, die strukturelle Koppelung zwischen dem psychischen System und dem kommunikativen Erziehungssystem so zu verändern, dass Erziehung wieder möglich wird. Da es sich bei der strukturellen Kopplung um eine Beziehung zweier Systeme handelt, ist eine Veränderung grundsätzlich auf zwei Wegen möglich, zum einen auf dem Weg über eine Veränderung des psychischen Systems und zum anderen auf dem Weg über eine primäre Veränderung des Erziehungssystems. Da es sich um eine Kopplung handelt, sind immer auch Veränderungen auf Seiten des jeweiligen komplementären Systems zu erwarten. Die Erfahrungen des psychischen Systems angesichts der erzieherischen Kommunikation haben Einfluss auf die Art und Weise, wie es sich reproduziert. Änderungen des Erziehungssystems beeinflussen daher aufgrund der strukturellen Kopplung die Selbstsozialisation des psychischen Systems.

Als Psychotherapie lassen sich Interventionen verstehen, die mit der Absicht geschehen, das als krank oder funktionsgestört etikettierte psychische System direkt zu verändern, damit es sich die erzieherische Kommunikation gefallen lässt. Dabei möchte Psychotherapie nicht unbedingt Wissen oder Bildung vermitteln und belehren. Dagegen bemühen sich pädagogische Interventionen in erster Linie darum, die erzieherische Kommunikation im Sinne der Anpassung an das erziehungsschwierige psychische System zu verändern. Bei der Sonderpädagogik handelt es sich gewissermaßen um Selbsthilfemaßnahmen des Erziehungssystems. Dabei wird durchaus Wissen vermittelt, wobei diese Wissensvermittlung nicht auf den traditionellen Bildungskanon zu beschränken ist. So handelt es sich etwa bei kommunikativen Fähigkeiten oder der Sozialkompetenz durchaus um besondere Formen des Wissens.

Es geht also darum, die Beziehung zwischen der Erziehungskommunikation und dem psychischen System so zu beeinflussen, dass als pädagogisch wertvoll gehaltene Informationen doch noch erfolgreich vermittelt werden können. Worauf auch die Ergebnisse der vorliegenden empirischen Untersuchung hinweisen, hat es die Heimerziehung häufig mit dissozialen Kindern und Jugendlichen zu tun. Im Unterschied etwa zu Kindern mit einer intellektuellen Behinderung, die insofern erziehungsschwierig sind, als sie sich schwer tun mit dem informationellen Aspekt von Erziehung, sind dissoziale Kinder und Jugendliche erziehungsschwierig, weil sie sich gegen die Mitteilung einer solch absichtsvollen Kommunikation auflehnen (*Schleiffer* 1995 b). Ist die Erziehungsschwierigkeit auf eine Krankheit zurückzuführen, wird das Medizinsystem dem pädagogischen System Erziehungshilfe anbieten können, die von den Eltern und/oder professionellen Erziehern nachzufragen und auf ihre Wirksamkeit hin zu überprüfen ist. So können etwa Hörgeräte die pädagogische Kommunikation mit hörgeschädigten Kindern rehabilitieren. Ähnlich unproblematisch erweist sich auch die Kooperation von Medizin und Körperbehindertenpädagogik. Gewisse Probleme der Differenzierung tun sich auf in der Sprachheilpädagogik, da hier die erzieherische Kommunikation schon qua Sprachverwendung heilsam sein kann. Die Erziehungsschwierigenpädagogik versucht, die Chance ihrer Akzeptanz durch den Zögling zu erhöhen durch eine weitgehende Zurücknahme der Mitteilung ihrer Erziehungsabsicht. Erweist sich das dissoziale Kind dennoch als zu erziehungsschwierig, kann eine Psychotherapie, die eine Verringerung der Erziehungswiderstandes anstrebt, das Kind ermutigen, die für die Beteiligung an der pädagogischen Kommunikation unerlässliche Selbsttrivialisierung zu tolerieren. Ob es sich um eine therapeutische und/oder pädagogische Kommunikation handelt, hängt davon ab, in welchem Funktionssystem sie sich nachträglich als anschlussfähig erweist.

Beide Formen des Intervention schließen sich nicht aus. Im Gegenteil sprechen die Befunde der Psychotherapieforschung dafür, dass die Erfolgsaussichten etwa bei der Behandlung dissozialer Kinder und Jugendlicher durch eine Kombination von Elterntraining und individueller Psychotherapie steigen. In der Arbeit mit den Eltern geht es dabei vor allem darum, sie aufzuklären über ihre unangemessenen Erziehungspraktiken und mit ihnen nach Lösungsmöglichkeiten Ausschau zu halten, wie die verfahrene Kommunikation wieder in Gang zu bringen ist. Eine multisystemische Psychotherapie sollte mit einem flexiblen Setting sowohl das psychische System des Kindes selbst, als auch die sozialen Systeme von Familie, Gleichaltrigengruppe, Schule bis hin zur Nachbarschaft einbeziehen (*Kazdin* 1997).

Da es sich gerade bei Kindern und Jugendlichen, die in einem Heim erzogen werden sollen, um eine psychiatrische Risikogruppe handelt, sind sie häufig Adressaten der Kommunikation beider Funktionssysteme, des Erziehungssystems wie des Medizinsystems. Daraus ergibt sich denn auch die Notwendigkeit einer wie auch immer gearteten interdisziplinären Zusammenarbeit. Die hier vorgeschlagene Unterscheidung von Erziehung und Therapie kann die Sicherung der professionellen Identität der Angehörigen des Erziehungs- wie des Medizinsystems unterstützen, die durch eine Erziehungsschwierigkeit ebenso gefährdet wird wie durch eine auf die psychische Störung zurückzuführende Therapieschwierigkeit.

### 6.4 Sonderpädagogische Kommunikation

Beim dissozialen Kind hat sich eine prekäre strukturelle Kopplung zwischen dem psychischen System des Kindes und dem kommunikativen System der Erziehung entwickelt (vgl. Kap. 5.6). Dissozial sozialisierte Kinder lehnen gerade den Mitteilungsaspekt dieser absichtsvollen Kommunikation ab. Zur Wahrung der Autopoiesis ihres psychischen Systems verweigern sie ihre Beteiligung an der erzieherischen Kommunikation. Aufgrund ihrer Erfahrungen mit Erziehung in ihren Familien ist ihnen eine weitere Erziehung nur schwer zumutbar. Sie reagieren auf die Erziehungsabsichten ihrer professionellen Erzieher geradezu allergisch. Mit ihren Verhaltensauffälligkeiten sorgen sie dafür, das die Kommunikation bevorzugt an der Selbstreferenz anschließt. „Kannst du denn nicht einfach mal machen, was man dir sagt?" oder „Das geht sie einen feuchten Kehrricht an!", heißt es typisch. Die Information, also das, worüber zu sprechen ist, ist nicht so wichtig. Typisch geht es im Streit zumeist um Kleinigkeiten, um Belangloses.

An der bereits erwähnten, für dissoziale Kinder und Jugendliche typischen, kognitiven Verzerrung bei der Informationsverarbeitung lässt sich gut beobachten, wie diese die zur Reproduktion ihres psychischen Systems notwendige Differenz zu ihrer Umwelt herstellen. Sie aktualisieren ihre Selbstreferenz dadurch, dass sie sich von anderen in der Rolle eines Opfers unterscheiden und dann diese Unterscheidung zur Informationsgewinnung verwenden, indem sie sich aggressiv wehren. Unklare Sachverhalte werden von ihnen im Zweifelsfall als Angriff erlebt, den es abzuwehren gilt. Auch im Heimalltag lassen sich diese Mechanismen gut beobachten. Disziplinäre Maßnahmen der Erzieherin etwa provozieren bei dem Jungen die Frage, warum ausgerechnet er wieder alles auszubaden habe. Alles hat erst einmal mit seiner Person zu tun. „Sie kann mich eben nicht leiden!" Die kommunikativen Beiträge der Erzieherin werden vor allem als deren Mitteilungen verstanden. Der informationelle, fremdreferentielle Aspekt wird erst einmal ausgeblendet. Allerdings erreicht der Junge, dass dann gerade dieser besondere Umgang mit der Selbstreferenz in der pädagogischen Kommunikation als Information behandelt wird. „Was ist mir dir denn schon wieder?" oder „Der ist heute aber schlecht drauf!" Auf diese Art und Weise vermag das Kind oder der Jugendliche seine Beteiligung an der Kommunikation zu kontrollieren. Es geht mal wieder um ihn.

Dissoziale Kinder und Jugendliche können es nur schlecht aushalten, wenn es nicht um sie geht. Deswegen handhaben sie ihre Selbstrefererenz überwiegend über den Modus des Handelns. Beim Handeln wird grundsätzlich für die dadurch erreichte Zustandsänderung das eigene System verantwortlich gemacht. Anders ist dies beim Erleben, bei dem die Ursache für die Zustandsänderung der Umwelt zugeschrieben wird (*Luhmann* 1990 e, 140 f.). Erleben ist daher also durchaus riskant und erfordert Vertrauen. Nur höchst unsicher gebunden, haben dissoziale Kinder und Jugendliche dieses Vertrauen gerade nicht. Daher agieren sie und ge- bzw. missbrauchen andere Personen für ihre Problembewältigung. Ihre Störungen werden als externalisierend bezeichnet.

Dies alles muss auch in der Schule zu besonderen Schwierigkeiten führen. In der Schule geht es oder sollte es zumindest um Wissensvermittlung gehen. Die zu wissenden Sachverhalte kann man sich nur im Modus des Erlebens vorstellen, auch wenn das Wissen etwa im so genannten handlungsorientierten Unterricht durchaus handelnd erworben wird. Köln liegt am Rhein, für jeden Schüler. Eine Beteiligung an der schulpädagogischen Kommunikation bedeutet für das Kind daher notgedrungen einen gewissen Verzicht auf Individualität. Will oder kann ein Kind darauf nicht verzichten, bleiben Lernstörungen nicht aus. Zudem haben gerade verhaltensauffällige Schüler oft nur wenig

Vertrauen in ihre eigenen intellektuellen Fähigkeiten. Insofern schätzen sie ihre Chance, sich ihrer Individualität mittels herausragender schulischer Leistungen zu versichern, oft realistisch als eher gering ein.[2]

Dissoziale Kinder und Jugendliche lernen also, dass die für die Aufrechterhaltung eines ausreichenden Selbstwertes notwendige soziale Resonanz in der Schule am ehesten in der Rolle eines erziehungsschwierigen Schülers zu erreichen ist. Beobachtet man erfolgreiche Sonderpädagogen, wie sie mit diesen Referenzproblemen bei ihrer Erziehungsarbeit umgehen, wird man feststellen können, dass sie hierbei durchaus Methoden einsetzen, die der Allgemeinpädagogik durchaus geläufig sind, dass sie aber diese Methoden prononciert verwenden. Schließlich sind die Erziehungsanstrengungen mit dieser besonderen, „erziehungsschwierigen", Klientel geeignet, die „normalen" Erziehungsschwierigkeiten noch deutlicher werden zu lassen. Erziehungsschwierigenpädagogen bemühen sich vor allem um eine Umgewichtung in der Balance von Selbst- und Fremdreferenz. Sie versuchen einerseits die Attraktivität der Fremdreferenz des Unterrichtes zu erhöhen, andererseits die Relevanz des selbstreferentiellen Aspektes zu nivellieren, um damit die Konfliktanfälligkeit der schulischen Kommunikation zu verringern. Möglichst spannende Informationen sollen den Anschluss der pädagogischen Kommunikation auf der fremdreferentiellen Seite attraktiv werden lassen. Seine Erziehungsabsicht wird der Sonderschullehrer daher nicht allzu sehr betonen. Er wird sie allenfalls nur diskret äußern. Im Projektunterricht etwa fällt es den Schülern leichter, den für sie brisanten, weil zwangsläufig auf Erziehungsabsicht verweisenden, Kontext Schule eine Zeit lang zu übersehen. Auch wird die Sonderschullehrerin das Erziehungspotenzial der Gleichaltrigengruppe zu nutzen wissen, der gegenüber erziehungsschwierige Jugendliche doch toleranter sein kann im Vergleich zum professionellen pädagogischen Personal. Bekanntlich wird die Kommunikation mit den Gleichaltrigen, den „peers", eher als symmetrisch, weil von einem selbst in Gang gebracht (*von Salisch* 1993), erlebt im Gegensatz zu der pädagogischen Kommunikation mit Eltern oder Lehrern, deren Teilnahme den Kindern aufgezwungen wird und deren Ablehnung zwangsläufig doch immer wieder Unannehmlichkeiten nach sich ziehen wird. Mit Pädagogen lässt sich eben schwerlich nicht kommunizieren. Will man die Kommunikation mit Lehrern vermeiden, bleibt nicht viel anderes übrig, als die Schule zu schwänzen. Die für die Erziehungssituation typische Asymmetrie, die gerade vom dissozialen Kind als mit dem um Autonomie zentriertem Selbstkonzept unvereinbar erlebt wird, wird besonders deutlich bei der Leistungsbeurteilung durch den Lehrer, der damit über die Schulkarriere entscheidet.

Insgesamt bemüht sich der Sonderpädagoge also, sich vom Verdacht einer

Erziehungsabsicht zu entlasten. Stattdessen wird er systematisch Situationen zu nutzen versuchen, die dem Schüler Gelegenheit geben, sich auf erwünschte Weise selbst zu sozialisieren. Dies ist das Konzept der Erlebnispädagogik. Charakteristisch für die Erlebnispädagogik ist es, dass sie weitgehend auf erzieherische Kommunikation verzichtet und Situationen schafft, die von sich aus ein normkonformes Sozialisationspotenzial besitzen. Im Gegensatz zu populären Formen riskanten Verhaltens wie etwa dem U-Bahn-Surfen handelt es sich bei diesen Unternehmungen allerdings um prosoziales „risk-seeking behavior". Sich freiwillig einem Risiko auszusetzen, lässt sich als angstreduzierender Mechanismus begreifen, kann doch ein möglicher Schadenseintritt beim Risiko anders als bei einer Gefahr auf eigenes Handeln und eigene Entscheidung zurückgeführt werden (*Luhmann* 1990 e, 661 f.). Wenn es jedenfalls auf dem Meer bläst und stürmt, wird erzieherische Kommunikation entbehrlich, da auch der widerspenstigste Zögling seinen Erziehungswiderstand schnell aufgeben und das Segel einholen wird. Es bedarf hierbei keines Erziehers, bloß eines sachkundigen Seemanns. Die Natur, das Meer erzieht gewissermaßen absichtsfrei[3]. Neinsagen macht in dieser Situation keinen Sinn. Daher wird erlebnispädagogische Arbeit „zum Personal nicht nur Pädagogen, sondern vor allem Fachleute der Sache (Seeleute, Bergsteiger u. ä.) zählen, die sich sachlich und nicht pädagogisch vermitteln" (*Funke* 1986). Erlebnispädagogik setzt auf Selbstsozialisation. Der Jugendliche wird mit Situationen konfrontiert, in denen er sich als handelnd erleben kann, dies allerdings nicht mehr ausschließlich oder überwiegend auf dissoziale, sondern auf mit den gesellschaftlichen Normen verträgliche Art und Weise[4]. Ziel der erlebnispädagogischen Bemühungen ist es, den Jugendlichen Gelegenheit zu bieten, sich als Ursache von Wirkung erfahren zu können. Es handelt sich also um selbstvertrauensbildende Maßnahmen. Man hofft, dass die Jugendlichen, so mit mehr Selbstvertrauen ausgestattet, sich Erziehung dann eher gefallen lassen, dass also ihr psychisches System, mit neuen, flexibleren Erwartungsstrukturen ausgestattet, nicht mehr anlässlich der asymmetrisch konfigurierten Erziehungssituation dauernd intervenieren muss.

Ansatzpunkt der sonderpädagogischen Arbeit ist also die strukturelle Koppelung zwischen dem psychischen System des Kindes und der System der pädagogischen Kommunikation. Dabei passt sich die sonderpädagogische Kommunikation an die Besonderheiten der psychischen Systems des Kindes oder des Jugendlichen an, damit dieses toleranter wird und sich gegen die Erziehungszumutung nicht mehr so stark zu wehren braucht. Erfolgreich ist diese pädagogische Kommunikation, wenn sie das psychische System des Kindes dazu anregen konnte, seine Erwartungsstrukturen zu verändern.

## 6.5 Psychotherapeutische Kommunikation

Reicht allerdings eine solche Anpassung von Seiten der erzieherischen Kommunikation nicht aus, weil der erziehungsschwierige Jugendliche auch eine solchermaßen enttrivialisierte Kommunikation nicht ertragen kann, dann kommen Interventionen in Frage, die sich direkt auf das psychische System des Kindes beziehen mit der Absicht, dessen Toleranz gegenüber Erziehung zu erhöhen. Dabei geht es nicht wie bei der sonderpädagogischen Kommunikation in erster Linie darum, das Konfliktpotenzial der pädagogischen Situation zu reduzieren, sondern darum, gezielt die Konfliktfähigkeit des Kindes oder Jugendlichen zu erhöhen. Bei dieser ebenfalls absichtsvollen Kommunikation handelt es sich um Psychotherapie. Ausgangspunkt dieser psychotherapeutischen Kommunikation, gleich ob psychodynamisch oder verhaltenstherapeutisch orientiert, ist das Bemühen zu verstehen, warum das psychische System so intolerant gegenüber Erziehungsabsichten geworden ist. Versteht man Verstehen als „Beobachtung im Hinblick auf die Handhabung von Selbstreferenz" (*Luhmann* 1986, 79), soll der erziehungsschwierige Patient verstehen lernen, weshalb er oder sie gerade die Mitteilungsabsicht als Gefahr für sein psychisches System ausmacht. Eine funktionale Analyse, die im dissoziale Handeln eine besondere Form der Risikovermeidung erkennt, kann für diese Arbeit nützliche Arbeitshypothesen bereitstellen.

Im Gegensatz zur pädagogischen Kommunikation anlässlich von Wissensvermittlung legt Psychotherapie einen Anschluss auf der selbstreferentiellen Seite nahe. Vor allem in der tiefenpsychologisch orientierten Psychotherapie wird Information nicht als bloße Information über Sachverhalte draußen in der Welt verstanden. Vielmehr stellt sich für die Therapeutin die Frage, wie und warum der Patient gerade diese Information mitteilt. Es geht also um die Selbstreferenz, um die Art und Weise, wie der Patient sich mitteilt. Insofern werden Mitteilungen als Informationen verstanden. Zumindest in dem populären Witz beantwortet der Psychiater die Frage seines Patienten, warum er denn nie eine Frage einfach nur beantwortet, mit der Frage, warum er denn nicht mit einer Gegenfrage reagieren solle. Simple Antworten sind denn auch tatsächlich meist wenig erhellend. Eine anschlussfähige pädagogische Kommunikation wäre bei solchen Referenzturbulenzen allerdings kaum möglich. Im Heimalltag würde eine solche „nebulöse Kommunikation" (*Fuchs* 1993, 134 ff.), die sich schwer tut, zielsicher an der Mitteilung oder an der Information anzuschließen, schnell Chaos produzieren. Schließlich werden insbesondere in der Gruppenerziehung die Erzieherinnen von den Jugendlichen beobachtet, wie sie beobachten. Fragten sie etwa anlässlich eines unflätigen, normwidrigen Kommunikationsbeitrages eines Jugendlichen bei diesem nach, was er damit „eigentlich" habe sagen wollen bzw. was „dahinter stecke", liefen sie Gefahr, sich lächerlich zu machen. Nicht nur von sozial kompetenten Jugendlichen wird eine solche Reaktion bald als psychologisierendes Gerede entlarvt und als nervendes „Gelaber" abgetan. Eine solche Thematisierung der Selbstreferenz wird denn auch von den Jugendlichen oft zu Recht nur als ein besonders listig getarnter Angriff auf ihr Selbstkonzept verstanden. Noch mehr als pädagogische Kommunikation bedarf daher eine therapeutische Kommunikation einer institutionellen Absicherung, eines eindeutigen Settings. Therapie ohne Therapieauftrag seitens eines Patienten ist letztlich Machtmissbrauch.

Psychotherapie muss also als absichtsvolle Kommunikation eindeutig zu erkennen sein. Dabei darf man allerdings nicht erwarten, dass sich dissoziale Kinder und Jugendliche gerne therapieren ließen. Therapie setzt Krankheit und Behandlungsbedürftigkeit voraus. Eine Etikettierung als krank, mit der immer auch eine gewisse Befreiung von Verantwortlichkeit gegeben ist, muss dissoziale Kinder und Jugendliche besonders kränken. Schließlich besteht die Funktion ihres dissozialen Handelns doch gerade darin, sich der Handlungskompetenz und damit des eigenen Selbstwertes zu vergewissern.[5]

Insofern ist kaum zu damit zu rechnen, dass erziehungsschwierige Kinder und Jugendliche von sich aus eine Psychotherapeutin aufsuchen. Auftraggeber für eine Psychotherapie, die das Ziel hat, die erzieherische Kommunikation wieder in Gang zu bringen, sollten daher diejenigen sein, die an der schwierigen Erziehungssituation unmittelbar leiden. Im Heim sind dies die professionellen Erzieher. Sie sind es, die das Kind oder den Jugendlichen zu motivieren und vorzubereiten haben, die Patientenrolle einzunehmen. Davon dürfte auch der Erfolg der Psychotherapie entscheidend abhängen. Auch die Evaluation der psychotherapeutischen Maßnahmen wäre zuallererst ihre Aufgabe. Voraussetzung hierfür ist allerdings ein Wissen um die besonderen Voraussetzungen und Strukturen psychotherapeutischer Kommunikation, auch eine angemessene Achtung der eigenen pädagogischen Arbeit. Davon ist derzeit aber schon angesichts des immer noch höheren gesellschaftlichen Prestiges von Psychotherapie nicht ohne weiteres auszugehen. Vermutlich wichtiger dürfte sich aber hier die häufig allzu geringe und bisweilen auch gar ausbleibende Wertschätzung der pädagogischen Arbeit und damit der Person durch die Adressaten dieser Erziehungsarbeit auswirken. Insofern dürfte die Befürchtung der Pädagoginnen, die Jugendlichen könnten einem psychotherapeutischen Gespräch gegenüber einem Gespräch mit ihnen den Vorzug geben, auch keineswegs unbegründet sein. Von einem psychotherapeutischen Angebot wird denn auch „eine tendenzielle Entwertung des pädagogischen Handelns innerhalb der Gruppe zu gunsten einer Therapeutisierung der Heimerziehung" befürchtet. Solchen „therapeutisierenden" Ansätzen wird das Konzept der „Alltagsorientierung" als Gegenposition entgegengestellt (*Bürger* 2001, 638).

Bei der Strategie, den eigenen Stellenwert durch eine Einschränkung von Alternativen sichern zu wollen, handelt es sich sicherlich um eine uns allen geläufige und insofern alltägliche und verständliche Lösungsstrategie, die aber nichtsdestotrotz der Komplexität der Problemlage nicht angemessen sein dürfte. Es stellt sich die Frage, warum von pädagogischer Seite die erzieherische Kommunikation und damit das eigene pädagogische Handeln gegenüber einer psychotherapeutischen Kommunikation als letztlich nicht konkurrenzfähig eingeschätzt wird. Es lässt sich vermuten, dass die Jugendlichen die Wahrnehmung ihrer Bindungsbedürfnisse doch eher von einer Psychotherapeutin als von ihrer Heimerzieherin erwarten. Die konzeptionell immer beschworene Alltagsorientierung (vgl. Kap. 2.2) hat sich aber doch auch auf die inneren Arbeitsmodelle zu richten, mit denen die Kinder und Jugendlichen schließlich gerade ihren Alltag organisieren.[6]

**Anmerkungen**

1 Derzeit wird diskutiert, inwieweit narkotisierte, also bewusstlose Patienten, trotz Narkose etwas mitbekommen von dem, was gesagt wird während der Operation. Es geht um die grundlagenwissenschaftlich faszinierende Frage nach dem Verhältnis von Wahrnehmung und Bewusstsein. Eines dürfte aber doch sicher sein: Im Zustand der Bewusstheit bekommt man, wenn auch nicht alles, so doch mehr mit.

2 Dissoziale bzw. erziehungsschwierige Schüler sind bekanntlich überzufällig häufig in ihrer neuropsychologischen Ausstattung beeinträchtigt, etwa in Sinne von Teilleistungsschwächen oder einer niedrigeren Intelligenz (vgl. *Hirschberg* 1994, Kap. 5.5.). Überhaupt ist soziale Resonanz mit deutlich geringerem Risiko und Aufwand eher in der Rolle eines erziehungsschwierigen Schülers zu erreichen. Schließlich ist es weniger kränkend, nicht zu wollen, als nicht zu können.

3 In der ganz frühen Eltern-Kind-Interaktion kommt die intuitive elterliche Didaktik (*Papoušek* und *Papoušek* 1990 a, b) weitestgehend ohne bewusste Erziehungsabsicht aus. Insofern ließe sich von einer gewissen Baby-mit-Mutter-Logik erlebnispädagogischer Maßnahmen sprechen (vgl. *Fürstenau* 1992 b).

4 So ist der Begriff Erlebnispädagogik nicht gerade glücklich gewählt. Der Modus des Erlebens wird schließlich doch systematisch gemieden. Erleben ist zu riskant. Deswegen wird gehandelt. Insofern sind Dissoziale ausgesprochen risikoscheu.

5 Aus diesem Grunde bevorzugen dissoziale Jugendliche häufig sogar die vergleichsweise eindeutigen Kommunikationsstrukturen des „Knasts" gegenüber denen der Psychiatrie.
6 Bei der Durchführung des Forschungsprojektes, vor allem auch bei der Supervisionstätigkeit, entstand der Eindruck, dass die im Heim lebenden Jugendlichen psychiatrisch/psychotherapeutisch doch insgesamt unterversorgt waren. Dafür spricht auch das hohe Maß ihrer psychiatrischen Auffälligkeit (vgl. Kap. 3.3.2.2). Ohne Vorhalt eines eigenen psychologischen und therapeutischen Dienstes ist eine psychiatrisch/psychotherapeutische Behandlung außerhalb des Heimes schließlich doch mit einigem organisatorischen Aufwand verbunden.

# 7. Bindung in der stationären Erziehungshilfe von Jugendlichen

## 7.1 Ziel von Heimerziehung

Heimerziehung ist eine Jugendhilfemaßnahme im Sinne des § 1 Abs. 3 KJHG. Von Gesetzes wegen soll Heimerziehung also erziehen. Das psychische System des Jugendlichen soll verändert werden. Als Ziel von Erziehung, auf die ein jeder junge Mensch ein Recht hat, wird in dem selben Paragraphen die eigenverantwortliche und gemeinschaftsfähige Persönlichkeit genannt. Die verschiedenen Maßnahmen der Jugendhilfe sollen zur Verwirklichung dieses Rechts beitragen.

Dies alles mag bei Kindern noch relativ unproblematisch erscheinen. Anders schaut es allerdings bei Jugendlichen aus, für die Heimerziehung oft genug nur als letzte Möglichkeit der Jugendhilfe in Frage kommt. Wie soll man ihnen zu ihrem Recht auf Erziehung verhelfen, wo sie doch offensichtlich nicht erzogen werden wollen? Sollte man Recht mit Pflicht gleichsetzen? Eine solche Gleichsetzung liefe allerdings auf eine Zwangserziehung hinaus, die schon aus theoretischen Gründen erfolglos bleiben dürfte. Man könnte allerdings mit durchaus plausiblen Argumenten darauf hinweisen, dass manche Jugendliche eben nicht in der Lage seien, ihr Recht auf Erziehung wahrzunehmen oder gar einzufordern. Man müsse dies ihnen erst bewusst machen. Eine solche Einstellung liefe auf die Behebung eines Defizits hinaus. Weil ihre Eltern nicht in der Lage oder gar nicht willens waren, sie zu erziehen, müssten sie nun noch nacherzogen werden. Ziel einer solchen Nacherziehung wäre erst einmal die Herstellung einer Erziehungsbereitschaft. Dies ist allerdings, wie deutlich geworden sein sollte, Sache des Jugendlichen selbst, kann also gegen dessen Willen nicht erzwungen werden.

Die Frage stellt sich also, ob Erziehung im Heim bei diesen Jugendlichen überhaupt noch möglich ist. Wenn sie sich nicht (mehr) erziehen lassen, sollte man sich nicht darauf beschränken, ihnen einen Ort zum Leben bereitzustellen, an dem sie sich irgendwie selbst sozialisieren können? Schließlich ist Sozialisation, also die Entwicklung des psychischen Systems im Kontext sozialer Systeme, unvermeidlich.

Allerdings erwartet der Gesetzgeber offensichtlich mehr von der stationären Jugendhilfe als lediglich die Bereitstellung eines Ortes zum Leben ohne Erziehungsanspruch. Die betreffenden Kinder und Jugendlichen sollen, wie es im Gesetzestext heißt, „gemeinschaftsfähig" werden. Auch wenn der Begriff der Gemeinschaftsfähigkeit sich nur schwer definieren lässt, sollte doch damit auch gemeint sein, dass die Gemeinschaft nach Möglichkeit unter den externalisierenden Störungen des Jugendlichen nicht mehr so stark zu leiden hat. Die Unterbrechung der bereits mehrfach erwähnten intergenerationalen Weitergabe schlechter und pathogener Eltern-Kind-Beziehungen wäre ein weiteres Ziel einer solchen stationären Jugendhilfemaßnahme. Schon im Interesse ihrer künftigen Kinder muss man sich wünschen, dass sich etwas bei den Jugendlichen ändern sollte im Verlaufe ihres Heimaufenthaltes. Gibt man die Veränderungsabsicht nicht auf, besteht man also auf Erziehung der Jugendlichen, dürfte es auch nicht ausreichen, die erzieherische Kommunikation nur an die Eigenheiten der Adressaten anpassen zu wollen in der Hoffnung, so weniger Angriffsfläche für den Widerstand des psychischen Systems gegen eine Erziehungsabsicht zu bieten. Vielmehr kommt es darauf an, dessen Toleranz und Flexibilität zu vergrößern.

Schließlich werden die Jugendlichen, auch wenn sie bald erwachsen und dann schon aus Altersgründen nicht mehr zu erziehen ist, weiterhin mit asymmetrisch konfigurierten Situationen konfrontiert werden, in denen ein Einspruch des psychischen Systems zu Konflikten führen muss. Nimmt ein Junge etwa eine Lehrstelle an, wird er laufend mit trivialisierenden Forderungen konfrontiert werden, die zu befolgen ihm schwer fallen dürften. Diese beschränken sich nicht auf das paradigmatische Bier-Holen, das, wie man hört, doch aus der Mode gekommen sein soll. Grundsätzlich werden die Jugendlichen nach dem Heimaufenthalt immer wieder mit Institutionen und Organisationen zu tun haben wollen oder müssen, die hierarchisch strukturiert sind. Dort wird ein Einspruch ihres psychischen Systems nur begrenzt anschlussfähig sein. Eher wird ein Ausschluss aus dieser Organisation drohen. Er fliegt aus der Mannschaft heraus, weil er zweimal nicht zum Training erschienen ist. Sein Meister kündigt ihm. Das Konto wird gesperrt. Er kann sein Handy nicht mehr benutzen.

Nun ließe sich einwenden, dass dissoziale Jugendliche sich keineswegs immer mit hierarchischen Strukturen schwer tun. Tatsächlich findet der selbst von konservativen Pädagogen nicht mehr geäußerte, weil sofort als reaktionär ausgemachte, Hinweis auf das Nacherziehungspotenzial des Militärs in der wissenschaftlichen Literatur durchaus eine gewisse Bestätigung (vgl. *Rutter* und *Sroufe* 2000). Offenbar scheint die militärische Kommunikation für manche dissozialen Jugendlichen durchaus attraktiv zu sein. Es ist zu vermuten, dass die starren Regeln des Militärs die jungen Männer davor abhalten, ihre besondere Situation zu reflektieren. Systemtheoretisch ausgedrückt: der selbstreferentielle Aspekt dieser besonderen Kommunikationsform bleibt ausgeblendet. Es ist halt einfach so. Befehl ist Befehl. Die Frage, ob das Ganze einem „etwas bringt", erübrigt sich. Hierarchie entlastet. Überhaupt schützen Rituale als „Code für eingeschränkte und alternativenlos gemachte Kommunikation" vor der Gefahr, das eigene Tun reflektieren zu müssen (*Luhmann* 1984, 613, Anm. 34).[1]

Auch wenn es sich pädagogisch nicht korrekt anhören mag: bei Erziehung geht es letztlich um Anpassung, um eine Verbesserung der Anpassungsfähigkeit. Anpassung als Ziel von Erziehung mag auf Widerspruch stoßen. Allerdings schließt Anpassungsfähigkeit Kritikfähigkeit keineswegs aus. Anpassung meint schließlich auch die Fähigkeit und Bereitschaft, den Kontext beeinflussen zu wollen, genauer ausgedrückt, Anregungen zu geben, die das kontextuelle System aufnehmen kann, um sich zu verändern. Um Anregungen zu geben, ist allerdings auch ein Wissen um Beschaffenheit des kontextuellen Systems vonnöten. Will man verändern, hat man sich anzupassen. Sonst bleibt nur Zerstörung. Wenn es sich bei dem zu beeinflussenden System auf Seiten der Umwelt um eine Person handelt, muss man sich in deren Lage hineinversetzen können. Empathie dient der Anpassung. Sie ist ein Erziehungsziel.

So lässt sich denn als Erziehungsziel von Heimerziehung eine Verbesserung der Anpassungsfähigkeit der Jugendlichen bestimmen. Wie oben ausgeführt, stehen allerdings gerade erziehungsschwierigen Kindern und Jugendlichen nur rigide Konzepte und Schemata zur Verfügung, mit denen sie ihren Kontext wahrnehmen. Spätestens ab dem Zeitpunkt, an dem sich ihre Erfahrungen mit ihrer Herkunftsfamilie zu Konzepten, Erwartungsstrukturen oder inneren Arbeitsmodellen verfestigt haben, ist es mit einer noch so gut gemeinten Änderung ihres sozialen Kontextes nicht getan, da sie auch dem neuen Kontext nur eine Bedeutung beimessen werden, die sie gewohnt sind und die sich ihnen in ihrem Leben bewährt hat. Dissoziale Jugendliche sind konservativ, oft genug gar reaktionär. Die Kriterien, mit denen sie beobachten, decken sich oft nicht mit denen, mit denen ihre Erzieherinnen ihre Erziehungsangebote beobachten.

Aus diesem Grund wird nur ein naiver Beobachter von außen sich wundern und enttäuscht sein, wenn er feststellen muss, dass auch der pädagogisch doch ungleich wertvollere Kontext, den die Heimerziehung bereitstellt, immer wieder nicht allzu viel bewirkt. Auch wenn die Datenbasis für einen „objektiven" Vergleich zwischen Heim und Herkunftsfamilie nicht ausreicht, kann doch wenig Zweifel daran bestehen, dass es sich bei dem Ambiente des Heimes doch um einen ungleich kinderfreundlicheren Kontext handeln dürfte. Dagegen war der den Kindern von ihren Herkunftsfamilien gebotene Alltag und ihre „Lebenswelt" doch alles andere als entwicklungsfördernd. Mit Sicherheit dürfte die professionelle pädagogische Kommunikation im Heim ungleich sensibler die Bedürfnisse der Kinder und Jugendlichen thematisieren im Vergleich zu der Kommunikation in ihren Herkunftsfamilien. Nur allzu oft wurden die Kinder schließlich dort von ihren Eltern vernachlässigt, verwahrlost und missbraucht. Schon der den Kindern vom Heim angebotene materielle Rahmen, etwa im Wohn- und Freizeitbereich, dürfte kaum jemals in ihrem Elternhaus gegeben gewesen sein. Wenn also der Erfolg von Heimerziehung eben nicht oder zumindest kaum von der Bereitstellung eines angemessenen sozialen Kontextes abhängt, dann kann das Ziel von Heimerziehung nur in einer Veränderung der Erwartungsstrukturen, der inneren Arbeitsmodelle bei den ihr anvertrauten Kindern und Jugendlichen bestehen.

Nun könnte man einwenden, dass der Erfolg von Jugendhilfemaßnahmen nicht an der Veränderung innerer Arbeitsmodelle festzumachen sei. Was zähle, sei letztlich doch nur das von außen beobachtbare Verhalten. Schließlich könne es doch gleichgültig sein, aus welchen Gründen sich ein Mensch nicht abweichend verhält und sich stattdessen in normkonformer Weise an den Kommunikationen in den verschiedenen funktional differenzierten Systemen der Gesellschaft beteiligt. Hauptsache, er oder sie verhält sich redlich und angepasst und, wenn schon auffällig, dann zumindest nicht auf negative Weise. Dieser Einwand ist sicherlich sehr ernst zu nehmen. Allerdings hat man in Rechnung zu stellen, dass sich psychische Probleme nicht nur in Verhaltensauffälligkeiten manifestieren. Das auch in der vorliegenden Untersuchung aufgefundene hohe Ausmaß an psychopathologischer Auffälligkeit bei den Jugendlichen in Heimerziehung umfasste zu einem hohen Anteil auch internalisierende Störungsmuster, die für die Betroffenen mit eher noch größerem Leiden verbunden gewesen sein dürften als rein externalisierende Störungen. Auch darf man mit einigem Recht annehmen, dass Jugendliche mit größerer Wahrscheinlichkeit ein situationsangemessenes, normkonformes Verhalten zeigen, wenn ihnen flexible Konzepte zur Verfügung stehen. Inklusion bzw. die Verhinderung von Exklusion als Leistung des sozialen Hilfesystems dürfte eher über eine Vermittlung genereller Konzepte als über das Einüben spezieller Verhaltenstechniken zu erreichen sein. Zuletzt kann die Verfassung innerer Konzepte einer Gesellschaft auch aus Gründen der Prävention nicht gleichgültig sein, da es diese inneren Arbeitsmodelle sind, die Eltern ihren Kindern weitergeben. Insofern lässt sich Heimerziehung zumindest bei einer solchen Klientel nur als pädagogisch-therapeutische Maßnahme rechtfertigen (*Wendt* 1978). Heimerziehung kann ihren gesetzlich vorgeschriebenen Erziehungsauftrag nur erfüllen, wenn sie sich darum bemüht, Konzepte und Schemata zu verändern. Unter diesen Konzepten kommt den inneren Arbeitsmodellen von Bindung besondere Bedeutung zu.

## 7.2 Änderung der Bindungskonzepte durch Psychotherapie

Bedenkt man, dass es sich bei den inneren Arbeitsmodellen der Jugendlichen, die in einem Heim leben, um die generalisierende Verinnerlichung oftmals jahrelanger Erfahrungen handelt, wird man die Erfolgsaussichten von Heimerziehung kaum überschätzen können. Schließlich lassen sich auch die rigidesten Bindungskonzepte nur als Ergebnis von Anpassungsvorgängen begreifen, die sich angesichts der unangemessenen Erziehungsangebote seitens der Eltern als passend und bisweilen gar als überlebensnotwendig erwiesen haben. Ein gesunder Pessimismus ist denn durchaus auch eine nützliche psychohygienische Maßnahme zum Erhalt der eigenen Befindlichkeit und damit auch der Arbeitsfähigkeit.

Im folgenden kann es daher nur darum gehen, Skizzen zu entwerfen, wie eine Heimerziehung zu denken ist, der es gelingen sollte, die inneren Arbeitsmodelle von Bindung bei diesen Kindern und Jugendlichen zu verändern in Richtung auf etwas mehr Sicherheit. Derzeit gibt es keine wissenschaftliche Untersuchungen, inwieweit Heimerziehung diesbezüglich wirksam ist oder sein könnte. Überhaupt wurden, wie bereits erwähnt, die Ergebnisse der Bindungsforschung durch die Theorie der Heimerziehung noch so gut wie nicht zur Kenntnis genommen. Wir sind daher ausschließlich auf eigene Überlegungen angewiesen. Allerdings kann bei der Frage, ob und wie Heimerziehung zu einer Veränderung von Bindungskonzepten beitragen kann, ein Blick auf die Psychotherapieforschung durchaus von Nutzen sein. Gerade unter einer bindungstheoretischen Perspektive dürften die Gemeinsamkeiten zwischen therapeutischer und erzieherischer Beziehung deren Unterschiede übertreffen.

Psychotherapie zielt nämlich gerade auf eine Änderung der inneren Arbeitsmodelle. Dies gilt mit Sicherheit für die Therapieformen, bei denen es um Einsicht geht, also für die tiefenpsychologisch orientierten Verfahren. Allerdings begnügen sich seit der kognitiven Wende der Verhaltenstherapie auch die kognitiv-behavioralen Verfahren keineswegs mehr mit einer ausschließliche Änderung des manifesten Verhaltens, sondern befassen sich auch und bisweilen vornehmlich mit den kognitiven Schemata, Skripts oder Arbeitsmodellen, die dem veränderungsbedürftigen Verhalten zugrunde liegen. Obwohl *Bowlby* die Bindungstheorie auf der Grundlage klinischer Beobachtungen konzipierte, wurde die Bedeutung dieser Theorie für die Psychotherapie lange Zeit nicht gewürdigt, wie er selbst bedauernd feststellte: „Während ich die Forschungsergebnisse begrüße, weil sie unser Verständnis der Persönlichkeitsentwicklung und Psychopathologie außerordentlich erweitern und deshalb von größter klinischer Bedeutung sind, so war es doch enttäuschend, daß Kliniker so lange gezögert haben, den Nutzen der Theorie zu prüfen" (*Bowlby*, zit. bei *Grossmann* et al. 1997, 91).

Die bisherigen Ergebnisse der Psychotherapieforschung (vgl. *Hauser* und *Endres* 2000) bieten allerdings auch wenig Anlass zum Optimismus. Aus den wenigen Studien, die explizit unter einer bindungstheoretischen Perspektive durchgeführt wurden, lässt sich das eher ernüchternde Fazit ziehen, dass sicher gebundenen Patienten die beste Prognose zukommt (*Mosheim* et al. 2000). Patienten, denen eine sichere Bindungsrepräsentanz zur Verfügung steht, profitieren am meisten von einer Psychotherapie. Es gibt bislang keine Berichte über eine Veränderung der inneren Arbeitsmodelle durch Psychotherapie. Auch dürfte eine solche Veränderung von Bindungskonzepten nur im Verlauf einer langfristigen Psychotherapie zu erreichen sein. Der Grund hierfür liegt darin, dass den Bindungskonzepten frühe Lebenserfahrungen zugrunde liegen, die überwiegend im so genannten prozeduralen Gedächtnis gespeichert sind und somit überwiegend unbewusst und automatisiert wirksam werden.[2] Seit einigen Jahren werden aber schon aus Kostengründen eindeutig kürzere Psychotherapieverfahren bevorzugt.

Die Erkenntnisse der Bindungsforschung erweisen sich aber als ausgesprochen nützlich, wenn es darum geht, in Erfahrung zu bringen, wie eigentlich Psychotherapie wirkt. Indem sie auf „die grundlegenden Rahmenbedingungen, die auf viele Therapieformen anwendbar sind" aufmerksam macht (*Strauß* und *Schmidt* 1997), trägt sie bei zur Entwicklung einer Allgemeinen Psychotherapie (vgl. *Grawe* 1995). In der Psychotherapieforschung gibt es inzwischen eine breite Übereinstimmung darüber, dass die Erfolge von Psychotherapie sich zu einem großen Teil auf Faktoren zurückführen lassen, die unabhängig von der speziellen Methode allen psychotherapeutischen Verfahren gemeinsam sind. Unter diesen so genannten kommunalen Wirkfaktoren von Psychotherapie kommt einer intensiven, emotional geladenen, vertrauensvollen Beziehung zu einer hilfreichen Person ausschlaggebende Bedeutung zu (*Frank* 1992). Dies ist die Definition einer sicheren Bindung. Daher ist für die Bindungstheorie der Erfolg einer Psychotherapie verknüpft mit dem Bestehen einer therapeutischen Allianz zwischen Patient und Therapeut.

So wird ein Patient nur dann aus einer Psychotherapie Nutzen ziehen können, wenn er in der Lage ist, den Therapeuten als Bindungsfigur wahrzunehmen und zu gebrauchen. Schließlich darf man davon ausgehen, dass das Bindungssystem eines Patienten aktiviert ist, wenn er einen Therapeuten aufsucht, um von diesem Hilfe bei der Lösung seiner Lebensprobleme zu erhalten. Beim Nachsuchen um Hilfe handelt es sich bekanntlich um eine der typischen Bindungsverhaltensweisen. Unter bindungstheoretischer Perspektive erscheint die psychotherapeutische Beziehung als ebenso asymmetrisch gestaltet wie die primäre Beziehung des Kindes zu seiner Bindungsperson. Im Unterschied zur frühen Mutter-Kind-Beziehung wird eine therapeutische Beziehung allerdings vom Patienten insofern hergestellt, als er den Therapeuten aufsucht und ihm gegenüber sein Hilfsbedürfnis kundtut. Voraussetzung für das Zustandekommen einer therapeutischen Beziehung ist daher die Erwartung des Patienten, vom Therapeuten eine hilfreiche Beziehung angeboten zu bekommen. Nun gehört, wie *Bowlby* betonte, zu den wesentlichen Merkmalen einer gesunden Persönlichkeit „die Fähigkeit, sich vertrauensvoll auf andere zu verlassen, wenn es die Gelegenheit erfordert, und zu wissen, auf wen man sich verlassen kann" (*Bowlby* 1982, 132). Für einen Patienten, dem dieses Merkmal einer gesunden Persönlichkeit fehlen dürfte, bedeutet dies ein besonderes Dilemma: die Ausgestaltung seiner Probleme, weswegen er Hilfe braucht, hindert ihn gerade daran, sich um Hilfe zu bemühen. Dies ist das bekannte Hilfeparadox, das auch bei pädagogischen Beziehungen im Kontext der Erziehungshilfe zum Problem wird.

Die Neigung des Patienten, sich in der Therapie vertrauensvoll an den Therapeuten zu binden, wurde im übrigen von der Psychoanalyse lange Zeit als selbstverständlich und unproblematisch angesehen und traditionell als Ausdruck der Übertragung abgehandelt. *Freud* (1912) unterschied zwei Formen der Übertragung, eine positive sowie eine negative, die unterschiedlich zu verstehen seien und unterschiedliche behandlungstechnische Konsequenzen nach sich zögen. Dabei ermöglichen überhaupt erst positive Gefühle, die der Patient seinem Therapeuten gegenüber bewusst entgegenbringt und die auf frühere, gute Erfahrungen mit den Eltern zurückzuführen sind (*Thomä* und *Kächele* 1985, 56), eine erfolgversprechende psychotherapeutische Arbeit. Während diese „bewußtseinsfähige und unanstößige Komponente" (*Freud* 1912, 371) der positiven Übertragung folglich keiner besonderen Aufmerksamkeit bedürfe, müssten die auf den Therapeuten übertragenen, verdrängten und daher dem Bewusstsein erst einmal nicht zugänglichen positiven wie auch negativen Gefühle in der Therapie bearbeitet werden, da sich gerade in ihnen der Widerstand des Patienten äußere.

*„Das erste Ziel der Behandlung bleibt, ihn an die Kur und an die Person des Arztes zu attachieren. Man braucht nichts anderes dazu zu tun, als ihm Zeit zu lassen. Wenn man ihm ernstes Interesse bezeugt, die anfangs auftauchenden Widerstände sorgfältig beseitigt und gewisse Missgriffe vermeidet, stellt der Patient ein solches Attachment von selbst her und reiht den Arzt an eine der Imagines jener Personen an, von denen er Liebes zu empfangen gewohnt*

*war. Man kann sich diesen ersten Erfolg allerdings verscherzen, wenn man von Anfang an einen anderen Standpunkt einnimmt als den der Einfühlung, (...)" (Freud 1913, 474)*

Heute wird die Bedeutung dieses ersten Zieles allerdings doch deutlich höher eingeschätzt. Die Ergebnisse der Psychotherapieforschung sprechen dafür, in der vertrauensvollen Beziehung zwischen Patient und seinem Therapeuten, in der „hilfreichen Allianz" (*Luborsky* 1995), die kritische Variable für den Erfolg aller psychotherapeutischen Interventionen zu sehen. Insofern bietet es sich an, den Beginn einer Psychotherapie unter bindungstheoretischem Aspekt zu betrachten, da gerade das Aufsuchen eines professionellen Helfers geeignet ist, die gewohnheitsmäßigen Bindungsstrategien des Patienten zu überfordern. Die dem Patienten zur Verfügung stehenden Bindungskonzepte werden schon darüber entscheiden, ob er sich überhaupt in Therapie begibt. Um überhaupt hilfreich sein zu können, muss der Patient seinem Therapeuten zumindest in Bezug auf seine in der Therapie zur Sprache kommenden Lebensprobleme einen gewissen Kompetenzvorsprung einräumen. Der Therapeut sollte also, ähnlich wie es *Bowlby* für die primären Bindungspersonen gefordert hat, zumindest diesbezüglich „stronger and wiser" sein.

Psychotherapie lässt sich als eine spezielle Form einer hilfreichen Beziehung auffassen. Dabei erwartet der Patient von seinem Therapeuten, dass dieser ihm helfen will und hierzu auch in der Lage ist. Der Patient muss dem Therapeuten also auch einen Vertrauensvorschuss entgegenbringen. Das gilt für alle Psychotherapieformen. So sind auch die Erfolge verhaltenstherapeutischer Interventionen von einer ausreichend guten, und das heißt vor allem, einer vertrauensvollen Beziehung abhängig. Um im Therapeuten eine potenziell hilfreiche Person zu sehen, muss das Bindungskonzept jedoch zumindest ausreichend sichere Anteile aufweisen. Verfügt der Patient nämlich nur über ein rein bindungsabwertendes Konzept, wird er keinen Wert in einer therapeutische Bindungsbeziehung ausmachen.

Dieses Bindungsbedürfnis des Patienten wurde in der psychoanalytischen Literatur als Quelle „supportiver Manöver" traditionell eher denunziert. Auch diese Einschätzung hat sich inzwischen deutlich gewandelt. Heute geht man davon aus, dass sich bei erfolgreich verlaufenden Psychotherapien immer auch supportive, stützende Vorgänge nachweisen lassen. Insofern dürfte die begriffliche Unterscheidung von aufdeckender und stützender Psychotherapie auch nur wenig Erkenntnisgewinn mit sich bringen, sollte doch jede Psychotherapie gerade unter einer bindungstheoretischen Perspektive stützend sein, zumal die Bindungstheorie ein lebenslang bestehendes psychobiologisches

Bedürfnis nach Nähe zu einer Bindungsperson in Zeiten von Stress, Krankheit oder Erschöpfung postuliert (*Holmes* 1995). Demnach schließen sich der Wunsch nach Autonomie und Gemeinsamkeit keineswegs aus. Vielmehr ist erst eine sichere Bindung Vorbedingung für eine Autonomie.[3] In seiner „Revision des Therapiekonzepts der Psychoanalyse" fasst auch der Psychoanalytiker *Peter Fürstenau* (1992 a) die Verständniskommunikation, in der es um ein „detailliertes Verständnis für den Patienten, insbesondere seine Leiden, Probleme und Eigenheiten" geht, als „konkrete Ausgestaltung des supportiven (suggestiven) Aspekts unter Gesichtspunkten individueller Weiterentwicklung" auf und verweist mit *Luborsky* (1995) auf den starken supportiven Charakter angemessener Verständniskommunikation. Erlebt der Patient sich von seinem Therapeuten empathisch angenommen, wird er überzeugt sein, in ihm einen hilfreichen Partner zu haben (*Fürstenau* 1992 a, 80).

Nach *Bowlby* (1995, 130 f.) umfasst die stützende Funktion des Therapeuten fünf Hauptaufgaben:
*„Erstens muß er als verläßliche Basis fungieren, von welcher aus der Patient (frühere wie aktuelle) bedrückende und schmerzliche, ihm kognitiv bislang weitgehend unzugängliche Szenen zu hinterfragen vermag, darauf vertrauend, im Therapeuten einen geistig wie seelisch adäquaten Partner gefunden zu haben, der ihn versteht, ermutigt und gelegentlich auch führt.*
*Zweitens muß der Therapeut den Patienten animieren, darüber nachzudenken, wie er heute seinen wichtigsten Bezugspersonen begegnet, welche Gefühlserwartungen beide Seiten hegen, mit welchen unbewußten Vorurteilen er an enge Beziehungen herangeht und wie es ihm ein ums andere Mal „gelingt", bestimmte Situationen zum eigenen Nachteil zu gestalten.*
*Vor allem aber, und damit sind wir bei der dritten Aufgabe, ist der Patient zur Prüfung der therapeutischen Beziehung zu ermuntern, weil dieses besondere Verhältnis all seine von den Selbst- und Elternrepräsentanzen geprägten Wahrnehmungen, Annahmen und Erwartungen widerspiegelt.*
*Die vierte therapeutische Aufgabe besteht in der behutsamen Aufforderung, der Patient möge seine aktuellen Wahrnehmungen, Erwartungen, Gefühle und Handlungen mit den ihm aus der Kindheit und Jugend erinnerlichen Erlebnissen bzw. Situationen vergleichen und sich dabei vor allem auf die Rolle der Eltern und deren vielfach wiederholte Äußerungen konzentrieren. Bei diesem ebenso schmerzlichen wie schwierigen Prozeß muß der Patient in Bezug auf die Eltern immer wieder ihm bislang unvorstellbare, ungebührliche Gedanken und Gefühle zulassen dürfen, die ihn womöglich ängstigen, erschrecken, befremden oder unannehmbar dünken und den Eltern oder dem Therapeuten gegenüber unerwartet stark agieren lassen.*
*Fünftens ist dem Patienten die Einsicht zu erleichtern, daß seine den eigenen*

*bitteren Erfahrungen oder den fortgesetzten elterlichen Verzerrungen entstammenden (in der Literatur leider allzu oft als „unbewußte Phantasien" des Kindes qualifizierten) Selbst- und Objektrepräsentanzen vielleicht überholt sind oder von vornherein unzutreffend waren. Hat der Patient Struktur und Entstehungsgeschichte dieser „Leitrepräsentanzen" nachvollzogen, so wird ihm deutlich, welche Gefühle, Gedanken und Handlungen sein heutiges Welt- und Selbstbild geformt haben. Über den Kontakt und die Beziehungen zu emotional bedeutsamen Menschen, etwa dem Therapeuten oder den Eltern, kann er sodann die Stimmigkeit und Gültigkeit jener Repräsentanzen prüfen, einschließlich der daraus resultierenden Vorstellungen und Handlungen. Ist dieser Prozeß erst einmal in Gang gekommen, vermag er die ursprünglichen Repräsentanzen richtigerweise als vormals unvermeidliche Ausformungen eigener Erlebnisse bzw. fortwährender elterlicher Verzerrungen zu begreifen und sinnvolle Alternativen zu entwickeln, wobei ihm der Therapeut die Ablösung von den alten, unbewußten Schemata erleichtert und zugleich neue Gefühls-, Denk- und Handlungsebenen zu erschließen trachtet".*

Ein Wissen um das jeweilige Bindungskonzept, mit dessen Hilfe der Patient die Beziehung zu seinem Therapeuten konstelliert, kann dem Therapeuten helfen, die Symptomgeschichte seines Patienten besser zu verstehen. Auch vermag er seine eigenen gefühlsmäßigen Reaktionen auf das vom Patienten in der therapeutischen Situation gezeigte Verhalten, seine Gegenübertragung, angemessen einzuschätzen. So wird er sich bisweilen genau so fühlen wie der Patient als Kind, hilflos und alleingelassen oder auch wütend. Weiß der Therapeut um die Funktion der unterschiedlichen Bindungsmuster, wird er auch nicht Gefahr laufen, in seiner Gegenübertragung unreflektiert eine komplementäre Position zur Übertragung seines Patienten einzunehmen. So kann sich der Psychotherapeut etwa leicht gekränkt fühlen und an der Behandlungsmotivation seines scheinbar wenig leidenden Patienten zweifeln, wenn dieser seine Autonomie und sein vermeintliches Nichtangewiesensein auf Hilfe betont, weil er in seiner Lebensgeschichte gelernt hat, dass offen geäußerte Bindungswünsche seine Bezugsperson eher verärgern. Ein Wissen um das kontrollierende Bindungsmuster ambivalent unsicher gebundener Kinder (*Solomon* et al. 1995) vermag ihn zudem in die Lage zu versetzen, den emotional belastenden Wechsel von freundlichem, gar unterwürfigem hin zu feindseligem Verhalten auf Seiten seines Patienten besser auszuhalten. Insofern versteht der Therapeut die Wünsche des Patienten besser, wenn er sich in dessen frühere Wünsche als Kind hineinzuversetzen vermag. Eine bindungstheoretisch vermittelte Reflexion kann den Abstand gewährleisten, der über ein bloßes Mitfühlen und Mitleiden hinausgeht und der notwendig ist, um effektiv helfen zu können.

Eine solche Reflexion erleichtert dem Therapeuten aber auch die Wahrnehmung des eigenen Beitrags zur Konstruktion solcher „Modellszenen", in denen es um die Inszenierung bindungsmotivierter Erfahrungen und Wünsche geht (*Lachmann* und *Lichtenberg* 1992). Auch aus bindungstheoretischer Sicht lässt sich die Entwicklung einer Übertragungsbeziehung ohne einen aktiven Beitrag von Seiten des Therapeuten nicht angemessen begreifen. Wie *Mary Main* (1995) betont, sollte daher eine sichere Bindungsorganisation auf Seiten des Psychotherapeuten die beste Voraussetzung für ein gutes therapeutisches Bündnis bieten. Ein solcher Therapeut muss nicht auf das unter Umständen kränkende und verletzende Verhalten des Patienten mit einem Gegenagieren reagieren, da er nicht auf die unmittelbare Bestätigung als guter Therapeut durch seinen Patienten angewiesen ist. Seine persönlichen Ressourcen ermöglichen ihm eine professionelle Einstellung. Ein ausreichend guter Psychotherapeut sollte in der Lage sein, sicherlich nicht zu allen, aber doch zu den meisten seiner ihn um Hilfe nachsuchenden Patienten eine passende, therapeutische Beziehung eingehen zu können. Dies dürfte gerade unsicher gebundenen Therapeuten schwerlich möglich sein. Bei ihnen dürfte sich ein Erfolg der Arbeit nur in solchen Fällen einstellen, bei denen die beiden Persönlichkeiten, die des Patienten und die seines Therapeuten, zueinander passen. So ließe sich vermuten, dass ein Psychotherapeut, dessen Bindungshaltung als unsicher-verstrickt klassifiziert werden muss, gerade durch bindungsabwertende Verhaltensweisen seines unsicher-distanzierten Patienten frustriert und provoziert wird. Ein solcher Psychotherapeut „kann gut" mit Patienten, die ihre Hilfsbedürftigkeit offen zeigen, dürfte aber dazu neigen, einer Verleugnung von Bindungswünschen von Seiten des Patienten vorschnell Glauben zu schenken. Dann wird der Therapeut nur die eine Seite der Ambivalenz, mithin den Wunsch nach Autonomie, wahrnehmen können. Er wird nicht verstehen, dass der Patient davon überzeugt ist, nur dann eine Beziehung aufrechterhalten zu können, wenn er die Bedeutung von Bindung abstreitet. Übersieht der Therapeut diese versteckten Bindungswünsche, droht ein Teufelskreis. Die Frustration der, wenn auch hinter einer autonomiebetonenden Fassade verborgenen, Bindungswünsche werden die Wut und Enttäuschung des Patienten steigern. Bindungsbedürfnisse sind dann kaum noch wahrnehmbar. Eine solche Dynamik muss zu Krisen im Verlauf der Therapie führen. Ein Therapieabbruch droht.

Sicher gebundene Therapeuten sind besser in der Lage, die ihnen vom Patienten zugemuteten Frustrationen auszuhalten. Sie fallen gewissermaßen nicht auf die Abwehrstrategien ihrer Patienten herein (*Dozier* et al. 1994), wenn diese etwa wie im Fall einer verstrickten Bindung sich als besonders hilfsbedürftig präsentieren oder umgekehrt, wie im Falle einer bindungsabwertenden Haltung, als unverwundbar. Allerdings reicht es auch nicht aus, sich allein um eine nicht-reziproke Einstellung zu bemühen. Die damit verbundene Frustration auf Seiten des Patienten könnte die therapeutische Allianz gefährden, insbesondere bei schwerer gestörten Patienten. Auch hier erscheint eine „Solidarisierung mit den gesunden Ich-Anteilen des Patienten" angezeigt, wie es der Psychoanalytiker *Peter Fürstenau* (1992 b, 127) treffend charakterisiert hat. Schließlich tut der Therapeuten gut daran zu bedenken, dass auch der scheinbar wenig motivierte Patient ihn sicherlich nicht aufgesucht hätte, wenn er nicht doch an einer persönlichen Weiterentwicklung interessiert wäre. Insofern dürften „angemessen dosierte Diskrepanzerfahrungen" (*Fürstenau* 1992 a, 108), die für den Patienten eine durchaus tolerable Frustration bedeuten, am ehesten geeignet sein, den Patienten zu einer Veränderung seiner Erwartungsstrukturen und damit auch seiner Bindungseinstellungen zu ermutigen.

Die Bindungserwartungen lassen sich in der Psychotherapie auch nur deshalb verändern, weil das Bindungssystem des Patienten bei dieser Unternehmung aktiviert ist. Dabei überträgt dieser seine Bindungsbedürfnisse auf den Therapeuten entsprechend seinen Erwartungsstrukturen, die Ergebnis seiner früheren Erfahrungen mit seinen Bindungspersonen sind. Während also beim Patienten die Neigung besteht, an den alten Konzepten festzuhalten, hat aber der Psychotherapeut durchaus die Möglichkeit, sich seinem Patienten gegenüber ganz anders als dessen frühere Bezugspersonen früher zu verhalten. Der Therapeut kann also diese Erwartungen seines Patienten enttäuschen. In der therapeutischen Situation vom Alltagsgeschehen weitgehend abgeschirmt und daher durch die aufkommenden Emotionen weit weniger betroffen, können beide Partner es sich leisten zu verstehen (*Alexander* 1948, 286 f.). Der Patient kann, ermutigt durch eine tolerante und einfühlende Haltung seines Therapeuten, seine Bindungskonzepte dahingehend überprüfen, ob sie auch in dieser Situation angemessen sind. Er wird sie dann gegebenenfalls korrigieren können. In einer bindungstheoretisch orientierten Psychotherapie werden die Konflikte also zunächst nicht angesprochen. Stattdessen wird eine Beziehung angeboten mit der Absicht, dem Patienten korrigierende emotionalen Erfahrungen zu ermöglichen.[4] Das Problem bei der Psychotherapie besteht darin, ob und inwieweit der Patient die Erfahrungen aus der psychotherapeutischen Situation, bei der es sich doch um eine vom Alltagsgeschehen deutlich unterschiedene Situation handelt, für seinen Alltag nutzen kann. Schließlich ist in der Therapie das Ausprobieren neuer Beziehungs- und Bindungsmuster doch vergleichsweise risikoarm. Daher können diese Erfahrungen erst dann als korrigierend bezeichnet werden, wenn der Patienten beweist, dass er die ihm ungewohnten Erfahrungen aus der Therapie auf die Personen seiner alltäglichen Welt zu übertragen und sie dort auf ihre Brauchbarkeit zu überprüfen vermag.

## 7.3 Korrigierende Bindungserfahrungen im Heim

Der Verweis auf die Psychotherapieforschung kann Skepsis hervorrufen, inwieweit die Praxis der Heimerziehung überhaupt von der Bindungstheorie zu profitieren vermag, sind die Ergebnisse von Psychotherapie, zumindest was die Änderung von Bindungskonzepten durch Psychotherapie angeht, derzeit noch wenig überzeugend. Gerade in Anbetracht des hohen Ausmaßes an Psychopathologie bei den im Heim lebenden Jugendlichen und ihrer hochunsicheren Bindungskonzepte mag man sich in seinem Pessimismus bezüglich der eigenen Erfolgsaussichten bestätigt, vielleicht auch getröstet zu fühlen. Wenn eine Änderung der inneren Arbeitsmodelle von Bindung sogar durch hochdifferenzierte psychotherapeutische Verfahren kaum zu erreichen ist, wie sollte dieses Ziel im Heim zu erreichen sein?

Eine solche Schlussfolgerung ist allerdings nicht gerechtfertigt. Sicherlich überrascht und erschreckt das Ausmaß an Bindungsunsicherheit bei den in der vorliegenden Heimstudie untersuchten Jugendlichen. Allerdings muss aber auch beachtet werden, dass die derzeit in der Bindungsforschung noch übliche kategoriale Klassifikation der Bindungsorganisation leicht zu einem Entweder-Oder-Denken verleitet. Gerade die Häufigkeit der Kategorie „nicht klassifizierbar" lässt sich aber auch durchaus positiv werten, verweist eine solche Klassifizierung zwar auf widersprüchliche, aber doch auch auf noch nicht so fixierte und unabänderliche Bindungskonzepte, die daher einer Einflussnahme noch zugänglich sein könnten. Zumindest in den doch häufig zu beobachtenden verstrickten Bindungsanteilen dürfte sich ein Beziehungswunsch und ein Beziehungsangebot ausdrücken, das in der Heimerziehung durchaus zu nutzen sein sollte.

Zudem dürften auch weitere Argumente dagegen sprechen, von vornherein der Heimerziehung im Vergleich zur Psychotherapie nur schlechtere Erfolgsaussichten bei dem zweifellos schwierigen Unternehmen einer Veränderung innerer Arbeitsmodelle zuzubilligen. So bedarf es ohne Zweifel zur Änderung von Bindungskonzepten doch beträchtlicher Zeit. Gerade bezüglich dieser Ressource Zeit dürfte die Heimerziehung im Vergleich zur Psychotherapie zweifellos im Vorteil sein. Auch das Problem des Transfers von der therapeutischen Sondersituation hin zum Alltag dürfte in der Heimerziehung jedenfalls nicht in dem gleichen Maße stellen, wenn es dort zu korrigierenden Bindungserfahrungen kommen sollte.

Bevor aber die Frage erörtert werden kann, inwieweit Heimerziehung korrigierende Bindungserfahrungen bereitzustellen vermag, muss zuvor die Frage beantwortet werden, ob es überhaupt berechtigt ist, Heimerzieherinnen und Heimerziehern die Funktion von Bindungspersonen für die ihnen anvertrauten Kinder und Jugendlichen zuzubilligen. Schließlich lassen sich Bindungserfahrungen nur im Umgang mit Bindungspersonen machen. Kommt man zu dem Schluss, dass Heimerzieher durchaus Bindungspersonen sind, bedeutete dies allerdings keineswegs, dass sie ausschließlich die Funktion von Bindungsfiguren übernehmen müssten. Dies ist auch bei den „natürlichen" Bindungspersonen, den Eltern, keineswegs der Fall. Auch sie übernehmen durchaus vielfältige Rollen, etwa die von Spielpartnern und Freizeitgestaltern oder von Lehrern, nur um einige zu nennen. Die Bindungsfunktion wird in bindungsrelevanten Situationen deutlich werden, etwa wenn es den Kindern oder Jugendlichen schlecht geht, sie Kummer und Sorgen haben, wenn sie sich einsam fühlen und Angst haben oder wenn sie krank sind und Schmerzen haben. Allerdings wird man nicht jeder Person, die einen tröstet oder versorgt, die also irgendwann und irgendwie eine bindungsrelevante Handlung vollbringt, gleich die Qualität einer Bindungsperson zusprechen dürfen. Vielmehr sollte diese Qualifikation für Personen reserviert werden, die für das körperliche und seelische Wohl des Kindes oder des Jugendlichen, wenn nicht schon dauerhaft, so doch über eine lange Zeit, verantwortlich sind, diese also versorgen und sich Sorgen machen. Technisch ausgedrückt: Bindungspersonen nehmen typisch emotionale Investitionen vor. Bindungsbeziehungen sind affektiv aufgeladen. Hält man sich diese Kriterien für eine Bindungsbeziehung vor Augen, wird man die Frage, ob Heimerzieher und Heimerzieherinnen Bindungspersonen sein können, die daher ebenso wie Psychotherapeuten eine hilfreiche Beziehung anbieten, eindeutig bejahen. Gerade in dieser Funktion als Bindungsfigur erleben sich Heimerzieherinnen denn auch unvermeidlich dem Vergleich mit den „natürlichen" Bindungspersonen der Kinder und Jugendlichen ausgesetzt. Heimerziehung kann sich daher auch nicht dem Vergleich mit der Erziehung in der Familie entziehen. Familienanalogie oder Familienorientierung sind letztlich nicht zu vermeiden.

Da man bei den einem Heim anvertrauten Kindern und Jugendlichen davon auszugehen hat, dass deren Bindungskonzepte insgesamt schlechte Erfahrungen mit ihren ersten und natürlichen Bindungspersonen repräsentieren, müssen die im Heim tätigen professionellen Erziehern davon ausgehen, dass ihnen nicht unbedingt Besseres zutraut wird. Im Gegenteil werden die Erzieher erleben, dass sie von den Jugendlichen immer wieder in ähnlicher Weise wie die Eltern wahrgenommen werden. Die Kinder und Jugendlichen übertragen das Bild ihrer primären Bezugs- und Bindungspersonen auf sie. Die Jugendlichen werden erst gar nicht damit rechnen, dass sie gut und liebevoll behandelt und versorgt werden. Reziprok hierzu besitzen viele Jugendliche nur ein negatives Selbstbild. Sie können kaum glauben, dass es jemanden gibt, der sie für liebenswert hält. Hierin äußert sich die Filterfunktion der inneren Arbeitsmodelle von Bindung, mit denen sie, wie bereits erwähnt, weitgehend unbewusst ihre sozialen Beziehungen und ihr Selbstkonzept interpretieren und konstruieren. Neue Erfahrunen verunsichern, auch liebevolle.

### 7.3.1 Bindungsabwertende Kommunikation

Heimerzieher werden von den Kindern also häufig verzerrt, entsprechend den Vorurteilen ihrer inneren Arbeitsmodelle, wahrgenommen, wenn in der Interaktion die Gefühlsebene berührt wird. Dies führt zu Konflikten:

Der Erzieher spielt mit einem Jungen Tischtennis. Es macht beiden offensichtlich Spaß. Der Junge strengt sich an. Er schlägt vor zu zählen. Der Betreuer überlegt, ob er sich auch anstrengen soll. Dann würde er sicherlich gewinnen. Oder soll er dem Jungen eine Art Trainerstunde geben und ihm die Bälle schlägergerecht servieren? Aber der Junge will offensichtlich gewinnen. Der Betreuer entscheidet sich, ernsthaft zu spielen und strengt sich auch an. Das Anstrengen macht ihm schließlich Spaß. Er gewinnt den ersten Satz. Er ist einfach besser, ein stärkerer Spieler. Zum zweiten Satz kommt es nicht mehr, da der Junge wütend den Schläger in die Ecke schmeißt. Tischtennis mache keinen Spaß. Was ist passiert? Lange Zeit war der Erzieher für den Jungen ein Spielpartner. Theoretisch ausgedrückt: das affiliative System des Jungen war aktiv. Als es klar wurde, dass er verlieren würde, dass er chancenlos war, war er enttäuscht. Dadurch wurde das Bindungssystem aktiviert. Der Erzieher wurde dann in seiner Funktion als Bindungsfigur wahrgenommen, und zwar entsprechend dem unsicheren Bindungskonzept des Jungen als eine Person, die Frustationen und Niederlagen zufügt und die einen „schlecht aussehen" lässt. Der Junge fühlte sich nun abgewertet. Er hatte nicht nur einen Satz verloren. Wie immer: Er ist halt ein „looser".

Wenn man wollte, ließen sich an diesem zugegeben trivialen Beispiel viele Kapitel der Erziehungstheorie veranschaulichen. Viele Parallelen zur Kleinkinderziehung tun sich schließlich auf. Dies soll hier aber nicht geschehen. An diesem Beispiel können aber doch die Probleme und Chancen von Heimerziehung verdeutlicht werden. Schließlich kommt es immer wieder zu solchen Situationen im Heimalltag. Sicherlich sollte der Erzieher mit dem Jungen noch einmal Tischtennis spielen. Aber wie sollte es dazu kommen? Soll er ihm eine Revanche anbieten. Ernsthaft wäre das bei der unterschiedlichen Spielstärke nicht möglich. Soll er darauf warten, bis der Junge ihn wieder fragt? Angesichts des unsicheren Bindungskonzeptes müsste er vermutlich zu lange darauf warten. Irgendwie tut ihm der Junge leid. Ihm selbst hätte das Spiel Spaß gemacht, auch wenn er verloren hätte. Der Erzieher beginnt, pädagogisch zu denken. Der Junge muss doch lernen, verlieren zu können. Er fragt ihn also, ob er Lust hätte, noch einmal mit ihm zu spielen, und bekommt einen Korb: „Steck dir doch deinen Schläger ...!" Der Erzieher erschrickt. Das hatte er nicht erwartet. Er verspürt Ärger. Was tun?

Die Frage stellt sich, wie der Erzieher mit dieser Situation umgeht. Dabei dürfte es weniger wichtig sein, wie er auf diese Provokation reagiert. Wichtiger dürfte es sein, ob es ihm gelingt, das Verhalten des Jungen und ihre gemeinsame Interaktion zu verstehen. Sicherlich wären Antworten wie „Mit dir spiele ich nicht mehr. Du kannst ja nicht verlieren." oder „Trainiere erst einmal, dann kannst du noch einmal antreten" pädagogisch nicht besonders geschickt. Aber selbst in einem solchen Fall könnte sich der Erzieher nachträglich korrigieren und seine allzu alltagsorientierte Haltung entschuldigen, auf Stress und Überforderung, gar auf sein drohendes „Burn-out" verweisend. Erziehungsfehler sind glücklicherweise selten unverzeihlich und unkorrigierbar. Schwer korrigierbar werden ihre Folgen nur dann, wenn sie sich dauernd wiederholen. Um einen Fehler aber korrigieren zu können, muss man ihn erst einmal erkannt haben. Reflexionsfähigkeit ist hierfür ebenso Voraussetzung wie ein Wissen um die psychische Verfassung der zu erziehenden Kinder und Jugendlichen. Hierbei gehört auch eine Einschätzung der diesen zur Verfügung stehenden Bindungskonzepte.

Diese Reflexionsfähigkeit wird beeinträchtigt durch Kränkungen, wie sie vor allen durch bindungsabwertende Kinder und Jugendliche zugefügt werden, wie in diesem Beispiel geschehen. Die Kränkung ist sicherlich zum einen Ausdruck von Wut und Enttäuschung und richtet sich gegen diejenige Person, die hierfür verantwortlich gemacht wird. Dem Erzieher soll eine Verletzung zugefügt werden. Schließlich tut es doch gut, wenn man sieht, dass es anderen zumindest ähnlich schlecht geht wie einem selber. Die Beobachtung, dass der andere noch „schlechter aussieht", dass es nicht nur einem selbst schlecht geht, beruhigt doch immer wieder ungemein. Weiß der Erzieher um diese Mechanismen, die sicher doch immer auch seine eigenen gewesen sein und vermutlich zumindest ab und an noch sein dürften, wird er nicht Gefahr laufen, „zurückschlagen" zu müssen und sich so schadlos zu halten. Zumindest kann er dann eine solche Reaktion später korrigieren. Dass dies gerade im Umgang mit bindungsvermeidenden Jugendlichen so leicht nicht ist, sollte bekannt sein, sind diese doch geradezu Experten im Auffinden der Schwächen anderer. Ist man allerdings selbst Opfer geworden einer solchen Attacke, bedarf es doch schon eines ausgesprochen stabilen Selbstkonzeptes, um sich zumindest ein intellektuelles Vergnügen ob dieser besonderen kommunikativen Kompetenz des Jugendlichen zu erhalten.

Ein solches, die Bindungsbedürfnisse verleugnendes, Verhalten muss Erzieherinnen verunsichern, können sie eben nicht sicher sein, dass ihr Sorgeverhalten angenommen wird. Sie werden sich in ihrer professionellen Rolle als Erzieherin nicht bestätigt fühlen. Angst kommt auf. Eine solche Situation ist dann geeignet, das eigene Bindungssystem zu aktivieren. Werden die Bindungsbedürfnisse im Arbeitsalltag nicht befriedigt, liegt es nahe, fortan solche bindungsrelevanten Situationen zu vermeiden. In einem solchen Fall ließe sich dann von einen bindungsvermeidenden Gegenagieren sprechen. Es ist nicht zu erwarten, dass die Jugendlichen dies nicht wahrnehmen. Sie werden sich in ihrer bindungsabwertenden Haltung bestätigt fühlen. Lerntheoretisch ausgedrückt, handelt es sich um den Prozess einer negativen Verstärkung. Der bindungsvermeidende Jugendliche erlebt, dass er mit den von ihm gefürchteten Bindungswünschen nicht mehr konfrontiert wird, wenn er sich nur ausreichend abweisend oder unverschämt verhält[5]. Es lohnt sich also. Für die Heimerziehung besteht das Problem darin, wie dem Jugendlichen positive Bindungserfahrungen zu ermöglichen sind, die nur dann das Bindungskonzept positiv beeinflussen, also korrigieren können, wenn sie immer wieder geschehen. Schließlich sind sie nur als häufige Erfahrungen zu generalisieren.

Eine bindungstheoretisch sensibilisierte Pädagogin wird sich durch das bindungsabweisende und bindungsvermeidende Verhalten des Jugendlichen nicht so sehr kränken lassen, dass sie fortan nur noch entsprechend dessen Erwartungsstrukturen reagieren kann. Sie wird verstehen wollen, warum dieser sein Bindungssystem dauernd zu deaktivieren sucht. Dann kann sie nach Situationen Ausschau halten, in denen der Jugendliche es nicht mehr so nötig hat, seine Sicherheit vermittelnden Strategien in solch rigider Weise anzuwenden, sondern sich doch etwas offener zu verhalten traut. Weiß die Erzieherin um die Schutzfunktion gerade des kränkenden Verhaltens, wird sie sich nicht mehr so schnell in komplementärer Weise zum ihrem eigenen Schutz zurückziehen müssen, hilflos und frustriert ob des Ausbleibens einer persönlichen Beziehung. Auch wird sie sich nicht hinreißen lassen, aus einer Art Rachebedürfnis heraus emotional brisante Themen anzuschneiden und den Jugendlichen so zu zwingen, doch noch die von ihm befürchteten Gefühle erleben zu müssen. Sie wird nicht darauf bestehen, dass er sich „einbringt". Sie weiß es nun besser, warum der Jugendliche sich so verhält. Dieses Wissen vermag ihr die ausreichende Sicherheit geben, die es ihr ermöglicht, sich feinfühlig um die psychische Integrität des Jugendlichen zu sorgen. Kann sie beobachten, dass der Jugendliche doch einmal Gefühle zeigt und wider Erwarten Wünsche offenbart, wird sie dies auch nicht vorschnell als pädagogischen Erfolg verbuchen. Es kann nämlich sein, dass der Jugendliche gerade eine solche affektive Äußerung als ein Versagen seiner Kontrollbemühungen auffasst. Die Freude seiner Erzieherin wird er dann als deren Triumph über ihn interpretieren. Er wird sich dann vornehmen, beim nächsten Mal doch besser aufzupassen.

Die Bindungstheorie kann das bereits erwähnte Hilfeparadox begründen. Diejenigen, die eine Hilfe am nötigsten haben, sind am wenigsten in der Lage, Hilfsangebote anzunehmen und Hilfe zu nutzen. Vor allem aufgrund ihrer vermeidenden Bindungsstrategie vermögen sie nicht genügend Vertrauen in einen professionellen Helfer zu investieren und schlagen dessen Hilfsangebot aus. In einem solchen Angebot sehen sie eine Gefahr für ihr Selbstkonzept. Sie befürchten eine weitere Schwächung ihres Selbstvertrauens, wenn sie sich als der Hilfe bedürftig offenbaren. Deswegen vermeiden sie es, den Wunsch nach Hilfe zu äußern. Hilfsbedürftig wird von ihnen mit hilflos gleichgesetzt. Sie sehen Hilfe und den Helfer, der es „doch so gut" meint, als Bedrohung an. So ganz unrecht haben sie allerdings damit auch nicht. Bekanntlich lässt sich mit der Hilfeankündigung durchaus drohen: „Freundchen, dir werd' ich schon helfen!" Ein Teufelskreis kann sich etablieren. Der solchermaßen frustrierte Helfer wird sich vielleicht selbst zu helfen wissen: „Wer nicht will, der hat schon!" oder „Jetzt will ich auch nicht mehr!".

Nicht unbedingt das Wünsche-Haben, sondern das Wünsche-Äußern vermag die Autonomie, mit der es bei den Jugendlichen in Heimerziehung sowieso nicht zum Besten bestellt ist, vollends zu untergraben. Schließlich machen wir uns zwangsläufig doch auch immer ein wenig abhängig, wenn wir einen Wunsch offenbaren, und zwar von derjenigen Person, die uns diesen Wunsch erfüllen könnte. Wünsche bedeuten notwendig ein Enttäuschungsrisiko. Wünsche sind aber nur schwer zu vermeiden. Am ehesten dürfte dies wahrscheinlich schwer depressiven Menschen gelingen. Erfüllen sich Wünsche nicht, ist man enttäuscht, ärgert sich vielleicht. „Doch kein Handy!", denkt man sich am Gabentisch. Habe ich aber meinen Wunsch geäußert, bleibt mir nichts anderes übrig, als diese Enttäuschung persönlich zu nehmen. Ich war es ihr nicht wert. Ich schäme mich. Depressive vermeiden dieses Risiko, beschämt zu werden. Dissoziale Jugendliche haben dagegen andere Wege gefunden, mit dem Problem von Wünschen umzugehen. Überhaupt dürften sie im Unterschied zu Depressiven doch noch über mehr Selbstvertrauen verfügen. Sie scheinen sich doch ausreichend sicher zu sein, dass zumindest ihre dissozialen Kommunikationsbeiträge anschlussfähig sind.[6]

Entweder äußern sie ihre Wünsche erst gar nicht. Dann imponieren sie als wunschlos, als cool. „Ist schon o.K." oder „kein Thema!". Ein solches Schweigen bringt Kommunikation bekanntlich schnell in Gang. Erinnert man sich, ein Wunsch von ihrer Seite schon einmal vernommen zu haben, wird man diesbezüglich aber schnell wieder verunsichert: „Na und?!" oder „Das macht mir doch nicht aus!" ist dann ihre Reaktion auf die Verkündigung des im Team gefassten Beschlusses, das Geld fürs Kino zu streichen. Noch einen Weg gibt es für dissoziale Jugendliche. Sie geben unmissverständlich zu verstehen, dass ihnen dieses zustünde. Es handelt sich also nicht um eine Gabe, gar ein Geschenk, sondern um einen Anspruch. Hat man einen Anspruch, lässt sich dieser von dem anderen auch versagen. Allerdings wird im Unterschied zur Äußerung eines Wunsches, bei der das Risiko eindeutig aus Seite des Wünschenden zu lokalisieren ist, bei der Anmeldung eines Anspruchs das Risiko demjenigen zugeschoben, der den Anspruch zu erfüllen hat. Er verhält sich dann unmoralisch, wenn er diesbezüglich versagt. Äußere ich nämlich einen Wunsch, etwa „wärst du so lieb …" oder „könntest du vielleicht einmal …", teile ich dabei doch auch mit, dass ich dem Adressaten meiner Äußerung grundsätzlich die Entscheidungsfreiheit einräume, diesen Wunsch zu erfüllen oder eben auch nicht. Ganz anders ist dies, wenn ich eine Anspruchshaltung einnehme. Melde ich einen Anspruch an, konfrontiere ich den Adressat mit meiner Erwartung, dass dieser diesen Anspruch einfach zu erfüllen hat. „Ich habe noch Taschengeld zu kriegen!". Bekomme ich es nicht ausgezahlt, muss sich der Erzieher rechtfertigen. Wünsche zu äußern, vor allem den Wunsch nach Hilfe, setzt also eine ausreichend vertrauensvolle Beziehung voraus. Bindungsunsichere Jugendliche sind, sollten sie schon unglücklich sein, dann zumindest lieber wunschlos unglücklich.

Gerade bindungsvermeidende Strategien erschweren Erziehung ungemein. Bindungsabwertende Kinder und Jugendliche sind zweifellos schwer erziehbar. Schließlich ist Erziehung ohne Bindungsbeziehung kaum denkbar. Schon um die Gefahr der Kränkung zu verringern, die eine bindungsvermeidende Zurückweisung des eigenen pädagogischen Angebots bedeuten muss, bietet sich es sich an, den Erziehungsanspruch zurückzunehmen. So lässt sich etwa die jede Erziehungsbeziehung kennzeichnende Asymmetrie nivellieren. Das Bindungssystem wird dann von beiden Beziehungspartnern aus deaktiviert. Es etabliert sich eine Art privater Freizeitbeziehung, wie unter Freunden und Gleichaltrigen, oft auch gefördert durch einen geringen Altersabstand zwischen den Jugendlichen und ihren Erzieherinnen. Erziehung findet dann aber nicht mehr statt. Ein solches Verfahren hat den unbestreitbaren Vorteil, dass eine konfliktarme Beziehung zu den Jugendlichen noch aufrechterhalten werden kann, zumindest solange, wie anstößige bindungsrelevante Themen ausgeblendet bleiben. Bei einer solchen vermeintlich gleichberechtigt konfigurierten Beziehung handelt es sich aber doch um eine illusionäre Beziehung. Es wird so getan, als ob die Beziehung frei gewählt wurde. Dies ist allerdings nicht der Fall, hat doch der Jugendliche sich seinen Heimaufenthalt, diesen Ort für seine Erziehung, nicht aus freien Stücken ausgewählt, und wenn, dann doch nur in der Erwartung, dass ihm hier eine hilfreiche Beziehung geboten wird. In einem solchen Fall wird er oder sie von einer symmetrisch strukturierten, unspezialisierten Beziehung daher nicht profitieren können. Zu unterschiedlich dürften schließlich schon die jeweiligen Lebenserfahrungen der Jugendlichen und ihrer Erzieher, ihre Herkunft, ihre Interessen und Bedürfnisse sein.

### 7.3.2 Bindungsverstrickte Kommunikation

Während bei bindungsvermeidenden Jugendlichen am ehesten die Gefahr einer gemeinsamen Ausklammerung bindungsrelevanter Themen gegeben ist, wird sich die pädagogische Beziehung zu Jugendlichen, deren Bindungskonzept durch unsicher-verstrickte Bindungsstrategien geprägt ist, ganz unterschiedlich konstellieren. Solche Jugendlichen zeigen sich auf den ersten Blick oft durchaus beziehungsfähig. Sie suchen die Nähe zu ihren Erziehern und geben ihnen das Gefühl, gebraucht zu werden. Sie werden allerdings von diesen Jugendlichen auch immer wieder dafür gebraucht, um die Wut und Enttäuschung auslassen und an den Mann oder die Frau bringen zu können. Heftige, aber ambivalente Gefühle dominieren. Das Bindungssystem ist dauernd aktiviert. Immer wieder geht es um „Beziehungskisten". Diese Jugendlichen können schlecht alleine sein, können auch schlecht etwas für sich behalten. Sie können sich nur schlecht abgrenzen. Die Erzieherin mag sich anfangs durchaus freuen, sich auch narzisstisch aufgewertet fühlen, solchermaßen ins Vertrauen gezogen zu werden. Er oder sie will etwas von ihr. Sie ist gefragt. Vorsicht ist aber angebracht. Ob der dauernd wechselnden, überraschenden und heftigen Gefühle lässt sich die Beziehung nur schwer genießen. Dafür fehlt das Vertrauen. Fehler erweisen sich in einer solchen Beziehung schnell als unverzeihlich. Auf Nachsicht ist dann erst einmal nicht zu hoffen. Erst muss immer die Beziehungsfrage gestellt werden. Der Beobachter von außen fragt sich, ob die geäußerten Gefühle überhaupt echt seien oder ob es sich eher um dem Bildschirm entliehene und abgedroschene Phrasen einer Soap-Opera handelt. Auch auf Seiten der Erzieherin wechseln sich Gefühle der Nähe und des Mitleids ab mit Gefühlen von Wut und Zurückweisung. Die pädagogische Beziehung gerät zu einer Belastung. Je mehr die Pädagogin den Wunsch verspürt, die Jugendliche los zu werden, desto mehr zeigt diese ihre Hilfsbedürftigkeit und erzwingt so ihre dann nur noch widerwillig vorgenommene Versorgung. Dauernd müssen Extrawürste gebraten werden, argwöhnisch beäugt von den anderen Jugendlichen wie auch von den Kolleginnen und Kollegen. Es entwickelt sich eine besondere, bisweilen gar etwas verrückt anmutende Paardynamik zwischen diesen beiden Partnern.

Die besondere Schwierigkeit besteht darin, einen Weg zu finden, wie eine dauernde Überversorgung zu vermeiden ist und wie die Jugendliche ermutigt wird, sich mehr um sich selbst zu kümmern. Hierfür ist es notwendig, dass die Erzieherin sensibel genug ist, die Bedürfnisse des Jugendlichen wahrzunehmen, dass es ihr aber dabei auch gelingt, zwischen den eigenen Bedürfnissen nach Anerkennung als wichtiger Bezugsperson und den berechtigten, weil entwicklungsangemessenen, Bedürfnissen der Jugendlichen zu unterscheiden. Während bindungsvermeidende Jugendliche etwa Trennungsproblemen typisch kaum Bedeutung beimessen, geraten solche bei bindungsverstrickten Jugendlichen zu Dauerthemen. Mit der Zeit macht sich allerdings Erschöpfung breit. Beide Seiten fühlen sich hilflos und ausgepumpt. Jeder Versuch, doch wieder Struktur in die Interaktion hineinzubringen, läuft ins Leere. Schon zum eigenen Schutz fühlt man Langeweile. Und schon hat es die Jugendliche wieder geschafft, ihre Beziehungsperson als enttäuschend erleben zu können.

Die Erzieherin wird ein schlechtes Gewissen haben, vor allem dann, wenn sie sich die schlimme Biographie der Jugendlichen vor Augen hält. Im Unterschied zu bindungsvermeidenden Jugendlichen bringen bindungsverstrickte Jugendliche ihre Lebensgeschichte durchaus und oft auch geradezu freimütig ins Gespräch und schaffen es so, dass ihre Betreuerinnen sich mit ihren Erzählungen und über diese doch wieder mit ihnen beschäftigen. Bisweilen hat es den Anschein, die Jugendlichen würden völlig in ihrer Lebensgeschichte aufgehen. In der Tat ist es für den außenstehenden Beobachter, etwa in der Rolle des Supervisors, nicht möglich, sich nicht von den Biographien vieler Jugendlicher beeindrucken zu lassen. Für die Erzieherin muss sich allerdings das Problem auftun, wie der für eine professionelle Tätigkeit doch notwendige Abstand angesichts einer solchen biographischen Hypothek trotzdem zu gewinnen ist, ohne sich dem Vorwurf auszusetzen, deren Auswirkungen zu verharmlosen. Entwicklungsförderung wird dann leicht gegen Vergangenheitsbewältigung ausgespielt. Fasziniert von der Vergangenheit, besteht Unsicherheit, welche Entwicklungsaufgaben den Jugendlichen zuzumuten sind, ohne sie zu überfordern.

Die Ambivalenz verstrickter Bindungsmuster kann sich auch ausdrücken in einer feindseligen Distanzierung, mit der der Jugendliche sich den Erzieher vom Leib zu halten versucht, wenn die Beziehung doch als zu eng empfunden wird. Die Distanzierung bekommt dann einen aggressiven Zug. Besonders deutlich wird dieser aggressive Aspekt der bindungsverstrickten Beziehung beim Weglaufen, bei dem es sich durchaus um ein heimtypisches Symptom handeln dürfte. Läuft das Kind oder der Jugendliche weg, wird die Beziehungsfrage eindeutig gestellt. Das Kind sorgt für Sorgen, macht seinen Erziehern Angst. Weglaufen ist insofern das genaue Gegenteil von einer gelungenen Ablösung, die nur bei einer sicheren und hinreichend eindeutig definierten Beziehung möglich ist. Findet sich das Kind wieder ein oder wird es aufgefunden, weiß der Erzieher in typischer Weise nicht, ob er sich mehr freuen oder sich doch eher ärgern soll ob der Sorgen und Ängste, die er sich gemacht hat. Auch ist er sich unsicher, in welchem Ausmaß er diesem Verhalten Beachtung schenken solle. Schließlich muss er damit rechnen, dass das Kind lernt, sich auf diesem Wege die wohltuende Aufmerksamkeit zu verschaffen. Der Erzieher befindet sich in allerdings in einem Dilemma. Bemüht er sich nämlich, lerntheoretisch vermeintlich korrekt, dieses Verhalten zu übersehen, und gibt er sich betont sachlich, mag das Kind sich provoziert fühlen, seinen Einsatz noch zu erhöhen. Selbstverletzendes oder gar suizidales Handeln bietet sich hier an.[7] Überhaupt erweist sich unter einer funktionalistischen Perspektive sowohl das Weglaufen als auch das selbstverletzende Verhalten als suizidäquivalent. Diesen Symptomen kommt die gleiche Funktion zu, nämlich die kommunikative Resonanz und damit den Selbstwert, dessen man unsicher ist, zu sichern (*Schleiffer* 1995 a, 1998). Oft ermöglicht erst die Kenntnis der Bindungsgeschichte zu verstehen, warum diese Kinder und Jugendlichen sich nicht anders zu helfen wissen.

Als Ausweg bietet es sich an, sich um eine Psychotherapie zu bemühen, zumal sich verstrickt-unsicher gebundene Jugendliche durchaus nicht ungerne in Therapie begeben. Auch hierin unterscheiden sie sich deutlich von ihren bindungsvermeidenden Altersgenossen. Eine solche Psychotherapie ist allerdings nur dann eine erfolgreiche Erziehungshilfemaßnahme, wenn das bereits angesprochene Transferproblem sich lösen lässt. Dann darf die Erzieherin hoffen, sich in der Beziehung zum Jugendlichen mit gutem Gewissen auch Erziehungsaufgaben zuwenden zu können. Allerdings ist bei einer Psychotherapie zu befürchten, dass für die betreffenden Jugendlichen eine solche zeitlich begrenzte und vorgegebene Zeit der Anerkennung und Resonanz doch nicht ausreicht. Ihre bisweilen übergroßen Ansprüche sind kaum zu befriedigen, zumal nicht in einer Stunde bzw. 50 Minuten pro Woche. Gerade wenn die Jugendliche die in der Therapiesituation geltende Sondermoral auf die Heimsituation übertragen sollten, wird sich die Erzieherin deren Bindungsbedürfnissen doch wieder kaum entziehen können.

Ein solches Arrangement wurde für Sandra gefunden. Die 16-jährige Sandra befand sich seit fünf Jahren im Heim. Als sie vier Jahre alt war, wurde ihre psychisch kranke Mutter hospitalisiert. Seit ihrem vierten Lebensjahr bewohnte sie mit einem verwahrlosten Vater und einer älteren Schwester und vielen Pferden einen heruntergekommenen Hof. Im Heim hatte Sandra durchsetzen können, dass ihr im Rahmen des Sozialpädagogisch betreuten Wohnens schon eine eigene kleine Wohnung zugeteilt wurde. Es bestand eine intensive, enge, aber auch immer wieder spannungsreiche Beziehung zu ihrer Sozialpädagogin, die selbst ausgesprochen Wert legte auf eine Supervision, weil sie die Beziehung zu Sandra als verwirrend und anstrengend erlebte. Sandra war ein offensichtlich intelligentes Mädchen, das mit Erfolg eine weiterführende Schule besuchte, obwohl ihre psychischen Probleme sie immer wieder am Lernen hinderten. Seit ihrer Aufnahme im Heim litt sie unter einer Zwangskrankheit, die sich in Kontrollzwängen äußerte. Sie habe einen „Putzfimmel" und sei überhaupt sehr misstrauisch, sagte sie selber. Nur ausgewählten Personen gestattete sie den Zutritt zu ihrer Wohnung. Bisweilen äußerte sie auch Vergiftungsängste, an denen eine medikamentöse Therapie scheiterte, die sie aber trotzdem nicht an einem zeitweiligen Drogenmissbrauch hinderten. Immer wieder habe sie den Wunsch, lieber tot zu sein. Selbstmord käme aber für sie nicht in Frage, weil sie gläubig sei. Selbstmord sei Sünde.

Die folgenden Passagen aus ihrem Bindungsinterview (AAI) veranschaulichen eindrucksvoll das Dilemma, in dem sich das Mädchen befand. Die ihr von der Familie angebotenen Beziehungen waren sämtlich aggressiv, schmerzhaft, verrückt und lebensgefährlich. Sandra sehnte sich nach einer Bindungsbeziehung, musste eine solche aber auch fürchten und fühlte sich daher gezwungen, diese zu kontrollieren. Auch wenn die Kürze ihrer Antworten schon auf gewisse bindungsvermeidende Anteile verweist, dominieren eindeutig bindungsverstrickte Strategien das Interviewprotokoll.

I.: Und wann bist du dann ins Heim gekommen?
S.: Mit elf.
I.: Und warum?
S.: Ich bin zum Jugendamt gegangen, weil ich geschlagen wurde.

I.: Von deinem Vater?
S.: Von meinem Vater und von meinen Geschwistern.
I.: Mhm. Hast du deine Großeltern häufig gesehen, als du klein warst?
S.: Nein, meine Mama und meine Oma waren in der Psychiatrie. Und der Rest ist tot.
(...)
I.: Mhm. Kannst du dich noch an deine Mutter erinnern?
S.: Ja.
I.: Kannst du dir da auch fünf Wörter überlegen, die eure Beziehung damals beschreiben, als du klein warst?
S.: Ich hab keine Beziehung zu ihr gehabt.
(...)
I.: Ehm, was du mit deinen Eltern in deiner Kindheit erlebt hast, glaubst du, dass das Auswirkungen auf dich heute hat, so wie du bist, alsodass es dein Denken und dein Verhalten heute so beeinflusst?
S.: Ja.
I.: Und wie?
S.: Ja – ja – Angst, na, vor allem ängstlich. Im Dunkeln hab ich Angst wegen meiner Mama z.B.
I.: Inwiefern wegen deiner Mama?
S.: Ja, weil die mich doch gewürgt hat und eingegraben, deswegen hab ich Angst, wenn's dunkel ist, oder so.
I.: Kannst du dich noch an die Situation erinnern damals, wo sie das gemacht hat?
S.: Ja.
I.: Wie war das?
S.: Wir sind vom Einkaufen gekommen und dann stand meine Mama vor der Tür, die war vorher schon mal in der Psychiatrie zur Kontrolle immer, weil die noch mehr so Faxen gemacht hat. Ja, und dann hat – dann is mein Vater – der hatte drei Kartons eingekauft, na – da hat er mit meiner Schwester eingeräumt, dann hat meine Mutter gesagt: Ja, soll ich mal mit – mit der N. nach den Pferdchen gucken. Hat mein Vater gesagt: Ja, geht doch. Na, und dann hat er den Kühlschrank eingeräumt. Dann ehm, hat meine – sind wir zu den Pferden gegangen, haben da geguckt. Und dann hat die mich auf'm Arm genommen und in den Wald getragen. Ja, und dann hat die mich in so'n Baumstamm gelegt mit so 'ner Gabel und hat mich gewürgt. Dann hab ich immer nach der getreten, aber ich hatte keine Kraft.
I.: Wie alt warst du da?
S.: Vier.
I.: Und wie ging dann die Geschichte aus?
S.: Ja, mein Vater hat mich dann ins Krankenhaus gefahren. Also der hat mich rausgeholt. Also da war ich ja bewusstlos, aber mein Vater hat mir dann erzählt, dass er mich aus der Erde rausgeholt hat. Mich ins Krankenhaus gefahren und dann bin ich im Krankenhaus geblieben und dann sechs Wochen in Kur gewesen.
I.: Kannst du dich da noch dran erinnern, oder sind das mehr so die Erzählungen – ?

S.: Ich kann mich dran erinnern.
I.: Mhm. Gibt's irgend welche Erfahrungen in deiner Kindheit, von denen du glaubst, dass sie schlecht für dich waren?
S.: Eigentlich alles.

In Kenntnis der Lebensgeschichte kann man Sandras Energie nur bewundern, mit der sie ihr Leben zu ordnen sucht und mit der sie es letztlich auch schaffte, sich hilfreiche Beziehungen zu sichern. Wegen der Zwangskrankheit wurde dem Mädchen eine Psychotherapie vermittelt. Die Beziehung zu ihrer Bezugsbetreuerin entwickelte sich durchaus erfreulich. Sandra telefonierte mit ihr, wenn sie Hilfe brauchte, aber auch „einfach so". Sie war zu Recht stolz auf ihre Selbständigkeit. Zudem verfügte Sandra glücklicherweise mit ihrer Intelligenz sowie einer gehörigen Portion Humor über offensichtlich wirksame protektive Faktoren.

I.: Mhm. Okay. Gibt's irgend etwas Bestimmtes, von dem du glaubst, dass du es in deiner Kindheit von deinen Eltern gelernt hast?
S.: (… 11 sec…) ja, Ausdrücke.
I.: Noch irgend was Anderes?
S.: (…7 sec…) Was hab ich noch gelernt? (…6 sec…) Selbständigkeit.

### 7.3.3 Lebensgeschichte als Thema

Zu noch größeren Problemen im pädagogischen Umgang mit den Jugendlichen muss es kommen, wenn es diesen aufgrund ihrer chaotischen Lebenserfahrungen nicht gelungen ist, ein organisiertes Bindungskonzept zu entwickeln. Diese hochunsicher gebundenen Jugendlichen setzen abwechselnd sowohl bindungsvermeidende als auch auf verstrickte Bindungsstrategien ein. Für ihre Betreuerinnen werden sie dann in ihrem Verhalten in hohem Maße unvorhersehbar. Darin spiegelt sich ihr Unvermögen wider, ihrer Lebensgeschichte einen kohärenten und damit erzählbaren Sinn abzugewinnen. Es dürfte gerade diese verwirrende und belastende Hypothek der Biographien dieser Jugendlichen sein, die auch die Pädagoginnen dazu bringen mag, sich erst gar nicht mit deren Lebensgeschichte zu befassen. Im Verlauf der Untersuchung war es immer wieder erstaunlich, wie wenig die biographischen Daten der Jugendlichen den Heimerzieherinnen bekannt waren. Dieser Umstand wurde regelhaft damit begründet, dass Informationen nicht verfügbar seien. Verwiesen wurde dabei auf das angebliche Informationsmonopol der beteiligten Jugendämter und auf die entsprechende Informationsarmut der zur Verfügung stehenden Heimakten. Auch wurde dieses biographische Desinteresse mit dem Wunsch begründet, eine Voreingenommenheit zu vermeiden. Man wolle sich in der Beziehung zu den Jugendlichen nicht mit solchen Angaben belasten, die für das Hier und Jetzt ja ohnedies nicht von Bedeutung seien. Ganz abgesehen, dass eine solche Argumentation gerade aus bindungstheoretischer Perspektive nicht überzeugen kann, ließ sich allerdings auch nicht beobachten, dass die biographischen Informationen später noch herangezogen wurden. Für den außenstehenden Beobachter musste bisweilen gar der Eindruck entstehen, dass dieses biographische Desinteresse Symptom einer gewissen institutionellen Verwahrlosung sein könnte.

Ein solche Interpretation dürfte aber unangemessen und ungerecht sein. Sicherlich wird man davon ausgehen dürfen, dass die Beschäftigung mit der Lebensgeschichte mancher Jugendlichen den Erzieherinnen Angst machte. Auch erschiene ein Wunsch, sich nicht immer wieder mit solchen Erlebnissen von Vernachlässigung und Missbrauch beschäftigen zu müssen, durchaus verständlich. Allerdings ist aus bindungstheoretischer und kommunikationstheoretischer Perspektive eine andere Interpretation plausibler. Die nur hochunsicher gebundenen Jugendlichen lehnten Hilfe ab und frustrierten mit ihrem bindungsabwertenden und/oder unvorhersehbaren Verhalten ihre Erzieherinnen. Diese fühlten sich, so am Helfen gehindert, selbst hilflos, weil in ihrer beruflichen Rolle missachtet. Sie vermieden ein Nachfragen, auch um sich nicht vorwerfen lassen zu müssen, die Jugendlichen zu belästigen, und wünschten sich, dass diese sich von sich aus öffneten. Da es sich bei Erziehung um eine Kommunikation handelt, die Personen zu verändern sucht, kann sie nur angeboten werden in Form einer Interaktion, die definiert wird als Kommunikation unter Anwesenden. Das persönliche Gespräch ist die typische interaktionale Form der Kommunikation[8]. In einem Heim muss ein solcher Wunsch nach Interaktion immer wieder zu Konflikten mit der Organisationsstruktur dieser Institution führen. Typisch für Organisationen ist es nämlich, dass sich die Kommunikation nach Programmen richtet, die nie nur für einen Einzelfall gelten. Grundsätzlich sind daher in Organisationen Personen austauschbar. Heimerziehung wurde von dem Heimpädagogen *Wolfgang Liegel* (1992) gar als „organisierter Verrat" bezeichnet. Der niedrige „Stellenschlüssel" ist bekanntlich ein Dauerärgernis. Allerdings wird gerade bei der pädagogischen Kommunikation ein hohes Maß von Einmaligkeit erwartet, ähnlich wie in der Familie. Und zwar von beiden Seiten. Das Kind beobacht ganz genau, ob seine Erzieherin auf die Uhr schaut und insofern nur ihren „Job macht". Diese wird daher den Dienstschluss eher verstohlen erwarten müssen, will sie den Verdacht vermeiden, reine Lohnerzieherin zu sein. Unbezahlte Überstunden steigern das Ansehen. Eine Bindungsbeziehung ist daher mit einer Organisationsstruktur ausgesprochen schlecht zu vereinbaren. Bindungspersonen sind eben nicht austauschbar. Organisierte

Ferienfreizeiten sind nie ganz ohne. Zu Weihnachten wird das Lieblingskind mit in die eigene Familie genommen. Die angestrebte persönliche Interaktion verträgt sich jedenfalls nicht gut mit einer unpersönlichen Einsichtnahme in Akten, bei der es sich um eine Form der Kommunikation handelt, wie sie für Organisationen typisch ist. Daher verzichteten die Betreuer darauf, auf eine solch unpersönliche Art und Weise an Informationen über die Jugendlichen zu kommen. Weil diese sich aber hartnäckig weigerten, sich „einzubringen", blieb deren Biographie so häufig unbekannt. Gerade bindungsunsichere Jugendliche, bei denen das Bindungssystem chronisch aktiviert ist, können sich nur schwer an die in Organisationen geltenden Kommunikationsregeln halten. Ohne zureichendes Vertrauen, sind sie nicht in der Lage, sich ausreichend selbst zu trivialisieren (vgl. Kapitel 5.2). Da die Kommunikation in der Institution Heim sowohl Merkmale einer Organisation als auch einer Interaktion aufweist (*Schleiffer* 2001), sind die Jugendlichen nicht nur erziehungsschwierig, sondern auch erziehungshilfeschwierig.

In ihrer jüngsten Arbeit zur „Bedeutung sprachlicher Diskurse für die Entwicklung internaler Arbeitsmodelle von Bindung" betont das Regensburger Bindungsforscherpaaar *Klaus* und *Karin Grossmann* (2001) die Rolle der Sprache bei der Verarbeitung negativer Erlebnisse. Sprachforscher und Kognitionspsychologen (vgl. *Nelson* 1999) sehen gerade in der Fähigkeit zur Herstellung von Narrativen[9], also von Erzählungen über bestimmte Themen, die Voraussetzung dafür, dass ein Kind es schafft, in seiner Lebensgeschichte Sinn zu finden. Vermag das Kind oder der Jugendliche eine kohärente, für sich und den Zuhörer nachvollziehbare, Geschichte zu erzählen, darf man davon ausgehen, dass ein Verständnis für die Gründe und Motive der Handlungen anderer vorhanden ist.

Weiß man um die Dramatik, aber auch Trostlosigkeit der Biographien vieler im Heim lebender Jugendlichen, die auch in den Bindungsinterviews (AAI) der vorliegenden Untersuchung deutlich wurde, kann man erahnen, wie schwer es für sie sein muss, eine verständliche Geschichte zu erzählen, d. h. ein kohärentes Narrativ zu konstruieren. Bei dieser Aufgabe sind Kinder angewiesen auf die Unterstützung von Seiten ihrer Bindungspersonen. Diese Fähigkeit zu Narration entwickeln Kinder im Diskurs mit ihren Bindungspersonen. Waren die Eltern vernachlässigend oder gar misshandelnd, werden sie ihrem Kind hierbei mit Sicherheit nicht helfen wollen und können. Vielmehr bleiben diese zentralen Erfahrungsbereiche ausgeblendet. Die Eltern zwingen damit ihre Kinder, diese Erlebnisse zu verdrängen. Die Kinder werden dann „intuitiv spüren, dass es besser ist, sich uninformiert zu zeigen und die entsprechenden Aspekte auszublenden" (*Bowlby* 1995, 104). An vielen der in der eigenen Untersuchung erfassten Bindungsinterviews, die als hochunsicher klassifiziert werden mussten, ließen sich diese Mechanismen veranschaulichen.

Der britische Psychiater und Psychotherapeut *Jeremy Holmes* (zit. bei *Slade* 1999, 585) unterscheidet dabei drei Formen, wie sich die Unfähigkeit, eine zusammenhängende und nachvollziehbare Geschichte zu erzählen, ausdrücken kann. Beziehungsabwertende Menschen bleiben an ihren rigiden Geschichten haften. Sie kommen einfach nicht davon weg. Beziehungsverstrickte zeigen sich dagegen überwältigt von ihren Erlebnissen. Sie kriegen diese gewissermaßen „nicht auf die Reihe". Diejenigen mit einem unbewältigten Trauma bringen keine Erzählung zustande, die ihr Leiden aufnehmen könnte. Sie können es einfach nicht fassen.

Bei der 18-jährigen Lisa handelt es sich um eine schwer traumatisierte Jugendliche. Lisa wurde wenige Monate vor dem Interview im Heim aufgenommen. Sie lebte in einer heilpädagogischen Außenwohngruppe, nachdem sie ihren Schulabschluss auf einer Sonderschule für Lernbehinderte gemacht hatte, und ging zur Arbeit in eine Behindertenwerkstatt. Ihren leiblichen Vater lernte sie erst mit drei Jahren kennen. Er sei bei der Armee gewesen. Als sie sechs Jahre alt war, trennten sich ihre Eltern. Die Mutter heiratete kurz darauf erneut. Mutter und der Stiefvater waren beide Alkoholiker. Mit 11 Jahren wurde Lisa vom Jugendamt aus der Familie herausgenommen, weil der Verdacht auf sexuellen Missbrauch durch den Stiefvater bestand. Nach einem halbjährigen Heimaufenthalt zog sie dann zur neuen Familie ihres leiblichen Vaters. Hier gab es ständige Auseinandersetzungen mit ihrer Stiefmutter. Lisa verweigerte in der Folgezeit den Schulbesuch und trieb sich im Obdachlosenmilieu herum, wo sie Opfer sexueller Übergriffe wurde. Mit 13 Jahren kam sie dann in ein weiteres Heim, wo sie insgesamt fünf Jahre verblieb.

Das gesamte Bindungsinterview (AAI) wird beherrscht durch das Thema des sexuellen Missbrauchs. Lisa erzählt, dass sie von zahlreichen Personen über viele Jahre sexuell missbraucht worden sei, so vom Stiefvater, von der Mutter, vom Bruder, von Bekannten ihrer Mutter sowie von Jugendlichen. Zudem wurde sie auch körperlich misshandelt. Lisa erscheint von ihrer traumatischen Vergangenheit regelrecht überwältigt, in ihrem Denken desorientiert. Diese Traumata sind unverarbeitet. Die Sprache ist bisweilen konfus und unverständlich. Es finden sich verwirrende Assoziationen, wobei in Rechung gestellt werden muss, dass eine Leserin es bei alledem noch leichter hat als eine Zuhörerin. Daher fühlte sich auch die Interviewerin wohl immer wieder aufgefordert, den chaotisch anmutenden Diskurs zu ordnen. Lisa sagt selbst, dass sie sich wegen der Schläge und der sexuellen Übergriffe nicht mehr auf die

Schule habe konzentrieren können. Ihre Lernbehinderung und ihre Probleme, die gegenwärtigen Lebensaufgaben angemessen zu bewältigen, sind sicherlich auch als Folge dieser unverarbeiteten traumatischen Bindungserfahrungen zu begreifen.[10]

I.: Also wie du meinst, wie die Beziehung eben war damals, zu deinen Eltern, so einfach so Bilder, die dir dazu einfallen von damals, an die du dich erinnern kannst. Wie du die Beziehung beschreiben würdest zwischen dir und deinen Eltern.
L.: Also zuerst so ganz am Anfang, also es gab ma mal – es gab ja mal ehm so Momente, also wie – so wie man das so immer nennt, da also ging es also ganz gut. Und dann also da gab es also auch Zeiten, da wurd ich vergewaltigt und so und all so 'n Kram. (Hmm. Da frag ich dann nachher noch mal zu.) Ja. Und, ja also das Verhältnis und die Beziehung bei meinen Eltern da iss nich so groß wie sie – so wie das eigentlich doch sein sollte.
I.: Hmm. Ich frag jetzt noch – (Mehr kann ich dazu nich erzählen.) – noch 'n bisschen genauer nach (Hmm.), vielleicht fällt dir dazu dann ja noch was mehr ein. (Ja.) Eeehm, jetzt möchte ich dich bitten, dir fünf Wörter zu überlegen, die die Beziehung zu deiner Mutter in deiner Kindheit am besten beschreiben würden. Mit Kindheit mein' ich, so früh du dich erinnern kannst, aber sagen wir so im Alter zwischen fünf und zwölf Jahren. Also in der Zeit, wo du auch zu Hause warst. (Hm.) Mmm, ich weiß, dass das nicht einfach ist, und ehm also nimm dir beim Überlegen ruhig Zeit. Fünf Wörter, die eben deiner Meinung nach eure Beziehung zu deiner Mutter gut beschreiben würden. Ich schreib die dann auf und frag nachher noch mal nach. (Hmm.) – – Weißt du, was ich damit meine? (Geht so, also soll ich dann also so sagen, eehm wie ich mich m – meiner Mutter gut verstanden habe oder –?) So, wie's halt war, so was in die Richtung, was du meinst, was trifft. Also es können auch negative Wörter sein, (Hm.) wenn die das besser treffen.
L.: – – Hmm. – – Also meine Mutter hat mich also erst ehm – mit der hab ich mich erstmal gut verstanden, das iss das erste. (Dann schreib ich das auf.) Hmm. (Frag ich dann nachher weiter noch –) Ja ja. (-und kannst jetzt überlegen. Gut verstanden.) Hmm. ............ ((18 sek.)) Und dann hat se mich verarscht, mit meiner Vergewaltigung. (Verarscht.) Hmm. (Okay.) – – Und dann wollte sie mich nich mehr. – – (Wollte mich nicht mehr.... ((4 sek.)) Hmm.) ......... ((9 sek.)) Und und hat sie mein' Stiefvater in Schutz genommen, der mich vergewaltigt hatte. Wo das eigentlich ja nich sein sollte. (Stiefvater in Schutz genommen.) ...... ((7 sek.)) Dann hat die alles auf mich geschoben. Mit der ganzen Sache. (Alles auf dich geschoben.)
I.: Okay. Das sind fünf. (Ja, oh da fiel mir noch mehr ein, aber na ja. Iss okay.) Aber das sind die, die auch die Beziehung gut beschreiben? (Ja, auf jeden Fall. Hmm.) Okay. Eeehm, du hast die Beziehung zu deiner Mutter als „gut verstanden" beschrieben. Kannst du dich an 'ne konkrete Situation von damals erinnern, wo du das so erlebt hast, dass ihr euch gut verstanden habt?
L.: Also erst so wo mein Stiefvater also mich vergewaltigt hat, an dem Tag im Bett, dann hab ich das meiner Mama erzählt, und ich bin mit meiner Mama zu ihren Bekannten, also zu ihren Freunden, nich Bekannten, gegangen sofort, und die hat geweint und dann hat se das

ihren – ihren Freunden erzählt. Da wa – stand ich vor der Tür. So war das. Also das war das beste Verhältnis mit meiner Mutter, was ich je erlebt habe. Also mehr – war das nicht. (Hmm, dass sie also dich da unterstützt hat?) Ja. (In dem Moment.) In dem Moment aber nur. Also dann- echt. (Hmm.) Wüsste ich nichts.
I.: Hmm, du hast eure Beziehung auch beschrieben, dass sie dich verarscht hat. (Ja.) Fällt dir da noch 'ne konkrete Situation ein von damals/
L.: /Die Situation hat damit was zu tun, dass ehm sie erst ehm das so gemacht hat also- also die hat – – mmm – – Wie soll ich Ihnen das jetz erklären? Also wo mein Mu- Vater das gemacht hat, da hat sie ehm dann – – also sie hat dann konkret also – – sie wollt – also sie wollte mich einfach loshaben, und ich weiß also, die wollte einfach nur mit mein' Stiefvater immer noch zusammen sein, trotz die Sache passiert ist. Un- also mehr kann ich dazu nich sagen. Sie wollte mich einfach nur loshaben. Sie hat mich verarscht, und ehm ich hab das irgendwie in der Schule hab ich das auch immer erzählt, ich hab das irgendwie mitbekommen, so, da war auch mal so'n Tag, sie wollte mich abholen, weil sie Angst um mich hätte angeblich, und dann kam sie nich, und dann bin ich mit meiner Erzie – ehm mit meiner Lehrerin bin ich dann zzz – ehm zusammen nach Hause gebracht worden, und ehm dann hieß es, sie möchte mich nich mehr haben. Und und also mehr kann ich dazu nich sagen.
I.: Wie alt warste da?
L.: – – 12. 12 Jahre alt. (Hm.) Ungefähr. Also 11, 12 Jahre alt, da wurd ich grad mal 12.
I.: Wie hast du dann darauf reagiert?
L.: Wie, reagiert?
I.: Ja was hast du dann gemacht, was hast du dann gefühlt, als sie gesagt hat, dass sie dich nich mehr haben wollte?
L.: Erstens mal hab ich mich verarscht gefühlt, und zweitens mal wusste ich gar nich mehr, was ich machen sollte. Also ich war also hinweg, ne. Erst das, und am nächsten Tag, weiß nich, ich glaub die war besoffen oder so. Die war betrunken und sie – also wenn se mal betrunken iss, dann macht sie das so, aber ich glaub, die hat se nich mehr all, die war besoffen und (Hm.) mehr kann ich dazu nich erzählen. Tut mir leid. Also mehr wusste ich auch nich. (Hmm.) Das hab ich gefühlt. Ne! (Hm.)
I.: Du hast gesagt, eure Beziehung wäre so gewesen, dass sie deinen Stiefvater in Schutz genommen hat. (Ja.) Fällt dir da noch 'ne konkrete Situation ein, wo das damals so war?
L.: Wie in – hach, 'tschuldigung, aber ich muss noch mal nachfragen.
I.: Ja, das is kein Problem. Du hast ja gesagt, (Ja,) dass sie deinen Stiefvater in Schutz genommen hat. (Hmm.) Und das muss ja irgendwie – dass du das ausgewählt hast, das hat ja damit zu tun, dass du da 'ne Situation so vor Augen hast, als sie das getan hat. (Mit dem Verarschtsein.) Dass sie den Stie – deinen Stiefvater in Schutz genommen hat.
L.: Weil ehm ... ((3 sek.)) Er iss so Alkoholiker, so er ehm – so er hat immer Schnapsflaschen unter de – unterm Stuhlsitz (...) versteckt, und hat also meine Mutter hat das immer rausbekommen und ich hab- ich hab den verpetzt, (Hmm.) und sie iss also eine hinterlistige Frau, meine richtige Mutter, sie ehm ... ((3 sek.)) ja also – – sie iss einfach nich so das ehm- die hat also immer ihn in Schutz genommen, sie hat immer so getan zu mir, als als wär er der der

Raudi oder als wär er der Verbrecher, das war also ihr nich genug im Herzen (...), und da hab ich hin drauf geantwortet, dass stimmt nicht, mmm – – er er hat mich auch schon oft befummelt, auch unterwegs und so und ja also-
I.: Und da hat sie ihn immer in Schutz genommen? (Ja.) Und was hat sie dir dann gesagt, wenn du irgendwie was gesagt hast?
L.: Also ich saß mal auf Toilette und dann da hat der mich befummelt, also er hat mir irgendwo da ((Wort unverständlich.)), und da hat die gesagt ehm, wenn du wenn du meine Tochter unten immer rumfummelst, dann dann dann ehm trennen wir uns. Und und und das hat die – das macht die extra, die will- die wollte den behalten. Weil – aber w – wo ich dann weg war, haben die sich immer, immer unterhalten. Immer unterhalten. Die haben sich nich gestritten. Die hat ges –, so du machst das nich mehr, aber ich liebe dich. So haben die sich immer unterhalten. (Hmm.) So war das. (Dabei –) Und da hab ich geschlafen. (Hm.) Und dann hieß es, ich ich ich ehm mach mit den Hunden diese Schweinerei, dann hieß es – ach ich – so vie – ganz viele Sachen.
I.: Du hast gesagt ehm, du würdst die Beziehung so beschreiben, dass sie alles auf dich geschoben hat. (Ja das hat sie auf jeden Fall, von v-vorne bis hinten, bis ich da ausgezogen bin.) Fällt dir da noch 'ne konkrete Situation ein zwischen fünf und 12, wo sie das gemacht hat?
L.: – – Wie denn so? Konkret? Also, ich weiß also nich, was ich dazu sagen soll, also – mmm ... ((3 sek.)) Wo das da gelaufen ist? (Ja, wo se halt irgend 'ne Sache auf dich geschoben hat.) – – Mmm – – ((3 sek.)) (Kannst noch mal überlegen.) Hmm. (Wenn dir da nichts einfällt, ist das auch in Ordnung. – – Iss ja nich einfach.) Nee, aber ich versuch mir Mühe zu geben. Wo das auch konkret – ............ ((12 sek.)) Wenn sie jetz ehm – meine natürlich jetz so von fünf bis 12 Jahren also, jetz sagen wir so, wie der mich behandelt hat oder so – oder wie? (Nee, ich mein jetz schon – du hattest ja gesagt, du würdst eure Beziehung zu deiner Mutter würdste so beschreiben, dass sie alles immer auf dich geschoben hat.) Hmm. (Und da irgendwie 'ne konkrete Situation, wo sie mal was auf dich geschoben hat. Was sie da gemacht hat. Und um was es da ging.) Also sie is – sie hat mich ja auch oft also sie hat mich dann auf die Waschmaschine gesetzt, und sie hat mir unten rumgespielt, also an der Scheide, und ich sollt ihr auch unten rumspielen, da war ich so rund 12 Jahre war ich, da war ich 12, das weiß ich noch, und die hat mir wehgetan dabei und da hab ich geheult. Und dann kam mein Stiefvater und musste auf Toilette, und da hat er gesagt, wieso spielst du an meiner Tochter rum, ne, also irgendwie wa – war was faul an der Sache, irgendwie so – – keine Ahnung, da war irgendwas faul, also was da faul war-
I.: Und wie hast du dich dann gefühlt? Oder was haste dann gemacht?
L.: Ich hab mich bescheuert gefühlt, also ich hab mich erst in dem Moment – ich wusste gar nich in dem Moment, früher hatt ich ja keinen, wo ich hingehn sollte. In der Schule, da da hab ich hab ich 'n Eindruck gehabt, sie dachten, d – ich will die auf den Arm nehmen. Das iss nich so. (Und hatte das auch –) Ich ich hab's immer in der Schule erzäh – erst hab ich das nich, aber ich hab's immer in der Schule erzählt, weil ich immer in die Schule mit blauen Flecken ankam und – und immer ehm also heulend ankam und ich konnt mich in der Schule auch gar nich richtig konzentrieren (Hm.) und die haben irgendwie je – das hätten se sowie-

so rausgekriegt, was mit mir los war, und also erst – also das war aber erst – jetz jetz weiß ich es wieder, meine Mutter hat mich hat mich ehm v – als erstes vergewaltigt. Und mei – mein Bruder hat schon ehm früher mit mir immer geschlafen zusammen, der wollt – der hat mich immer gezwungen, mit ihm zu schlafen, und meine Mutter hat au' nichts dazu gesagt, die hat mich immer/
I.: /Wie alt warste da?
L.: Mmm, auch 12. Das iss alles ab 12 so am meisten is so – (Hmm.) Also mit zwei Jahren fing das an, dass die an mich – beziehungsweise die Bekannten von meiner Mutter mich befummelt, und dann hat also so 'n Junge mit mir geschlafen, ich weiß nich, wer das war, hat mich – hat mir auch unten rumgespielt und hat mich auch vergewaltigt und – (Also das war – – sehr oft.) Das war grund – das war konkret alles durcheinander.
I.: Hmm. Und die blauen Flecken, woher kamen die? Von denen du eben erzählt hast.
Da wurd ich geschlagen von mein' Stiefvater, weil ich das in der Schule gesagt habe. (Hmm.) Hmm.
I.: Jaaa. Dann würd ich dich gerne//
L.: Er hatte ja auch 'ne Pistole gehabt, der hat mich auch – auch zwischen den Füßen geschossen. 'Ne Gaspistole. (Hmm.) Und dann bin ich abgehauen von Zuhause für 'n Tag, für 'ne Nacht, ja, das weiß ich noch – – und dann haben die mich gesucht, und da hab ich dann auch Prügel bekommen.

Das Interview wird dominiert durch das Thema Sexualität und Missbrauch. Es stellt sich die Frage, ob sich diese Erinnerungen dem Bewusstsein aufdrängen, weil Lisa sich gegen deren Auftauchen nicht erfolgreich zu wehren vermag, oder ob ihnen nicht doch auch die Funktion zukommt, sie bei der Bewältigung ihrer Probleme zu unterstützen. Auf die Frage nach fünf Begriffen, die ihre Beziehung zum Mutter am besten beschreiben könnten, erzählt Lisa geradezu eine knappe Geschichte im einem verzweifelten Bemühen, ihren schrecklichen Erlebnissen doch noch einen Sinn zu geben. Sie scheint sich geradezu durch die Geschichte des sexuellen Missbrauchs zu identifizieren, die die Leere ihrer Beziehungswelt ausfüllen soll.[11] Wie sich im Protokoll zeigt, ermöglicht ihre Präokkupation, ihr Verhaftetsein an das Thema des Missbrauchs, dass es irgendwie weitergeht. In der Rolle des Opfers denkt sie dann „nur an das Eine", komplementär zu den sexualisierten Männern in der Rolle von Tätern. Sexualisierung trivialisiert. Lisa definiert denn auch die Beziehung zum Vater nur negativ mit der Abwesenheit von Missbrauch:

I.: Gut, dann frag ich mal nach (Ja.) zu dem Vater. Du – (Wie? Ach so.) Du hast eure Beziehung als gutes Verhältnis beschrieben, das ihr hattet miteinander, (Hmm.) als du klein warst, fällt dir da noch 'ne konkrete Situation ein von damals, wo das so war?
L.: Wie denn? – – (Mmm, ja warum du das Wort gewählt hast. Das „gutes Verhältnis".) – – Ja weil – er hat mich nich vergewaltigt, (Hmm.) er hat – er hat mich nich geschlagen oder – okay,

er hat mir mal einmal 'ne Backpfeife gegeben, aber das kann mal jeder, ne. Und dann – – eigentlich- ja und dann – – ja ... ((3 sek.)) (Hmm.) – – Nee, wüsste ich jetz nich – (Also so 'ne konkrete Situation –) Nee. (– fällt dir nich ein.) Nee.
(...)
I.: Ja so zwischen fünf und 12, was haste da gemacht, wenn du unglücklich warst? Weißt du das noch?
L.: Eeehm ja da hab ich – wie denn? Also wie meinen Sie das denn jetzt? Dass ich jetz so irgendwas erzähle, was dann –
I.: Ja, wenn du zum Beispiel traurig warst oder irgend 'n Problem in der Schule hattest, also alles Mögliche, was du dir da vorstellen könntest.
L.: Ja, ich hab mir das erst immer durch 'n Kopf gehen lassen – – hab mir das durch 'n Kopf gehen lassen und dann ehm hab ich mit Leuten dadrüber geredet, also wenn d – wenn die Zeit hatten, weil die Lehrer haben ja auch nich immer viel Zeit, die müssen ja auch immer so viel machen – (Mit den Lehrern haste dann –?) Ja, auf jeden Fall. Mit der Schul – ehm Konrektorin, da hab ich drüber mal geredet, oder mit so ehm- oder oder mit mit meinem Lehr – mit meiner Lehrerin (Hmm.) so vielleicht so, und – – es war so viel zu erzählen, so viel kann man gar nich ehm erzählen also – (Hmm.)
I.: Kannst du dich da noch an 'ne konkrete Situation erinnern, von damals, wo du mal unglücklich warst? Vielleicht als sich deine Eltern gestritten haben oder so. Was du da gemacht hast?
L.: – – Was ich gemacht habe! (Hmm.) Oh Gott, was soll man denn groß machen. – – Mmm – – ja, also – – ich ich ich fühlte mich alleine, und – – ja, (Hm.) und ich hab auch keine Erfahrung gemacht, wie ich mit Leuten auskomme. Deswegen bin ich auch heut noch alleine, weil ich hab einfach keine Erfahrung gemacht damit.
(...)
I.: Ja, ich mein halt, in solchen Situationen eben, wie du eben beschrieben hast, (Hmm.) dass sie dich in 'n Arm genommen haben, kannst du dich daran erinnern?
L.: ... ((3 sek.)) Mhm. ((Nein.)) (Also um dich zu trösten?) Wie denn also –? Wo ich vom Dach gefallen bin oder was? Nö, da hat mich keiner getröstet. War nich so. (Hmm.) Selber schuld, sagen die. Selber schuld, wenn du auf 'm Dach ehm gehst. Das pa – das war ja so 'n Dach, da konnte man Verstecken spielen, das war also zehn Meter hoch, und – ja und 'n Kind – ich war ja noch 'n Kind. (Hm.) Ja. Is aber unwichtig.
I.: Kannst du dich daran erinnern, ehm wann du das erste Mal von deinen Eltern getrennt warst?
L.: – – Wie denn?
I.: Also dass die irgendwie 'n Wochenende weg waren –
L.: Die waren abends oft weg. Gut, dass Sie das jetz mal ansprechen. Da hab ich auch zwischendurch ehm dies – das hieß Christenlehre, da musste ich jeden Montag wie drin üben ((Wort unverständlich.)) beim Jugendchor. Jeden Montag drei Uhr dahin gehen. Und mein Bruder musste jeden Dienstag um vier Uhr dahin gehn. Also da war die immer weg, hat sich vollsaufen- die waren alle beide Alkoholiker, das war keine Frage, ne, (Hmm.) die haben sich

immer vollgesaufen, vollgetrunken, und da war- kamen die immer ((Wort unverständlich.)) nach Haus, und ich hatte verdammte Angst, dass die- dass wieder mein Vater kommt, die Hand ((Wort unverständlich.)) wieder unter meiner Bettdecke, und also und – und ich hatte tierische Panik und ich saß so in der Ecke, ne, wwww, ne. (Bibber, zitternd.) Ja ja. Ich konnt mir gar ni – ich konnt – ich konnt nachts überhaupt nicht schlafen, weil ich immer die Panik hatte, geh mal zu der rüber, die liegt bestimmt im Bett und schläft, ne. So ungefähr. Weil ich das/.
I.: /Und wie alt warst du da?
L.: – – Gott ja, da fragen Sie mich aber – 12 oder so. (Hmm.) Ach, das iss immer gemischt, mal 13, 12, das kommt aber drauf an, was Sie mich fragen, ne. (Ja. Hmm. Dehalb frag ich halt auch immer nach.) Ich versuch auch alles Schritt für Schritt – – (Ja, das iss auch gut.) zu revidieren ((?)), ne. Und/

Deutlich wird in den voranstehenden Passagen des Interviewprotokolls die immense Angst des Mädchens, die Gefühle von Hilf- und Schutzlosigkeit. Auch lässt sich erkennen, wie Lisa sich letztlich vergeblich bemüht zu begreifen, was mit ihr geschah, welche Motive einem solchen Handeln zugrunde liegen konnten. Man kann sich gut vorstellen, dass ein Kind, das gerade von Bindungspersonen missbraucht wird, also von den Personen, denen es geradezu von Natur aus Vertrauen entgegen bringt, überfordert sein muss beim Versuch, sich in diese hineinzuversetzen und sich deren Absichten zu vergegenwärtigen. Solche Erfahrungen werden die Entwicklung einer „Theory of Mind" bzw. die Fähigkeit zur Mentalisierung und Reflexion behindern (vgl. Kap. 1.8). Dadurch kommt es zu einer Beeinträchtigung der sozialen Kompetenz, was wiederum die Gefahr weiterer Traumatisierung bedeuten muss. Solche Kinder werden auf sich nicht gut aufpassen können. Sie gehen mit sich selbst dann genau so schlecht um, wie es ihre Bindungspersonen mit ihnen taten. Man kann durchaus nachvollziehen, dass Lisa Angst hat, das Gleiche könne ihr später als Mutter auch passieren.

I.: Hast du das Gefühl, daß dieses Erlebnis dir heute als Erwachsener noch zu schaffen macht? Diese Erlebnisse?
L.: ... ((3 sek.)) Manchmal denk ich noch dran, weil – also e – also es es gibt Tage, da fühl ich mich so – – als wär ich nix wert und so und – und hab ich mich eigentlich schon immer gefühlt. Und als wär ich der letzte Dreck, und ich hab auch Angst, in meinem späteren Leben und später auch im Beruf, dass ich nich zurechtkomme und dass ich, wenn ich mal eigne Kinder habe, dass ihnen das auch passiert, und da hab ich einfach vor – hab ich vor Angst. (Hm.) Und ich hab einfach Angst vor mei`m Leben.

Die folgende Äußerung Lisas am Schluss des Interviews vermag denn auch den Leser schon aufgrund ihres phrasenhaften Stils nicht beruhigen. Sie vermittelt nicht unbedingt den Eindruck, dass Lisa im Heim eine hilfreiche Einrichtung für sich gefunden zu haben glaubt.

I.: Hmm. Gibt es irgend etwas Bestimmtes, von dem du glaubst, dass du es durch deine Kindheit gelernt hast?
L.: ... ((4 sek.)) Mit dem Kind – also ich soll ich sollte das, was ich erlebt habe, nich an meinen Kindern auslassen. Das iss sehr, sehr, sehr wichtig. Das sollte man auch dick hinter die Ohren schreiben. Das würd ich auch niemals meinen Kindern antun. Nie niemals. Deswegen meine Kinder sollen niemals im Heim landen und so arm sein wie ich, meine Kinder sollen niemals so 'ne Erfahrung kriegen wie ich, niemals. – – Ich werd meinen Kindern das Beste geben.

Auch wenn die dramatische Biographie von Lisa sicherlich nicht typisch ist für die Jugendlichen, die sich in Heimerziehung befinden, so kann doch kein Zweifel daran bestehen, dass die meisten der von uns untersuchten Jugendlichen Hilfe nötig hatten und haben, um ein realistisches inneres Arbeitsmodell ihrer Bindungsbeziehungen aufbauen zu können. Da sie diesbezüglich auf die Hilfe ihrer Eltern, ihrer primären Bindungspersonen und Erzieher, nicht rechnen konnten, hätte man hoffen dürfen, dass sie „andere Personen finden, die bereit sind, mit ihnen über ihre Erlebnisse und Gefühle zu sprechen" (*Grossmann* und *Grossmann* 2001, 80). Erziehungshilfe sollte bei diesen Jugendlichen in solch schwierigen Lebensumständen auch eine solche Unterstützung bei der gemeinsamen Konstruktion einer kohärenten Biographie umfassen. Das Ziel dieser professionellen Erziehung bestünde auch darin, dass der betreffende Jugendliche „zu einer narrativen Verarbeitung gelangt, die am Ende doch das in die Gegenwart hineinreichende, persistierende Trauma oder den Verlust einschließt und es damit zur Vergangenheit macht" (*Steele* und *Steele* 2001, 340). Den Befunden der vorliegenden Untersuchung waren allerdings keine Hinweise zu entnehmen, dass dieses Ziel erreicht worden wäre.

Es muss sich daher die Frage stellen, von wem eine solche Art der Erziehungshilfe für die im Heim lebenden Jugendlichen überhaupt erwartet werden kann, eher von Psychotherapeuten oder nicht doch von den Heimpädagoginnen in ihrer Rolle als Bindungspersonen. *Bowlby* formulierte folgende Hypothese seines eigenen und, wie er selbst bemerkt, „nicht einmal sonderlich originären" therapeutischen Ansatzes:

*„Solange von der bewußten Verarbeitung abgesperrte, emotional bedeutsame Vorfälle und Erlebnisse situative Wahrnehmungen und Konstruktionen einschließlich der damit verbundenen Gefühle und Handlungen bestimmen, neigt die Persönlichkeit von Kognition und Affekt wie vom Verhalten her zur fehler-*

*haften Bewältigung aktueller Situationen. Die abgesperrten Zuwendungs- und Geborgenheitswünsche bleiben unzugänglich, und etwaige Wutimpulse richten sich unverändert auf die 'falschen' Ziele; desgleichen wird durch bestimmte Situationen unangemessene Angst ausgelöst, wie auch feindseliges Verhalten 'aus der falschen Ecke' erwartet wird. In solchen Fällen besteht die therapeutische Aufgabe darin, dem Patienten diese Vorfälle und Erlebnisse aufdecken zu helfen, damit er seine hieraus entstammenden, bis heute so belastenden Gedanken, Gefühle und Verhaltensweisen wieder den ursprünglichen Situationen zuordnen und die eigentlichen Ziele seiner Sehnsucht und Enttäuschung, aber auch die eigentlichen Quellen seiner Angst und Furcht erkennen kann. Diese Exploration der ursprünglichen Situationen lässt zum einen die spezifischen Gedanken, Gefühle und Verhaltensweisen des Patienten ungleich verständlicher erscheinen, zum anderen befähigt sie ihn, sein jetziges Verhalten, sobald es ihm erklärlich geworden ist, in einem anderen Licht zu sehen und es gegebenenfalls neu zu strukturieren. Da nur er allein diese Neubewertung und Rekonstrukturierung zu leisten vermag, muss ihm der Therapeut dahingehend beistehen, den vermutlich relevanten Szenen und Erlebnissen nachzuspüren und anschließend deren persönlichkeitsstrukturierende Auswirkungen zu überdenken. Nur dann wird der Patient die erforderliche Neuordnung und Reflexion seines Weltbildes in Angriff nehmen und entsprechend handeln können"* (Bowlby 1995, 110 f.).

Es ist nicht recht einzusehen, wieso die Begriffe „Patient" und „Therapeut" nicht mit den Begriffen „Jugendliche" und „Erzieherin" auszutauschen sein sollten. Schließlich befinden sich die Erzieherinnen doch in einer strategisch eher besseren Position als Psychotherapeuten, sind sie doch der „Lebenswelt" ihrer Klienten enger verbunden. Zeit und Gelegenheit sind zudem im Vergleich zur Psychotherapie doch reichlich vorhanden. Um diese Chance zu nutzen, müssen die Erzieherinnen allerdings sensibel auf bindungsrelevante Situationen achten, in denen sie die Kindern und Jugendlichen mit Verhaltensweisen konfrontieren können, die sich abheben von den alten Schemata. Interpretation oder gar Deutungen sind dann auch fehl am Platze[12]. Ob der betreffende Jugendliche den Mut aufgebracht hat, eine Umstrukturierung seines inneren Arbeitsmodells vorzunehmen, braucht auch nicht erfragt zu werden. Es wird sich beim nächsten Mal zeigen.

Für eine Neuorientierung und Neubewertung der pädagogischen Arbeit im Heim sprechen auch die Ergebnisse der schon erwähnten Untersuchung von *Walter Gehres* (1997), der einen neuen Ansatz in der Evaluation von Fremderziehungsprozessen vorstellt. Der Autor sieht den Erfolg von Heimerziehung auch gebunden an ein Verständnis der Lebensgeschichte, wobei die gelungene Thematisierung der Gründe für die Heimunterbringung von besonderer Bedeutung sei. Heimerziehung müsse sich daher bemühen um eine Rekonstruktion der „konkreten Erfahrungen von Heimkindern mit ihren oft traumatischen Erlebnissen in den Herkunftsfamilien, der Bewältigung von Trennungen, von Enttäuschungen und Erwartungen, dem allmählichen Aufbau von Vertrauen und Selbstbewusstsein in der Heimzeit bis hin zu gegenwärtigen Versuchen der Lebensführung". *Gehres* kommt zu folgendem Fazit: „Es hat sich bestätigt, dass diejenigen ehemaligen Heimkinder, die ihre Sozialisationsgeschichte verstehen, differenziert berichten und mit dem Verlauf ihrer Entwicklung eher zufrieden sind, mit ihrem Leben heute alles in allem zurecht kommen und somit eine erfolgreiche Persönlichkeitsentwicklung hinter sich haben" (a.a.O., 196).

## 7.4 Bindungstheoretische Sensibilisierung

Dass bindungstheoretisches Wissen für die Erziehungsarbeit im Heim nützlich ist, sollte hinlänglich klar geworden sein. Eine Sensibilisierung für Bindungsaspekte der pädagogischen Beziehung fördert die geforderte Professionalisierung von Heimerziehung.

Erst ein bindungstheoretisches fundiertes Verständnis des doch häufig unangemessen und auffällig imponierenden Verhaltens als letztlich bindungs- und beziehungsoptimierend ermöglicht eine positive Konnotation als Voraussetzung für Professionalität. Damit soll nicht gemeint sein, dass die Erzieherin das Verhalten gut findet, sondern dass sie dessen Funktion versteht. Dieses Verständnis wird sie nicht davor bewahren, sich etwa gegen ein aggressives Verhalten zur Wehr zu setzen oder Ärger anlässlich einer unverschämten Behandlung zu zeigen. Schließlich schauen in der Erziehungsgruppe die anderen Kinder oder Jugendlichen durchaus aufmerksam zu. Keinesfalls soll einer moralischen Indifferenz das Wort geredet werden, wie sie die anderen funktional differenzierten Systeme der modernen Gesellschaft weithin charakterisieren[13]. Allerdings gehört es auch zur Aufgabe von Heimerziehung, den Kindern und Jugendlichen zu einem besseren Umgang mit ihren Gefühlen, zu einer verlässlichen Affektkontrolle zu verhelfen. Dies geschieht aber eben nicht, wenn der Erzieher auf eine unverschämte verbale Äußerung seines Zöglings gekränkt, empört, erschreckt oder gar angewidert die Kommunikation einstellt, mit anderen Worten nur moralisch reagiert. Zumindest sollte eine solche Reaktion Anlass zur Reflexion sein, wobei in einem gut organisierten Heim sich die Erzieherinnen der Hilfe wie auch der wohlwollenden Kritik von Seiten ihrer Kolleginnen sicher sein sollten. Überhaupt sollten negative Gefühle gegenüber den Kindern und Jugendlichen immer, geradezu routinemäßig, Anlass sein, sich zu fragen, wie es zu diesen Gefühlen gekommen ist, sind sie doch eine Bedrohung für die pädagogische Beziehung. Immer wieder wird in einer solchen Situation das Argument vorgebracht, dass man als Pädagogin doch schließlich nicht gezwungen werden könne, alle Kinder, mit denen man zu tun habe, zu mögen oder gar zu lieben. So verständlich dieser Einwand auch sein mag, so dürfte sich gerade im Umgang mit negativen Gefühlen eine professionelle Beziehung von einer Alltagsbeziehung unterscheiden. Von einer professionellen Beziehung ist eine reflexive Haltung zu fordern. Schließlich haben die Kinder und Jugendlichen sich ihre Heimerzieher nicht selbst ausgesucht. Daher kommt dem Erwachsenen eine höhere Verantwortung für die Aufrechterhaltung einer förderlichen Beziehung zu. Will Heimerziehung erziehen, muss das Heim also notwendig einen gewissen Schonraum anbieten. Insofern sollte im Heim die Alltagsmoral aller „Lebensweltorientierung" zum Trotz durchaus auch ihre Grenzen haben.

Diese geforderte reflexive Haltung setzt voraus, sich in Frage zu stellen und sich in Frage stellen zu lassen. Zu einem solchen Sich-in-Frage-Stellen angesichts einer bisweilen hoch verhaltensauffälligen Klientel bedarf es allerdings eines ausreichend guten Selbstwertgefühls. Wird man nämlich beobachtet, dass man mit einem sich unmoralisch verhaltenden Jugendlichen kommuniziert, besteht durchaus die Gefahr, dass moralische Urteile auf einen selbst abfärben.[14] Diese Gefahr ist dann größer, wenn die Kommunikation zwischen Erzieher und Zögling nicht eindeutig als professionell und damit hinreichend moralisch indifferent ausgemacht werden kann.

Dass der Umgang mit negativen Gefühlen schwierig ist und dass hierbei eine Hilfe von den Kolleginnen, von den Mitgliedern des „Teams" keineswegs selbstverständlich ist, dürfte außer Frage stehen. Heimerziehung erfordert ein beträchtliches Maß an Bereitschaft zur Auseinandersetzung mit sich selbst. Eine solche Bereitschaft lässt sich allerdings nur erwarten, wenn die Institution selbst als ausreichend sicher bindend wahrgenommen wird, wenn also ein Institutionenvertrauen, ein Vertrauen „in Verläßlichkeiten, Gewohnheiten, Ritualen" (*Colla* 1999, 359) besteht. Schließlich aktiviert Selbstkritik das Bindungssystem. Gerade von bindungsvermeidenden Jugendlichen kann aber eine Anerkennung für die geleistete Tätigkeit kaum erwartet werden. Bleibt diese Anerkennung auch von Seiten der Kolleginnen, des „Teams" bzw. der Institution aus, werden die Bindungsbedürfnisse also nicht im Arbeitsalltag befriedigt, liegt es nahe, fortan bindungsrelevante Situationen grundsätzlich zu vermeiden. In einem solchen Fall liegt dann ein bindungsvermeidendes

Gegenagieren vor. Auch besteht die Gefahr, dass sich der Unmut ob der narzisstischen Unterversorgung auch gegen die Anerkennung versagenden Jugendlichen selbst richtet. Aus bindungstheoretischer Perspektive lässt sich leicht nachvollziehen, wie sehr es sich bei der Anerkennung durch die Jugendlichen um eine ausgesprochen knappe Ressource handelt. Verteilungskämpfe bleiben nicht aus. Neid kommt auf. Beliebtheit bei den Jugendlichen hebt den eigenen Stellenwert im Team. Wird der Respekt verweigert, wird man beobachten, ob dies beobachtet wurde, vor allem von den Kolleginnen und Kollegen. War da nicht doch auch klammheimliche Freude?

Der große und routinemäßig als Anspruch angemeldete Bedarf an externer Supervision in Institutionen der Erziehungshilfe zeugt von der Verbreitung solcher Probleme, sich diesbezüglich eben nicht ausreichend sicher gebunden fühlen zu können. Ohne Supervisor scheint die Äußerung negativer Gefühle bisweilen zu riskant zu sein. Ob der Weg, dieses Problem mittels externer Supervision lösen zu können, der richtige ist, darf allerdings auch bezweifelt werden. Zumindest sollte eine solche Problemlösung bzw. Problemverschiebung nicht von Dauer sein. Eine institutionalisierte Supervision kann denn auch das Selbsthilfepotenzial der Institution Heim leicht unterminieren. Supervision sollte eher fallweise, mithin bei besonderem Hilfebedarf, zur Verfügung stehen. An der Art, wie die Institution mit dem eigenen Beratungsbedarf umgeht, können dann die Jugendlichen auch beobachten, dass sich Hilfsbedürftigkeit und Autonomie nicht gegenseitig ausschließen müssen.

Ein bindungstheoretisches Wissen vermittelt aber nicht nur eine größere Sicherheit im Umgang mit den erziehungsschwierig Jugendlichen selbst, sondern vermag darüber hinaus auch Handlungsanleitungen für den Umgang mit den Eltern dieser Jugendlichen bereitzustellen. Elternarbeit wird in der Literatur zur Heimerziehung als eine unabdingbare Aufgabe angesehen (z. B. *Post* 1997, 40). So wird reflektierte Elternarbeit als wichtiges Qualitätskriterium von Heimerziehung herausgestellt (*Merchel* 1998). Ohne zureichende Kenntnisse über die Lebensgeschichte und damit über die Geschichte der Bindungsbeziehungen der Jugendlichen ist allerdings eine solche Elternarbeit wenig erfolgversprechend. Elternarbeit und Interesse an der Biographie der Jugendlichen setzen sich wechselseitig voraus.

Inwieweit es sich bei dieser Forderung nach Elternarbeit in der Heimerziehung auch bei Jugendlichen nicht doch nur eher um eine wohlgemeinte Absichtserklärung handelt, müsste empirisch untersucht werden. Bei den in der vorliegenden Studie untersuchten Jugendlichen beschränkte sich die Elternarbeit allerdings mehr oder weniger auf die Vorbereitung von Jugendhilfeplangesprächen. In der Tat ist Elternarbeit bei Jugendlichen mit einem so hohen Ausmaß an Bindungsunsicherheit ausgesprochen schwierig, verweisen die diesen Jugendlichen nur zur Verfügung stehenden Bindungskonzepte auf eine über lange Zeit bestehende Unfähigkeit oder gar einen Unwillen der Eltern, sich angemessen um die Belange ihrer Kinder zu kümmern. Eine Empörung als moralische Reaktion von Seiten der professionellen Erzieher ist daher verständlich, nichtsdestotrotz aber oft auch ein Zeichen eingeschränkter Professionalität. Ist schon das Thema Bindung mit den betreffenden Jugendlichen schwer genug zu bearbeiten, steht bei der Elternarbeit zu befürchten, dass die Verhältnisse noch komplizierter und unübersichtlicher werden. Nicht zu Unrecht müssen die Erzieherinnen befürchten, dass bei einer Aktualisierung der Konflikte mit den Eltern auch ihre Beziehung zu den Kindern und Jugendlichen selbst wieder zur Disposition stehen könnte, eine Beziehung, für die man doch gerade mit viel Mühe einen modus vivendi gefunden zu haben glaubte.

In dem Maße, wie sich die negativen Gefühle, auch wenn nicht offen geäußert, eindeutig gegen die verwahrlosenden Eltern richten, lässt sich dann die Beziehung zu dem Jugendlichen von Wut und Ärger freizuhalten. Das Schlechte ist gewissermaßen dingfest gemacht. Dieser Friede ist allerdings nur wenig belastbar. Es ist eine nur allzu geläufige Erfahrung, dass Kinder sich allein das Recht vorbehalten, ihre Eltern zu kritisieren. Die Erzieherin tut gut daran, sich bei Bewertungen des vergangenen oder gegenwärtigen Verhaltens der Eltern zurückzuhalten, zumal schlechte Erfahrungen und ein daraus abgeleitetes negatives Elternbild sich ausgesprochen gut mit einem unrealistisch überhöhten Elternideal vertragen können. Voraussetzung einer Elternarbeit im Sinne einer Bearbeitung der elterlichen Beziehung wäre eine ausreichend sichere und vertrauensvolle persönliche Bindungsbeziehung zu den Jugendlichen. Ist eine solche Beziehung nicht vorhanden, ist es diesen nicht zuzumuten, sich von ihren Eltern in irgendeiner Weise zu distanzieren. Zumindest in der Verteidigung der Eltern gegen Angriffe von Seiten des Heimes erweist sich dann der Jugendliche doch noch als loyal. So lässt sich an der Illusion einer doch ausreichend guten Eltern-Kind-Beziehung noch eine Weile festhalten. Gerade angesichts der Ambivalenz, welche die Jugendlichen ihren Bindungspersonen gegenüber empfinden, kann sich die Erzieherin nie so recht sicher sein, wie sie im nächsten Moment wahrgenommen wird, zeigt sie selbst auch nur Ansätze eines kritikwürdigen Verhaltens. Schließlich ist gerade für eine unsichervermeidende Bindungsorganisation eine Idealisierung der frühen Bindungspersonen typisch.

Das muss nicht bedeuten, dass sich die Erzieher verständnislos gegen die Eltern der Jugendlichen abgrenzen. Im Gegenteil. Heimerziehung sollte sich darum bemühen, den Jugendlichen eine so sichere Bindungsbeziehung zu wenigstens einem professionellen Erzieher oder Erzieherin zur Verfügung zu stellen, die es ihnen erlaubt, ihre prekäre Beziehung zu ihren Eltern zu reflektieren. Das muss keineswegs bedeuten, unter allen Umständen eine Versöhnung mit den Eltern erreichen zu wollen. Dies wäre angesichts der oft traumatischen Erlebnisse, denen die auch von uns untersuchten Jugendlichen ausgesetzt waren, unrealistisch und unangebracht. Allerdings kann Heimerziehung den Jugendlichen dabei helfen, sich auch insofern von ihren Eltern zu lösen, als sie ihre Enttäuschung an diesen artikulieren können. Erst wenn sie darüber erzählen können, wird man hoffen dürfen, dass sie diese enttäuschenden Erlebnisse nicht mehr in ihren gegenwärtigen und künftigen Beziehungen dauernd wiederholen müssen. Wenn es gelingt, die Beziehung der Jugendlichen zu ihren Erzieherinnen und Erziehern mit einer ausreichend sicheren Bindungsqualität auszustatten, dann hat Heimerziehung eine korrigierende Bindungserfahrung bereitstellen können. Korrigiert wurde dann selbstverständlich nicht die Vergangenheit, aber doch das immer wieder nur hochunsichere Bindungskonzept, die Erwartung also, dass von anderen Menschen nichts, zumindest nichts Gutes, erwartet werden kann, gerade wenn man der Hilfe bedarf.

### 7.5 Anforderungen an die Qualifikation der Heimerzieherinnen

Dass ein solches bindungstheoretisches Wissen nicht ausreicht, um sich erfolgreich als Bindungsperson zur Verfügung stellen zu können, steht außer Frage. Schließlich ist die Funktion als Bindungsfigur nicht ausschließlich und vermutlich auch nicht überwiegend an ein theoretisches Wissen um diese Funktion geknüpft. Allerdings wird ein solches Wissen hilfreich sein können bei der Etablierung einer solchen Beziehung, vor allem zum Verständnis der Probleme, die sich hierbei auftun. Im Gegensatz zu den „natürlichen" Eltern, die sich bei ihrem erzieherischen Tun auf eine in der Tat natürlich gegebene intuitive Elternschaft stützen können, können sich die professionellen Erzieherinnen bei der Herstellung ihrer pädagogischen Beziehung weit weniger an einer entsprechenden intuitiven „Erzieherschaft" orientieren. Um so mehr ist eine kognitive bzw. intellektuelle Fundierung notwendig.[15]

Dass die Vermittlung bindungstheoretischen Wissens in den Ausbildungsrichtlinien im Bereich der Heimerziehung Eingang finden wird, dürfte nur eine Frage der Zeit sein. Ungleich schwieriger zu vermitteln dürften allerdings die persönlichen Fähigkeiten sein, die die Erzieherin für das Kind oder den Jugendlichen als Bindungsperson erst attraktiv machen und sie instand setzen, korrigierende Bindungserfahrungen auch anzubieten. Professionelle Erzieher sollten, um nochmals *Bowlby* zu zitieren, „stronger and wiser" und darüber hinaus doch auch bindungssicherer sein als die ihnen anvertrauten Kinder und Jugendlichen. Es erscheint plausibel, die Ergebnisse der Psychotherapieforschung, nach denen von bindungssicheren Psychotherapeuten bessere Therapieergebnisse zu erwarten sind, auch auf den Bereich der Heimerziehung zu übertragen. Damit sind tief in die Persönlichkeit verwurzelte Kompetenzen angesprochen, die allerdings nur schwer in einer Ausbildung zu vermitteln und auch kaum zu überprüfen sind (*Almstedt* 1996, 42). Auch kann es sicherlich nicht darum gehen, eine „pädagogische Lehranalyse" (*Münstermann* 1990, 131) zu fordern. Allerdings sollte die Ausbildung durchaus eine bindungstheoretische orientierte Selbsterfahrung beinhalten, die aufklärt über die jeweils eigenen Strategien, die gewohnheitsmäßig zur Bewältigung bindungsrelevanten Stresses eingesetzt werden. Ein Wissen um die Strukturen des eigenen Bindungskonzepts wäre wünschenswert, sind doch die Erfahrungen im Umgang mit den eigenen Problemen durchaus wichtige Ressourcen im Umgang mit den Kindern und Jugendlichen.

Auch wenn es unmittelbar einleuchtend erscheint, dass Lebenserfahrung für die in der Heimerziehung professionell Tätigen von Nutzen ist, wenn es darum geht, das Verhalten ihrer Klientel zu verstehen, darf man doch in Anbetracht der oftmals extrem traumatischen Lebenserfahrungen, denen die ihnen anvertrauten Jugendlichen so häufig ausgesetzt waren, nur wünschen, dass ihnen solche Erfahrungen erspart geblieben sein mögen. Dieser Unterschied bezüglich der Lebenserfahrungen kann allerdings zu Problemen führen. Manche Jugendlichen spüren die Distanz und betonen sie noch. Dann setzen sie die Dramatik ihrer Lebensgeschichte ein, um sich ihrer Einmaligkeit und Identität zu versichern. Betroffenheit, ja Erschrecken, aber auch Mitleid auf Seiten ihrer Bezugspersonen garantieren ihnen dann die ersehnte Resonanz. Die Erzieherin ist sich unsicher, ob und wann sie angesichts solcher im wahrsten Sinne des Wortes ungehörigen Verhältnisse zur Alltagsordnung übergehen könne. Die Gefahr besteht, dann zusammen mit den Jugendlichen in die Misere dieser Kindheit zu versinken (vgl. *Fürstenau* 1992 b, 130). Fasziniert von der Vergangenheit wird eine Weiterentwicklung des Jugendlichen in die Erwachsenenwelt dann doch behindert.

Eine Heimerzieherin sollte allerdings, ähnlich es der Psychoanalytiker *Peter Kutter* (1989, 289) für den psychoanalytischen Therapeuten fordert, „alle möglichen zwischenmenschlichen Konfliktkonstellationen wenigstens in Ansätzen erlebt haben: Trennungsprozesse, Lieben und Hassen, Herrschen und Beherrscht-Werden, Geben und Nehmen. Er sollte ebenso Eifersucht und Neid gefühlt haben wie Erfolg und Misserfolg, Freude und Trauer". Eine diesbezügliche Unkenntnis verleitet leicht dazu, die Klientel zur eigenen Problembewältigung bzw. Problemvermeidung zu ge- und missbrauchen. Die Gefahr, dass sich ein solches psychosoziales Arrangement im Sinne einer interpersonellen Abwehr etabliert, wird größer, je „mehr die äußere soziale Realität und insbesondere auch die Bezugspersonen nicht nur in der Vorstellung und Phantasie, sondern auch faktisch innerhalb eines Abwehrvorganges miteinbezogen werden" (*Mentzos* 1993, 198). Heimerzieherinnen und Heimerzieher dürften diesbezüglich besonders gefährdet sein.

Auch müssen sie damit rechnen, dass ihr eigenes Bindungssystem schon durch die Konfrontation mit den Bindungsproblemen auf Seiten der Kinder und Jugendlichen permanent aktiviert wird. Letztlich handelt es sich also bei ihrer Persönlichkeit um ein „wesentliches Hilfsmittel" (*Salomon* 1927, zit. bei *Niemeyer* 1999, 133), wenn nicht gar um das entscheidende Arbeitsinstrument für eine wirksame Erziehungshilfe. „Pädagogisches Handeln vermittelt sich – dies ist eine der ältesten pädagogischen Weisheiten – im wesentlichen über die Person des Pädagogen" (*Niemeyer* 1999, 153). Insofern ist den Ausführungen von *Wolfgang Post* nur zuzustimmen: „Erzieherinnen und Erzieher müssen durch ihre Persönlichkeit, Haltung und Wertmaßstäbe, durch ihr Vorbild und Beispiel das geben, was die elterliche Erziehungskraft nicht vermochte. Dies ist das Fundament, auf dem ihr fachlich-pädagogisches Können wirksam werden kann. (…) Damit ist klar, dass eine Ausbildung, die zur berufsmäßigen Erziehung befähigen soll, eine entsprechende Persönlichkeitsbildung voraussetzen oder einschließen muß, was leider von den Ausbildungseinrichtungen zumeist sträflich vernachlässigt wird" (*Post* 1997, 75).

**Anmerkungen**

1 In diesem Zusammenhang sei nochmals auf die Beziehung zwischen Dissozialität und Rechtsextremismus (*Schleiffer* 1995, vgl. Kap. 6.3) hingewiesen. Auch wäre eine vergleichende Untersuchung der Kommunikationsstrukturen bei Maßnahmen der Erlebnispädagogik, in so genannten „boot camps" oder auch beim Antiaggressivitätstraining von Interesse.

2 Vgl. Kapitel 1.6

3 Der neurotische Grundkonflikt besteht nach *Stavros Mentzos* (1982) gerade in der Schwierigkeit, zu einem Ausgleich zwischen Autonomiebedürfnissen einerseits und Abhängigkeitswünschen andererseits zu kommen.

4 In der Psychoanalyse wird seit langem kontrovers diskutiert (etwa *Heigl* und *Triebl* 1977), was verändernd wirkt, die intellektuelle, durch Deutung und Interpretation erzielte Einsicht, oder die emotionale, durch empathisches Verständnis beförderte Neuorientierung. Für den amerikanischen Psychoanalytiker *Franz Alexander*, der den suggestiven Begriff der „korrigierenden emotionalen Erfahrung" geprägt hat, war intellektuelle Einsicht nicht Voraussetzung, sondern eher Folge einer solchen Erfahrung.

5 Der schon genannte „coercive cycle" spielt sich ein (vgl. Kap. 5.6)

6 Auch hier wieder: Disssozialität als Zeichen von Hoffnung (vgl. Kap. 5.8)

7 In ihrer Untersuchung fanden *Adam* et al. (1996) bei 69 suizidalen Jugendlichen überzufällig häufig ein unsicher-verstricktes Bindungsmuster. In über 80 % der Fälle wurde zusätzlich eine unverarbeitete Repräsentation (U) klassifiziert, die nach den Kriterien der eigenen Untersuchung als hochunsicher eingestuft wird.

8 Der Begriff Bindung verweist auf den interaktionalen Aspekt. Bindungsrelevante Kommunikation ist in hohem Maße auf körperliche Anwesenheit angewiesen. Die meisten Erziehungsprobleme im Heim entzünden sich an organisatorischen Vorgaben. Solche Regelverletzungen ermöglichen dann wieder interaktionale Kommunikation.

9 Narrare: lat.: erzählen.

10 An der Authentizität mancher Erinnerungen von Lisa lassen sich sicherlich Zweifel anmelden. Allerdings erscheint eine Qualifizierung als Übertreibung doch unangemessen angesichts ihrer Biographie. Zur Problematik der Unterscheidung zwischen psychischer und historischer Realität vgl. *Bohleber* (2000).

11 Nicht gänzlich auszuschließen ist auch die Möglichkeit, dass Lisa manche Fragen ihrer Interviewerin nicht richtig verstand. Aber auch in einem solchen Fall ließe sich der Thematisierung des Missbrauchs eine kompensative Funktion zuschreiben: Lisa weiß zumindest um die kommunikative Anschlussfähigkeit dieser dramatischen Geschichten, wenn sie nicht weiter weiß.

12 Erinnert sei an das lateinische Sprichwort „Verba docent, exempla trahunt" (Worte belehren, Beispiel überzeugen), das dem römischen Schriftsteller Seneca zugeschrieben wird (*Torsi* 1991).

13 Diese moralische Indifferenz ist besonders im Medizinsystem nachweisbar. Jeder Kranke wird dort medizinisch versorgt, gleich ob man ihn als moralisch gut oder schlecht bewertet und von daher die nichtprofessionelle Kommunikation fortzusetzen oder eher abzubrechen geneigt wäre. Auch der Geiselnehmer kann selbst nach einem finalen Kopfschuss eine Notoperation erwarten. Im Wirtschaftssystem zählen nur Zahlungen, wobei bekanntlich „*pecunia non olet*" (lat.: Geld stinkt nicht.).

14 Aus diesem Grunde dürfte auch die sozialpädagogische Arbeit mit sich fremdenfeindlich und rechtsradikal gebärdenen Jugendlichen nicht sonderlich attraktiv sein (vgl. *Schleiffer* 1998). Die Tatsache, dass ein professioneller Helfer leicht mit seiner Klientel identifiziert wird, lässt sich aber auch an den Irrenwitzen nachweisen. In diesen Stories verhalten sich bekanntlich die Psychiater zumindest genau so verrückt wie ihre Patienten. Das muss ausgehalten werden. Kann man dies nicht, bietet es sich etwa an, sich um die angeblich so

häufigen Problemen Hochbegabter zu kümmern, in Kenntnis des Sprichworts „Sage mir, mit wem du umgehst, und ich sage dir, wer du bist."

15 Der Jugendhilfeplaner *Ulrich Bürger* plädiert bezüglich der personellen Ausstattung der Heime für eine weitere Akademisierung: „Gerade angesichts der erwähnten fachlichen Anforderungen auf Grund des zu betreuenden Personenkreises, den Erfordernissen eines komplexen sozialen Umfeldes des jungen Menschen drängt sich dann durchaus die Frage auf, ob der eindeutig überwiegende Anteil der MitarbeiterInnen ohne Fachhochschul- oder Hochschulabschluss diesen Anforderungen hinreichend gewachsen ist." (*Bürger* 2001, 653)

## 8. Abschließende Bemerkungen

Ausgangspunkt der vorangegangenen Ausführungen war eine empirische Untersuchung der Bindungskonzepte von Jugendlichen, die in einem Heim leben, nachdem das soziale Hilfesystem der Gesellschaft ihnen diesen Ort zum Leben als Erziehungshilfemaßnahme zugewiesen hatte. Daher lag es nahe, das Verhalten der Jugendlichen und insbesondere ihre Beziehungen zu den Heimerziehern überwiegend aus einer bindungstheoretischen Perspektive zu beobachten und zu beschreiben. Die Gefahr der Einseitigkeit und Übertreibung ist bei einen solchen Vorgehen letztlich kaum zu vermeiden. Daher soll nochmals betont werden, dass Beziehungen niemals ausschließlich auf Bindung zu reduzieren sind, auch wenn sich jedes Verhalten immer auch unter einem Bindungsaspekt betrachten lässt.

Allerdings bietet es sich an, gerade Beziehungen im Heimkontext unter bindungstheoretischen Perspektive zu untersuchen, verweisen doch die Gründe, die zu solch einer Erziehungshilfemaßnahme Anlass gaben, auf schwerwiegende und belastende Probleme der Beziehungen der Jugendlichen zu ihren primären Bezugspersonen, denen im wahrsten Sinne des Wortes schon von Natur aus die Funktion von Bindungspersonen zukommt. Nicht zufällig wurde die Bindungstheorie von *John Bowlby* im Kontext der Heimerziehung entwickelt, ist ein Leben im Heim doch an eine zumindest länger andauernde Trennung von den primären Bindungspersonen gebunden, häufig auch an einen entgültigen Verlust der Beziehung zu diesen. Daher kann wenig Zweifel daran bestehen, dass es sich bei der Qualität der Bindungskonzepte und der Bindungsbeziehungen vor und nach der Heimeinweisung um ein Kriterium handelt, das für den Erfolg dieser Erziehungshilfemaßnahme von großer Bedeutung sein muss.

Insofern muss es als Versäumnis angesehen werden, dass bislang den Erkenntnissen der Bindungsforschung als bedeutsamer und überaus produktiver Teildisziplin der Entwicklungspsychologie und Entwicklungspsychopathologie in der Theorie und Praxis der Heimerziehung noch nicht die gebührende Aufmerksamkeit zuteil wurde. Gerade die im Vorangegangenen dargestellten Befunde der empirischen Untersuchung, vor allem der hohe Grad an Unsicherheit der den Jugendlichen nur zur Verfügung stehenden Bindungskonzepte sowie das hohe Ausmaß ihrer psychischen Auffälligkeit, für das diese unsicheren Bindungskonzepte einen bedeutsamen Risikofaktor darstellen, belegen, dass ein bindungstheoretisches Verständnis für den erzieherischen Umgang mit diesen Jugendlichen von Nutzen ist.

Diese empirischen Befunde lassen auch Skepsis angezeigt erscheinen bezüglich mancher in der Literatur zur Heimerziehung geäußerten Auffassungen, wonach sich etwa Heimerziehung „faktisch zu einer Normalform von Sozialisation" entwickele und sich „vom Spezialfall des Aufwachsens zu einer biografisch regulären Option" wandele (*Winkler* 1990, 437). Die Befunde der hier vorgestellten Untersuchung unterstützen nicht gerade die euphemistische These einer gesellschaftlichen Normalisierung von Heimerziehung. Selbst wenn es stimmen sollte, was allerdings keineswegs ausgemacht ist (vgl. Kap. 5.3), dass das klassische Familienmodell immer obsoleter werde, weil Familie nicht mehr Verlässlichkeit gewährleiste, wollen die Befunde doch nicht so recht glauben machen, dass Heimerziehung sich „generell zu einer attraktiven Alternative entwickeln" könnte, in der institutionelle statt personelle Verlässlichkeit sowie hochqualifizierte und professionell engagierte „Ansprechpartner" es den Kindern und Jugendlichen ermöglichen, ihre Biographie „in eigener Regie zusammenzubasteln" (*Hitzler* und *Honer* 1995). Schließlich bedarf es, um in diesem Bild zu bleiben, als Ressourcen für die notwendigen Bastelanleitungen eben der inneren Arbeitsmodelle von Bindung. Bindungstheoretisches Wissen, das schon wegen seiner biologienahen Fundierung gewissermaßen konservativ sein muss, lässt daran zweifeln, ob es sich bei der Heimerziehung tatsächlich um eine der Postmoderne angemessene Erziehungsform handelt. Auch die Auffassung, dass Heime „Sozialisationsinstanzen, wie Familien auch" seien, „keine Instanzen, in denen gezielt diagnostisch und therapeutisch gearbeitet wird" (*Schröder* 1995), vermag nicht so recht zu überzeugen. Gerade wenn es zutrifft, dass therapeutische sowie familienorientierte Gruppen in der Heimerziehung an Bedeutung verloren haben (*Stahlmann* 2000, 81), sollte die Familienorientierung durch eine Bindungsorientierung ersetzt werden. Bindungstheoretisch sensibilisiert, wird man doch kaum dafür halten können, dass pädagogische Maximen wie „Begleitung statt Führung" oder eine nur „formlose Betreuung" im Sinne von „Vermittlung, Koordination, Moderation", die moderne Heimerziehung als legitime Alternative zur Familie angeblich kennzeichnen sollen, den Bedürfnissen sowohl der Kinder als auch der Jugendlichen gerecht werden könnten. Es hat den Anschein, als ob die Probleme bei dem Versuch, im Heim ausreichend sichere Bindungsbeziehungen zu etablieren, manche Theoretiker der Heimerziehung dazu bringen, gerade die Bindungsbedürfnisse der Jugendlichen, die immer auch Abhängigkeitsbedürfnisse sind, zu übersehen. Insofern lässt sich durchaus von einem, freilich unbewussten, Zusammenspiel, von einer Kollusion zwischen den Anbietern und Inanspruchnehmern der Jugendhilfemaßnahme „Heimerziehung" sprechen im Sinne einer institutionalisierten Abwehr (*Mentzos* 1988). Bindungsbedürfnisse, die doch lebenslang, von der Wiege bis zum Grab (*Bowlby* 1982) bestehen, werden kollusiv abgewehrt, von Seiten des Heimes, dessen Kommunikation organisationsbedingt (vgl. Kap. 7.3.3) immer wieder die Personalität des Einzelfalls verfehlen muss, wie auch von Seiten der hochunsicher gebundenen Jugendlichen.

Diese Abwehrvorgänge dürften auch die Theoriebildung der Heimerziehung prägen, deren Stand der Pädagoge *Wolfgang Trede* (1996) mit „mehr Ahnung als Wissen" kennzeichnet. Die eigenen Erfahrungen bei der Durchführung der wissenschaftlichen Untersuchung, aber auch anlässlich gemeinsamer Fallbesprechungen und Diskussionen, bestätigen durchaus die Klage von *Michael Winkler* (1993) in Bezug auf die Forschung in der Heimerziehung:

„Das Verhältnis von Wissenschaft, Forschung und Praxis in der Heimerziehung wird von Hoffnungen und Enttäuschungen, von wechselseitig unterstellten Erwartungen und Vorbehalten gleichermaßen geprägt. Alle Beteiligten klagen über erhebliche Forschungsdefizite, benennen Forschungsdesiderate. Zugleich aber werden der Wissenschaft ein prinzipiell geringes Interesse, vor allem aber die Irrelevanz ihrer Themen angelastet; stets fehlen die Untersuchungen, die man gerade in der Praxis benötigt. Ungekehrt wird an den Praktikern kritisiert, dass sie Wissenschaft und Forschung gar nicht erst zur Kenntnis nähmen, zuweilen sogar massiv behindern."

Tatsächlich mag sich in Anbetracht der rigiden Bindungskonzepte, ihrer bisweilen erschreckenden Auswirkung nicht nur in Bezug auf die jeweils eigenen Lebensläufe, sondern auch auf die der nachfolgende Generation, doch auch Ratlosigkeit einstellen, ob und wie im Heim förderliche und korrigierende Bindungsbeziehungen überhaupt zustande kommen sollten. Eine Beschäftigung mit Bindungskonzepten, die als Generalisierungen von Erfahrungen per se konservativ sind, kann einem zudem leicht den Vorwurf einer Defizienzorientierung oder gar Pathologisierung eintragen. So berechtigt der in der pädagogischen Literatur immer wieder geäußerte Hinweis auf die Unmöglichkeit, so etwas Komplexes wie eine erzieherisch bedeutsame Beziehung oder gar den „pädagogischen Bezug" (*Nohl* 1957, *Bollnow* 1981, *Colla* 1999) definieren, operationalisieren und damit gar messbar machen zu wollen, auch ist, so sollte doch gesehen werden, dass auch beim zugegeben überaus komplexen Thema Heimerziehung Aspekte auszumachen sind, die einer wissenschaftlichen Überprüfung und Evaluation durchaus zugänglich sind. Bindung wäre solch ein Aspekt. Die bindungstheoretische Forschung kann überzeugend darlegen, dass sich die Kluft zwischen einer praxisorientierten, empirischen

Forschung und einer grundlagenorientierten, theoretischen Forschung, die die deutsche Diskussion noch immer prägt (*Gabriel* 1999), doch überbrücken ließe.

Allerdings muss der immer wieder zu vernehmende Anspruch der Ganzheitlichkeit aufgegeben werden. Wissenschaft, ja soziales Handeln überhaupt, ist nur möglich, wenn Vereinfachungen vorgenommen werden, wenn die Komplexität reduziert wird. Will man alles in den Blick nehmen, wird man nur wenig sehen können. Der ganzheitliche, holistische Zugang sollte denn auch Gott überlassen bleiben. Beobachten heißt Unterscheiden. Ohne Differenzierungen gibt es keinen Anhaltspunkt. Wie die Fallschilderungen verdeutlicht haben sollten, bedürfen gerade Heimerzieherinnen und Erzieher einer sinnvollen Reduktion der ihnen zugemuteten Komplexität. Dann kommt es darauf an, wie reduziert wird, welche Kriterien den Beobachtungen zugrunde gelegt werden, mit welchen Unterscheidungen beobachtet wird. Bindungsqualität wäre ein solches sinnvolles Kriterium, das sich in der erzieherischen Kommunikation als anschlussfähig erweist. Bindungstheoretisches Wissen kann dann handlungsanleitend sein. Es leistet einen wertvollen Beitrag zum Verständnis von Erziehungsschwierigkeit ebenso wie zum Verständnis der Probleme von Erziehungshilfe. Auch wenn die speziellen Forschungsmethoden der Bindungsforschung, wie etwa das aufwändige Erwachsenenbindungsinterview (AAI), sicherlich nur für Forschungszwecke anwendbar sind, sollten die Ergebnisse doch den Blick schärfen für die Beziehungen zwischen den bewussten Verhaltensmustern und den ihnen zugrunde liegenden unbewussten Bindungswünschen bei den bereffenden Kindern und Jugendlichen.

Damit vor allem die Praxis der Heimerziehung von den Ergebnissen der Bindungstheorie profitieren kann, bedarf es allerdings weiterer Forschungsanstrengungen auch auf Seiten der Bindungsforschung. Noch gibt es zu wenige empirische Untersuchungen über die Ausgestaltung von Bindungsbeziehungen außerhalb der Familie. Der Regensburger Bindungsforscher *Klaus Grossmann*, mit dessen Person der wissenschaftliche Erfolg der Bindungsforschung im deutschsprachigen Raum eng verbunden ist, gibt Folgendes zu bedenken: „Feinfühligkeit und Diskursqualität stehen im Zentrum der Bindungsforschung. Die Fremde Situation und das AAI sind Fenster, die erste wichtige ausschnitthafte Momentaufnahmen ermöglicht haben. Diese sind wohl weitgehend ausgereizt. Vielleicht wird dadurch der Weg frei für die Erforschung der Bedingungen, unter denen neue adaptive Internale Arbeitsmodelle auch bei widrigen Bindungserfahrungen möglich werden. Aber auch das muß empirisch-experimentell überprüft werden." (*Grossmann* 2000 b, 52).

Sicherlich bestehen noch keine hinreichend konkreten Vorstellungen darüber, wie die Maßnahmen für Kinder und Jugendliche, die in einen Heim leben, beschaffen sein sollten, damit sie ihnen dazu verhelfen, ihre zumeist von ganz früh an bestehenden negativen Erfahrungen mit Bindung zu verarbeiten. Ohne Zweifel können Heimerziehung und Bindungsforschung wechselseitig voneinander profitieren. Das vorliegende Buch will dazu erste Anregungen liefern und insofern den bedauerlicherweise so schnell abgerissenen Diskussionsfaden zwischen Bindungsforschung und Heimerziehungstheorie wieder aufnehmen, zumal davon auszugehen ist, dass die Indikation zur Heimerziehung nach wie vor bestehen bleiben wird für eine, wie der Neunte Jugendbericht des Bundesministerium für Familie, Senioren, Familie und Jugend (BMFSFJ 1994, 542, zit. bei *Almstedt* 1996) annimmt, anwachsende Gruppe, die mit konventionellen Angeboten nicht zu erreichen sei, und von der es dort weiter heißt: „Hier bedarf es großer Phantasie und großer Anstrengung, um Beratungs- und Betreuungsangebote zu entwickeln und bereitzuhalten, die diese Kinder erreichen." Die Bindungsforschung kann hierzu einen wichtigen Beitrag leisten.

# Literatur

Aber, J. L., Allen, J. P. (1987). Effects of maltreatment on young children's socioemotional development: an attachment theory perspective. Developmental Psychology 23, S. 406-414.

Adam, K. S., Sheldon-Keller, A. E., West, M. (1996): Attachment organization and history of suicidal behavior in clinical adolescents. Journal of Consulting and Clinical Psychology 64, S. 264-272.

Aguilar, B., Sroufe, L. A., Egeland, B., Carlson, E. (2000): Distinguishing the early-onset/persistent and adolescence-onset antisocial behavior types: from birth to 16 years. Development and Psychopathology 12, S. 109-132.

Ainsworth, M. D. S. (1989): Attachment beyond infancy. American Psychologist 44, S. 709-716.

Ainsworth, M. D. S., Blehar, M. C., Waters, E., Wall, S. (1978): Patterns of attachment. Hillsdale: Erlbaum

Ainsworth, M. D. S., Wittig, B. A. (1969): Attachment and the exploratory behavior of one-year-olds in a strange situation. In: Foss, B.M. (Hg.): Determinants of infant behavior, Vol. 4. London: Methuen, S. 113-136

Alexander (1948): Fundamentals of Psychoanalysis. New York: Norton.

Allen, J. P., Land, D. (1999): Attachment in Adolescence. In: Cassidy, J., Shaver, P. R.: Handbook of Attachment. New York: Guilford Press, S. 319-335.

Almstedt, M. (1996): Reform der Heimerzieherausbildung. Weinheim: Deutscher Studien Verlag.

Arbeitsgruppe Deutsche Child Behavior Checklist (1998 a): Elternfragebogen über das Verhalten von Kindern und Jugendlichen, deutsche Bearbeitung der Child Behavior Checklist (CBCL/4-18). Einführung und Anleitung zur Handauswertung. 2. Auflage mit deutschen Normen bearbeitet von M. Döpfner, J. Plück, J., & S. Bölte. Köln: Arbeitsgruppe Kinder-, Jugend- und Familiendiagnostik.

Arbeitsgruppe Deutsche Child Behavior Checklist (1998 b): Fragebogen für Jugendliche. Deutsche Bearbeitung des Youth Self-Report (YSR) der Child Behavior Checklist. Einführung und Anleitung zur Handauswertung. 2. Auflage mit deutschen Normen bearbeitet von M. Döpfner, J. Plück, J., & S. Bölte. Köln: Arbeitsgruppe Kinder-, Jugend- und Familiendiagnostik.

Asendorpf, J., Banse, R. (2000): Psychologie der Beziehung. Bern: Huber.

Asperger, H. (1952): Heilpädagogik. Einführung in die Psychopathologie des Kindes für Ärzte, Lehrer, Psychologen, Richter und Fürsorgerinnen. Wien, New York: Springer.

Auhagen, A. E., von Salisch, M. (Hg.) (1993): Zwischenmenschliche Beziehungen. Göttingen: Hogrefe

Bach, H. (1980): Erziehung und Therapie: Probleme einer Abgrenzung unter gesellschaftlichem Aspekt. In: Holtz, K.-L. (Hg.): Sonderpädagogik und Therapie. Rheinstätten: Schindele, S. 9-19.

Bakermans-Kranenburg, M., Van IJzendoorn, M. H. (1993): A psychometric study of the Adult Attachment Interview: reliability and dicriminant validity. Developmental Psychology 29, S. 870-879.

Baron-Cohen, S. (1995): Mindblindness. Cambridge: MIT Press.

Bateson, G. (1992): Geist und Natur. Frankfurt: Suhrkamp.

Baur, D., Finkel, M., Hamberger, M., Kühn, A. D., Thiersch, H. (1998): Leistungen und Grenzen der Heimerziehung. Schriftenreihe des Bundesministeriums für Familie, Senioren, Frauen und Jugend, Bd. 170. Stuttgart: Kohlhammer.

# LITERATUR

Beck, U. (1986): Risikogesellschaft. Auf dem Weg in eine andere Moderne. Frankfurt/M.: Suhrkamp.
Belsky, J. (1999): Modern evolutionary theory and patterns of attachment. In: Cassidy, J., Shaver, P. R.: Handbook of Attachment: New York: Guilford Press, S. 141-161.
Bergman, L. R., Magnusson, D. (1997): A person-oriented approach in research on developmental psychopathology. Development and Psychopathology 9, S. 291-319.
Bierhoff, H. W. (1997): Vertrauen und Liebe: Liebe baut nicht immer auf Vertrauen auf. In: Schweer, M.: Interpersonales Vertrauen. Opladen: Westdeutscher Verlag, S. 91-104.
Bierhoff, H. W., Grau, I. (1999): Romantische Beziehungen. Bern: Huber.
Bischof, N. (1985): Das Rätsel Ödipus. München: Piper.
Bischof, N. (1989): Emotionale Verwirrungen. Oder: Von den Schwierigkeiten im Umgang mit der Biologie. Psychologische Rundschau 40, S. 188-205.
Bischof-Köhler, D. (1998): Zusammenhänge zwischen kognitiver, motivationaler und emotionaler Entwicklung in der frühen Kindheit und im Vorschulalter. In: Keller, H.: Lehrbuch Entwicklungspsychologie. Bern: Huber, S. 319-376.
Bischof-Köhler, D. (2000): Empathie, prosoziales Verhalten und Bindungsqualität bei Zweijährigen. Psychologie in Erziehung und Unterricht 47, S. 142-158.
Bohleber, W. (2000): Die Entwicklung der Traumatheorie in der Psychoanalyse. Psyche 54, S. 797-839.
Bohman, M., Sigvardsson, S. (1985): A prospective longitudinal study of adoption. In: Nicol, A.R.: Longitudinal studies in child psychology and psychiatry. London: Wiley, S. 137-155.
Bollnow, O.F. (1981): Der Begriff des pädagogischen Bezugs bei Hermann Nohl. Zeitschrift für Pädagogik 27, S. 31-37.
Bommes, M., Scherr, A. (2000 a): Soziale Arbeit, sekundäre Ordnungsbildung und die Kommunikation unspezifischer Hilfebedürftigkeit. In: Merten, R. (Hg.): Systemtheorie sozialer Arbeit. Opladen: Westdeutscher Verlag, S. 67-86.
Bommes, M., Scherr, A. (2000 b): Soziologie der sozialen Arbeit. Weinheim: Juventa.
Bowlby, J. (1940): The nature of the child's tie to his mother. International Journal of Psycho-Analysis 39, S. 350-373.
Bowlby, J. (1944): Forty-four juvenile thieves: their characters and home-life. International Journal of Psycho-Analysis 25, S. 19-53, 107-128.
Bowlby, J. (1951): Maternal care and mental health. Genf: World Health Organization Monograph Series No. 2.
Bowlby, J. (1958): The nature of the child's tie to his mother. International Journal of Psycho-Analysis 39, S. 787-795.
Bowlby, J. (1973): Mütterliche Zuwendung und geistige Gesundheit. München: Kindler.
Bowlby, J. (1975): Bindung. Eine Analyse der Mutter-Kind-Beziehung. München: Kindler.
Bowlby, J. (1976): Trennung. München: Kindler.
Bowlby, J. (1982): Das Glück und die Trauer. Herstellung und Lösung affektiver Bindungen. Stuttgart: Klett-Cotta.
Bowlby, J. (1983): Verlust – Trauer und Depression. München: Kindler.
Bowlby, J. (1995): Elternbindung und Persönlichkeitsentwicklung, Heidelberg: Dexter.
Brisch, K. H. (1999): Bindungsstörungen - Von der Bindungstheorie zur Therapie. Stuttgart: Klett-Cotta.
Brisch, K. H. (2000): Von der Bindungstheorie zur Bindungstherapie. Die praktische Anwendung der Bindungstherapie in der Psychotherapie. In: Endres, M., Hauser, S. (Hg.): Bindungstheorie in der Psychotherapie. München: Reinhardt, S. 81-89.
Brooks-Gunn, J., Chase-Lansdale, P. L. (1995): Adolescent parenthood. In: Bornstein, M. H. (Ed.): Handbook of Parenting. Mahwah, NJ: Erlbaum, S. 113-149.

Bühler-Niederberger, D. (1999): Familien-Ideologie und Konstruktion von Lebensgemeinschaft in der Heimerziehung. In: Colla, H., Gabriel, T., Millham, S., Müller-Teusler, S., Winkler, M. (Hg.): Handbuch Heimerziehung und Pflegekinderwesen in Europa. Neuwied: Luchterhand, S. 333-339.

Bürger, U. (1990): Heimerziehung und soziale Teilnahmechancen. Pfaffenweiler: Centaurus.

Bürger, U., Lehnig, K., Seidenstücker, B. (1994): Heimunterbringungsentwicklung in der Bundesrepublik Deutschland. Frankfurt: ISS.

Bürger, U. (1997): Ambulante Erziehungshilfen im Vorfeld von Heimerziehung. Forum Erziehungshilfen 3, S. 151-153.

Bürger, U. (2001): Heimerziehung. In: Birtsch, V., Münstermann, K., Trede, W. (Hrsg.): Handbuch Erziehungshilfen. Münster: Votum, S. 632-663

Burlingham, D., Freud, A. (1942): Young children in wartime London. London: Allen & Unwin.

Burlingham, D., Freud, A. (1944): Infants without families. London: Allen & Unwin.

Carlson, E. A. (1998): A prospective longitudinal study of consequences of attachment disorganization/disorientation. Child Development 69, S. 1107-1128.

Carlson, V., Cicchetti, D., Barnett, D., Braunwald, K. (1989): Disorganized/desoriented attachment relationships in maltreated infants. Developmental Psychology 25, S. 525-531.

Cassidy, J., Shaver, P.R. (1999): Handbook of Attachment. New York: Guilford Press.

Clos, R. (1982): Delinquenz – ein Zeichen von Hoffnung? Frankfurt/M.: Fachbuchhandlung für Psychologie.

Colla, H. E. (1999): Personale Dimension des (sozial-)pädagogischen Könnens – der pädagogische Bezug. In: Colla, H., Gabriel, T., Millham, S., Müller-Teusler, S., Winkler, M. (Hg.).: Handbuch Heimerziehung und Pflegekinderwesen in Europa. Neuwied: Luchterhand, S. 341-362.

Colton, M., Hellinckx, W. (1999): Foster and residential care in the EU. In: Colla, H., Gabriel, T., Millham, S., Müller-Teusler, S., Winkler, M. (Hg.).: Handbuch Heimerziehung und Pflegekinderwesen in Europa. Neuwied: Luchterhand, S. 41-51.

Crittenden, P. (1995): Attachment and psychopathology. In: Goldberg, S., Muir, R., Kerr, J. (Eds.): Attachment theory: social, developmental and clinical perspectives. Hillsdale: Analytic Press, S. 367-406.

Czerny, A. (1908): Der Arzt als Erzieher des Kindes. Leipzig, Wien: Deuticke.

Datler, W. (1995): Bilden und Heilen. Mainz: Grünewald.

Dempwolf, G. (1998): Heimerziehung und Jugendhilfepolitik. Positionen, Probleme, Perspektiven. In: Verband katholischer Einrichtungen der Heim- und Heilpädagogik: Leben lernen. Freiburg: Lambertus, S. 37-43.

Dilling, H., Mombour, W., Schmidt, M. H. (Hg.) (1991): Internationale Klassifikation psychischer Störungen (ICD-10). Bern: Huber.

Dodge, K. A. (1993): Social-cognitive mechanisms in the development of conduct disorders and depression. Annual Review of Psychology 44, S. 559-584.

Döpfner, M., Plück, J., Berner, W., Fegert, J. M., Huss, M., Lenz, K., Schmeck, K. (1997): Psychische Auffälligkeiten von Kindern und Jugendlichen in Deutschland - Ergebnisse einer repräsentativen Studie: Methodik, Alters-, Geschlechts- und Beurteilereffekte. Zeitschrift für Kinder- und Jugendpsychiatrie und Psychotherapie 25, S. 218-233.

Döpfner, M., Lehmkuhl, G. (1997): Von der kategorialen zur dimensionalen Diagnostik. Praxis der Kinderpsychologie und Kinderpsychiatrie 46, S. 519-547.

Donovan, J., Jessor, R., Costa, F. (1988): Syndrome of problem behavior in adolescence. Journal of Consulting and Clinical Psychology 56, S. 762-765.

Dornes, M. (1997): Die frühe Kindheit. Frankfurt a.M.: Fischer Taschenbuch Verlag.

Dornes, M. (1999): Von Freud zu Stern. Psychotherapeut 44, S. 74-82.

Dornes, M. (2001): Der kompetente Säugling. Neuausg. Frankfurt a.M.: Fischer Taschenbuch Verlag.

Dozier, M., Cue, K. L., Barnett, L. (1994): Clinicians as caregivers: role of attachment organization in treatment. Journal of Consulting and Clinical Psychology 62, S. 793-800.

Dührssen, A. (1958): Heimkinder und Pflegekinder in ihrer Entwicklung. Göttingen: Vandenhoeck & Ruprecht.

Endres, M., Hauser, S. (Hg.) (2000): Bindungstheorie in der Psychotherapie. München: Reinhardt.

Ernst, C. (1993): Frühe Lebensbedingungen und spätere psychische Störungen. Nervenarzt 64, S. 553-561.

Fonagy, P. (1991): Maternal representations of attachment during pregnancy predict the organization of infant-mother attachment at one year of age. Child Development 62, S. 891-905.

Fonagy, P. (2000): Attachment, reflective function, conduct disorders and violence. Paper presented to the American Academy of Child and Adolescent Psychiatry's Mid-Year Institute on 'Integrating Psychotherapy and Psychopharmacology in the Treatment of Children and Adolescents: A Practical Approach', Puerto Vallarta, Mexico, 22-24 March 2000.

Fonagy, P., Moran, G. S. (1991): Understanding psychic change in child psychoanalysis. International Journal of Psycho-Analysis 72, S. 15-22.

Fonagy, P., Target, M. (1994): The efficacy of psychoanalysis for children with disruptive disorders. Journal of the American Academy of Child and Adolescent Psychiatry 33, S. 45-55.

Fonagy, P., Target, M. (1995): Kinderpsychotherapie und Kinderanalyse in der Entwicklungsperspektive: Implikationen für die therapeutische Arbeit. Kinderanalyse 4, S. 150-186.

Fonagy, P., Target, M. (1997): Attachment and reflective function: their role in self-organization. Development and Psychopathology 9, S. 679-700.

Fonagy, P., Target, M. (2001): Mentalisation und die sich ändernden Ziele der Psychoanalyse des Kindes. Kinderanalyse 9, S. 229-244.

Fonagy, P., Steele, H., & Steele, M. (1991): Maternal representations of attachment during pregnancy predict the organization of infant mother attachment at one year of age. Child Development, 62, S. 891-905.

Fonagy, P., Moran, G., Edgcumbe, R., Kennedy, H., Target, M. (1993): The roles of mental representations and mental processes in therapeutic action. Psychoanalytic Study of the Child 48, S. 9-48.

Fonagy, P., Steele, M., Steele, H., Higgitt, A., Target, M. (1994): The theory and practice of resilience. Journal of Child Psychology and Psychiatry 35, S. 231-257.

Fortmann, T. (1984): Jetzt auch noch Therapie an der Schule für Erziehungshilfe (Sonderschule)? Chancen und Bedingungen aus der Sicht der Humanistischen Psychologie. In: Januszweski, B., Kluge, K.-J. (Hg.): Ursprünge und Anfänge der Erziehungstherapie in Deutschland – Menschenbild, Hypothesen und Erfahrungen in der Anwendung der Humanistischen Psychologie. München: minerva publikation, S. 527-691.

Frank, J. D. (1992): Die Heiler. Stuttgart: Klett-Cotta.

Freud, S. (1912): Zur Dynamik der Übertragung. Gesammelte Werke, Bd. 8. Frankfurt: S. Fischer.

Freud, S. (1913): Zur Einleitung der Behandlung. Gesammelte Werke, Bd. 8. Frankfurt: S. Fischer.

Freud, S. (1921): Massenpsychologie und Ich-Analyse. Gesammelte Werke, Bd. 13. Frankfurt: S. Fischer.

Fuchs, P. (1992): Niklas Luhmann – beobachtet. Opladen: Westdeutscher Verlag.

Fuchs, P. (1993): Moderne Kommunikation. Frankfurt/M.: Suhrkamp.

Fuchs, P., Schmatz, F. (1997): „Lieber Herr Fuchs, lieber Herr Schmatz!" Opladen: Westdeutscher Verlag.
Fuchs, P. (1999): Liebe, Sex und solche Sachen. Konstanz: Universitätsverlag Konstanz.
Fürstenau, P. (1992 a): Ichpsychologische Konsequenzen der Ausweitung des Anwendungsbereiches der Psychoanalyse. In: Fürstenau, P.: Entwicklungsförderung durch Therapie. Grundlagen psychoanalytisch-systemische Psychotherapie. München: Pfeiffer, S. 97-111.
Fürstenau, P. (1992 b): Die Baby-mit-Mutter-Logik und der erwachsene Patient. Zum Umgang mit Frühstörungsmanifestationen in psychoanalytischen Behandlungen. In: Fürstenau, P.: Entwicklungsförderung durch Therapie. Grundlagen psychoanalytisch-systemische Psychotherapie. München: Pfeiffer, S. 112-130
Funke, J. (1986); Gutachterliche Stellungnahme zum Begriff „Outward Bound" aus erziehungswissenschaftlicher Sicht. In: Ziegenspeck, J. (Hg.): Outward Bound – Geschütztes Warenzeichen oder offener pädagogischer Begriff? Stellungnahmen und Dokumente zu einem Streitfall. Dokumente zur Erlebnispädagogik, Bd. 1. Lüneburg: Neubauer, S. 48-52.
Gabriel, T. (1999): Forschung in der Heimerziehung – Das Problem der Gegenstandsbestimmung. In: Colla, H., Gabriel, T., Millham, S., Müller-Teusler, S., Winkler, M. (Hg.): Handbuch Heimerziehung und Pflegekinderwesen in Europa. Neuwied: Luchterhand, S. 1085-1105.
Gehres, W. (1997): Das zweite Zuhause. Opladen: Leske + Budrich.
George, C., Kaplan, N., Main, M. (1985): The Adult Attachment Interview. Unpublished manuscript. University of California, Berkeley.
Giesecke, H. (1996): Wozu ist die Schule da? Stuttgart: Klett-Cotta.
Gintzel, U., Schone, R. (Hg.) (1990): Zwischen Jugendhilfe und Jugendpsychiatrie. Münster: Votum.
Gloger-Tippelt, G. (Hg.) (2001): Bindung im Erwachsenenalter. Bern: Huber.
Gloger-Tippelt, G. (2001 a): Das Adult Attachment Interview: Durchführung und Auswertung. In: Gloger-Tippelt, G. (Hg.): Bindung im Erwachsenenalter. Bern: Huber, S. 102 - 120.
Gloger-Tippelt, G. (2001 b): Unsicher-distanzierende mentale Bindungsmodelle. In: Gloger-Tippelt, G. (Hg.): Bindung im Erwachsenenalter. Bern: Huber, S. 174-200.

Gloger-Tippelt, G., Hofmann, V. (1997): Das Adult Attachment Interview: Konzeption, Methode und Erfahrungen im deutschen Sprachraum. Kindheit und Entwicklung 6, S. 87-98.
Gloger-Tippelt, G., Vetter, J., Rauh, H. (2000): Untersuchungen mit der „Fremden Situation" in deutschsprachigen Ländern: Ein Überblick. Psychologie in Erziehung und Unterricht 47, S. 203-220.
Göppel, R. (2000): Der Lehrer als Therapeut? Zeitschrift für Pädagogik 46, S. 215-234.
Goffman, E. (1972): Asyle – Über die soziale Situation psychiatrischer Patienten und anderer Insassen. Frankfurt/M.: Suhrkamp.
Goldfarb, W. (1943): Infant rearing and problem behavior. American Journal of Orthopsychiatry 13, S. 249 - 265.
Gomille, B. (2001): Unsicher-präokkupierte mentale Bindungsmodelle. In: Gloger-Tippelt, G. (Hg.): Bindung im Erwachsenenalter. Bern: Huber, S. 201-225.
Gooch, D. (1999): Children in residential care. In: Colla, H., Gabriel, T., Millham, S., Müller-Teusler, S., Winkler, M. (Hg.): Handbuch Heimerziehung und Pflegekinderwesen in Europa. Neuwied: Luchterhand, S. 179-187.
Graßl, W., Romer, R., Vierzigmann, G. (2000): Mit Struktur und Geborgenheit – Kinderdorffamilien aus der Sicht der Kinder. In: Sozialpädagogisches Institut im SOS-Kinderdorf e.V.: Heimerziehung aus Kindersicht. München: SPI im SOS-Kinderdorf, S. 40-61.
Grawe, K. (1995): Grundriß einer Allgemeinen Psychotherapie. Psychotherapeut 40, S. 130-145.

Greenberg, M. T., DeKlyen, M., Speltz, M. L., Endriga, M. C. (1997): The role of attachment processes in externalizing psychopathology in young children. In: Atkinson, L., Zucker, K. J.: Attachment and Psychopathology. New York: Guilford, S. 196-222.
Grice, H. P. (1975): Logic and conversation. In P. Cole & J. L. Moran (Hg.), Syntax and Semantics III: Speech Acts. New York: Academic Press, S. 41-58.
Grossmann, Karin (2000): Praktische Anwendungen der Bindungstheorie. In: Endres, M., Hauser, S. (Hg.): Bindungstheorie in der Psychotherapie. München: Reinhardt, S. 54-80.
Grossmann, K. E. (2000 a): Bindungsforschung im deutschsprachigen Raum und der Stand bindungstheoretischen Denkens. Psychologie in Erziehung und Unterricht 47, S. 221-237.
Grossmann, K. E. (2000 b): Die Entwicklung von Bindungsqualität und Bindungsrepräsentation. Auf der Suche nach der Überwindung psychischer Unsicherheit. In: Endres, M., Hauser, S. (Hg.): Bindungstheorie in der Psychotherapie. München: Reinhardt, S. 38-53.
Grossmann, K. E., Grossmann, K. (2001): Die Bedeutung sprachlicher Diskurse für die Entwicklung internaler Arbeitsmodelle von Bindung. In: Gloger-Tippelt, G. (Hg.): Bindung im Erwachsenenalter. Bern: Huber, S. 75-101.
Grossmann, K.E., Becker-Stoll, F., Grossmann, K., Kindler, H., Schieche, M., Spangler, G., Wensauer, M., Zimmermann, P. (1997): Die Bindungstheorie. Modell, entwicklungspsychologische Forschung und Ergebnisse. In: Keller, H.: Handbuch der Kleinkindforschung. 2. Aufl., Bern: Huber, S. 51-95.
Häfner, H. (1983): Allgemeine und spezielle Krankheitsbegriffe in der Psychiatrie. Nervenarzt 54, S. 231-238.
Hanselmann, H. (1930): Einführung in die Heilpädagogik. Zürich.
Harris, J.R. (2000): Ist Erziehung sinnlos? Reinbek: Rowohlt.
Hartmann, K. (1977):Theoretische und empirische Beiträge zur Verwahrlosungsforschung. 2. Aufl. Berlin: Springer.
Hauser, S. (2001): Trauma – der unverarbeitete Bindungsstatus im Adult Attachment Interview. In: Gloger-Tippelt, G. (Hg.): Bindung im Erwachsenenalter. Bern: Huber, S. 226-250.
Hauser, S., Endres, M. (2000): Therapeutische Implikationen der Bindungstheorie. In: Endres, M., Hauser, S. (Hg.): Bindungstheorie in der Psychotherapie. München: Reinhardt, S. 159- 176.
Havighurst, R. J. (1948): Developmental tasks and education. New York: McKay.
Hédervári-Heller, É. (1998): Implikationen der Bindungsforschung in Bezug auf die stationäre Fremdunterbringung von Kleinkindern. Landesamt für Versorgung und Soziales, Sachsen Anhalt (Hg.): Dokumentation zur Fachtagung „Chancen fremduntergebrachte Kinder" vom 21. bis 13. 9.1998 in Halle. Eigenverlag, S. 11-19.
Heigl, F. S., Triebel, F. S. (1977): Lernvorgänge in psychoanalytischer Therapie. Bern: Huber.
Hesse, E. (1996): Discourse, memory, and the Adult Attachment Interview: a note with emphasis on the emerging Cannot Classify category. Infant Mental Health Journal 17, S. 4-11.
Hirschberg, W. (1994): Kognitive Charakteristika von Kindern und Jugendlichen mit Störungen des Sozialverhaltens – eine Übersicht. Praxis der Kinderpsychologie und Kinderpsychiatrie 43, S. 36-45.
Hitzler, R., Honer, A. (1995): Heimerziehung – ein Auslaufmodell. Sozialpädagogik 25, S. 194-201.
Hodges, J., Tizard, B. (1989 a): IQ and behavioural adjustment of ex-institutional adolescents. Journal of Child Psychology and Psychiatry 30, S. 53-75.
Hodges, J., Tizard, B. (1989 b): Social and family relationships of ex-institutional adolescents. Journal of Child Psychology and Psychiatry 30, S. 77-97.
Hofer, M., Klein-Allemann, E., Noack, P. (1992): Familienbeziehungen. Göttingen: Hogrefe.
Hofmann, V. (2001): Psychometrische Qualitäten des Adult Attachment Interviews. In: Gloger-Tippelt, G. (Hg.): Bindung im Erwachsenenalter. Bern: Huber, S. 121-153.

Hohm, E., Petermann, F. (2000): Sind Effekte erzieherischer Hilfen stabil? Ergebnisse einer 1-Jahreskatamnese. Kindheit und Entwicklung 9, S. 212-221.
Holländer, A., Schmidt, M.H. (1998): Zur Wahl von Sozialpädagogischer Familienhilfe, Tagesgruppe oder Heim: Ein Rekonstruktionsversuch anhand von Problemlagen und Ressourcen. Kindheit und Entwicklung 7, S. 20-34.
Holmes, J. (1993): John Bowlby and attachment theory. London: Routledge.
Holmes, J. (1995): Supportive psychotherapy. British Journal of Psychiatry 167, S. 439-445.
Howes, C., Hamilton, C. E. (1992): Children's relationships with caregivers: mothers and child care teachers. Child Development 63, S. 859-866.
Howes, C., Ritchie, S. (1999): Attachment organizations in children with difficult life circumstances. Development and Psychopathology 11, S. 251-268.
Isserlin, M. (1925): Fragen der heilpädagogischen Ausbildung. In: Bericht über den zweiten Kongreß für Heilpädagogik 1924 in Berlin. Berlin.
Jacobsen, T., Edelstein, W., & Hofmann, V. (1994): A longitudinal study of the relation between representations of attachment in childhood and cognitive functioning in childhood and adolescence. Developmental Psychology, 30, S. 112-124.
Jacobwitz, D., Hazen, N. (1999): Developmental pathways from infant disorganization to childhood peer relationships. In: Solomon, J., George, C. (Eds.): Attachment Disorganization. New York: Guilford, S. 127-159.
Jordan, E. (1996): Vorzeitig beendete Pflegeverhältnisse. In: Gintzel, U. (Hg.): Erziehung in Pflegefamilien. Münster: Votum, S. 77-119.
Kade, J. (1997): Vermittelbar/nicht vermittelbar: Vermitteln: Aneignen. Im Prozess der Systembildung des Pädagogischen. In: Lenzen, D., Luhmann, N.: Bildung und Weiterbildung im Erziehungssystem. Frankfurt: Suhrkamp, S. 30-70.
Karen, R. (1994): Becoming attached. Unfolding the mystery of the infant-mother bond and its impact on later life. New York: Warner Books.
Kazdin, A.E. (1997): Practioner review: psychosocial treatments for conduct disorder in children. Journal of Child Psychology and Psychiatry 38, S. 161-178.
Keller, H. (1997): Eine evolutionsbiologische Betrachtung der menschlichen Frühentwicklung. Zeitschrift für Pädagogik 43, S. 113-128.
Keller, H. (Hg.) (1997): Handbuch der Kleinkindforschung. 2. Aufl., Bern: Huber.
Klicpera, C., Innerhofer, P. (1999): Die Welt des frühkindlichen Autismus. 2 Aufl., München: Reinhardt
Köhler, L. (1999): Anwendung der Bindungstheorie in der psychoanalytischen Praxis. Einschränkende Vorbehalte, Nutzen, Fallbeispiele. In: Suess, G. J., Pfeiffer, W.-K. P. (Hg.): Frühe Hilfen. Die Anwendung von Bindungs- und Kleinkindforschung in Erziehung, Beratung, Therapie und Vorbeugung. Gießen: Psychosozial, S. 107-136.
Köttgen, C., Kretzer, D. (1990): „Grenzfälle" zwischen Heimen und Psychiatrie am Beispiel Hamburgs. In: Köttgen, C., Kretzer, D., Richter, S.: Aus dem Rahmen fallen. Bonn: Psychiatrie-Verlag, S. 85-106.
Korfmacher, J., Adam, E., Ogawa, J., Egeland, B. (1997): Adult attachment: implications for the therapeutic process in a homevisitation intervention. Applied Developmental Science 1, S. 43-52.
Kutschmann, W. (1999): Naturwissenschaft und Bildung. Stuttgart: Klett-Cotta.
Kutter, P. (1989): Moderne Psychoanalyse. Stuttgart: Verlag Internationale Psychoanalyse.
Lachmann, F. M., Lichtenberg, J. (1992): Model scenes: implications for psychoanalytic treatment. Journal of the American Psychoanalytic Association 40, S. 117-137.
Lempp, R. (1993): Das Pädagogische in der Therapie - das Therapeutische in der Pädagogik. Landesinstitut für Schule und Weiterbildung (Hg.): Schule für Kranke. S. 31-41.

Liegel, W. (1992): Der organisierte Verrat – ein Strukturfehler in der Heimerziehung? Unsere Jugend 44, S. 295-302.
Lohaus, A. (1990): Gesundheit und Krankheit aus der Sicht von Kindern. Göttingen: Hogrefe.
Lorenz, K. (1935): Der Kumpan in der Umwelt des Vogels. Zeitschrift für Ornithologie 83, S. 137-213, S. 289-413.
Luborsky, L. (1995): Einführung in die analytische Psychotherapie. Göttingen: Vandenhoeck & Ruprecht.
Luhmann, N. (1986): Systeme verstehen Systeme. In: Luhmann, N., Schorr, K. E.: Zwischen Intransparenz und Verstehen. Frankfurt a.M.: Suhrkamp, S. 72-126.
Luhmann, N. (1984): Soziale Systeme. Frankfurt a.M.: Suhrkamp.
Luhmann, N. (1990 a): Paradigm lost: Über die ethische Reflexion der Moral. Frankfurt: Suhrkamp.
Luhmann, N. (1990 b): Ich sehe, was Du nicht siehst. In: Luhmann, N.: Soziologische Aufklärung 5. Opladen: Westdeutscher Verlag, S. 228-234.
Luhmann, N. (1990 c): Sozialsystem Familie. In: Luhmann, N.: Soziologische Aufklärung 5. Opladen: Westdeutscher Verlag, S. 196-217.
Luhmann, N. (1990d): Der medizinische Code. In: Luhmann, N.: Soziologische Aufklärung 5. Opladen: Westdeutscher Verlag, S. 183-195.
Luhmann, N. (1990 e): Die Wissenschaft der Gesellschaft. Frankfurt a.M.: Suhrkamp.
Luhmann, N. (1991): Das Kind als Medium der Erziehung. Zeitschrift für Pädagogik 37, S. 19-39.
Luhmann, N. (1997): Die Gesellschaft der Gesellschaft. Frankfurt/M.: Suhrkamp.
Luhmann, N., Schorr, K. E. (1982): Das Technologiedefizit der Erziehung und die Pädagogik. In: Luhmann, N., Schorr, K. E. : Zwischen Technologie und Selbstreferenz. Fragen an die Pädagogik. Frankfurt/M.: Suhrkamp, S. 11-40.
Luhmann, N., Schorr, K. E. (1988): Reflexionsprobleme im Erziehungssystem. Frankfurt/M.: Suhrkamp.
Lyons-Ruth, K., Easterbrooks, M. A., & Cibelli, C. D. (1997): Infant Attachment Strategies, Infant Mental Lag, and Maternal Depressive Symptoms: Predictors of Problems at Age 7. Developmental Psychology 33, S. 681-692.
Lyons-Ruth, K., Bronfman, E., Atwood, G. (1999): A relational diathesis model of hostile-helpless states of mind: expressions in mother-infant interaction. In: Solomon, J., George, C.: Attachment Disorganization. New York: Guilford, S. 33-70.
Lyons-Ruth, K., Jacobvitz, D. (1999): Attachment disorganization. In: Cassidy, J., Shaver, P. R.: Handbook of Attachment. New York: Guilford Press, S. 520-554.
Mahler, M. S., Pine, F., Bergman, A. (1978): Die psychische Geburt des Menschen. Frankfurt/M.: S. Fischer.
Main, M., Solomon, J. (1990): Procedures for identifying infants as disorganized/disoriented during the Ainsworth Strange Situation. In: Greenberg, M. T., Cicchetti, D., Cummings, E. M.: Attachment in the preschool years. Chicago: Univ. of Chicago Press, S. 121-160.
Main, M. (1991): Metacognitive knowledge, metacognitive monitoring, and singular (coherent) vs. Multiple (incoherent) models of attachment. In: Parkes, C. M., Stevenson, Hinde, J.: Attachment across the life cycle. London, New York: Routledge, S. 127-159.
Main, M. (1995): Recent studies in attachment. Overview, with selected implications for clinical work. In: Goldberg, S., Muir, R., Kerr, J.: Attachment theory. Social, developmental, and clinical perspectives. Hillsdale: The Analytic Press, S. 407-474.
Main, M. (1996): Introduction to the Special section on attachment and psychopathology: 2. Overview on the field of attachment. Journal of Consulting and Clinical Psychology 64, S. 237-243.

Martinius, J: (2000): Max Isserlin – Begründer der Kinderpsychiatrie in München. Zeitschrift für Kinder- und Jugendpsychiatrie und Psychotherapie 28, S. 59-62.
Maturana, H. R., Varela, F. J. (1987): Der Baum der Erkenntnis. Bern, München, Wien: Scherz.
Maughan, B., Pickles, A. (1990): Adopted and illegitimate children growing up. In: Robins, L. N., Rutter, M.: Straight and devious pathways from childhood to adulthood. Cambridge: Cambridge University Press, S. 36-61.
Maywald, J. (1997): Zwischen Trauma und Chance. Trennungen von Kindern im Familienkonflikt. Freiburg: Lambertus.
Mehringer, A. (1994): Heimkinder. 4. Aufl., München: Reinhardt.
Mentzos, S. (1982): Neurotische Konfliktverarbeitung. Einführung in die psychoanalytische Neurosenlehre unter Berücksichtigung neuer Perspektiven. München: Kindler.
Mentzos, S. (1988): Interpersonelle und institutionalisierte Abwehr, 2. Aufl. Frankfurt/M.: Suhrkamp.
Mentzos, S. (1993): Abwehr. In: Mertens, W. (Hg.): Schlüsselbegriffe der Psychoanalyse. Stuttgart: Verlag Internationale Psychoanalyse, S. 191-199.
Mentzos, S. (1995): Depression und Manie. Psychodynamik und Therapie affektiver Störungen. Göttingen, Zürich: Vandenhoeck u. Ruprecht.
Merchel, J. (1998): Qualitätsbewertung in der Heimerziehung. In: Merchel, J. (Hg.): Qualität in der Jugendhilfe. Kriterien und Bewertungsmöglichkeiten. Münster: Votum, S. 244-263.
Merten, R. (2000): Soziale Arbeit hat kein politisches Mandat, aber einen professionellen Auftrag. Sozialextra 17, S. 20.
Moffitt, T. E. (1993): Adolescence-limited and life-course-persistent antisocial behavior: a developmental taxonomy. Psychological Review 100, S. 674-701.
Moor, P. (1974): Heilpädagogik. Ein pädagogisches Lehrbuch, 3. Aufl. Bern, Stuttgart: Huber.
Mosheim, R., Zachhuber, U., Scharf, L., Hofmann, A., Kemmler, G., Danzl, C., Kinzel, J., Biebl, W., Richter, R. (2000): Bindung und Psychotherapie. Psychotherapeut 45, S. 223-229.
Müller, A.W. (1997): „Seelisch krank" – Eine Frage der Definition? In: Hahn, A., Platz, N. H. (Hg.): Gesundheit und Krankheit (= Trierer Beiträge. Aus Forschung und Lehre an der Universität Trier). Trier, S. 24 - 34.
Müller, S. (2001): Bindung, psychische Auffälligkeit und Selbstbild von Jugendlichen im Heim. Inaugural-Dissertation, Universität zu Köln.
Müller-Kohlenberg, H. (1999): Alternativen zur Heimerziehung. In: Colla, H., Gabriel, T., Millham, S., Müller-Teusler, S., Winkler, M. (Hg.): Handbuch Heimerziehung und Pflegekinderwesen in Europa. Neuwied: Luchterhand, S. 129-137.
Münder, J., Jordan, E., Kreft, D. (1998): Frankfurter Lehr- und Praxiskommentar zum KJHG/ SGB VIII. Stand 1.1.1999. Münster: Votum.
Münstermann, K. (1986): Heimerziehung ist ein konzeptioneller Begriff. In: Materialien zur Heimerziehung, Nr. 2/3, S. 4-5.
Münstermann, K. (1990): Welche Bedeutung hat die Jugendpsychiatrie für die Entwicklung der Jugendhilfe – Konkurrenz oder Komplementärdisziplin? In: Gintzel, U., Schone, R.: Zwischen Jugendhilfe und Jugendpsychiatrie. Münster: Votum, S. 127-132.
Nelson, K. (1999): Event representations, narrative development, and internal working models. Attachment and Human Development 1, S. 239-252.
Niemeyer, C. (1999):Theorie und Praxis der Sozialpädagogik. Münster: Votum.
Nietzsche, F. (1954): Werke in drei Bänden. Hrg. v. Karl Schlechta. München: Hanser.
Nohl, H. (1957): Die pädagogische Bewegung in Deutschland und ihre Theorie. 4. Aufl. Frankfurt.
Oerter, R., Von Hagen, C., Röper, G., Noam, G. (Hg.) (1999): Klinische Entwicklungspsychologie. Weinheim: Beltz.

Offer, D., Ostrov, E., Howard, K.I. (1982): The Offer Selfimage Questionnaire for Adolescents: A manual. Chicago: Michael Reese Hospital and Medical Center.
Olweus, D. (1979): Stability of aggressive reaction patterns in males: a review. Psychological Bulletin 86, S. 852-875.
Ostermann, J. (1992): Forschungsdesiderate der Heimerziehung. Psychologie in Erziehung und Unterricht 39, S. 42-48.
Papoušek, H., Papoušek, M. (1987): Intuitive parenting: A dialectic counterpart to the infant's integrative competence. In: Osofsky, J. D. (Ed.): Handbook of Infant Development, 2nd Edit. New York: Wiley, 669-720.
Papoušek, M., Papoušek, H. (1990 a): Intuitive elterliche Früherziehung in der vorsprachlichen Kommunikation. I. Teil: Grundlagen und Verhaltensrepertoire. Sozialpädiatrie 12, S. 521-527.
Papoušek, M., Papoušek, H. (1990 b): Intuitive elterliche Früherziehung in der vorsprachlichen Kommunikation. II. Teil: Früherkennung von Störungen und therapeutische Ansätze. Sozialpädiatrie 12, S. 579-583.
Patterson, G. R. (1996): Some characteristics of a developmental theory of early-onset delinquency. In: Lenzenweger, M.F., Haugaard, J.J.: Frontiers of Developmental Psychopathology. New York: Oxford-Oxford University Press, S. 81-124.
Petermann, F., Kusch, M., Niebank, K. (1998): Entwicklungspsychopathologie. Weinheim: Beltz.
Petermann, F., Schmidt, M. H. (2000): Jugendhilfe-Effekte – Einführung in den Themenschwerpunkt. Kindheit und Entwicklung 9, S. 197-201.
Peters, F., Wohlert, F. (1995): Im Jahre 4 nach der Hamburger Heimreform von 1982: Erfahrungen, ungelöste Probleme, Perspektiven. In: Wolf, K.: Entwicklungen in der Heimerziehung. 2. Aufl., Münster:Votum, S. 103-130.
Portmann, A. (1951): Biologische Fragmente zu einer Lehre des Menschen. 2. Aufl. Basel.
Post, W. (1997): Erziehung im Heim. München: Juventa.
Quinton, D., Rutter, M. (1988): Parenting breakdown: making and breaking of intergenerational links. Aldershot: Avebury.
Remschmidt, H. (1988): Der Krankheitsbegriff in der Kinder- und Jugendpsychiatrie. In: Remschmidt, H., Schmidt, M.H.: Kinder- und Jugendpsychiatrie in Klinik und Praxis, Bd. I. Stuttgart: Thieme, S. 143-152.
Resch, F. (1999): Entwicklungspsychopathologie des Kindes- und Jugendalters. 2. Aufl., Weinheim: Beltz.
Richter, H.-E. (1963): Eltern, Kind und Neurose. Stuttgart: Klett.
Rosenfeld, A. A., March, J., Rickler, K .C., Allen, A. J. (1997): Foster care: an update. Journal of the American Academy of Child and Adolescent Psychiatry 36, S. 448-457.
Rotthaus, W. (1998): Wozu erziehen? Entwurf einer systemischen Erziehung. Heidelberg: Carl-Auer-Systeme Verlag.
Roy, P., Rutter, M., Pickles, A. (2000): Institutional care: Risk from family background or pattern of rearing? Journal of Child Psychology and Psychiatry 41, S. 139-149.
Rutter, M. (1972): Maternal deprivation reassessed. Harmondsworth: Penguin.
Rutter, M. (1995): Clinical implications of attachment concepts: retrospect and prospect. Journal of Child Psychology and Psychiatry 36, S. 549-571.
Rutter, M., Sroufe, L.A. (2000): Developmental psychopathology: Concepts and challenges. Development and Psychopathology 12, S. 265-296.
Sagi, A., Van IJzendoorn, M. H., Scharf, M., Koren-Karie, N., Joels, T., Mayseless, O. (1994): Stability and discriminant validity of the adult attachment interview: a psychometric study in young israeli adults. Child Development 30, S. 771-777.

## LITERATUR

Sameroff, A. J. (1975): Transactional models in early social relations. Human Development 18, S. 65 -79.
Sameroff, A.J., Fiese, B.H. (2000): Models of development and developmental risk. In: Zeanah, C.H. (Ed.): Handbook of Infant Mental Health. New York: Guilford, S. 3-19.
Scheuerer-Englisch, Zimmermann, P. (1997): Vertrauensentwicklung in Kindheit und Jugend. In: Schweer, M.: Interpersonales Vertrauen. Opladen: Westdeutscher Verlag, S. 27-48.
Schleiffer, R. (1988): Eine funktionale Analyse dissozialen Verhaltens. Praxis der Kinderpsychologie und Kinderpsychiatrie 37, S. 242-247.
Schleiffer, R. (1993): Anderssein. Zur Familiendynamik dissozialer Adoptivkinder. Familiendynamik 18, S. 386-396.
Schleiffer, R. (1994): Zur Unterscheidung von Erziehung und Therapie bei dissozialen Kindern und Jugendlichen. Heilpädagogische Forschung 20, S. 2-8.
Schleiffer, R. (1995 a): Selbsttötung als Versuch der Selbstrettung. Zur Funktion suizidaler Handlungen bei Jugendlichen. System Familie 8, S. 243-254.
Schleiffer, R. (1995 b): Zur Unterscheidung von (Sonder)erziehung und (Psycho)therapie. Sonderpädagogik 25, S. 193-204.
Schleiffer, R. (1996): Rechtsradikales Handeln Jugendlicher. Neue Praxis 26, S. 519-528.
Schleiffer, R. (1997): Adoption – psychiatrisches Risiko und/oder protektiver Faktor? Praxis der Kinderpsychologie und Kinderpsychiatrie 46, S. 645-659.
Schleiffer, R. (1998): Zur Funktion selbstschädigenden Verhaltens. System Familie 11, S. 129-137.
Schleiffer, R. (2000): Desorganisierte Bindung als gemeinsamer Risikofaktor für Dissozialität und Lernbehinderung. In: Rolus-Borgward, S., Tänzer, U., Wittrock, M. (Hg.): Beeinträchtigung des Lernens und/oder des Verhaltens – unterschiedliche Ausdrucksformen für ein gemeinsames Problem. Oldenburg: Didaktisches Zentrum der Universität, S. 95-105.
Schleiffer, R. (2001): Kinder und Jugendliche in Institutionen der psychosozialen Versorgung. In: Krüger, H.-H., Grunert, C. (Hg.): Handbuch der Kindheits- und Jugendforschung. Opladen: Leske + Budrich, Im Druck
Schmidt, M.H., Schneider, K., Hohm, E., Pickarts, A., Macsenaere, M., Petermann, F. (2000): Effekte, Verlauf und Erfolgsbedingungen unterschiedlicher erzieherischer Hilfen. Kindheit und Entwicklung 9, S. 202-211.
Schneider, M. L., Coie, C. L. (1993): Repeated social stress during pregnancy impairs neuromotor development on the primate infant. Development and Behavioral Pediatrics 14, S. 81-87.
Schön, B. (1993): Therapie statt Erziehung? 2., erw. Aufl. Frankfurt/M.: Verlag für Akademische Schriften.
Scholte, E. M. (1997): Exploration of criteria for residential and foster care. Journal of Child Psychology and Psychiatry 38, S. 657-666.
Schröder, J.-A. (1995): Neue Heimerziehung. Unsere Jugend, S. 425-429.
Schuengel, C., Bakermans-Kranenburg, M. J., van Ijzendoorn, M. (1999): Frightening maternal behavior linking unresolved loss and disorganized infant attachment. Journal of Consulting and Clinical Psychology 67, S. 54-63.
Schweer, M. W. (1996): Vertrauen in der pädagogischen Beziehung. Bern: Huber.
Seidler, G. H. (1995): Der Blick des Anderen. Stuttgart: Verlag Internationale Psychoanalyse.
Seiffge-Krenke, I. (1987): Eine aktualisierte deutschsprachige Form des Offer Self-Image Questionnaire. Zeitschrift für Differentielle und Diagnostische Psychologie 8, S. 99-109.
Seiffge-Krenke, I. (1995): Krankheitsbewältigung am Beispiel des juvenilen Diabetes. Prospektive Längsschnittstudie an chronisch kranken und gesunden Jugendlichen und ihren Familien. Projektbericht.

Simon, F. B. (1995): Die andere Seite der Gesundheit. Heidelberg: Auer.
Simpson, J. A., Rholes, W. S., Nelligan, J. S. (1992): Support seeking and support giving within couples in an anxiety-provoking situation: the role of attachment styles. Journal of Personality and Social Psychology 62, S. 434-446.
Sinclair, I. (1988), zit. in Wolkind, S. u. Rushton, A. (1994): Residential and foster family care. In: Rutter, M., Taylor, E., Hersov, L. (Eds.): Child and Adolescent Psychiatry. Modern approaches. Oxford: Blackwell, S. 252-266.
Slade A. (1999): Attachment theory and research. Implications for the theory and practice of individual psychotherapy with adults. In: Cassidy, J., Shaver, P.R.: Handbook of Attachment: New York: Guilford Press, S. 575-594.
Solomon, J., George, C., de Jong, A. (1995): Children classified as controlling at age six: evidence of disorganized representational strategies and aggression at home and at school. Development and Psychopathology 7, S. 447-463.
Spangler, G., Grossmann, K. E. (1999): Individual and physiological correlates of attachment disorganization in infancy. In: Solomon, J., George, C.: Attachment Disorganization. New York: Guilford, S. 95-124.
Spangler, G., Zimmermann, P. (Hg.) (1999): Die Bindungstheorie: Grundlagen, Formen und Anwendung. 2. Aufl., Stuttgart: Klett-Cotta.
Spangler, G., Grossmann, K., Grossmann, K. E., Fremmer-Bombik, E. (2000): Individuelle und soziale Grundlagen von Bindungssicherheit und Bindungsdesorganisation. Psychologie in Erziehung und Unterricht 47, S. 203-220.
Speck, O. (1991): System Heilpädagogik, 2. Aufl. München, Basel: Reinhardt.
Spieker, S. J., Larson, N. C., Lewis, S. M., White, R. D., Gilchrist, L. (1997): Children of adolescent mothers: cognitive and behavioral status at age six. Child and Adolescent Social Work Journal 14, S. 335-364.
Spitz, R. (1945): Hospitalism: an inquiry into the genesis of psychiatric conditions in early childhood. In: The Psychoanalytic Study of the Child 1, 1945, S. 53-74.
Spitz, R. (1978): Nein und Ja. Die Ursprünge der menschlichen Kommunikation. Stuttgart: Klett.
Sroufe, L. A. (1997): Psychopathology as an outcome of development. Development and Psychopathology 9, S. 251-268.
Sroufe, L. A., Rutter, M. (1984): The domain of developmental psychopathology. Child Development 55, S. 17-29.
Sroufe, L. A., Carlson, E. A., Levy, A. K., Egeland, B. (1999): Implications of attachment theory for developmental psychopathology. Development and Psychopathology 11, S. 1-13.
Stahlmann (2000): Betreuungsformen (in) der Heimerziehung. In: Kupffer, H., Martin, K.-R. (Hg.): Einführung in Theorie und Praxis der Heimerziehung. Wiebelsheim: Quelle & Meier, S. 71-99.
Steele, H., Steele, M. (1995): Klinische Anwendungen des Adult Attachment Interviews (AAI): In: Gloger-Tippelt, G. (Hg.): Bindung im Erwachsenenalter. Bern: Huber, S. 322-343.
Stern, D. (1992): Die Lebenserfahrung des Säuglings. Stuttgart: Klett-Cotta.
Stern, D. (1998): Die Mutterschaftskonstellation. Stuttgart: Klett-Cotta.
Stovall, K.C., Dozier, M. (2000): The development of attachment in new relationships: single subject analyses for 10 foster infants. Development and Psychopathology 12, S. 133-156.
Strauß, B., Schmidt, S. (1997): Die Bindungstheorien und ihre Relevanz für die Psychotherapie. Teil 2. Mögliche Implikationen der Bindungstheorie für die Psychotherapie und Psychosomatik. Psychotherapeut 42, S. 1-16.
Thomä, H., Kächele, H. (1985): Lehrbuch der psychoanalytischen Therapie. Berlin, Heidelberg, New York: Springer.

## LITERATUR

Torsi, R. (1991): Dizionario delle sentenze latine e greche. Rom: Rizzoli.
Trede, W. (1993): Heimerziehung und Kinderdörfer. In: Markefka, M., Nauck, B. (Hg.): Handbuch der Kindheitsforschung. Neuwied: Luchterhand, S. 577-587.
Trede, W. (1996): Mehr Ahnung als Wissen. Heimerziehung und Heimerziehungsforschung im internationalen Vergleich. In: Treptow, R.: Internationaler Vergleich und Soziale Arbeit. Theorie, Anwendung und Perspektive. Rheinfelden: Schäuble, S. 107-137.
Trede, W. (2001): Stationäre Erziehungshilfen im europäischen Vergleich. In: Birtsch, V., Münstermann, K., Trede, W. (Hg.): Handbuch Erziehungshilfen. Münster: Votum, S. 197-212.
Trescher, H.-G. (1993): Handlungstheoretische Aspekte der Psychoanalytischen Pädagogik. In: Muck, M., Trescher, H.-G.: Grundlagen der Psychoanalytischen Pädagogik. Mainz: Matthias-Grünewald, S. 167-201.
Uhle, R. (1997): Vertrauen als pädagogischer Imperativ. In: Schweer, M.: Interpersonales Vertrauen. Opladen: Westdeutscher Verlag, S. 181-202.
Unzner, L. (1995): Der Beitrag von Bindungstheorie und Bindungsforschung zur Heimerziehung kleiner Kinder. In: Spangler, G., Zimmermann, P. (Hg.): Die Bindungstheorie: Grundlagen, Formen und Anwendung. Stuttgart: Klett-Cotta, S. 335-350.
Unzner, L. (1999): Bindungstheorie und Fremdunterbringung. In: Suess, G. J., Pfeifer, W.-K. P.: Frühe Hilfen. Giessen: psychosozial, S. 268-288.
Van Ijzendoorn, M. H. (1995): Adult attachment representations, parental responsiveness and infant attachment: A meta-analysis on the predictive validity of the Adult Attachment Interview. Psychological Bulletin 117, S. 387-403.
Van IJzendoorn, M. H., Bakermans-Kranenburg, M. J. (1996): Attachment representations in mothers, fathers, adolescents, and clinical groups: a meta-analytic search for normative data. Journal of Consulting and Clinical Psychology 64, S. 8-21.
Van IJzendoorn, M. H., De Wolff, M. S. (1997): In search of the absent father. Child Development 68, S. 604-609.
Van IJzendoorn, M. H., Zwart-Woudstra, H. A. (1995): Adolescents' attachment representations and moral reasoning. Journal of Genetic Psychology 1556, S. 359-372.
Van IJzendoorn, M. H., Schuengel, C., Bakermans-Kronenburg, M. (1999): Disorganized attachment in early childhood: meta-analysis of precursors, concomitants, and sequelae. Development and Psychopathology 11, S. 225-249.
Van IJzendoorn, M. H., Goldberg, S., Kroonenberg, P. M., Frenkel, O. J. (1992): A relative effect of maternal and child problems on the quality of attachment: a meta-analysis of attachment in clinical studies. Child Development 63, S. 840-858.
Van IJzendoorn, M. H., Feldbrugge, J. T. T. M., Derks, F. C. H., de Ruiter, C., Verhagen, M. F. M., Philipse, M. W. G., van der Staak, C. P. F., Riksen-Walraven, J. M. A. (1997): Attachment representations of personality-disordered criminal offenders. American Journal of Orthopsychiatry 67, S. 449-459.
Verband katholischer Einrichtungen der Heim- und Heilpädagogik (1994): Kleine Kinder im Heim. Freiburg: Lambertus.
Von Foerster, H. (1987): Entdecken oder Erfinden – Wie lässt sich verstehen verstehen? In: Rotthaus, W. (Hg.): Erziehung und Therapie in systemischer Sicht. Dortmund: verlag modernes leben, S. 22-60.
Von Pfaundler, M. (1925): Über Anstaltsschäden an Kindern. Monatsschrift für Kinderheilkunde 29, S. 611-619.
Von Salisch, M. (1993): Kind-Kind-Beziehungen: Symmetrie und Asymmetrie unter peers, Freunden und Geschwistern. In: Auhagen, A. E., Salisch, M. von (Hg.): Zwischenmenschliche Beziehungen. Göttingen: Hogrefe, S. 59-78.
Vorria, P., Rutter, M., Pickles, A., Wolkind, S., Hobsbaum, A. (1998): A comparative study of

greek children in long-term residential group care and in two-parent families: I. Social, emotional, and behavioural differences. Journal of Child Psychology and Psychiatry 39, S. 225-236.

Ward, M. J., Carlson, E. A. (1995): Associations among adult attachment representations, maternal sensitivity, and infant-mother attachment in a sample of adolescent mothers. Child Development 66, S. 69-79.

Wendt, W. R. (1978): Perspektiven der Heimerziehung. Blätter der Wohlfahrtspflege 125, S. 87-90.

Wieland, N., Marquard, U., Panhorst, H., Schlotmann, H.-O. (1992): Ein Zuhause – kein Zuhause. Freiburg: Lambertus.

Willi, J. (1991): Was hält Paare zusammen? Reinbek: Rowohlt.

Winkler, M. (1990): Normalisierung der Heimerziehung? Neue Praxis 20, S. 429-439.

Winkler, M. (1993): Forschung in der Heimerziehung. Materialien zur Heimerziehung, S. 19-21.

Winkler, M. (1999): Das Problem mit den Klassikern. In: Colla, H., Gabriel, T., Millham, S., Müller-Teusler, S., Winkler, M. (Hg.): Handbuch Heimerziehung und Pflegekinderwesen in Europa. Neuwied: Luchterhand, S. 191-219.

Winnicott, D. W. (1971): Vom Spiel zur Kreativität. Stuttgart: Klett.

Winnicott, D. W. (1976): Von der Kinderheilkunde zur Psychoanalyse. Stuttgart: Klett.

Wolf, K. (1995): Entwicklungen in der Heimerziehung. 2. Aufl., Münster: Votum.

Wolf, K. (2000): Heimerziehung aus Kindersicht als Evaluationsstrategie. In: Sozialpädagogisches Institut im SOS-Kinderdorf e.V.: Heimerziehung aus Kindersicht. München: SPI im SOS-Kinderdorf, S. 6-39.

Woodward, L. J., Fergusson, D. M. (1999): Early conduct problems and later risk of teenage pregnancy in girls. Development and Psychopathology 11, S. 127-141.

Ziegenhain, U., Rottmann, U., Rauh, H. (1988): Testbarkeit von 1 1/2jährigen Kindern innerhalb des vertrauten häuslichen Settings in Abhängigkeit von Bindungssicherheit zur Mutter. Vortrag, gehalten anlässlich der 35. Jahrestagung der Deutschen Gesellschaft für Psychologie, Berlin.

Ziegenhain, U., Wijnroks, l., Derksen, B., Dreisörner, R. (1999): Entwicklungspsychologische Beratung bei jugendlichen Müttern und ihren Säuglingen: Chancen früher Förderung der Resilienz. In: Opp, G., Fingerle, M., Freytag, A. (Hg.): Was Kinder stärkt. München: Reinhardt, S. 142-165.

Ziegenhain, U. (2001): Sichere mentale Bindungsmodelle. In: Gloger-Tippelt, G. (Hg.): Bindung im Erwachsenenalter. Bern: Huber, S. 154-173.

Zimmermann, P. (1995): Bindungsentwicklung von der frühen Kindheit bis zum Jugendalter und ihre Bedeutung für den Umgang mit Freundschaftsbeziehungen. In: Spangler, G., Zimmermann, P. (Hg.): Die Bindungstheorie: Grundlagen, Formen und Anwendung. Stuttgart: Klett-Cotta, S. 203-231.

Zimmermann, P., Becker-Stoll, F., Grossmann, K., Grossmann, K. E., Scheuerer-Englisch , H. (2000): Längsschnittliche Bindungsentwicklung von der frühen Kindheit bis zum Jugendalter. Psychologie in Erziehung und Unterricht 47, S. 99-117.

Zimmermann, P., Becker-Stoll, F. (2001): Bindungsrepräsentation im Jugendalter. In: Gloger-Tippelt, G. (Hg.): Bindung im Erwachsenenalter. Bern: Huber, S. 251-274.

# Anhang

*1. YSR-Skaleninhalte*

*Sozialer Rückzug:*
- Ich bin lieber allein, als mit anderen zusammen.
- Ich will nicht sprechen.
- Ich bin verschlossen, behalte Dinge für mich.
- Ich bin schüchtern.
- Ich habe nicht genug Energie.
- Ich bin unglücklich, traurig oder niedergeschlagen.
- Ich bin zurückhaltend und nehme keinen Kontakt zu anderen auf.

*Körperliche Beschwerden:*
- Ich fühle mich schwindelig.
- Ich bin immer müde.
- Ich habe folgende Beschwerden ohne bekannt körperliche Ursache: Schmerzen (außer Kopf- oder Bauchschmerzen)
- Ich habe folgende Beschwerden ohne bekannt körperliche Ursache: Kopfschmerzen
- Ich habe folgende Beschwerden ohne bekannt körperliche Ursache: Übelkeit
- Ich habe folgende Beschwerden ohne bekannt körperliche Ursache: Augenbeschwerden (außer solchen, die durch Brille korrigiert werden)
- Ich haben folgende Beschwerden ohne bekannt körperliche Ursache: Hautausschläge oder andere Hautprobleme
- Ich haben folgende Beschwerden ohne bekannt körperliche Ursache: Bauchschmerzen oder Magenkrämpfe
- Ich haben folgende Beschwerden ohne bekannt körperliche Ursache: Erbrechen

*Ängstlich/Depressiv:*
- Ich fühle mich einsam.
- Ich weine viel.
- Ich habe mich absichtlich verletzt oder versucht, mich umzubringen.
- Ich habe Angst, etwas schlimmes zu denken oder zu tun.
- Ich glaube, ich muss perfekt sein und alles gut können.
- Ich glaube, dass mich niemand mag.
- Ich glaube, dass andere mir etwas antun wollen.
- Ich fühle mich wertlos oder unterlegen.
- Ich bin nervös, reizbar oder angespannt.
- Ich bin zu furchtsam oder zu ängstlich.
- Ich habe starke Schuldgefühle.
- Ich bin befangen oder werde leicht verlegen.
- Ich bin misstrauisch.
- Ich denke darüber nach, mich umzubringen.
- Ich bin unglücklich, traurig oder niedergeschlagen.
- Ich mache mir viele Sorgen.

*Soziale Probleme:*
- Ich verhalte mich zu jung für mein Alter.
- Ich bin zu abhängig von Erwachsenen.
- Ich komme mit anderen Jugendlichen nicht zurecht.
- Ich werde oft gehänselt.
- Ich bin bei anderen Jugendlichen nicht beliebt.
- Ich bin unbeholfen oder schwerfällig.
- Ich bin lieber mit jüngeren als mit Jugendlichen meines Alters zusammen.
- Ich bin zurückhaltend nehme keinen Kontakt zu anderen auf.

*Schizoid/Zwanghaft:*
- Ich komme von bestimmten Gedanken nicht los. (Bitte beschreiben)
- Ich höre Geräusche oder Stimmen, die sonst niemand zu hören scheint. (Bitte beschreiben)
- Ich wiederhole bestimmte Handlungen immer wieder (wie unter Zwang). (Bitte beschreiben)
- Ich sehe Dinge, die andere nicht zu sehen scheinen. (Bitte beschreiben)
- Ich horte Dinge, die ich nicht brauche. (Bitte beschreiben)
- Ich tue Dinge, die andere Leute seltsam finden. (Bitte beschreiben)
- Ich habe Gedanken oder Ideen, die andere Leute seltsam finden würden. (Bitte beschreiben)

*Aufmerksamkeitsprobleme:*
- Ich verhalte mich zu jung für mein Alter.
- Ich habe Schwierigkeiten mich zu konzentrieren oder länger aufzupassen.
- Ich kann nicht lange still sitzen.
- Ich bin durcheinander oder zerstreut.
- Ich bin tagsüber verträumt oder in Gedanken.
- Ich tue etwas, ohne zu überlegen.
- Ich nervös, reizbar oder angespannt.
- Ich bin schlecht in der Schule.
- Ich bin unbeholfen oder schwerfällig.

*Dissoziales Verhalten:*
- Wenn ich etwas unüberlegtes getan habe, fühle ich mich nicht schuldig.
- Ich bin mit Jugendlichen zusammen, die in Schwierigkeiten geraten.
- Ich lüge oder schwindle.
- Ich bin lieber mit Älteren zusammen als mit Jugendlichen meines Alters.
- Ich laufe von zu Hause weg.
- Ich zündele gern, oder habe schon Feuer gelegt.
- Ich habe zu Hause gestohlen.
- Ich habe anderswo gestohlen.
- Ich fluche oder gebrauche unanständige Wörter.
- Ich schwänze die Schule, oder einzelne Schulstunden.
- Ich trinke Alkohol, nehme Drogen oder Medikamente, die nicht vom Arzt verschrieben sind. (Bitte beschreiben)

*Aggressives Verhalten:*
- Ich streite häufig oder widerspreche.
- Ich gebe an, schneide auf, prahle gern.
- Ich bin gemein zu anderen.

- Ich möchte viel Aufmerksamkeit oder Beachtung bekommen.
- Ich mache meine eigenen Sachen kaputt.
- Ich mache Sachen kaputt, die anderen gehören.
- Ich gehorche in der Schule nicht.
- Ich bin auf andere eifersüchtig.
- Ich gerate oft in Raufereien oder Schlägereien.
- Ich greife andere körperlich an.
- Ich schreie viel.
- Ich produziere mich gern oder spiele den Clown.
- Ich bin eigensinnig, dickköpfig.
- Meine Stimmung oder Gefühle wechseln plötzlich.
- Ich rede zuviel.
- Ich hänsele andere gerne.
- Ich gerate leicht in Zorn, habe ein hitziges Temperament.
- Ich haben anderen gedroht, sie zu verletzen.
- Ich bin lauter als andere Jugendliche.

*Andere Probleme:*
- Ich verhalte mich wie jemand des anderen Geschlechts.
- Ich gehorche meinen Eltern nicht.
- Ich esse nicht, so gut wie ich sollte.
- Ich fürchte mich vor bestimmten Tieren, Situationen oder Orten (außer der Schule) (bitte beschreiben)
- Ich habe Angst in die Schule zu gehen.
- Ich verletzte mich häufig unabsichtlich.
- Ich kaue an meinen Fingernägeln.
- Teile meines Körpers zucken oder machen nervöse Bewegungen (bitte beschreiben)
- Ich habe Alpträume.
- Ich esse zuviel.
- Ich habe Übergewicht.
- Ich haben folgende Beschwerden ohne bekannt körperliche Ursache: andere Beschwerden (bitte beschreiben)
- Ich zupfe mir an der Haut oder kratze mich an anderen Körperstellen. (Bitte beschreiben)
- Ich schlafe weniger, als die meisten Jugendlichen.
- Ich schlafe tagsüber und/oder nachts mehr als die meisten Jugendlichen.
- Ich habe Probleme mit dem Sprechen. Bitte beschreiben.
- Ich denke zuviel an sexuelle Dinge.
- Ich bin zu sehr auf Ordentlichkeit oder Sauberkeit bedacht.
- Ich habe Schlafprobleme. (Bitte beschreiben)
- Ich möchte gerne dem anderen Geschlecht angehören.


*2. OFFER-Skaleninhalte*

*A. Allgemeine Zufriedenheit mit sich und der Welt*
3. Ich finde es aufregend, in dieser Welt zu leben.
5. Ich bin ganz zufrieden mit meiner körperlichen Entwicklung.
7. Bei Ausflügen und Parties fühle ich mich im allgemeinen fehl am Platz.
17. Die meiste Zeit über bin ich glücklich.

37. Manchmal denke ich, dass ich lieber sterben möchte, als weiter zu leben.
44. Ich bin lieber allein als mit Gleichaltrigen zusammen.
46. Ich habe den Eindruck, das andere Geschlecht findet mich attraktiv.
47. Sehr oft denke ich, dass ich nicht die Person bin, die ich sein möchte.
51. Ich fühle mich oft hässlich und unattraktiv.

*B. Gute Beziehungen zu den Eltern*
6. Meine Eltern stellen sich fast immer auf die Seite eines anderen, z. B. meines Bruders oder meiner Schwester.
11. Ich kann manchmal mit meinem Vater nichts anfangen.
12. Ich verstehe oft nicht, was in meinen Eltern vorgeht.
14. Ich kann mich gewöhnlich auf meine Eltern verlassen.
36. Wenn ich erwachsen bin und eine Familie habe, so sollte sie in einigen Aspekten meiner eigenen ähnlich sein.
39. Ich habe das Gefühl, dass ich auf Entscheidungen in unserer Familie durchaus Einfluss habe.
43. Eltern verstehen einen manchmal nicht, aufgrund ihrer eigenen unglücklichen Erfahrungen.
50. Ich mag einen Elternteil lieber als den anderen.
53. Ich fürchte, meine Eltern schämen sich meiner.
55. Ich versuche so oft wie möglich und solange wie möglich von zu Hause wegzubleiben.
63. Ich habe das Gefühl, dass ich manchmal mit meiner Mutter nichts anfangen kann.

*C. Selbstvertrauen in die eigene Leistungsfähigkeit*
10. Wenn ich mich darauf konzentriere, kann ich fast alles lernen.
19. Meine Arbeit ist im allgemeinen mindestens ebenso gut wie die meines Nachbarn.
23. Das Bild, das ich von mir in der Zukunft habe, befriedigt mich.
24. Ich gehöre in der Schule zu den Besten.
49. Wenn ich weiß, dass ich einer neuen Situation ausgesetzt werde, versuche ich im voraus, soviel wie möglich über diese Situation zu erfahren.
57. Manchmal fühle ich mich anderen überlegen und glaube, dass sie manches von mir lernen können.
66. Wenn man sich in Gedanken mit der eigenen Zukunft beschäftigt, führt das dazu, dass manches leichter wird.
67. Im allgemeinen habe ich mich unter Kontrolle.
68. Neue Erkenntnisse fordern mich heraus.

*D. Soziales Verhalten gegenüber Gleichaltrigen*
4. Ich würde nie einen anderen verletzten, nur um des Spaßes Willen.
15. Auch wenn ich nicht selbst Schuld habe, suche ich den Fehler bei mir.
16. Wenn ich etwas falsch gemacht habe, lässt es mich nicht eher in Ruhe, bis ich den Fehler gefunden habe.
22. Wenn einem meiner Freunde ein Unglück zustößt, bin ich auch traurig.
38. Ich bekäme für den Rest meines Lebens lieber eine finanzielle Unterstützung statt zu arbeiten.
48. Ich helfe einem Freund gerne wann immer ich kann.
64. Es ist für mich wichtig, eine(n) Freund(in) zu haben.

*E. Depressives Selbstbild*
1. Ich trage anderen oft etwas nach.
2. Wenn ich mit anderen zusammen bin, habe ich Angst, dass sich jemand über mich lustig machen könnte.
8. Ich habe das Gefühl, dass Arbeit zu viel Verantwortung von mir fordert.
18. Ich kann Kritik ertragen, ohne beleidigt zu sein.
20. Manchmal schäme ich mich so sehr, dass ich mich in einer Ecke verkriechen und heulen möchte.
21. Ich bin leicht verletzbar.
25. Unter normalen Umständen fühle ich mich entspannt.
28. Ich werde sehr aggressiv, wenn ich meinen Kopf nicht durchsetzen kann.
31. Ich bin sehr ängstlich.
35. Auch unter Druck kann ich ruhig bleiben.
42. Ich neige dazu, Menschen, die ich gern habe nachzuahmen.
52. Obwohl ich dauernd arbeite, gelingt es mir nicht, etwas fertig zu bekommen.
58. Ich glaube, ich kann Entscheidungen selbständig treffen.
69. Ich habe wenig Ängste, die ich nicht verstehen kann.
70. Es macht mir nichts aus, wenn mich jemand nicht mag.
71. Ich habe Angst vor dem Erwachsenwerden.
73. Ich fühle mich häufig niedergeschlagen.


*3. Erwachsenen-Bindungsinterview (AAI)*

Ich möchte dich über deine Beziehung zu deinen Eltern in deiner frühen Kindheit befragen und darüber, wie diese dich deiner Meinung nach beeinflusst hat. Ich stelle dir hauptsächlich Fragen über deine Kindheit, doch wir werden auch auf spätere Jahre sowie die Gegenwart zu sprechen kommen. Das gesamte Interview wird ungefähr eine Stunde dauern.
Anmerkung: Es ist immer in Ordnung, wenn du über irgendeine der Fragen nicht sprechen möchtest, sag mir dann einfach Bescheid.

1. Vielleicht gibst du mir zunächst einen ersten Überblick über die Familienumstände während deiner frühen Lebensjahre. Damit meine ich beispielsweise:
   – wo du geboren wurdest,
   – wo du lebtest,
   – die Beschäftigung oder Arbeit deiner Eltern
   – ob ihr viel umgezogen seit – dergleichen.
   Ich möchte einfach ein wenig über deine Familie erfahren.
2. Bitte versuche einmal, die Beziehung zu beschreiben, die du als kleines Kind zu deinen Eltern hattest. Könntest du dabei mit deinen frühesten Erinnerungen beginnen?
3. Jetzt möchte ich dich bitten dir 5 Wörter zu überlegen, die die Beziehung zu deiner Mutter in deiner Kindheit am besten beschreiben würden. Mit Kindheit meine ich so früh du dich erinnern kannst, aber sagen wir grob im Alter zwischen 5 und 12 Jahren wäre schön. Ich weiß, dass dies nicht einfach ist, also nimm dir beim Überlegen ruhig eine Minute Zeit. Danach werde ich dich fragen, warum du diese Wörter ausgewählt hast. Ich schreibe jedes Wort auf.
4. Jetzt möchte ich dich bitten mir 5 Wörter zu nennen, die kennzeichnend sind für die Beziehung zu deinem Vater, als du klein warst. Also wieder wie eben, so früh du dich erinnern kannst, aber sagen wir grob im Alter zwischen 5 und 12 Jahren wäre schön. Ich

weiß, dass dies nicht einfach ist, also nimm dir beim Überlegen wieder einige Minuten Zeit. Danach werde ich dich wieder fragen, warum du diese Wörter ausgewählt hast. Ich schreibe jedes Wort auf.

5. Zu welchem deiner Eltern hattest du als Kind die engere Beziehung, zu wem fühltest du dich am meisten hingezogen? Warum war dies so?
6. Wenn du dich als Kind nicht wohlgefühlt hast, was hast du dann getan?
7. Kannst du dich erinnern, wann du das erste Mal von deinen Eltern getrennt warst?
8. Hattest du, als du klein warst, jemals das Gefühl von deinen Eltern abgelehnt oder zurückgewiesen worden zu sein? Möglicherweise erscheint dir das rückblickend nicht mehr als Ablehnung, aber mir kommt es hier darauf an, ob du dich als Kind abgelehnt gefühlt hast?
9. Haben deine Eltern dich jemals auf irgendeine Art und Weise bedroht, vielleicht um deinen Gehorsam zu erzwingen, oder einfach nur zum Spaß?
10. In welcher Weise, glaubst du, haben diese Erfahrungen mit deinen Eltern deine Persönlichkeit als Erwachsene beeinflusst?
11. Warum glaubst du haben sich deine Eltern während deiner Kindheit so verhalten, wie sie es getan haben?
12. Gab es in deiner Kindheit noch andere Erwachsene, die dir wie Eltern gefühlsmäßig nahestanden?
13. Hast du als kleines Kind einen Elternteil oder ein anderen dir gefühlsmäßig nahestehenden Menschen durch den Tod verloren?
14. Hattest du außer den Erfahrungen, die du bereits erwähnt hast andere Erfahrungen, die du als möglicherweise traumatisch beschreiben würdest?
15. Hat es in deiner Beziehung zu deinen Eltern (oder verbliebenen Elternteil) nach deiner Kindheit viele Veränderungen gegeben? Wir kommen gleich zur Gegenwart, aber jetzt meine ich Veränderungen, die zwischen deiner Kindheit und deinem Erwachsenenalter auftraten?
16. Wie ist die Beziehung zu deinen Eltern jetzt für dich als Erwachsener?

Wenn bereits eigenes Kind vorhanden ist:
17a. Ich möchte dir jetzt eine Frage zu einem anderen Thema stellen. Ich möchte mit dir über Deine heutige Beziehung zu deinen eigenen Kindern sprechen.

Wenn keine eigenes Kind vorhanden ist:
17b. Stell dir bitte vor, du hättest ein einjähriges Kind, was denkst du, wie du dich fühlen würdest, wenn du getrennt von diesem Kind sein müßtest?

Wenn bereits eigenes Kind vorhanden ist:
18a. Wenn du drei Wünsche für dein Kind frei hättest, wenn es 20 Jahre älter ist als heute, ich denke unter anderem daran, was für eine Zukunft du deinem Kind wünschst? Lass dir ruhig Zeit für diese Frage.

Wenn keine eigenes Kind vorhanden ist:
18b. Ich möchte dich bitten, dir weiterhin vorzustellen, dass du ein einjähriges Kind hättest. Wenn du drei Wünsche für dieses Kind frei hättest, wenn es 20 Jahre älter wäre, welche würden es sein? Ich denke unter anderem daran, was für eine Zukunft du deinem Kind wünschst? Lass dir ruhig Zeit für diese Frage.
19. Gibt es irgend etwas Bestimmtes, von dem du glaubst, dass du es durch deine Kindheitserfahrungen gelernt hast? Ich denke hier an etwas, wobei du das Gefühl hast, dass

du es durch deine spezielle Kindheit gewonnen/gelernt hast?
20. Wir haben uns in diesem Interview viel mit deiner Vergangenheit beschäftigt, enden möchte ich hier mit einem Blick in deine Zukunft:

Wir haben gerade darüber gesprochen, was du glaubst von deiner eigenen Kindheitserfahrung gelernt zu haben. Ich möchte das Interview mit der Frage beenden:
„Was würdest du hoffen, dass dein vorgestelltes Kind von dir gelernt hat, weil es dich als Mutter/Vater hatte?